Vahlens Handbücher
der Wirtschafts- und Sozialwissenschaften

Transport, Verkehr, Logistik

Gesamtwirtschaftliche Aspekte und einzelwirtschaftliche Handhabung

2., völlig überarbeitete und erweiterte Auflage

von

Dr. Gösta B. Ihde

ord. Professor der Betriebswirtschaftslehre
an der Universität Mannheim

Verlag Franz Vahlen München

Die Deutsche Bibliothek – CIP-Einheitsaufnahme

Ihde, Gösta B.:

Transport, Verkehr, Logistik : gesamtwirtschaftliche Aspekte und einzelwirtschaftliche Handhabung / von Gösta B. Ihde. – 2., völlig überarb. und erw. Aufl. – München : Vahlen, 1991
(Vahlens Handbücher der Wirtschafts- und Sozialwissenschaften)
ISBN 3-8006-1570-3

ISBN 3 8006 1570 3

Graphiken: Hans Georg Müller, München
Satz und Druck: Appl, Wemding

Vorwort zur zweiten Auflage

Keine andere unternehmerische Funktion hat in den letzten Jahren so an Bedeutung gewonnen wie die Logistik. Vor wenigen Jahren noch als betriebliche Hilfsfunktion und Objekt isolierter Rationalisierungsbemühungen behandelt, wird die Unternehmungslogistik heute als wesentliches Element der strategischen Unternehmensführung gesehen.

Die Entwicklung der industriellen Arbeitsteilung, vor allem im internationalen Maßstab, der Aufbau standortteiliger Produktionsverbundsysteme, die Globalisierung von Beschaffung und Absatz haben dazu geführt, daß das Management komplexer Güterflußsysteme eine zentrale Aufgabe für die Unternehmungen geworden ist. Dies um so mehr, als die Verkehrsmärkte tiefgreifende Strukturveränderungen aufweisen und neue Logistikkonzepte erfordern.

Diese Entwicklungen und das Interesse an einschlägigen Untersuchungen haben eine Neubearbeitung von Transport – Verkehr – Logistik erforderlich gemacht. Angesichts der angesprochenen Veränderungen wurde sie umfassender als geplant. Dabei habe ich die Konzeption der Arbeit beibehalten, nicht zuletzt weil diese sich zwischenzeitlich durchgesetzt hat.

Wichtige Anregungen und Beiträge zur Neuauflage haben meine ehemaligen und jetzigen Mitarbeiter, die Herren *Dr. Borislav Bjelicic, Eckart Dutz, Henning v. Eicke, Christian Femerling* und *Frieder Schuppert* geleistet. Dafür danke ich ihnen herzlich. Besonderen Dank schulde ich auch diesmal Frau *Gertraud Breit*, die, nunmehr unterstützt durch neue Technik, die verschiedenen Fassungen geschrieben und die vielfältigen Teilaufgaben koordiniert hat.

Mannheim, im Juni 1991 *Gösta B. Ihde*

Vorwort zur ersten Auflage

Technische, rechtliche und sozioökonomische Entwicklungen haben die Leistungsbeziehungen der Haushalte, Unternehmungen und Volkswirtschaften untereinander stark verändert. Das gilt vor allem für die güterwirtschaftliche Seite dieser Beziehungen. So werden z.B. vergleichsweise problemlose Transporte zunehmend durch komplexe logistische Problemlösungen ersetzt.

Entsprechend ist die Nachfrage nach logistischem Fachwissen gestiegen, von seiten der Studierenden wie der Wirtschaftspraxis.

In dieser Situation ermöglicht die mehrjährige Arbeit auf beiden Gebieten die Vorlage einer Gesamtdarstellung der Logistik, die neben den theoretischen Grundlagen die Probleme der praktischen Handhabung umfaßt. Besonderer Wert wurde dabei auf die Behandlung derjenigen Fragestellungen gelegt, die für die übergreifende Optimierung der Logistik grundlegende Bedeutung haben. Das machte es erforderlich, einzel- und gesamtwirtschaftliche Aspekte der Logistik zu behandeln. Die Berücksichtigung der absehbaren Veränderungen der logistischen Rahmenbedingungen erlaubt zudem die Entwicklung einer strategischen Planungsperspektive.

Meine wissenschaftlichen Mitarbeiter, die Herren Diplom-Kaufleute *Dirk Eybl, Edwin Fischer, Rüdiger Gerber* und *Karl Sommer,* haben die Entstehung des Buches kritisch begleitet und vielfältig gefördert. Dafür danke ich ihnen herzlich. Herr cand. rer. oec. *Thomas Müllerleile* hat die Strichzeichnungen, Frau cand. rer. oec. *Barbara Thomas-Kuhn* das Stichwortverzeichnis angefertigt. Besonders danke ich schließlich meiner Sekretärin, Frau *Gertraud Breit,* für die Abstimmung dieser Teilarbeiten sowie die schnelle Anfertigung der Druckvorlage.

Mannheim, im Oktober 1983 *Gösta B. Ihde*

Inhaltsverzeichnis

Teil I
Die Entwicklung der Logistikkonzeption

Teil II
Die gesamtwirtschaftlichen Aspekte der Logistik

Teil III
Logistikmanagement

Vorbemerkung zu Inhalt und Aufbau

Der gewählte Titel macht nicht nur eine Aussage über den Inhalt, sondern zugleich über den Aufbau des vorliegenden Buches. Dieser Aufbau orientiert sich einerseits an der Entwicklung der wirtschaftlichen Wirklichkeit, zum anderen an einer Wissenschaftsauffassung, die an die Stelle der Begriffsorientierung eine Problemorientierung setzt (*Albert*, S. 14).

Der Veränderung der interessierenden Probleme, insbesondere im Sinne ihrer zunehmenden Komplexität und Dynamik, wird durch die Reihenfolge der Bezeichnungen entsprochen insofern, als Transportphänomene eine echte Untermenge der Verkehrsvorgänge sind und diese eine Untermenge der logistischen Prozesse (vgl. *Figur 1*).

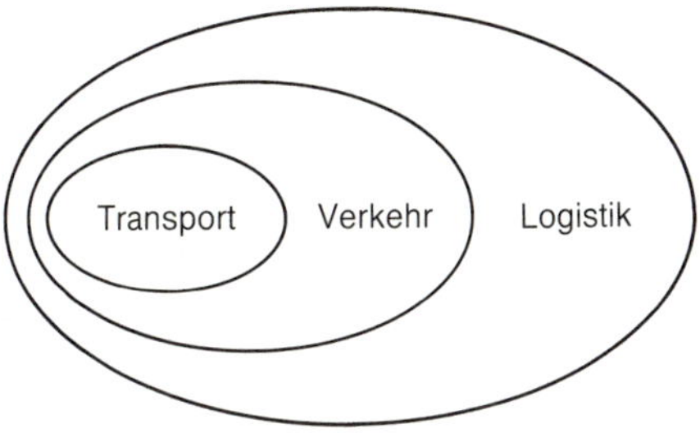

Figur 1: Logische Verknüpfung der Problembereiche Transport/Verkehr/Logistik

Logistische Prozesse sind weder unabhängig von den wirtschaftlichen Grundfunktionen Produktion und Konsumtion, noch sind sie aus diesen eindeutig ableitbar. Vielmehr sind logistische Problemlösungen immer zugleich produktions- und konsumtionswirtschaftliche Problemlösungen. Aus diesem Grund darf sich die Darstellung der Logistik weder auf bestimmte Institutionen, etwa Verkehrsbetriebe oder Transportabteilungen, noch auf Funktionen, etwa Transportieren und Umschlagen, beschränken. Institutions- und Funktionslehren sind der Komplexität und der Dynamik der logistischen Probleme nicht angemessen. Die zunehmende Differenzierung der Bedarfe, die damit korrespondierende Arbeitsteiligkeit der Wirtschaft sowie die räumliche und zeitliche Verteilung der produktions- und konsumtionswirtschaftlichen Prozesse haben ein zu vielfältiges Geflecht von Realgüterströmen zwischen den verschiedenen Elementen des gesamtwirtschaftlichen Systems entstehen lassen, als daß es sinnvoll sein könnte, die Austauschprobleme allein aus der Sicht einzelner Aufgabenträger zu behandeln. Jede Mißachtung von nutzen- und kostenmäßigen Wechselwirkungen zwischen interdependenten Entscheidungen führt zu suboptimalen Insellösungen.

Erst eine funktionen- und institutionenübergreifende Analyse vermag die Einsichten zu vermitteln, die Wege zu effizienten logistischen Konzepten eröffnen. Daraus ergibt sich, daß der einzelwirtschaftlichen Handhabung der Logistik ihre gesamtwirtschaftlichen Rahmenbedingungen zugrunde gelegt werden müssen. Dieses Erfordernis bestimmt Inhalt und Gliederung des Buches.

Teil I
Die Entwicklung der Logistikkonzeption

Teil I enthält die Darstellung der Abfolge Transport – Verkehr – Logistik. Im einzelnen werden die Beweggründe dieser Entwicklung behandelt. Im Mittelpunkt stehen dabei kosten- und wettbewerbliche Aspekte. Schließlich wird die Entwicklungsgeschichte der Logistik skizziert.

1. Von der Transportleistung zur logistischen Problemlösung

1.1 Überbrückungsbedarfe und Überbrückungsleistungen

Arbeitsteiliges Wirtschaften macht Güteraustausche erforderlich. Aus der Trennung von Güterbereitstellung und Güterverwendung resultieren vielfältige Überbrückungsbedarfe. Die elementaren Transformationsprozesse sind durch Transfervorgänge miteinander verknüpft. Der Transfer-, Transaktions- oder Zirkulationssektor stellt das Komplement von Produktion und Konsumtion insofern dar, als er zugleich resultierender wie bedingender Faktor der Organisation von Produktion und Konsumtion ist. Einerseits ergeben sich die Überbrückungserfordernisse aus der **Arbeitsteiligkeit,** der **Dislozierung** und den **Zeitstrukturen** von Produktion und Konsumtion. Andererseits wird die strukturelle, räumliche und zeitliche Organisation der Transformationen durch die Transferbedingungen (mit-)bestimmt.

Mit der Kennzeichnung von Produktion und Konsumtion als ökonomische Basissektoren ist keineswegs die Vorstellung von einstufigen Überbrückungs- oder Austauschbeziehungen verbunden. Vielmehr sind erstmalige Güterbereitstellung (z. B. die Rohstoffgewinnung) und letztendliche Verwendung (i. e. Konsum) über vielstufige Transformations- und Transfervorgänge miteinander verknüpft, und dies zudem nicht nur in einer Richtung hin zu Ver- oder Gebrauch, sondern auch gegenläufig in Gestalt von Wiederverwendungskreisläufen.

Der Umfang der Sektoren Produktion, Konsumtion und Transfer sowie ihre gegenseitige Abgrenzung sind situationsbedingt unterschiedlich und veränderlich (vgl. *Figur* 2). Die Übergänge selbst sind fließend, Transformation und Transfer sind nicht immer eindeutig abgrenzbar.

Wenn also die Transformationsprozesse als die ökonomischen Basisprozesse insofern angesehen werden, als aus ihnen die Transferleistungen abgeleitet werden (*Diruf,* S. 2), dann kann sich diese Feststellung nur beziehen auf eine

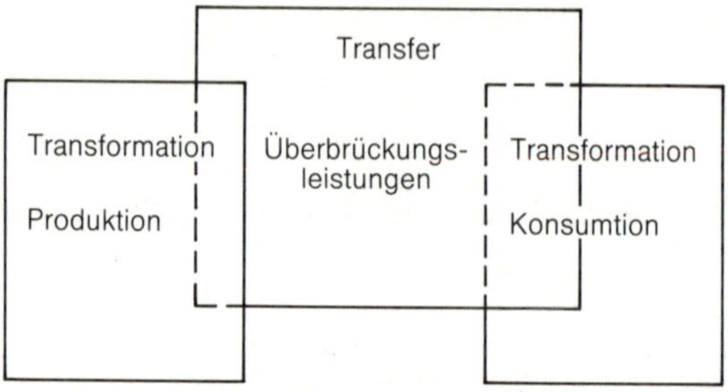

Figur 2: Die elementaren Wirtschaftssektoren

Augenblicksaufnahme aus dem dynamischen Entwicklungsgang des Gesamtsystems.

Aus einer gegebenen Wirtschaftsleistung, verteilt auf die beteiligten Wirtschaftseinheiten und bestimmte Standorte sowie gekennzeichnet durch eine spezifische industrielle Organisation (Betriebsgröße, Fertigungstiefe, Spezialisierung), resultieren konkrete Anforderungen in bezug auf Art- und Mengenausgleich, Raumüberwindung und Zeitüberbrückung von Gütern. Das ist der logistische Bedarf des Wirtschaftssystems. Dabei werden Art- und Mengenausgleiche zu Ordnungsleistungen zusammengefaßt. Im einzelnen handelt es sich um Sortier-, Kommissionier- und Umschlags(auch Umsteige)-vorgänge. Die Raumüberwindung umfaßt Transport- und Verkehrs-, die Zeitüberbrückung Lager- und Wartesysteme.

Das ergibt folgendes System interdependenter Einflußfaktoren:

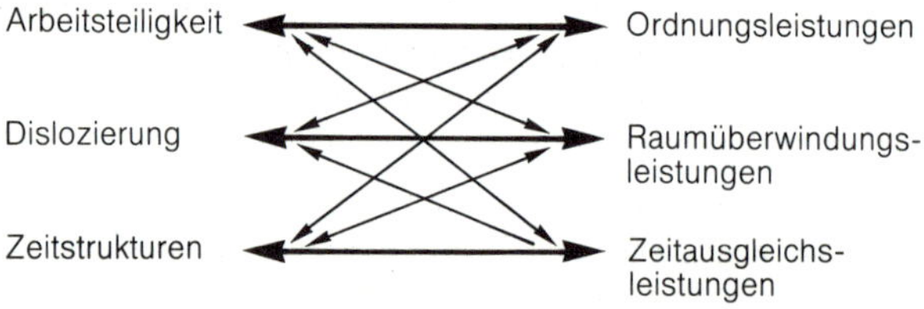

Wachstum und vor allem Strukturveränderungen der Wirtschaft verändern diesen Bedarf an Ordnungs-, Überbrückungs- und Ausgleichsleistungen. Erweitern Unternehmungen und Haushalte z. B. ihre Fertigungstiefe, so reduziert sich der Bedarf an Transfer- und Transaktionsleistungen des Marktes und umgekehrt.

In Abhängigkeit von den natürlich-technischen Rahmenbedingungen sowie dem sozioökonomischen Entwicklungsstand der verschiedenen Volkswirtschaften haben die einzelnen Ausgleichsfunktionen eine wechselnde Bedeutung. Dabei kann davon ausgegangen werden, daß mit der gesamtwirtschaftlichen Entwicklung eine Bedeutungsverschiebung von den Raumüberwindungs- zu den Zeitausgleichs- und Ordnungsleistungen verbunden ist.

Andererseits gehen von den logistischen Bedingungen und Leistungen entscheidende Impulse für Wachstum und Strukturwandel der Wirtschaften aus. Zum Beispiel fördern der Verkehrswegebau und die Einführung leistungsfähiger Verkehrssysteme die Mobilität der Produktionsfaktoren und ermöglichen bessere industrielle Standortstrukturen.

1.2 Die Transportleistungen

Güter sind durch physische, räumliche und zeitliche Merkmale vollständig beschrieben (*Debreu,* S. 32). Prozesse, die die räumlichen Merkmale verändern, werden als Transportleistungen bezeichnet, als Lagerhaltungen diejenigen, die die zeitlichen Merkmale verändern. Ordnungsleistungen schließlich verändern die art- und mengenmäßige Struktur, also die physischen Merkmale von Güterbeständen. Sammeln, Verteilen, Mischen und Assortieren seien zur Veranschaulichung genannt.

In der Realität treten isolierte Veränderungen der einzelnen Merkmalsklassen überhaupt nicht oder nur selten auf. So sind stoffliche oder räumliche Veränderungen von Gütern ohne gleichzeitige zeitliche Verlagerungen nicht möglich. Transport und Lagerhaltung sind andererseits häufig mit stofflichen Veränderungen der Güter verbunden, seien es gezielt bewirkte – etwa Reifung und Trocknung – oder unerwünschte wie Verderb.

Daraus ergibt sich, daß die Zuordnung ausgewählter Prozesse – d. h. einzelner Merkmalsveränderungen – auf betriebliche Funktionsbereiche wie Produktion und Transport oder auf selbständige Betriebe nur auf der Grundlage des jeweiligen Hauptzweckes und nicht endgültig möglich ist.

Transporte sind Vorgänge, die die Raumkoordinaten von Gütern verändern. Transportleistungen sind dementsprechend **Ortsveränderungen** von Gütern.

Diese Definition knüpft an drei Kriterien an – Bereitstellungsort, Bestimmungsort und Transportobjekt – und ist insofern recht eng. Die durch diese Merkmale bestimmte Transportleistung ist – das zeigt die Vernachlässigung von qualitativen Veränderungen des Transportgutes während des Transports sehr deutlich – ein technischer Leistungsausdruck und nur eine elementare Komponente wirtschaftlicher Leistungen. Zudem ist der Leistungsausdruck (tkm/Periode) nur für eine bestimmte Entfernung und für ein art- und mengenmäßig festgelegtes Transportobjekt eindeutig. Denn hinter identischen tonnenkilometrischen Leistungsangaben können sich aufgrund der vielfältigen Kombinationsmöglichkeiten von Mengen(Gewichts- oder Volumen-)angaben und Entfernungen sehr heterogene Leistungen verbergen. Zur wirtschaftlichen Analyse von Transportleistungen, die sich aus unterschiedlichen Ortsveränderungen von Gütern zusammensetzen, sind daher weitere Angaben erforderlich, z. B. solche über die **durchschnittliche Transportweite** (vgl. *Figur 3*).

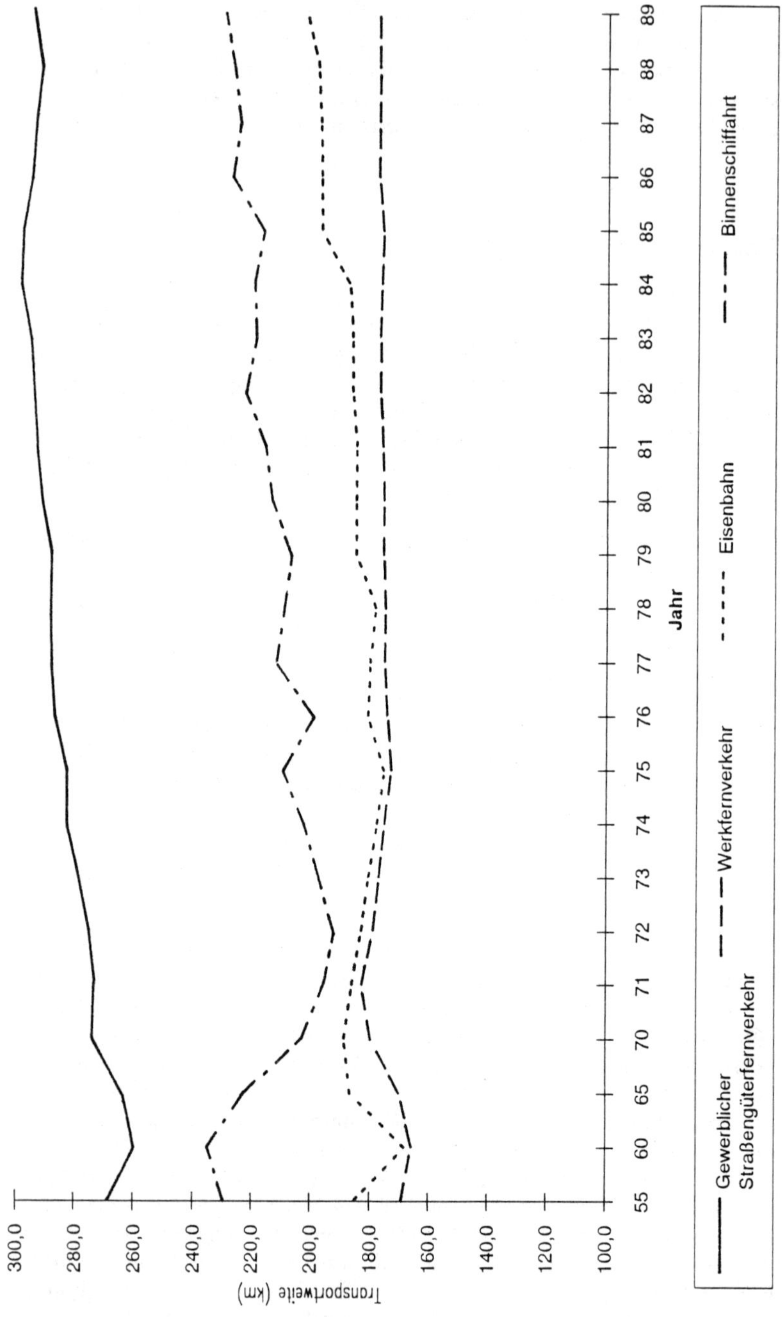

Figur 3: Durchschnittliche Transportweiten ausgewählter Verkehrsträger

$$\text{Durchschnittliche Transportweite (km)} = \frac{\text{Summe aller Transportleistungen pro Periode}}{\text{Gesamtaufkommen pro Periode}} = \frac{\text{(tkm)}}{\text{(t)}}$$

Dabei ist zu beachten, daß selbst identische Entfernungen je nach Wege- und Routenwahl nutzen- und/oder kostenmäßig unterschiedlich sind.

Zu wirtschaftlichen Leistungen werden, d. h. Wertschätzungen durch Dritte, ausgedrückt durch individuelle Zahlungsbereitschaften, erlangen Ortsveränderungen von Gütern daher auch nicht dadurch, daß sie stattgefunden haben, sondern dadurch, daß sie die räumlichen Merkmale der Güter in einer ganz bestimmten Weise verändert haben, in einer Weise nämlich, die die Nutzen-Kosten-Bilanz der Interessenten verbessert. Erst die Bezugnahme der technischen Transportleistung auf spezifische Anforderungen eines Bedarfsträgers läßt diese zu einem wirtschaftlichen Gut werden. Die örtliche Verfügbarkeit eines Gutes allein vermag nur in seltenen Fällen – meist zufällig – Nutzen zu stiften. Hinzu müssen eine Reihe anderer Bedingungen kommen. Bestandteil wirtschaftlicher Problemlösungen werden Transportleistungen daher auch erst dann, wenn sie durch weitere Merkmale spezifiziert sind, Merkmale, die kosten- und nutzenwirksam sind.

1.3 Die Verkehrsleistungen

Von besonderer Bedeutung für die Aufwertung der Transporte zu Verkehrsleistungen ist ihre Zeitstruktur. Dieser Umstand resultiert daraus, daß die Bedarfe wie alle ökonomischen Erscheinungen zeitbezogene Phänomene sind. Sie entstehen, wachsen, reifen, altern, degenerieren und gehen unter, sie sind manchmal äußerst flüchtige, akute Erscheinungen – erinnert sei an die Nachfrage nach Zeitungen oder Weihnachtsbäumen – und dann wieder nachhaltige Phänomene, sie treten regelmäßig oder unregelmäßig auf. In den meisten Fällen sind daher die zeitlichen Rahmenbedingungen für die Transportleistungen exakt vorgegeben. Abweichungen von diesem Zeitmuster führen zu Schlechtleistungen, stiften keinen Nutzen und verursachen häufig Schäden. Das um so mehr, als die verstärkte Arbeitsteilung in der Wirtschaft dazu geführt hat, daß für die Aufnahme und Durchführung produktiver und konsumtiver Prozesse die räumlich und zeitlich abgestimmte Zusammenführung von immer mehr Einsatzfaktoren erforderlich ist. Die unzureichende zeitliche Abstimmung führt daher zu Stillstands- und Leerzeiten oder erhöhten Beständen.

Betrachten wir zur Veranschaulichung die einstufige güterwirtschaftliche Verknüpfung zwischen einem Bereitstellungs- und einem Entnahmesystem (vgl. *Figur 4*), also einen logistischen Elementarprozeß.

Beide Systeme verfügen über einen Lagerbestand einer ausgewählten Güterart. Diese Lagerbestände L1 und L2 sind durch einen Transportvorgang miteinander verbunden. Dem Abbau des Bestandes L1 entspricht – verzögert

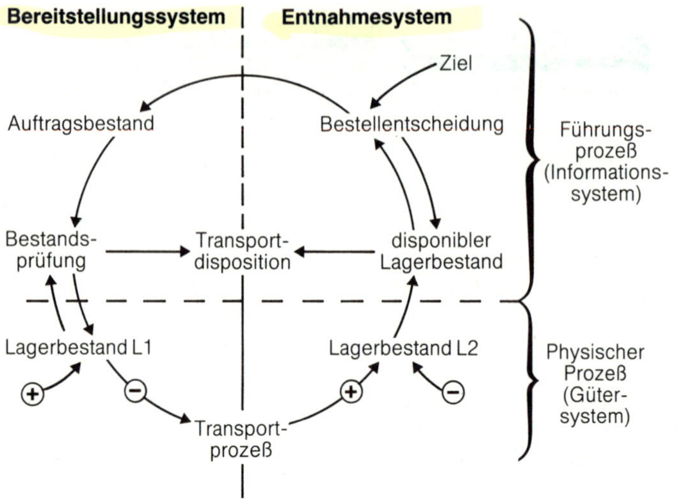

Figur 4: Der logistische Elementarprozeß

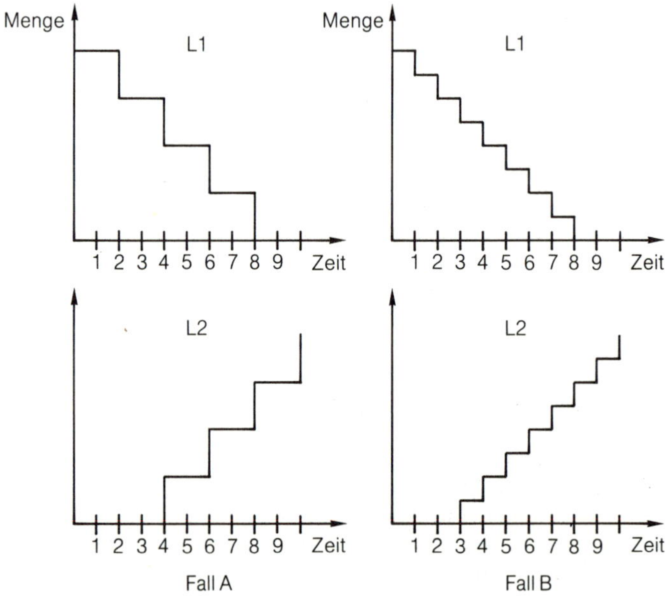

Figur 5: Unterschiedliche Kombinationen von Transportlos und Transportfrequenz

um die Transportzeit – der Aufbau des Lagers L2. Dabei sind von der zeitlichen Struktur her viele unterschiedliche Ortsveränderungen möglich. Für die Beteiligten haben sie wechselnde Kosten- und Nutzenwirkungen. Betrachten wir dazu *Figur 5*.

Fall A und B zeigen unterschiedliche Stückelungen der Transportmenge. Mit einer geeigneten Wahl der Parameter **Transportlos** und **Transportfrequenz** kann die Lagerentwicklung entsprechend den konkreten Anforderungen im Rahmen der technischen Möglichkeiten (z. B. Transportkapazität und Transportzeit) gesteuert werden. Dabei gilt

$$\text{Transportmenge} = \text{Transportlos} \times \text{Transportfrequenz}$$

$$\text{Menge pro Zeiteinheit} = \frac{\text{Menge}}{\text{Transportvorgang}} \times \frac{\text{Transportvorgänge}}{\text{Zeiteinheit}}$$

Fall A und B unterscheiden sich sowohl in bezug auf Kosten- wie auch Erlöswirkungen. Während einmal vier Fahrten mit einem großen Transportmittel ausreichen, sind im anderen Fall acht Fahrten erforderlich, wobei allerdings ein kleineres Fahrzeug eingesetzt werden kann. Daraus ergeben sich unterschiedliche finanzielle Belastungen als Folge ungleicher Anschaffungs- und Betriebskosten. Was die Erlösseite anbetrifft, so kann das Lager 2 bei Einsatz des kleineren Fahrzeuges als Folge der kürzeren Umschlagszeiten bereits nach drei Zeiteinheiten Nachfragen bis zur Höhe des kleinen Transportloses befriedigen. Sofern es sich dabei um flüchtige Nachfrage handelt, würden bei einer Transportorganisation nach Muster A Umsatzverluste und gegebenenfalls Gewinneinbußen entstehen.

Bereits an dieser Stelle soll weiter darauf hingewiesen werden, daß die Auswirkungen einer Reorganisation des Transports im skizzierten Sinne keineswegs auf die unmittelbar betroffenen Einzelwirtschaften, hier Transportunternehmer und Lagerhalter, Lieferanten und Kunden, beschränkt bleiben. Darüber hinausreichende externe Effekte entstehen z. B. dann, wenn mit der höheren Transportfrequenz eine verstärkte Nutzung der Verkehrswege verbunden ist und andere Verkehrsteilnehmer als Folge davon z. B. durch Stauungen Zeitverluste erleiden. Diese Ausstrahlungswirkungen spielen, wie in Teil III, Abschnitt 3.2.1.2.4 gezeigt werden wird, in der Verkehrswirtschaft eine große Rolle. Zudem dürfen sie im Hinblick auf die effiziente Ressourcenallokation nicht vernachlässigt werden. Auch das spricht gegen eine auf isolierte Funktionen und ausgewählte Institutionen abgestellte Betrachtungsweise.

Die Gestaltungsmöglichkeiten der Verkehrsorganisation werden durch technische und rechtliche Bedingungen strukturiert. So gilt für die Tansportkapazität, daß sie zunächst durch Mengeneinheiten (ME), Volumeneinheiten (VE) oder Gewichtseinheiten (GE) bestimmt ist. Die einzelnen Maßgrößen können umgerechnet und untereinander ausgetauscht werden. Von besonderer Bedeutung ist in diesem Zusammenhang das Volumen-Gewichts-Verhältnis. Es dient der Klassifizierung der Güter in Gewichts- oder Maßgüter und wird zur Frachtberechnung herangezogen (Staufaktor, Ladekoeffizient).

Die durch diese Angaben festgelegte Leistungsfähigkeit der Transportmittel ist eine zeitpunktbezogene Maßzahl (Querschnittskapazität). Sie mißt die gewichts- oder volumenmäßige Aufnahmefähigkeit der betrachteten Transportmittel zu einem bestimmten Zeitpunkt, z. B. die Gesamttonnage der deutschen Handelsflotte per 31. 12. 1989 in Bruttoregistertonnen (4,0 Mio.

BRT). Diese Querschnittskapazität kann durch gezielte Einsatzentscheidungen in unterschiedliche Periodenkapazitäten umgesetzt werden.

Die Periodenkapazität nimmt Bezug auf die Umlaufgeschwindigkeit der gewichts- oder volumenmäßig bestimmten Transportmittel in einem Planungszeitraum. Das heißt, wie oft kommt ein Transportmittel in einem Zeitraum zum Einsatz? So sind z. B. durch das sogenannte ‚slow steaming' in der Seeschiffahrt, durch das der für Seeschiffe typische starke Anstieg des Ölverbrauchs bei höheren Geschwindigkeiten vermieden werden soll, viele aufgelegte Schiffe (das entsprach einer Reduzierung der Querschnittskapazität) wieder in Fahrt gekommen, ohne daß ein höheres Transportaufkommen dies erfordert hätte. Durch das Langsamfahren sind aber nicht nur die Schiffe länger unterwegs, was ohne Frage für die Höhe der variablen Betriebskosten und die Verrechnung der periodenfixen Kosten bedeutsam ist, sondern auch die Transportgüter selbst, was denjenigen interessieren muß, der die Kapitalbindungskosten trägt.

Die Umlaufgeschwindigkeit der Transportmittel wird nun aber nicht nur von ihrer Fahrtgeschwindigkeit, sondern mehr noch von den Abfertigungs- und Umschlagszeiten bestimmt.

Die Transportorganisation und damit die Leistungsfähigkeit des Transportsystems ist auf diese Weise wechselseitig mit den vor- und nachgelagerten Prozessen verknüpft. Für die Leistung des Gesamtsystems Seetransport sind daher z. B. vielfältige Abstimmungen der beteiligten Elemente untereinander erforderlich, vor allem über räumliche (vgl. das Sammeln und Verstauen von Ladung an den Liegeplätzen), zeitliche (z. B. Abfahrtzeiten bei direkter Beladung eines Containerschiffes von Binnenschiffen oder Zügen), qualitative (z. B. beidseitig handhabbare Verpackungen und Gebindegrößen) und quantitative Merkmale (etwa passende Kapazitätsquerschnitte).

Durch eine Verständigung auf gemeinsame Fahrpläne, den terminierten Abruf von Transportmitteln oder Annahmezeiten können, wie die *Figur* 6 zeigt, Stillstands- und unproduktive Wartezeiten an den Schnittstellen zwischen den einzelnen Systemen vermieden werden.

Die Bedeutung der Art der verkehrswirtschaftlichen Leistungserstellung für das Leistungsergebnis hat zu einer breiten Diskussion des Verkehrsleistungsbegriffs in der Literatur geführt (vgl. *Diederich,* S. 29 ff.; *Claussen* 1979, 1981; *Peters*).

Die Verkehrsleistung unterscheidet sich von der Transportleistung dadurch, daß sie neben der bloßen Ortsveränderung von Gütern weitere Leistungskomponenten umfaßt. Diese basieren auf Prozeßvariationen und verwandeln die vergleichsweise anonyme und austauschbare Transportleistung in eine komplexe, häufig unverwechselbare, weil individuellen Nachfragerwünschen angepaßte Verkehrsleistung. Nach *Riebel* können sich die Verkehrsleistungen unterscheiden durch

(1) Art und Menge des zu befördernden Objektes
(2) räumliche Lage des ursprünglichen und angestrebten Aufenthaltsortes des Objektes (‚Relation')

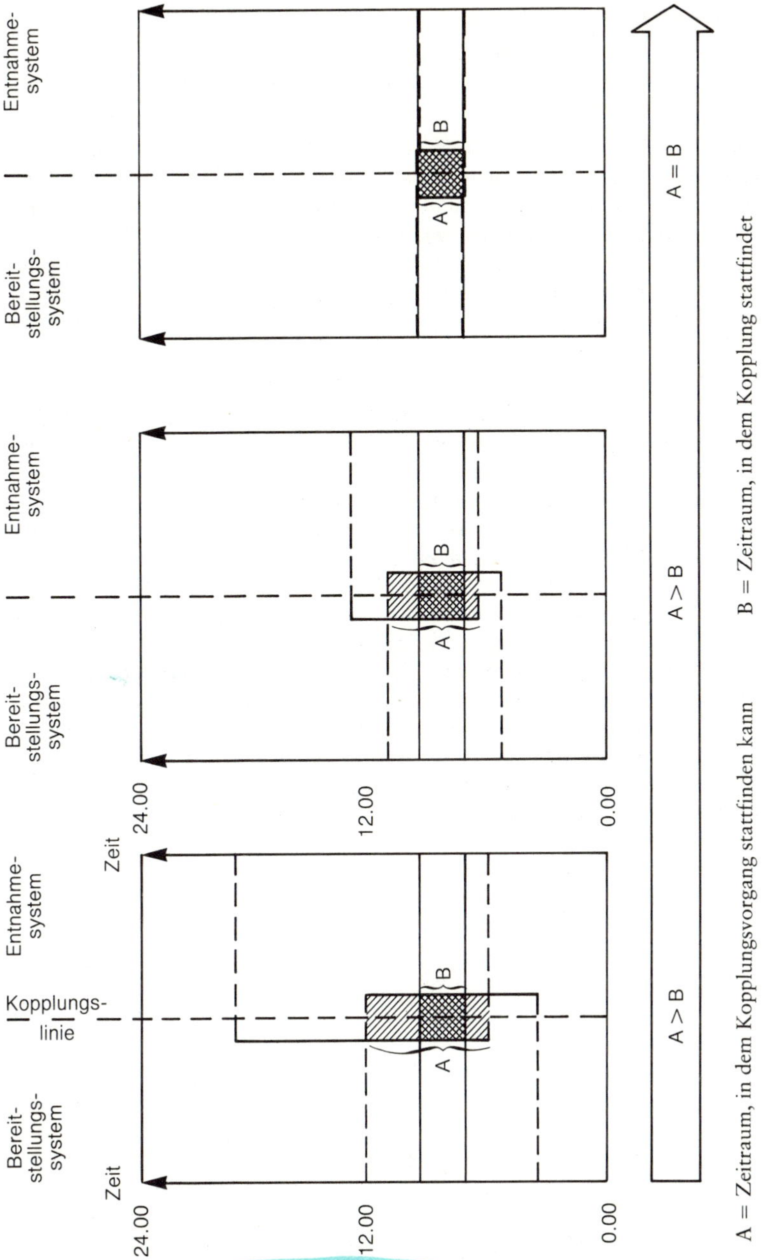

Figur 6: Verbesserung der zeitlichen Abstimmung

(3) die zeitliche Lage des Transports (verfügbares Zeitintervall bzw. Beginn und Ende der Ortsveränderung)
(4) Transportbedingungen (z.B. Bequemlichkeit, Pfleglichkeit, Sicherheit, Pünktlichkeit)

Illetschko (S. 5 ff.) sieht die Verkehrsleistung zusammengesetzt aus Beförderungsfunktion, Abfertigungsfunktion, Wegsicherungsfunktion und Hilfsfunktionen. *Oettle* (Sp. 4151) unterscheidet darüber hinaus die Weg-, Fahrzeug- und Stationsbereithaltungsfunktionen. *Clausen* (1981, S. 249) nennt als weitere Teilprozesse der Verkehrsleistung u. a. Umschlag, Transportvermittlung, Verpackung, Lagerung, Transportkontrolle und Transportmittelservice. Alle genannten Funktionen stehen in einem mehr oder minder komplementären Verhältnis zur reinen Transportleistung, sie sind dieser vorgeschaltet, mit ihr begleitend verbunden oder schließen sich an sie an.

Die Verkehrsleistung umfaßt also mehr als den technischen, austauschbaren Transportakt. Sie ist ein komplexes, durch eine Vielzahl von Merkmalen individualisiertes Gut. Dabei ist die räumliche und zeitliche Einbettung in den arbeitsteiligen Wirtschaftsprozeß von besonderer Bedeutung. Dies um so mehr, als zunehmend bedarfssynchrone (vgl. just in time, Teil III, Abschnitt 3.2.1.2.4) Güterbereitstellungen gefordert werden. Bedeutsam kann aber auch der Leistungsprozeß selbst sein. Das ist immer dann der Fall, wenn nach den technischen Merkmalen zwar identische Leistungen vorliegen insofern, als Ausgangs- und Bestimmungsorte sowie Abgangs- und Ankunftszeiten übereinstimmen, die Prozeßabläufe aber variieren. *Figur 7* zeigt drei Transportprozesse A, B und C, die sich in die Raum-Zeit-Struktur der vor- und nachgelagerten Aktivitäten unterschiedslos einordnen, d. h. in bezug auf ausgewählte Merkmale identische Ausgleichsleistungen sind. Dennoch weisen sie unterschiedliche Fahrzeiten, Stillstandszeiten, Fahrtstrecken sowie Fahrtgeschwindigkeiten auf. Selbst wenn die durch diese Prozeßvariationen bewirkten Kostenunterschiede unerheblich und die Preise identisch sind, ist der konkrete Transportvollzug für den Verlader und/oder Empfänger nicht ohne Interesse.

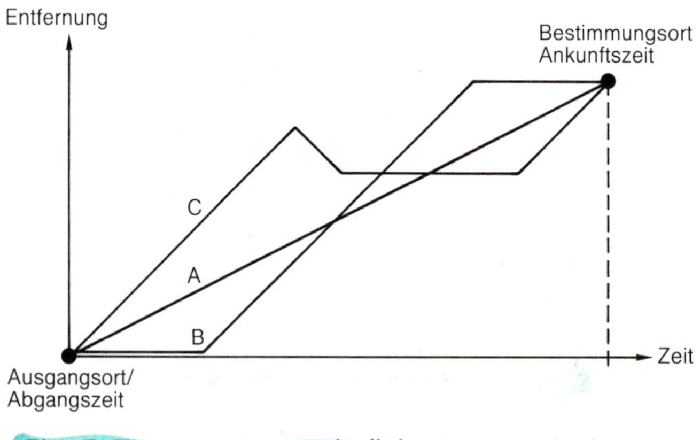

Figur 7: Transporte mit unterschiedlichen Raum-Zeit-Strukturen

Das vor allem dann nicht, wenn die einzelnen Teilprozesse – kontinuierliche oder diskontinuierliche Fahrt, schnelle oder langsame Fahrt, Umwegfahrten oder Direktfahrt, Bewegung oder Stillstand – unterschiedliche Leistungsmerkmale aufweisen und die Güter unterschiedliche Transportanforderungen stellen. Zum Beispiel muß durch geeignete Verpackungen Vorsorge getragen werden, wenn mehrfache Umschlagsprozesse oder stark wechselnde Temperaturen erwartet werden.

In der Praxis werden die Teilleistungen von Verkehrsbetrieben oder Verkehrshilfsbetrieben erbracht oder von den Verladern bzw. Empfängern übernommen. Diese Wahl zwischen Fremdbezug und Eigenerstellung verkehrswirtschaftlicher Teilleistungen und damit die Organisation der Arbeitsteilung wird entscheidend bestimmt durch die Tätigkeit von Handelsmittlern auf den Verkehrsmärkten, also Spediteuren, Maklern und Agenten. In diesem Sinne spricht *Linden* (S. 104) davon, daß Spediteure die ‚Differenz zwischen Verkehr und Transport' ausfüllen. Im Hinblick auf mehrstufige Verkehrsprozesse wird der Spediteur auch als Architekt von Transportketten bezeichnet.

1.4 Die logistische Problemlösung

Der Übergang von den Verkehrsleistungen zu logistischen Problemlösungen ist nun nicht nur durch einen nochmals erweiterten Leistungsumfang bzw. spezifizierte Leistungsanforderungen gekennzeichnet, sondern vor allem durch eine veränderte Betrachtungsweise. Logistische Problemlösungen sind komplexe, vergängliche oder nachhaltige, somit institutionalisierte Funktionsbündel. Der Realität von heute und dem einer Welt der Knappheit immanenten Wirtschaftlichkeits(Sparsamkeits-)gebot genügen weder die isolierte Betrachtung von Transport- oder Verkehrsleistungen noch die Beschränkung der Analyse auf die Probleme einzelner Institutionen. Eine in diesem Sinne beschränkte Betrachtungsweise und die isolierte Optimierung dieser Prozesse würde dem Gebot der sparsamen Ressourcenverwendung (Allokationseffizienz) nämlich nur dann genügen, wenn die Produktions- und Konsumtionsprozesse als gegeben angenommen und die daraus resultierenden Überbrückungsbedarfe in art- und mengenmäßiger, räumlicher und zeitlicher Hinsicht festgeschrieben wären. Mit anderen Worten, es würde vorausgesetzt, daß der Transport- bzw. Verkehrssektor das Ergebnis, die Resultante gewissermaßen aus unabhängigen, vorgegebenen Produktions- und Konsumtionsprozessen, darstellt.

Diese Sichtweise ist in der Regel dann gegeben, wenn von dem Verkehr als Diener der Wirtschaft gesprochen wird.

Eine solche Betrachtungsweise wird der Realität jedoch nicht gerecht, da sie elementare Wirkungszusammenhänge vernachlässigt. Verkehrsleistungen weisen nämlich nicht nur bestimmte art- und mengenmäßige, räumliche und zeitliche Merkmale auf als Folge der einschlägigen Anforderungen und Bedingungen der zugehörigen Bereitstellungs- und Marktentnahmesysteme, sondern sie sind durch Wechselwirkungen mit dem materiellen Inhalt und der Organisation der Produktions- und Konsumtionsprozesse selbst gekennzeichnet. Zu der Abstimmung über Lieferort und Lieferzeit tritt z. B. diejenige über die Wahl der geeigneten Verpackung oder Ladehilfsmittel und – mit zunehmender Bedeutung – die Verständigung über den passenden Reifegrad der Produkte, um ihre integrale Qualität *(Pfeiffer)* zu gewährleisten, etwa die genaue Einpassung in den nachfolgenden Verarbeitungsprozeß.

In die einzelnen Transportgüter sind vielfältige Produktionsleistungen eingekleidet und durch sie sind weitreichende Ge- und Verbrauchsmuster vorprogrammiert. Das ist um so mehr der Fall, als im Zuge der sozioökonomischen Entwicklung an die Stelle von problemlosen Massengütern zunehmend hochwertige, intelligente Produkte getreten sind. Die art- und mengenmäßige, die räumliche und zeitliche Struktur der Güterströme ist eben nicht nur eine Frage der Transportorganisation, also z. B. abhängig von der Zusammenfassung einzelner Transporte zu Sammelladungen, sondern auch abhängig von der produktionswirtschaftlichen Zusammenfassung vielfältiger Einsatzgüter. Besonders anschaulich wird dieser Umstand beim Beschaffungskonzept ‚modular sourcing' (vgl. Teil III, Abschnitt 3.2.1.2.4).

Es ist nicht so, daß der Verkehrssektor einen Restbedarf an Überbrückung befriedigt, sondern vielmehr so, daß die Überbrückungsbedingungen auf den Bedarf selbst zurückwirken und das nicht nur in dem oben skizzierten Sinne von räumlichen und zeitlichen Rückwirkungen, sondern auch derart, daß Produktionsprozesse und Verbraucherverhalten inhaltlich verändert werden: Produktion kann durch Transport und Transport durch Produktion ersetzt werden (*Predöhl,* S. 12). Die wechselseitigen kosten- und erlösmäßigen Beeinflussungen erlauben es nicht, die Ausschnitte Transforming und Transfering unabhängig voneinander und für sich genommen zu organisieren. Die Distribution ist eben nicht nur abgeleiteter, festgeschriebener, sondern auch die veränderliche Übernahme von Teilen vorangehender bzw. nachfolgender Transformationen (vgl. die Unterscheidung zwischen soft distribution und hard distribution bei *Hayashi*).

Diese materiellen Interdependenzen und der fließende, nie endgültig festgeschriebene Übergang zwischen Transformations- und Transferprozessen sind der Anlaß dafür, die Analyse von Transport- und Verkehrsleistungen bzw. -prozessen durch diejenige von logistischen Prozessen zu ersetzen. Diese sind dadurch gekennzeichnet, daß sie den physischen Weg der Güter von der Quelle (sourcing) bis zu ihrer Senke (sinking) über alle Stufen der Produktion und Konsumtion hinweg bestimmen. Darüber hinaus wird die Entsorgung miteingeschlossen mit den Alternativen Abfallbeseitigung und Abfallverwertung bzw. Reststoffverwertung (Recycling). Alle verketteten Umformungs- und Überbrückungsprozesse werden nach Möglichkeit im Zusammenhang betrachtet.

Die logistische Betrachtungsweise ist dadurch gekennzeichnet, daß sie die gesamte **Versorgungskette** umfaßt und dabei über die räumlichen und zeitlichen Wechselwirkungen zwischen Transformation und Transfer hinaus auch die chemisch-physikalischen Merkmale der Güter berücksichtigt.

Logistik umfaßt die Gestaltung und Steuerung von **Güterflußsystemen**. Diese können als Netzwerke modelliert werden, bei denen die Knoten als Zustände oder Transformationen und die Kanten als raum- bzw. zeitüberbrükkende Zustandsveränderungen oder Transfers erscheinen.

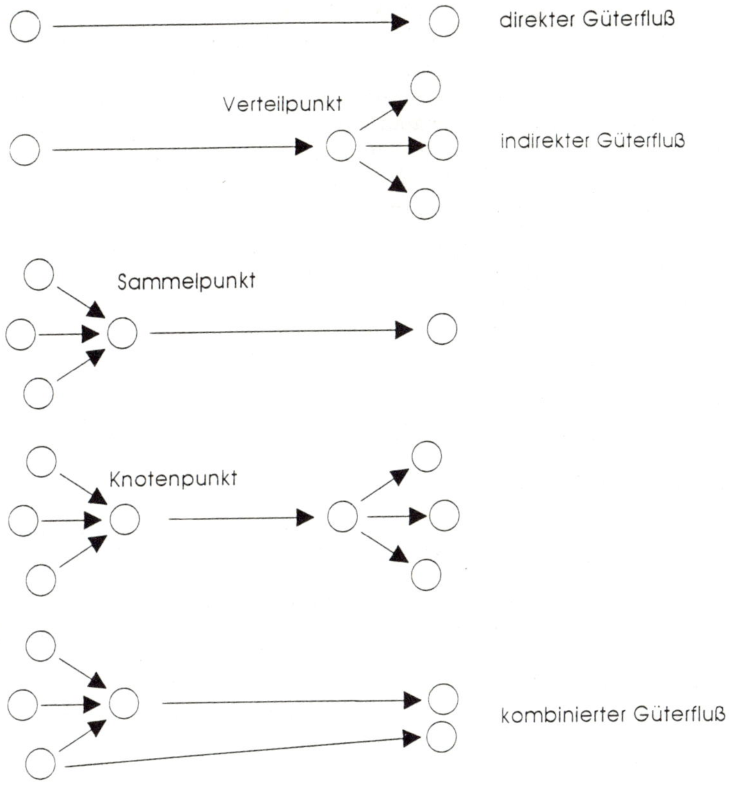

Figur 8: Unterschiedliche Güterflußsysteme

Figur 8 zeigt ausgewählte Grundmuster von Güterflußsystemen (*Pfohl*, S. 6). Unterschiede bestehen vor allem in bezug auf die Stufigkeit und die Funktionen der Knotenpunkte.

Die Darstellung macht zugleich deutlich, daß dieses Verständnis der Logistik – Gestaltung und Steuerung von Flußsystemen – umfassender ist als eine Interpretation, die ausschließlich auf die Sicherstellung der Verfügbarkeit der richtigen Güter in der richtigen Menge am richtigen Ort zur richtigen Zeit abstellt. Denn die Menge (vgl. Losgröße), Ort und Zeit sind, aber auch die Art der Güter, wenn auf die äußere (Verpackungs-) Gestaltung abgehoben wird, interne logistische Entscheidungsvariablen, die zielbezogen optimiert werden müssen und nicht vorgegeben werden können. Dabei wird nicht übersehen, daß diese Aussage gesehen werden muß im Zusammenhang mit der jeweiligen Verteilung der Entscheidungskompetenzen und den Planungshorizonten. Hindernisse, die der praktischen Umsetzung der Logistikkonzeption entgegenstehen, und Ansätze zu ihrer Überwindung werden in Teil III behandelt.

Logistische Leistungen sind somit komplexe Problemlösungspakete für interdependente güterwirtschaftliche Prozesse. Die Arbeitsteiligkeit der Produktion, die Differenzierung im Bereich der Konsumtion, die Dislozierung und die Zeitstrukturen der Wirtschaft sind miteinander verknüpft und müssen – soweit möglich – im Zusammenhang gesehen werden. Dort, wo das nicht möglich ist oder nur auf einer hohen – vielleicht systemtheoretischen – Abstraktionsebene, muß den Schnittstellen zwischen den interdependenten Funktionsbereichen besondere Aufmerksamkeit gewidmet werden.

Die skizzierte Entwicklung soll an ausgewählten Beispielen verdeutlicht werden. Zunächst sei auf die Industrialisierung der Bauindustrie verwiesen. Sie erscheint prototypisch für die Wechselwirkungen zwischen Produktion, Transport und Verwendung, oder besser: für den umfassenden Querschnittscharakter der Logistik.

Als erste Entwicklungsstufe kann die ambulante Baustellenfertigung angesehen werden. Sie ist durch die getrennte Anlieferung der einzelnen Produktionsfaktoren gekennzeichnet. Die mengen- und zeitgemäße Abstimmung der Transportprozesse ist nicht weit entwickelt, was zu umfangreichen Lagerbeständen auf der Baustelle, Materialabrissen, unterschiedlichen Teilfertigungsprozessen und auch wechselnden Qualitäten der Bauausführung führt.

Die zweite Stufe ist gekennzeichnet durch einen steigenden Anteil vorgefertigter Bauteile. Beispielhaft sei verwiesen auf die von Biegebetrieben vorgefertigten Bewehrungen sowie auf Transportbeton. Die höheren Anforderungen an die zeitliche Abstimmung sind besonders im Falle des Transportbetons offensichtlich. Als Folge der qualitativen Anforderungen an das Transportgut und der Abstimmung auf den Baufortschritt ist eine zeitgenaue Anlieferung erforderlich.

Die dritte Phase der Industrialisierung der Bauindustrie schließlich kann durch das Stichwort Fertigbauweise gekennzeichnet werden. Immer mehr werden stationär komplexe Komponenten der verschiedenen Bauwerke vorgefertigt und zu den Baustellen transportiert. Produktion einerseits und Transport andererseits haben – sofern man sie überhaupt voneinander abgrenzen kann – ein vollständig neues Gesicht bekommen.

Als zweites Beispiel sei auf die Bedeutung der Produkt- und Verpackungsgestaltung für Produktion, Transport und Konsumtion hingewiesen. Auch hier zeigt sich, daß die Abstimmung der einzelnen güterwirtschaftlichen Teilprozesse nicht auf Art-, Mengen-, Raum- und Zeitabgleiche beschränkt ist, sondern materielle Aspekte mit einschließt.

Bereits mit der konstruktiven Konzeption eines Produktes wird über sein ‚logistisches Schicksal' mitentschieden, und zwar für die gesamte Dauer seiner Existenz. Am Anfang steht das Gebot einer transport-, umschlags- und lagerhaltungsgeeigneten Formgebung unter Zuhilfenahme passender Verpackungen. Die Fertigstellung des Produktes hat dann genau bis zu jenem Reifegrad zu erfolgen, der seine Integration in das System des Abnehmers und aller Nachfolger am besten ermöglicht. Als Beispiele seien genannt das Abzweigen von Flüssigzucker vor der Kristallisierungsstufe in Zuckerfabriken und der Transport im Silofahrzeug zur Getränkeindustrie (Ersparung von Kosten bei Produzent und Verwender) sowie die CKD (completely knocked down) -Fertigung im Fahrzeugbau, bei der die einzelnen Bauteile montagegerecht zusammengestellt und verladen werden. Je nach Güterart sind schließlich die im Bereich des Verwenders erforderlichen Teilleistungen wie Montage, Bevorratung oder auch Präsentation vorzubereiten sowie die Entsorgung zu erleichtern. So strahlt die Entscheidung eines Herstellers, z.B. für eine stapelfähige Einwegpackung, nutzen- und kostenmäßig über viele Handelsstufen hinweg bis zum Endverbraucher, und durch frühzeitige Logistikberatung bei der Produktentwicklung können die Bedingungen für die Frachtberechnung günstig beeinflußt werden, etwa im Hinblick auf die Klassifizierung als Maß- oder Gewichtsgut.

Logistische Systeme sind umfassende Problemlösungen für interdependente Transformations- und Transferprozesse. Sie sind nicht auf die Ausschnitte der arbeitsteiligen Wirtschaft beschränkt, wie sie durch die autonomen Einflußbereiche einzelner Institutionen abgegrenzt werden. Die Herausbildung dieser institutionalen Aufgabenträger selbst ist nicht zuletzt ein logistisches Problem. Die Unternehmenslogistik umfaßt die Planung, Steuerung und Kontrolle sowie die operative Handhabung möglichst aller für die Unternehmensziele bedeutsamen Material- und Güterbewegungen und -bestände.

Literatur zu Teil I, Abschnitt 1

Albert, H.: Probleme der Theorienbildung, in: Theorie und Realität, hrsg. von *H. Albert,* Tübingen 1964

Claussen, T.: Verkehrsleistung und Verkehrsbetriebslehre, Zeitschrift für Verkehrswissenschaft, 1981, S. 49–59

Claussen, T.: Zur Diskussion des ‚Verkehrsleistungs'-Begriffs, Zeitschrift für Verkehrswissenschaft, 1981, S. 245–257

Debreu, G.: Theory of Value. An Axiomatic Analysis of Economic Equilibrium, New York 1959

Diruf, G.: Logistische Langfristplanung mit dem Prinzip robuster nächster Schritte, IHS-Journal – Zeitschrift des Instituts für höhere Studien und wissenschaftliche Forschung, 1980, S. 1–14

Diederich, H.: Verkehrsbetriebslehre, Wiesbaden 1977

Hayashi, S.: Systematization in Distribution, in: Problems of Transportation in Japan, Tokyo 1975, S. 34–36

Illetschko, L. L.: Transport-Betriebslehre, 2. Auflage, Wien, New York 1966

Linden, W.: Grundzüge der Verkehrspolitik, Wiesbaden 1961

Oettle, K.: Verkehrsbetrieb und Verkehrsbetriebslehre, in: Handwörterbuch der Betriebswirtschaftslehre, hrsg. von *E. Grochla/W. Wittmann,* 4. Auflage, Band 3, Stuttgart 1976, Sp. 4150–4161

Peters, S.: Die Leistung des Verkehrsbetriebes – Eine Bemerkung zu einer Untersuchung von Thies Claussen, Zeitschrift für Verkehrswissenschaft, 1981, S. 35–48

Pfeiffer, W.: Integrale Qualität und Absatzpolitik bei hochautomatisierten Fertigungsanlagen, Zeitschrift für Betriebswirtschaft, Ergänzungsheft, 1965, S. 109–124

Pfohl, H.-Ch.: Logistiksysteme, 4. Aufl. Berlin u. a. 1990

Predöhl, A.: Verkehrspolitik, 2. Auflage, Göttingen 1964

Riebel, P.: Anforderungen der Transportrationalisierung an die Leistungs- und Kostenanalyse, Internationales Verkehrswesen, 1975, S. 217–226

2. Die Rolle der Logistik als Rationalisierungs- und Wettbewerbsinstrument

2.1 Das logistische Rationalisierungspotential

Die Entdeckung der Logistik durch die Praxis hat vielfältige Gründe. Als wesentlich können das veränderte Kostenbewußtsein und Aspekte des Wettbewerbs genannt werden. Wenden wir uns zunächst der Kostenseite zu.

Im Mittelpunkt des unternehmerischen Rationalisierungsinteresses, des Bemühens also, das ökonomische Prinzip bei der Verfolgung erwerbswirtschaftlicher Ziele durchzusetzen, hat seit jeher die Produktion gestanden. Mit im Zeitablauf wechselnden Schwerpunkten wurde dabei die Verbesserung der Produktivität mehr mit Hilfe technischer Veränderungen oder aber einer ergiebigeren Gestaltung des Arbeitseinsatzes angestrebt. Die Mechanisierung und Automatisierung der Fertigung, das ‚Scientific Management' *(Taylor)* und die Normierung von Teilen sowie Typisierung von Produkten seien in diesem Zusammenhang genannt. Weite Verbreitung als generelle Rationalisierungsmethode hat in den letzten Jahren die Wertanalyse gefunden, deren Ziel die „systematische analytische Durchdringung von Funktionsstrukturen mit dem Ziel einer abgestimmten Beeinflussung von deren Elementen (z.B. Kosten, Nutzen) in Richtung einer Wertsteigerung" ist (DIN 69910).

Die Vielfalt technischer Verbesserungsmöglichkeiten sowie die Höhe und die Entwicklung der Kosten haben die Produktion zum bevorzugten Rationalisierungssektor gemacht. Demgegenüber war die Logistik ‚economy's dark continent' *(Drucker)*, die Distribution nur eine Hilfsfunktion (*Böcker*, S. 191). Diese Einstellung änderte sich erst, als im Produktionsbereich Rationalisierungsgrenzen spürbar und die Logistikkosten in ihrem vollen Umfang erkannt wurden.

Rationalisierungsgrenzen ergeben sich einmal daraus, daß strategisch bedeutsame Veränderungen in der Umwelt der Unternehmungen weniger produktivitätssteigernde Anpassungsmaßnahmen vorhandener als vielmehr die Einführung innovativer Produktionssysteme erfordern. Die Verkürzung der Produktlebenszyklen etwa beschränkt die Möglichkeiten der produktivitätssteigernden Fortentwicklung vorhandener Produktionsanlagen. Zum anderen sind die Auswirkungen von Rationalisierungsvorhaben zu erwähnen, die sich aus der Berücksichtigung von Belegschaftsinteressen ergeben. Stichwörter hierzu sind Rationalisierungsschutzabkommen, Mitbestimmung und Humanisierung der Arbeitswelt.

Das logistische Kostenbewußtsein war lange unterentwickelt, der betriebliche Aufwand für logistische Leistungen ist bis heute nur recht ungenau bekannt. Das beruht darauf, daß die logistischen Leistungsbeiträge der einzelnen Kostenstellen nur sehr schwer abgrenzbar sind und in Verbindung damit, daß es kaum eindeutige Bezugsgrößen für eine logistische Kosten- und Leistungsrechnung gibt. Mehr als alle anderen Kostenarten sind Logistikkosten verborgene Kosten in dem Sinne, daß sie in anderen Kosten enthalten sind und häufig nicht oder nur zu vergleichsweise globalen Bezugsgrößen in Verbindung gebracht werden können. Selbst wenn man sich darauf verständigt, daß die Aufwendungen für

- Transporte (inner- und außerbetrieblich)
- Lagerhaltung (für Einsatzgüter, Halb- und Fertigprodukte)
- Auftragsabwicklung
- Verpackung
- Umschlag und Kommissionierung

in vollem Umfang oder auch nur anteilig zu den Logistikkosten zählen, bleiben viele Fragen offen (vgl. Teil III, Abschnitt 4), so z. B. diejenige nach der Zuordnung der Lagerhaltungskosten, die durch die Optimierung von Produktionslosgrößen entstehen, oder der innerbetrieblichen Transportkosten, wenn das ‚plant layout' durch verfahrenstechnische Erfordernisse bestimmt wird. Besondere Schwierigkeiten bereitet die Bestimmung der Kapitalbindungs- und der Fehlmengenkosten. Einmal geht es um logistisch bestimmte Bestandshöhen und die Nachhaltigkeit sowie Bewertung von Bestandsminderungen, andererseits um die Abschätzung der Kostenwirkungen von Materialabrissen und Deckungsbeitragsverlusten bei Fehlbeständen und Ausverkäufen. Als Folge dieser Probleme kommen Untersuchungen über Logistikkosten zu recht unterschiedlichen Ergebnissen. Die nachfolgenden Tabellen zeigen ausgewählte Beispiele.

Gesamtwirtschaftlich gesehen wird der Anteil der Logistikkosten im Sinne der physischen Transferprozesse von der ersten Bereitstellung der Güter über alle Transformationsstufen hinweg bis zum Endabnehmer auf über 20 v. H. des Bruttosozialproduktes geschätzt, so für die Vereinigten Staaten 1974 *(Bowersox)* und 1976 *(National Council of Physical Distribution Management)* und für Großbritannien 1983 *(Rushton/Williams)* mit Anteilen der Kosten für ‚Materials Handling' am Bruttosozialprodukt zwischen 18,3 v. H. und 28 v. H. je nach Berechnungsumfang. Eine aktuelle, auf Bestandskosten sowie die Transportkosten für Straßen- und Eisenbahnverkeh-

Tabelle 1: Logistikkosten in v. H. der Gesamtkosten

Maschinenbau/Stahlbau	10,7
Fahrzeugindustrie	15,8
Elektrotechnik	14,8
Chemie/Kunststoff	15,1
Nahrung/Genuß	16,8
Handel	22,8

Quelle: *Baumgarten, H./Kornak, C.,* Trends in der Logistik in den 90er Jahren, Berlin 1990

Tabelle 2: Logistikkosten in v. H. des Umsatzes für ausgewählte Branchen

	Außerbetrieblicher Transport	Lagerhaltung Förderwesen	Auslieferungslager	Verwaltung	Warenannahme/-abfertigung	Verpackung	Auftragsabwicklung	Insgesamt
Alle Produktionsunternehmen	6,2	1,3	3,6	0,5	0,8	0,7	0,5	13,6
chemische Produkte	6,3	1,6	3,3	0,3	0,6	1,4	0,6	14,1
Lebensmittel	8,1	0,3	3,5	0,4	0,9	–	0,2	13,4
Pharmazie	1,4	–	1,2	0,7		0,1	0,5	4,4
Elektronik	3,2	2,5	3,2	1,2	0,5	1,1	1,2	13,3
Papier	5,8	0,1	4,6	0,2	0,9	–	0,2	11,2
Maschinen und Werkzeuge	4,5	1,0	2,0	0,5	0,5	1,0	0,5	10,0
alle anderen	6,8	1,0	2,9	1,2	1,4	0,4	0,4	14,1
Alle Handelsunternehmen	7,4	10,3	4,2	1,2	0,6	1,2	0,7	25,6
Konsumgüter	8,1	8,5	4,0	1,3	0,9	0,9	0,5	24,2
Investitionsgüter	5,9	13,7	2,9	0,7	0,2	2,0	1,0	26,4

Quelle: *LaLonde/Zinszer* 1976

re beschränkte amerikanische Untersuchung *(Delaney)* berichtet davon, daß deren Anteil am Bruttosozialprodukt von 14,7% in 1980 auf 11,2% in 1989 zurückgegangen ist. Für die Bundesrepublik Deutschland kann von einer vergleichbaren Größenordnung ausgegangen werden.

In ihrer absoluten Höhe sind die Logistikkosten in den letzten Jahren weiter gestiegen, und das obwohl sich neue Transport- und Lagerhaltungstechniken schnell und umfassend durchgesetzt haben und immer mehr Unternehmungen ein leistungsfähiges Logistikmanagement aufbauen. Ursächlich für diese Entwicklung sind neben den die gestiegenen Energie-, Umwelt- und Kapitalkosten vor allem die Veränderungen logistikrelevanter Strukturmerkmale der Wirtschaft (vgl. Abschnitt 1.1). Auch die Kosten durch Stauungen im Verkehrssystem im Sinne von erhöhten Betriebs- und Opportunitätskosten der Zeit werden für Westeuropa auf viele Milliarden DM geschätzt.

Für die Logistik als **Instrument der Rationalisierung** ist vor diesem Hintergrund besonders bedeutsam, daß logistische Konzepte, wie gezeigt werden wird, zuerst und vor allem organisatorische Konzepte sind, daß sie also regelungsintensiv sind. Dies hat zur Folge, daß die Entwicklungen der Informations- und Kommunikationstechnologie und die Verfügbarkeit einschlägiger Anwendungssoftware logistikorientierte Umstellungen besonders fördern.

Die angesprochenen Bedingungen der Rationalisierungsmöglichkeiten, die Höhe der einschlägigen Logistikkosten und ihre Entwicklung haben die Logistik zum zentralen Ansatzpunkt für die Verbesserung der betrieblichen Wirtschaftlichkeit werden lassen.

Der Katalog einschlägiger Rationalisierungsmaßnahmen ist äußerst vielfältig. Genannt seien:

- Standardisierung von Verpackungen und Transport(hilfs)mitteln
- Erhöhung der Dichte von Gebinden zur Verbesserung des Gewicht-Volumen-Verhältnisses
- Bestandsreduzierung mit Hilfe ‚sensibler' Bestellpolitiken
- Produkt- und Prozeßgestaltung im Hinblick auf höhere Durchlaufgeschwindigkeiten
- Zeitliche und räumliche Zusammenfassung von Sendungen zu kompletten Ladeeinheiten
- Ladungs- und Laderaumpoolung zur Vermeidung von Leerfahrten
- Einrichtung von Linien- und Terminverkehren zur Verkürzung von Wartezeiten
- Abbau der Bestände durch Reduzierung der Zahl der Außenläger
- Materialflußoptimierte Fabrikplanung
- Aufbau integrierter Informationssysteme u.a. mit dem Ziel, durch eine Echtzeitkontrolle der Transportprozesse die Übergangszeiten zu verringern

Diese Beispiele zeigen, daß eine Rationalisierung im Bereich der Logistik weder durch die isolierte Optimierung einzelner logistischer Aufgaben, seien es der Transport, die Lagerhaltung, der Umschlag u. a., erreicht werden noch auf die Logistik beschränkt bleiben kann. Das beruht auf deren Entscheidungsinterdependenzen mit der Produktion, dem Einkauf und Vertrieb, der Forschung und Entwicklung, ja praktisch allen Funktionsbereichen. Dort, wo Wechselwirkungen zwischen einzelnen funktionalen Problemlösungen existieren, führt die Minimierung einzelner Kostenarten oder Optimierung von Teilbereichen nicht notwendigerweise zu minimalen Gesamtkosten. Erforderlich ist eine **Gesamtkostenbetrachtung,** die die kosten- und leistungsmäßigen Wechselwirkungen offenlegt und berücksichtigt.

Prototypisch für derartige gegenseitige Beeinflussungen ist das Verhältnis von Transport- und Lagerkosten.

Betrachten wir dazu *Figur 9:*

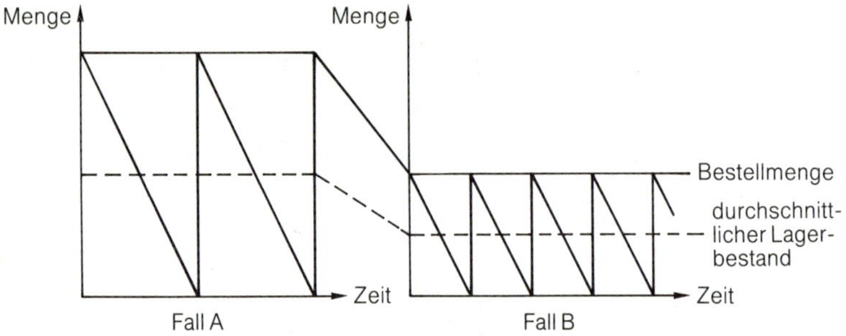

Figur 9: Reduzierung der durchschnittlichen Bestandshöhe durch eine veränderte Bestellpolitik

Das veränderte Bestellverhalten reduziert im Fall B die durchschnittliche Lagerbestandshöhe auf die Hälfte. Dieser Vorteil wird erkauft durch häufigere Fahrten, also erhöhte Transportkosten. Diese wiederum können u. U. durch eine überbetriebliche Ladungskonsolidierung vermieden werden. Das Gesamtoptimum wird durch die minimale Summe aus Lager- und Transportkosten bestimmt, wie *Figur 10* zeigt.

Ein ähnlicher Zusammenhang zwischen Lager- und Transportkosten ergibt sich auch, wenn als Entscheidungsparameter an der Abszisse nicht die Bestellmenge, sondern die Zahl der Auslieferungsläger oder die Geschwindigkeit der Transportmittel (Höhe der Unterwegsbestände!) abgetragen wird. Als weitere Beispiele seien die Interdependenzen zwischen Produktions- und Lager- bzw. Transportkosten in Abhängigkeit von der Fertigungsdurchlaufzeit und den Losgrößen sowie diejenige zwischen Bestandskosten und Fehlmengenkosten in Abhängigkeit von der Lieferbereitschaft genannt. Derartige Entscheidungsinterdependenzen sind ein hervorstechendes Merkmal logistischer Probleme *(Bartels).* Ihre Vernachlässigung führt zu suboptimalen Insellösungen.

Bei der Gesamtkostenminimierung muß beachtet werden, daß die skizzierten Substitutionsbeziehungen (‚trade offs') nicht nur zwischen unmittelbar auf-

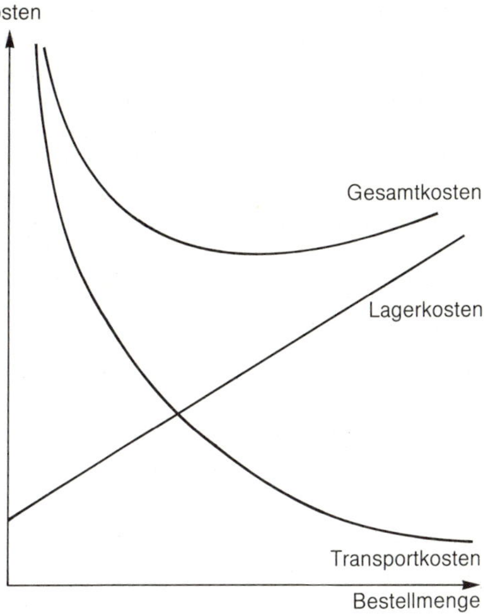

Figur 10: Interdependenz zwischen Lager- und Transportkosten

einanderfolgenden oder benachbarten Prozessen – etwa Lagerhaltung und Transport – bestehen oder auf vorgegebene Verantwortungsbereiche beschränkt sind. Als Beispiel für übergreifende Ausstrahlungseffekte sei auf die Alternative Einweg-/Mehrwegverpackung hingewiesen, die sich über alle Handelsstufen hinweg bis zum Endverbraucher auswirkt (*Ihde* 1980, S. 9 f.). In mehrstufigen, vielgliedrigen Systemen autonomer Entscheidungsträger (vgl. Transportketten, logistische Kanäle, Zuliefer-Abnehmer-Beziehungen) haben daher Interessensausgleiche und kooperative Lösungen hervorgehobene Bedeutung. Die Perspektive der Rationalisierung betrieblicher Prozesse wird ausgehend von der Funktionsoptimierung einzelner Bereiche über die Behandlung der Logistik als betriebliche Querschnittsfunktion zur Flußoptimierung in übergreifenden Logistikketten hin ausgedehnt.

Dabei sind Rationalisierungsmöglichkeiten aber nicht nur dort gegeben, wo derartige gegenläufige Kostenaustauschbeziehungen in logistischen Ketten existieren. Der zweite Ansatzpunkt für Rationalisierungsmaßnahmen ist die Existenz von Synergiepotentialen. Durch die Integration von Aufgaben können in diesen Fällen **Größen- und Verbundeffekte** erwirtschaftet werden. Diese ergeben sich als Folge von Kostensubadditivitäten oder Kostenkomplementaritäten bei den zusammengefaßten Aktivitäten. Im ersten Fall handelt es sich um Kostenvorteile aufgrund großer Stückzahlen identischer Produkte (oder Prozesse). Als Beispiele für diese Größenersparnisse (economies of scale) seien Lerneffekte und Kostendegressionen bei der Ausnutzung nur begrenzt teilbarer Produktionsfaktoren genannt. Im zweiten Fall ergeben sich die Ersparnisse bei gemeinsamer, nicht rivalisierender Nutzung ausgewählter Ressourcen. Diese Verbundeffekte (economies of scope) treten u. a. bei der Inanspruchnahme von Forschungsergebnissen, Know how oder Image für verschiedene Produkte auf (vgl. *Panzar/Willig; Teece; Ihde* 1989). Große Möglichkeiten für positive Verbundeffekte liegen auch hier im zwischenbetrieblichen Bereich, bei der kooperativen Entwicklung von Zwischensystemen (vgl. Teil II, Abschnitt 1.4). Als Beispiele seien die Ladungs- und die Laderaumpoolung genannt (vgl. die sogenannten ‚consolidated' oder ‚shared services'; *Heskett* u. a.; *Friedmann*) sowie die gemeinsame Nutzung eines Dienstleistungskonzeptes durch Franchising. Es liegt auf der Hand, daß die Existenz und die Wahrnehmung von Größen- und Verbundwirkungen die Betriebsgrößenstrukturen der Anbieter von logistischen Leistungen beeinflußt.

2.2 Die Logistik als Wettbewerbsinstrument

Das wachsende Interesse der Praxis an der Logistik wurde bisher mit den vorhandenen Rationalisierungsmöglichkeiten erklärt. Die Diskussion war dementsprechend auf die kostenwirtschaftlichen Aspekte logistischer Konzepte konzentriert. Diese Sichtweise und Innenorientierung sind nur vertretbar, wenn der Logistik bestimmte Aufgaben vorgegeben werden, die kostenminimal zu erfüllen sind. Das ist z. B. dann der Fall, wenn unternehmenspolitische Vorgaben in bezug auf **Lieferservice,** ausgedrückt durch quantitative Maßstäbe wie Lieferzeit, Lieferbereitschaft und Lieferzuverlässigkeit, existieren. Für die Bereitstellung dieser Dienste können dann ‚cost centers' eingerichtet werden, wie Fabriklager, Fuhrpark und regionale Auslieferungslager. Gesteuert werden diese Verantwortungsbereiche durch Kostenbudgets, die durch die Art und Menge der geplanten Prozesse bestimmt sind, also z. B. t/Zeiteinheit (ZE), Paletten/ZE, tkm/ZE usw. (vgl. Teil III, Abschnitt 4).

Diese Beschränkung der Logistik auf ihre unternehmensinternen kostenwirtschaftlichen Aspekte kann nicht befriedigen. Erforderlich für die Offenlegung des gesamten unternehmerischen Handlungsspielraums ist die Einbeziehung der Markt-, der Wettbewerbswirkungen der Logistik. Wie zu zeigen sein wird, haben tiefgreifende Veränderungen der Markt- und Wettbewerbsbedingungen dazu geführt, daß die Logistik der Unternehmen zu einem **Schlüsselfaktor** ihrer wettbewerblichen Positionierung geworden ist.

Ausgangspunkt der Entdeckung der Logistik als Wettbewerbsinstrument ist die Einsicht, daß aus einem veränderten Lieferservice, der den Kundenerfordernissen besser als derjenige der Wettbewerber entspricht, Nachfragewirkungen resultieren, die den entscheidungsrelevanten Kostenveränderungen gegenübergestellt werden müssen.

Die Unsicherheit über die Marktwirkungen logistischer Leistungsdifferenzierung bestimmt bis heute den Stellenwert der Logistik als Wettbewerbsinstrument. Die Unternehmen beschränken sich im allgemeinen darauf, Lieferserviceanforderungen vorzugeben und, wenn auch unzureichend und häufig verzögert, die tatsächlichen, marktwirksamen Logistikleistungen zu ermitteln. Dieser Zusammenhang sei für den Bereich der Distributionslogistik veranschaulicht.

Figur 11 zeigt die Verknüpfung zwischen dem weitgehend steuerbaren Logistikprozeß der betrieblichen Logistik und dem nur unvollkommen bestimmbaren Leistungsoutput der Distributionslogistik.

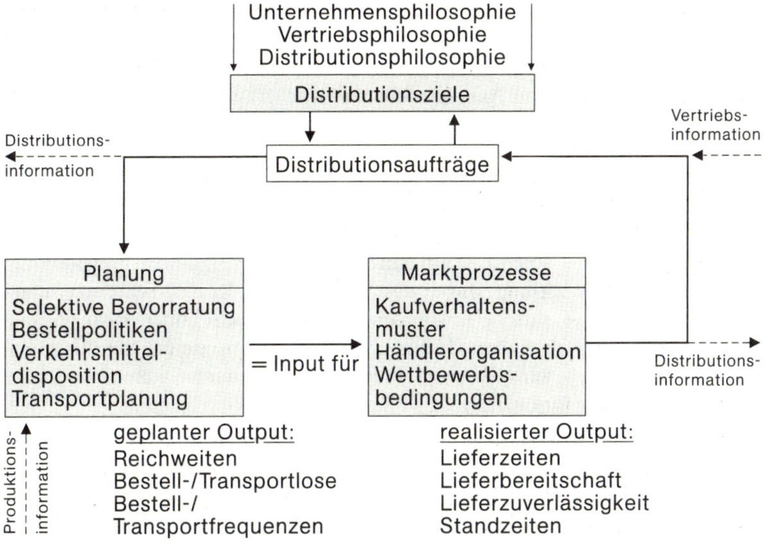

Figur 11: Rückkopplung des Logistikmanagementssystems

Der skizzierte Rückkopplungsprozeß weist in der Regel zwei ‚offene' Stellen auf, die den gezielten Einsatz logistischer Leistungen als absatzpolitisches Instrument erschweren und die umfassende Optimierung der Distributionslogistik behindern. Beide Defekte beruhen auf Informationsmängeln. Einmal besteht beim Management häufig Unkenntnis darüber, welche Leistungsstandards durch die angebotenen Dienste überhaupt erreicht werden, welche Lieferbereitschaft z. B. an dezentralen Angebotspunkten, durch bestimmte Bevorratungsvorgaben, erzeugt wird. Diese Unsicherheit beruht darauf, daß die tatsächliche Nachfrage von der erwarteten abweichen kann und, insbesondere bei kostenbewußter, knapper Bevorratung, schnell erhebliche Fehlmengen auftreten können. Zum zweiten, und dies ist im allgemeinen das größere Problem, ist unsicher, wie die Nachfrager auf Fehlmengen, überschrittene Lieferzeiten und fehlerhafte Lieferungen reagieren. Hier sind die Entscheidungsträger vielfach auf vage Vermutungen und zweifelhafte Verallgemeinerungen angewiesen (vgl. Teil III, Abschnitt 3.2.3.3.2).

Diese Schwierigkeiten wiegen um so schwerer, als die Entwicklung der marktlichen Rahmenbedingungen in den letzten zwanzig Jahren dazu geführt hat, daß die Wettbewerbsposition der Unternehmungen immer stärker durch ihre logistischen Leistungen bestimmt wird. Das kann trotz aller Informationsmängel über die konkreten Marktwirkungen der Logistik im Einzelfall unter Hinweis auf bewährte preis- und wettbewerbstheoretische Hypothesen festgestellt werden. Ausgangspunkt dafür ist zunächst die Tatsache, daß auf den interessierenden Märkten immer häufiger und immer schneller Angebotsüberhänge existieren, oder umgangssprachlich, der Wandel von Verkäufer- zu Käufermärkten. In Verbindung mit der Existenz mehrerer Anbieter ergeben sich daraus für die Nachfrager alternative und substitutive Versorgungsmöglichkeiten. Den Nachfragern sind Bezugsquellenwechsel möglich, die Anbieter können Nachfrage gewinnen und verlieren.

Dieser den Wettbewerb ausmachende Bewegungsvorgang setzt voraus, daß der Markt unvollkommen ist, vor allem, daß die Übersicht über den Markt unvollkommen ist und die Güter ungleich sind. Würden keine Unterschiede bestehen oder diese, sobald sie auftauchen, etwa als Folge einer Preissenkung oder Produktentwicklung, durch das Verhalten der Konkurrenten verallgemeinert werden – unter Umständen mit unendlich hoher Reaktionsgeschwindigkeit verschwinden (*Heuss,* S. 681 f.) – bestünde für den Nachfrager ja kein Anlaß zum Wechsel und für den Anbieter kein Anreiz zur differenzierenden Innovation.

Betrachtet man vor diesem Hintergrund die realen Marktbedingungen, so zeigt sich, daß die Markttransparenz wesentlich verbessert worden ist und daß die Produktqualitäten immer schneller angeglichen werden. Das ist vor allem eine Folge der umfassenden Information der Gesellschaft durch die Massenmedien und auch gezielter Aktivitäten, wie etwa der Werbung und Produktuntersuchungen der Warentestinstitute. Hinzu kommen die gestiegene Mobilität der Nachfrager sowie ihre erhöhten Ansprüche an eine zeitgerechte Bedarfsdeckung. Aus diesen Veränderungen resultieren flüchtige Nachfragen, und zwar in räumlicher und zeitlicher Hinsicht.

Die mangelnde Verfügbarkeit der Güter am Ort und zum Zeitpunkt der Kaufabsicht kann und wird um so eher mit dem Entzug der Nachfrage bestraft werden, als fehlende Preis- und Qualitätsunterschiede dies nahelegen. Praktisch keinen Nachfragestau gibt es daher dort, wo zentrale Angebotsagglomerationen hohe Transparenz und Wahlfreiheit gewährleisten und überwiegend gezielte Verbundeinkäufe durchgeführt werden (*Ihde* 1976, S. 41 ff.). Diese Ansprüche der Nachfrager stehen in Verbindung mit ihrer erhöhten Mobilität und der Fähigkeit der Anbieter, eine flächendeckende Distribution (mit dem Grenzfall der Überallerhältlichkeit) sicherzustellen. Für die Käufer von industriellen Halb- und Fertigerzeugnissen sowie Investitionsgütern spielen kurze Lieferzeiten, die Fähigkeit zur bedarfssynchronen (just in time) Belieferung, Lieferzuverlässigkeiten und Lieferflexibilität eine immer wichtigere Rolle.

Alle Marktbedingungen zusammengenommen

- Käufermarktsituation
- hohe Markttransparenz
- verkürzte Produktlebenszyklen
- räumliche und zeitliche Flüchtigkeit der Nachfrage

und nicht zuletzt rechtliche Rahmenbedingungen haben dazu geführt, daß die klassischen absatzpolitischen Instrumente Preispolitik einschließlich Konditionenpolitik, Produkt- und Verpackungsgestaltung sowie Werbung heute weniger als früher geeignet sind, den Unternehmungen nachhaltig hervorgehobene Wettbewerbspositionen zu verschaffen.

Vollkommen anders verhält es sich mit den Leistungen der Logistik. Deren Wettbewerbstauglichkeit und strategische Bedeutung beruht theoretisch gesehen darauf, daß sie die Ungleichheit und Ungewißheit fördern, die die innovativen Marktbewegungen auslösen. Die praktische Eignung ergibt sich daraus, daß logistische Leistungsunterschiede vergleichsweise unanschaulich sind. Einzelne Anbieter können sich z. B. nur schwer ein genaues Bild von der Distributionsdichte oder der Lieferbereitschaft und Lieferzuverlässigkeit ihrer Konkurrenten machen. Haben sie schließlich einschlägige Kenntnisse, so können sie nur mit erheblicher zeitlicher Verzögerung nachziehen, weil Veränderungen der Durchlaufzeiten (vgl. quick response service) und des Lieferservice i. d. R. zeitraubende Investitionen in Anlage- und Umlaufvermögen erfordern und organisatorische Anpassungen voraussetzen. Logistische Leistungsunterschiede und Wettbewerbsvorteile können somit – verglichen etwa mit preispolitischen oder werblichen Unterschieden – nur langsam abgebaut werden.

Die Beobachtung der Wirtschaftspraxis zeigt, daß die Unternehmungen die Logistik zunehmend als Wettbewerbsinstrument entdecken, daß sie den Charakter einer ‚Neglected Marketing function' *(Reese)* oder eines ‚Forgotten Marketing Tools' *(Bowersox)* verliert.

Die Optimierung inner- und außerbetrieblicher Material- und Güterströme unter Kosten- und Lieferservicegesichtspunkten vollzieht sich in vorgegebenen Strukturen. Es war dargestellt worden, daß den Strukturentscheidungen daher große Bedeutung für die Effizienz der logistischen Prozesse zukommt. Dieser Zusammenhang führt zu der Forderung – und zunehmend auch zu der Praxis – die Logistik in die strategische Unternehmensplanung zu integrieren. Diesem Führungskonzept entspricht die Interpretation der **Logistik** als das **Management komplexer Güterflußnetze**. Logistikmanagement umfaßt nicht nur die prozessualen, sondern auch die strukturalen Aspekte logistischer Netzwerke. Das strategische Unternehmenskonzept schließt logistische Grundpositionen ein. Nicht selten dominieren logistische Konzepte die Unternehmenspolitik.

Durch die Festlegung von Produktfeldern, die Leistungs(Programm-)breite, die Fertigungstiefe, die Standortteiligkeit der Fertigung werden logistische Netzwerke definiert. Die Positionierung in den Wertschöpfungsketten (upstream, down-stream), die Integration unternehmensübergreifender Geschäftsprozesse, die Definition externer Schnittstellen sind strukturbestimmende Entscheidungen. Grundlegende Unternehmensstrategien, sei es die der Kostenführerschaft in Volumengeschäften oder die der Leistungsdifferenzierung, erfordern nicht nur unterschiedliche logistische Prozesse, sondern vor allem spezifische Konfigurationen der logistischen Netze.

Das Verständnis und die Handhabung der Unternehmenslogistik können daher nicht auf interne kostenwirtschaftliche oder externe marktwirtschaftliche Aspekte beschränkt bleiben. Der Beitrag dieser Wirkungsfelder für die Wettbewerbsfähigkeit der Unternehmen ist so gewichtig, daß eine mit der Unternehmensstrategie nicht abgestimmte Logistikkonzeption deren Erfolg in Frage stellt.

2.3 Anforderungen und Konsequenzen der Entwicklung Transport – Verkehr – Logistik

Die Entwicklung der Logistik als genereller Denk- und praktischer Planungs- und Organisationsansatz rückt neue Methoden und Verfahren ins Blickfeld. Weitreichende Anforderungen ergeben sich bei der praktischen Umsetzung von Logistikkonzepten in den Unternehmungen. Aufgabenbereiche müssen neu bestimmt, Zuständigkeiten umverteilt werden, Stellenbeschreibungen und Ausbildungsprogramme müssen geändert, Budgetanweisungen überdacht werden. Hierzu werden in Teil III nähere Ausführungen gemacht. Tiefgreifende und besonders augenfällige Auswirkungen hat die Durchsetzung neuer logistischer Konzepte auf die Verkehrsmärkte. Innovative Leistungsangebote und Angebotsformen spiegeln die veränderten Bedarfe der verladenden Wirtschaft, beeinflussen aber auch deren Logistik. Diese Veränderungen werden in Teil II behandelt. In diesem Abschnitt werden methodische und definitorische Aspekte der Entwicklung skizziert.

Der die Logistik kennzeichnende Denkansatz macht eine die Institutionen übergreifende Betrachtungsweise, etwa i. S. einer Gesamtkostenanalyse, erforderlich *(Smykay/Bowersox/Mossmann; Flaks; Bowersox/Smykay/La Londe)*. Diese ist auf die Offenlegung möglichst aller relevanten Interdependenzen gerichtet, intraorganisationaler wie interorganisationaler. Da das Auswahl- und Abgrenzungskriterium des Untersuchungsobjektes die Existenz kosten- und/oder erlösmäßiger Wechselwirkungen ist, liegt die Bezugnahme auf die Systemtheorie nahe *(Bertalanffy; Boulding)*. Als phänomenologische Theorie abstrahiert diese von konkreten institutionellen Ausprägungen der Realität und macht mit Hilfe formaler Kategorien Aussagen über Strukturen, Zustände und Verhaltensweisen von Systemen. Dabei stehen vielfach verknüpfte Wirkungszusammenhänge im Vordergrund, wie sie für logistische Prozesse typisch sind. Als formale Kategorien der Analyse dienen Merkmale der Systeme wie Anzahl und Verknüpfung von Elementen, statische und dynamische, deterministische und stochastische Merkmale der Elemente und Beziehungen. Die dadurch mögliche quantitative Abbildung komplexer realer Sachzusammenhänge führt weiter dazu, daß der Systemansatz nicht nur das ganzheitliche Denken fördert, sondern auch als technologisches Instrument taugt. Bei Kenntnis wesentlicher Strukturmerkmale des realen Systems sowie der wichtigsten funktionalen Beziehungen zwischen den Systemelementen ist es nämlich möglich, empirische Systeme in mathematische Modelle zu überführen, die Verhaltenssimulationen (Berechnungsexperimente) erlauben. Die Simulation als ‚Nachahmung realer oder gedachter Systeme mit Hilfe formaler Modelle' (*Pagenkopf*, S. 539) liefert Hinweise für die optimale Gestaltung praktischer Abläufe. Dies ist um so eher möglich, als mit Hilfe von Computern viele denkbare Szenarien durchgespielt werden können, indem die Inputparameterwerte und die funktionalen Relationen systematisch verändert werden. Das Studium des Modelloutputs erlaubt Rückschlüsse auf Logik und Verhalten des Systems, selbst wenn dieses zum Teil eine unzugängliche ‚black box' bleiben sollte.

Bereits heute existieren viele leistungsfähige Simulationssprachen und -techniken. Hingewiesen sei nur auf die Modelle des ‚system dynamics'-Typs *(Forrester)*. So kann das Kausaldiagramm der *Figur 4* als negatives (zielsuchendes) Feed-Back-System interpretiert, durch ein System von linearen Differentialgleichungen abgebildet und rekursiv gelöst (stetig entwickelt) werden *(Merkel)*. Für die Optimierung logistischer Prozesse hat die **Planungslogik kybernetischer Regelkreise** somit zentrale Bedeutung. Die einzelnen Aufgaben entlang der logistischen Ketten können als vermaschte Regelsysteme definiert werden, deren Koordination über eine möglichst enge Kopplung herbeigeführt wird.

Die Tatsache, daß reales Systemverhalten nicht erklärt und somit unter Rückgriff auf bewährte Hypothesen und Theorien auch nicht zielgerichtet gestaltet werden kann, sofern wesentliche Systemmerkmale unberücksichtigt bleiben, erzwingt die Ablösung, zumindest aber die Ergänzung der institutionell ausgerichteten Verkehrsbetriebslehre durch die Logistik. Die Verkehrsleistungen von Nichtverkehrsbetrieben, etwa Werkverkehre und private Einkaufsfahrten, müssen ebenso berücksichtigt werden wie produktions- oder konsumtionswirtschaftliche Entwicklungen. Und wenn schließlich die Übergänge zwischen Transformation und Transfer derart fließend sind und gewichtige kosten- und erlösmäßige Interdependenzen zwischen den Wirtschaftssektoren Produktion und Konsumtion bestehen, dann wird eine sektorale Wirtschaftspolitik überdacht werden müssen, die ihre Ziele und ihre Konzepte aus den ‚Besonderheiten' nur eines Sektors ableitet, des Verkehrssektors (vgl. Teil II, Abschnitt 4.1.2). Logistik ist also nicht nur eine Herausforderung für die Wissenschaft und die Wirtschaft, sondern auch und vor allem für die Verkehrspolitik.

Offensichtlich bedeutet das skizzierte Konzept einen so grundlegenden Wandel des Denkansatzes und des praktischen Problemlösungsverhaltens, daß – vergleichbar etwa dem Übergang Absatzwirtschaft – Marketing in den 60er Jahren – eine besondere sprachliche Kennzeichnung geboten erscheint. Denn die Diskussion über reale Phänomene und die praktische Problemhandhabung setzt die Verständigung über Begriffe voraus. Mit Hilfe der Begriffe erfolgt die sprachliche Darstellung der Realität. Umgangssprachlich, unkritisch und unsystematisch werden reale Sachverhalte mit bestimmten Ausdrücken belegt. Die systematische und wissenschaftliche Auseinandersetzung mit diesen realen Sachverhalten macht es jedoch erforderlich, eindeutige Zuordnungen zwischen den sprachlichen Ausdrücken und bestimmten realen Phänomenen vorzunehmen.

Wenn auch die Begriffsbildung keinem Richtig-Falsch-Urteil zugänglich ist, sollte sie doch zweckmäßig, fruchtbar und präzise sein, was nicht zuletzt bedeutet, daß reale Unterschiede auch sprachlich zum Ausdruck gebracht werden.

Für den **Begriff Logistik** bedeutet dies, da er kein Kunstwort verwendet, daß auf die Assoziationen Bezug genommen wird, die sprachlich begründet sind *(Bjelicic)*. Das trifft auf zwei Wortstämme zu, und zwar auf den griechischen ‚Logos' bzw. ‚Logicos' (Rechnen, Rechenkunst; denkrichtig, vernünftig) sowie den germanisch-französischen Stamm ‚loger' bzw. ‚logis' (Unterbringung, Quartier).

Die Relevanz des griechischen Wortstammes logos für die heutige Bedeutung des Logistikbegriffs resultiert nun weniger daraus, daß Rechnen und folgerichtiges Denken bei der Lösung logistischer Probleme eine besondere Bedeutung spielen, als vielmehr daraus, daß der byzantinische Kaiser Leontos VI (886 bis 911) in griechischer Sprache eine ‚Summarische Auseinandersetzung der Kriegskunst' verfaßte. In diesem umfassenden theoretischen Werk, welches unter dem Namen ‚Leoninische Militärische Institute' bekanntgeworden ist, definiert Leontos neben der Taktik und Strategie eine dritte Kriegswissenschaft, die Logistik. Nach Wiedergabe von *Jähns* (S. 161) kennzeichnet Leontos die Logistik wie folgt: „Sache der Logistik ist es, das Heer zu besolden, sachgemäß zu bewaffnen und zu gliedern, es mit Geschütz und Kriegsgerät auszustatten, rechtzeitig und hinlänglich für seine Bedürfnisse zu sorgen und jeden Akt des Feldzuges entsprechend vorzubereiten, d. h. Raum und Zeit zu berechnen, das Gelände in bezug auf die Heeresbewegungen sowie des Gegners Widerstandskraft richtig zu schätzen und diesen Funktionen gemäß die Bewegung und Verteilung der eigenen Streitkräfte zu regeln und anzuordnen, mit einem Wort zu disponieren."

1837 veröffentlichte *Antoine-Henry Baron de Jomini* in Paris seinen ‚Abriß der Kriegskunst' (Précis de l'art de la guerre). *Jomini,* gebürtiger Schweizer (Payerne 1779), Adjutant Marschall *Neys,* Brigadegeneral und Gouverneur von Wilna und Smolensk, später in Diensten von Zar Alexander und Gründer der Militärakademie Petersburg sowie Teilnehmer am Wiener Kongreß, definierte die militärische Logistik als das Aufgabengebiet des ‚maréchal des logis', des deutschen Quartiermeisters, der „die Quartiere und Lager der Truppen zu bestimmen, den Marschkolonnen die Richtung anzuweisen und sie nach der Örtlichkeit aufzustellen" (*Jomini,* S. 271) hatte.

Im sechsten Kapitel seines Werkes, betitelt ‚Ueber die Logistik, oder über die Kunst die Truppen in Bewegung zu setzen', beschäftigt sich Jomini ausführlich mit den Aufgaben der Logistik und stellt unter anderem fest (S. 272): „Wenn es anerkannt ist, daß die alte Logistik nur eine Detailwissenschaft für die Berechnung der Märsche geworden, wenn es erwiesen ist, daß die Pflichten des Generalstabes heute die höchsten Kombinationen der Strategie umfassen, so wird man hinzusetzen müssen, daß die Logistik nur ein kleiner Theil der Wissenschaft des Generalstabes ist, ja sogar, daß man ihr nothwendigerweise eine andere Entwickelung geben und eine neue Wissenschaft daraus machen muß, welche nicht nur die des Generalstabes, sondern sogar die der Oberfeldherrn wäre."

Nachfolgend werden von Jomini in einem achtzehn Punkte umfassenden Verzeichnis die von ihm angesprochenen, der Logistik zuzurechnenden Pflichten des Feldherrn aufgezählt.

Für die heutige Begriffsbestimmung interessant ist dabei, daß die Standortbestimmung und Einrichtung von Depots, die Marschplanung und -durchführung, die Bereitstellung der Transportmittel, die Einrichtung der Verbindungswege und auch bereits die Entsorgung der Truppe der Logistik zugerechnet wurden.

Der weitere Weg des Begriffs Logistik ist folgender: Übersetzt ins Englische wird Jominis Arbeit zur Standardlektüre amerikanischer Offiziere. So überrascht es nicht, daß der Begriff Logistik bereits 1885 bei der Eröffnung einer Marineschule in den USA als Kursbezeichnung auftaucht (durch den Admiral *Stephen B. Luce*). In den Folgejahren findet dieser Begriff Eingang in den allgemeinen Sprachgebrauch der Militärs, vornehmlich in dem Sinne, daß Logistik als das ökonomische Element militärischer Angelegenheiten angesehen wird. Während des Zweiten Weltkrieges wurden vom amerikanischen Verteidigungsministerium interdisziplinäre Teams berufen, deren Aufgabe die Entwicklung mathematischer Planungsmodelle war sowie deren Anwendung auf logistische Fragestellungen. Im Vordergrund standen dabei Probleme der Lokalisierung und Bevorratung von Depots sowie Transport- und Tourenprobleme. Damit bildeten diese Projektteams die gemeinsame Wurzel sowohl für die Entwicklung der mathematischen Planungswissenschaft, heute allgemein Operations Research genannt, wie auch für die wirtschaftswissenschaftliche Disziplin Logistik.

Im militärischen Bereich ist die Logistik inzwischen als zentrale Führungsaufgabe anerkannt und bildet einen eigenen Führungsstabsbereich. Uneinheitlich ist nach wie vor aber auch dort die inhaltliche Bestimmung des Begriffs Logistik, in einigen Armeen werden sehr enge, in anderen recht weite Definitionen verwendet.

In der zentralen Dienstvorschrift der Bundeswehr (ZDV 30/41) ‚Begriffe aus dem Bereich der Logistik' wird diese definiert als „die Lehre von der Planung der Bereitstellung und vom Einsatz der für militärische Zwecke erforderlichen Mittel und Dienstleistungen zur Unterstützung der Streitkräfte und/oder die Anwendung dieser Lehre."

Die Übernahme dieses militärisch geprägten Logistikbegriffs in die zivile Wirtschaftspraxis vollzog sich in der Zeit nach dem Zweiten Weltkrieg auf vielfältige Weise.

Da ist zunächst der praktische Gebrauch des Logistikbegriffs durch ehemalige Soldaten im alltäglichen Wirtschaftsleben zu nennen. Diese Diffusion von Denkweisen, Begriffsinhalten und Instrumenten war umfassend und hat zudem die Beschäftigung empirischer Wissenschaften mit diesem Phänomen ausgelöst. Ähnliches gilt ja für die rasche Verbreitung des Stab-Linie-Gedankens in der Organisationspraxis, wie auch die des insbesondere im Anlagengeschäft verbreiteten Einsatzes von Projektteams (task forces).

Eine zweite Ausbreitungslinie ist die Übernahme des Begriffs Logistik in die akademische Lehre und die wissenschaftliche Beschäftigung mit den Logistikphänomenen.

Der entscheidende Impuls für die Begründung einer wissenschaftlichen Disziplin Logistik scheint dabei von Oskar Morgenstern ausgegangen zu sein, der im Jahre 1955 in der Zeitschrift ‚Naval Research Logistics Quarterly' den ersten systematischen Versuch zur Begründung einer Theorie der Logistik unternahm. Die wohl entscheidenden Feststellungen dort lauten:

„A logistic operation consists in the supply of definite quantities of physical means and services for activities that according to their missions consume these means and services in order that the activities be maintained at particular present or expected future rates. The supplies come from a source and must be moved, in other words, transformed in space and time, by means of transportation to the activity."

Die Logistik gewährleistet die art- und mengenmäßig abgestimmte, räumliche und zeitliche Zusammenführung von physischen Gütern, wie sie für die Aufnahme und Durchführung produktiver und konsumtiver Prozesse erforderlich ist. Dabei wirken die logistischen Leistungsbedingungen auf die Organisation der Wirtschaft und damit deren Überbrückungsbedarfe zurück.

Inzwischen hat der Begriff Logistik eine weite Verbreitung gefunden, und das Problemverständnis vereinheitlicht sich zunehmend. An Universitäten und Fachhochschulen wird die Fachrichtung Logistik auf- und ausgegebaut, die Wirtschaftspraxis sucht zunehmend Logistiker, Unternehmensberatungen richten Logistiksparten ein, und Interessenverbände fördern und verbreiten logistische Erkenntnisse.

Offen geblieben ist bei der Definition der Logistik bisher die Einbeziehung sowie Art und Umfang der Behandlung von Personenverkehren. Dabei schließt die Interpretation der Logistik im Sinne der abgestimmten Bereitstellung von Produktionsfaktoren (und Produkten) Personen durchaus ein. Tatsächlich sind die personelle Ausstattung von Baustellen, die weltweite, auf knappe Bodenzeiten abgestellte Bereitstellung von Flugzeugbesatzungen, die Tournee eines Symphonieorchesters wie auch die staufreie Abwicklung des Schichtwechsels in Großbetrieben anspruchsvolle logistische Aufgaben. Überall dort, wo Personen mit Produktionsfaktoren zu produktiven oder mit Produkten zu konsumtiven Zwecken räumlich und zeitlich zusammengeführt werden müssen, sind alternative logistische Lösungen denkbar und abzuwägen. Für eine auf betriebswirtschaftliche Fragestellungen gerichtete Logistikkonzeption ist es daher notwendig, Personen insoweit in die Betrachtung einzubeziehen, als sie durch ihr Verhalten Bedingungen für einzelwirtschaftliche logistische Lösungen setzen. Dabei bilden diese Verhaltensweisen selbst kein zentrales Unternehmensobjekt und werden nur in dem Umfang behandelt, als sie mit den unternehmenslogistischen Fragestellungen interdependent sind.

Literatur zu Teil I, Abschnitt 2

Bartels, H.G.: Logistik, in: Handwörterbuch der Wirtschaftswissenschaft, Bd. 5, hrsg. von *W. Albers et al.*, Stuttgart, New York 1980, S. 54–73

Bertalanffy, L.v.: General Systems Theory. Foundations, Development, Applications, 1. Auflage, New York 1969

Bjelicic, B.: Logistik. Eine sprachhistorische und begriffsinhaltliche Untersuchung, Muttersprache, Bd. 97 (1987), S. 153–161

Böcker, F.: Der Distributionsweg einer Unternehmung. Eine Marketingentscheidung, Berlin 1972

Boulding, K.E.: General Systems Theory – The Skeleton of Science, Management Science, 2 (1956), S. 197–208

Bowersox, D.J.: Distribution Logistics: The Forgotten Marketing Tool, in: Readings in Physical Distribution Management, hrsg. von *D.J. Bowersox/E.W. Smykay/B.J. La Londe*, London 1969, S. 69–73

Bowersox, D.J.: Logistical Management. A Systems Integration of Physical Distribution Management, Materials Management and Logistical Coordination, New York, London 1974

Bowersox, D.J./Smykay, E.W./La Londe, B.J.: Physical Distribution Management. Logistic Problems of the Firm, 2. Auflage, New York, London 1968

Delaney, R.V.: Logistics: A New Engine for the 1990s, in: Annual Conference Proceedings, hrsg. von *CLM*, Vol. 1, Oak Brook 1990, S. 1–31

Drucker, P.F.: The Economy's Dark Continent, in: Marketing Logistics: Perspectives and Viewpoints, hrsg. von *N.E. Marks/R.M. Taylor*, London, Sydney 1967, S. 3–7

Flaks, M.: Total Cost Approach to Physical Distribution, in: Marketing Logistics: Perspectives and Viewpoints, hrsg. von *N.E. Marks/R.M. Taylor*, New York, London, Sydney 1967

Forrester, J.W.: Industrial Dynamics, 1. Auflage, Cambridge, Mass. 1961

Friedmann, W.F.: Physical Distribution: The Concept of Shared Services, Harvard Business Review, 53 (1975) 2, S. 24–148

Heskett, J.L./Glaskowsky, N.A. (jr.)/Ivie, R.M.: Business Logistics, 2. Auflage, New York 1973

Heuss, E.: Wettbewerb, in: Handwörterbuch der Wirtschaftswissenschaften, Bd. 8, hrsg. von *W. Albers* et. al., Stuttgart, New York 1980, S. 679–697

Ihde, G.B.: Größenersparnisse der Distribution, Wiesbaden 1976

Ihde, G.B.: Von der Verkehrsbetriebslehre zur betriebswirtschaftlichen Logistik, Zeitschrift für Verkehrswissenschaft, 1980, S. 3–16

Ihde, G. B.: Wettbewerbsstrategien der Spedition im Spannungsfeld zwischen (De-) Regulierung und Strukturwandel, Zeitschrift für Verkehrswissenschaft, 60. Jg. (1989), S. 71–82

Jähns, M.: Geschichte der Kriegswissenschaften vornehmlich in Deutschland, Bd. 1: Altertum, Mittelalter, 15. und 16. Jahrhundert, New York, Hildesheim 1966, Nachdruck der Ausgabe von München, Leipzig 1889

Jomini, A.-H.: Abriß der Kriegskunst, Berlin 1881

La Londe, B.J./Zinszer, P.H.: Customer Service: Meaning and Measurement, Chicago 1976

Merkel, H.H.: Simulationsmodelle für die Optimierung interdependenter logistischer Prozesse, Bremen 1981

Morgenstern, O.: Note on the Formulation of the Theory of Logistics, Naval Research Logistics Quarterly, 5 (1955), S. 129–136

Pagenkopf, J.: Simulation, in: Handwörterbuch der Wirtschaftswissenschaft, Bd. 6, hrsg. von *W. Albers et al.*, Stuttgart 1981, S. 536–549

Panzar, J. C./Willig, R. D.: Economies of Scale and Economies of Scope in Multioutput Production, Bell Laboratories Economic Discussion Paper 33, 1975

Reese, B.: Physical Distribution. The Neglected Marketing Function, in: Marketing Logistics: Perspectives and Viewpoints, hrsg. von *N. E. Marks/R. M. Taylor*, New York, London, Sydney 1967, S. 56–61

Rushton, A. S./Williams, J. M.: The Cost of Materials Handling to the Economy, Material Flow, 1983, S. 101–107

Smykay, E. W./Bowersox, D. J./Mossmann, F. H.: Physical Distribution Management: Logistics Problems of the Firm, New York 1961

Stewart, W. M.: Total Distribution: Key to Improved Sales and Profits, London 1966

Taylor, F. W.: The Principles of Scientific Management, New York 1911

Teece, D. J.: Economies of Scope and the Scope of the Enterprise, Journal of Economic Behavior and Organization, 1980, S. 223–247

Teil II
Die gesamtwirtschaftlichen Aspekte der Logistik

Logistische Konzepte beziehen sich auf die Gestaltung und Steuerung komplexer Güterflußsysteme. Optimale Gesamtlösungen machen die Berücksichtigung möglichst aller relevanten Zusammenhänge und Wechselwirkungen erforderlich. Fast immer werden sie funktionen-, bereichs- und institutionenübergreifende Lösungen sein. Den gesamtwirtschaftlichen Rahmenbedingungen sowie den unternehmerischen Marktbeziehungen gilt daher das besondere Interesse, und dabei vor allem den Veränderungen und Entwicklungslinien, Sachverhalten also, die strategische Handlungsbedarfe und -möglichkeiten bestimmen.

1. Die logistischen Aufgabenträger

1.1 Arbeitsteilung bei logistischen Aufgaben

Sobald es technisch-organisatorisch möglich ist, Transformations- und Transferprozesse voneinander zu trennen und arbeitsteilig durchzuführen, stellt sich für jedes rechnende Wirtschaftssubjekt die Grundsatzfrage nach dem eigenen Funktionsumfang und damit auch die Frage nach der Eigenerstellung oder dem Fremdbezug logistischer Leistungen.

Die Vorteilhaftigkeit arbeitsteilig organisierter Wirtschaftssysteme beruht auf ungleichen Leistungsvoraussetzungen bei den einzelnen Wirtschaftseinheiten, etwa unterschiedlichen Faktorausstattungen und Fähigkeiten und in Verbindung damit auf den Möglichkeiten, durch Konzentration auf bestimmte Funktionen oder Zusammenfassung ausgewählter Aufgaben komparative Vorteile erzielen zu können: Die Spezialisierung im Sinne der (massenhaften) Durchführung gleichartiger Tätigkeiten ermöglicht vielfältige Größenersparnisse (economies of large scale), die Zusammenführung einander ergänzender Prozesse die Realisierung von Verbundeffekten (economies of scope, vgl. Teil I, Abschnitt 2.1).

Sofern die Spezialisten bzw. Verbundproduzenten diese Kostenersparnisse zumindest teilweise durch niedrigere Preise an den Markt weitergeben, entstehen aus der Sicht derjenigen Unternehmungen und Haushalte, die sich darauf beschränken, ihre eigenen, vergleichsweise begrenzten logistischen Bedarfe selbst zu befriedigen, Nachteile der Kleinheit (diseconomies of smallness). Daher ist die ständige Überprüfung des einzelwirtschaftlichen

Geschäftsumfanges erforderlich. Andernfalls besteht die Gefahr, durch fehlende make or buy-Vergleiche *(Männel)*, d.h. durch eine falsch angelegte Fertigungstiefe, in der wirtschaftlichen Existenz bedroht und vom Markte verdrängt zu werden.

Formal stellt die Arbeitsteilung eine Systemdifferenzierung, eine Bildung von Subsystemen mit spezialisierten Aufgaben, und die Zusammenfassung synergetischer Prozesse eine Systemintegration dar. Die Verselbständigung der Subsysteme kann unterschiedlich ausgeprägt sein. Die Bildung von Abteilungen, Geschäftsbereichen, Cost oder Profit Centers sind dafür ebenso Beispiele wie die rechtliche Verselbständigung der Subsysteme durch die Gründung von Betriebs- oder Tochtergesellschaften. Das Ausmaß, in dem Unternehmungen und Haushalte sich auf ihren logistischen Eigenbedarf beschränken oder Fremdbedarfe befriedigen, sowie der Grad der organisatorischen Verselbständigung der logistischen Funktionsbereiche sind die Kriterien, mit deren Hilfe die Träger logistischer Leistungen in logistische Betriebe und mikrologistische Subsysteme eingeteilt werden können (*Kirsch* u.a., S. 153 ff.).

Die Tätigkeit logistischer Betriebe ist auf die Befriedigung logistischer Bedarfe Dritter gerichtet. Zu diesem Zweck treten sie mit spezialisierten oder umfassenden Leistungsangeboten auf den einschlägigen Märkten auf. Das schließt nicht aus, daß sie aufgrund besonderer Abhängigkeiten, z.B. einer Konzernverflechtung, überwiegend oder ausschließlich für bestimmte Unternehmungen tätig werden.

Demgegenüber haben die mikrologistischen Subsysteme kein eigenständiges Unternehmensziel und keine Entscheidungsautonomie über ihre Fertigungstiefe und ihren Leistungsumfang. Vielmehr besteht ihre Aufgabe darin, die logistischen Leistungsanforderungen ihres Supersystems, d.h. einer Unternehmung oder eines Haushaltes, zu erfüllen. Ihre Marktpartner sind die logistischen Betriebe, mit diesen teilen sie sich aufgrund von Leistungs- und Kostenvergleichen den Vollzug der aus der aktuellen Geschäftstätigkeit resultierenden Überbrückungsleistungen. Dabei muß beachtet werden, daß die Position der mikrologistischen Subsysteme keineswegs – und aufgrund der veränderten Marktbedingungen immer weniger – die eines untergeordneten Vollzugsorgans ist. Das ist insbesondere dann nicht der Fall, wenn die Leistung der mikrologistischen Subsysteme zum Engpaß und damit zum entscheidenden Bestimmungsfaktor des unternehmerischen Erfolgs wird. Das gilt z.B. dann, wenn die Wettbewerbsfähigkeit der Unternehmung weniger auf den angebotenen Sachleistungen beruht, weil diese homogen und substituierbar sind, als vielmehr bestimmt wird von dem Umfang und der Qualität der zugehörigen logistischen Leistungskomponenten wie Lieferzeit und Lieferzuverlässigkeit.

1.2 Logistische Betriebe

Logistische Betriebe übernehmen logistische Leistungen für Dritte. Der Prototyp logistischer Betriebe ist der Verkehrsbetrieb, dessen Hauptprodukt Transportleistungen sind. Daneben können entsprechend dem Gewicht der verschiedenen logistischen Leistungskomponenten vor allem Speditionsbetriebe, Lagerhaltungsbetriebe, Umschlagsbetriebe, Verpackungsbetriebe, Warenverteilbetriebe, Stauereien und Ladungskontrolleure u.a. unterschieden werden.

Das empirische Erscheinungsbild der **Verkehrsbetriebe** ist sehr vielfältig. So können die Verkehrsbetriebe gegliedert werden nach den von ihnen wahrgenommenen Funktionen, nach den beförderten Transportobjekten, nach technischen und organisatorischen Merkmalen der Leistungserstellung, nach der Rechtsform, nach der finanziellen Trägerschaft und nicht zuletzt nach der Dominanz erwerbs- oder gemeinwirtschaftlicher Zielvorstellungen.

Betrachtet man zunächst die Funktionen, so steht die Raumüberwindungsfunktion im Mittelpunkt. Ihre technische und mehr noch die Forderung nach wirtschaftlicher Durchführung machen es erforderlich, daß der Verkehrsbetrieb zusätzlich andere Aufgaben übernimmt, wie z.B. Wegsicherungs-, Abfertigungs-, Weg-, Fahrzeug- und Stationsbereithaltungsfunktionen.

Die Spannweite des Angebots reicht von einzelnen Beförderungsleistungen auf vorgegebenen Relationen bis hin zu Verkehrsbetrieben, die auf selbsterstellten Wegen eine breite Palette von Verkehrsdiensten anbieten, wie z.B. die Deutsche Bundesbahn.

Bezüglich der Transportobjekte können Personen- und Güterverkehrsbetriebe unterschieden werden, bei Gütertransporten kann nach Massengütern, Stückgütern sowie Spezialgütern differenziert werden.

Was die technisch-organisatorischen Merkmale anbetrifft, ist zunächst zu unterscheiden nach den benutzten Verkehrswegen. In diesem Sinne wird von Seeschiffahrt, Binnenschiffahrt, Eisenbahnverkehr, Straßenverkehr, Luftverkehr und Rohrleitungsverkehr gesprochen.

Der Einfluß der technischen Bedingungen auf die Erstellung der Verkehrsleistungen ist sehr ausgeprägt und ökonomisch von besonderer Bedeutung insofern, als sich aus ihnen unterschiedliche Kostenstrukturen und spezifische Qualitätsprofile der Verkehrsleistungen ergeben. Diese Verkehrswertigkeiten (*Voigt,* S. 69 ff.) prädestinieren die anbietenden Verkehrsbetriebe für unterschiedliche Leistungen, woraus wiederum die Arbeitsteilung im Verkehr resultiert.

Zu den technologischen Merkmalen der Leistungserstellung von Transportleistungen gehört auch die Organisation der Verkehre als Linien- oder Gelegenheitsverkehre. Erfolgt die Leistungserstellung im Gelegenheitsverkehr, so liegt Auftragsproduktion insofern vor, als der Verkehrsbetrieb erst tätig wird, wenn ein Kundenauftrag vorliegt. Demgegenüber wird beim Linienverkehr vor dem Hintergrund mehr oder minder konkreter Nachfrageerwartungen im vorhinein die regelmäßige Bedienung bestimmter Routen geplant. Der veröffentlichte Fahrplan ist Ausdruck des verkehrsbetrieblichen Leistungsangebots.

Was die Wahl der Rechtsform anbetrifft, so besteht grundsätzlich auch für Verkehrsbetriebe Wahlfreiheit. Wichtiger als das Merkmal der Rechtsform ist daher die Frage nach der finanziellen Trägerschaft. Das um so mehr, als im Vergleich zu anderen Wirtschaftsbereichen Bund, Länder und Gemeinden in der Verkehrswirtschaft finanziell und unternehmerisch stark engagiert sind. Das gilt vor allem für die Deutsche Bundesbahn und die Betriebe des öffentlichen Personennahverkehrs.

Verglichen mit den Verkehrsleistungen werden die Lagerhaltungsleistungen weniger ausgegliedert. Dennoch hat das selbständiges **Lagergeschäft** (vgl. §§ 416 ff. HGB) eine große Bedeutung dort, wo an den Brechungsstellen der internationalen Handelsströme umfangreiche und vielfältige Zeitausgleichsbedarfe entstehen, oder auch dort, wo besondere Fazilitäten oder Warenkenntnisse erforderlich sind.

Dabei muß beachtet werden, daß der Ausgleich grundsätzlich als Zeit- oder Mengenproblem interpretiert werden kann. Die unterschiedliche, in Mengeneinheiten pro Zeiteinheit (ME/ZE) gemessene Leistung hintereinander geschalteter Systeme führt, wie *Figur 40* zeigt, zu Lagerbildung bzw. Lagerabbau. Die Synchronisierung der beiden Entwicklungslinien kann durch eine Verständigung der Systeme über Transportlose und Transportfrequenz (vgl. auch die Ausführungen zu *Figur 5*) angesteuert werden. Pufferbestände ergeben sich in diesem Zusammenhang jedoch nicht nur daraus, daß die Bereitstellungs- und Entnahmemuster mengen- und zeitmäßig unterschiedlich sind, sondern auch aus Störungen der Güterprozesse, insbesondere an den Schnittstellen verschiedener Systeme.

Als Motive für eine geplante Lagerhaltung sind neben dem **Ausgleichsmotiv** und dem **Sicherungsmotiv** das **Spekulationsmotiv** vor dem Hintergrund unsicherer Marktentwicklungen, das **Assortierungsmotiv** (vgl. die Mischung von Provenienzen bei Tee, Kaffee und Tabak) und, allerdings mit nachgeordneter Bedeutung, das **Veredelungsmotiv** zu nennen (Alterung, Gärung, Reifung, Trocknung). Hinzu kommt – angesichts der veränderten Marktbedingungen mit zunehmender Bedeutung – die Bevorratung von Verkaufspunkten mit Beständen, die über die aufgrund der erwarteten Nachfrage (-verteilung) geplanten Sicherheitsbestände hinausgehen. Diese Bestände üben durch Präsenz und Präsentation eine akquisitorische, kaufauslösende Funktion aus (**Akquisitionsfunktion**; vgl. das Stichwort Markensubstitution und Teil III, Abschnitt 3.2.3.3.2). Es liegt auf der Hand, daß nur Teile der Bestände ausgrenzbar sind und zum Gegenstand eines selbständigen Lagergeschäfts gemacht werden können. Das gilt prototypisch für die Veredelung.

Eine wichtige Rolle für die wirtschaftliche und störungsfreie Kopplung hintereinander geschalteter güterwirtschaftlicher Prozesse spielen die **Verpakkungs-, Umschlags- und Stauereibetriebe.** Die Wahl der richtigen Verpakkung und ihre fachmännische Ausführung ist eine wichtige Voraussetzung für den reibungslosen Ablauf der Transport-, Lagerhaltungs- und Umschlagsvorgänge insbesondere bei Transportaufgaben, die die Berücksichtigung einer Vielzahl unterschiedlicher (Umwelt-) Bedingungen erfordern, etwa bei dem Export verderblicher Produkte in tropische Länder. Häufig kann durch die Verwendung normierter Lade- und Transporthilfsmittel ein Gut erst transport- und lagerfähig gemacht werden. Die Optimierung des Füllungsgrades der Ladeeinheiten und die Dichte der Ladung sind für die Höhe der Frachtkosten von entscheidender Bedeutung. Die Dienste professioneller Verpacker werden von der verladenden Industrie daher vor allem gern dann in Anspruch genommen, wenn, wie z. B. für den Anlagenbau typisch, der Verpackungsbedarf stark schwankt und spezielle Fachkenntnisse erforderlich sind. Verpackungsbetriebe befinden sich daher vornehmlich in der Nähe exportierender Investitionsgüterindustrien und in den Seehäfen.

Die Umschlagsbetriebe schlagen die Transportgüter entweder direkt von einem Transportmittel in ein anderes um oder aber lagern zwischen. Sofern die Zwischenlagerung in Seehäfen einen größeren Umfang annimmt und, wie für Sammelgut üblich, eine Vielzahl von kleineren Sendungen gesammelt wird, wird von Kaibetrieben gesprochen.

Das sachgemäße Stauen der Güter in den Laderäumen der Schiffe schließlich ist Sache der Stauereien.

Bei **Tallyfirmen** handelt es sich um **Ladungskontrolleure,** die im Auftrage der Reeder oder Schiffsmakler die ein- und ausgehende Ladung kontrollieren und die notwendigen Daten für die Frachtdokumentation, die Abrechnung und auch für die Abwicklung von Versicherungsfällen liefern.

Neben den genannten logistischen Tätigkeiten, auf deren Wahrnehmung sich eine Vielzahl von Unternehmungen spezialisiert haben, können weitere objektbezogene Arbeiten angeführt werden, die entweder ebenfalls als ausschließliche Funktion eines selbständigen Betriebes wahrgenommen werden oder aber im leistungsmäßigen Verbund mit den bereits genannten Aufgaben. In diesem Sinne seien noch genannt: Schleppereibetriebe, Festmacher, Wägebetriebe und schließlich Quartiersleute, die sich aufgrund ihrer besonderen Warenkenntnisse um die Qualitätsprüfung und sachgerechte Einlagerung von Importgütern bemühen.

Mit Ausnahme der Ladungskontrolleure sind die Tätigkeiten der angesprochenen logistischen Betriebe durch körperliche Manipulationen der ihnen anvertrauten Güter oder Transportmittel gekennzeichnet. Das gilt nicht für diejenigen Betriebe, die die Markterschließungs-, Interessenwahrungs- und Beratungsaufgaben wahrnehmen *(Seyffert).*

Grundsätzlich sind diese Tätigkeiten darauf ausgerichtet, die Markttransparenz zu erhöhen. Erst die Übersicht über die Marktverhältnisse, die Kenntnis von den verschiedenen logistischen Gestaltungsmöglichkeiten und den Bedingungen, denen logistische Prozesse unterliegen, erlaubt es den logistischen Bedarfsträgern, die optimalen Angebote auszuwählen. Aus der Sicht der Anbieter von logistischen Leistungen haben die auf diesem Felde tätigen Unternehmen den Charakter von Absatzmittlern.

Der Prototyp der Absatzmittler logistischer Leistungen ist der **Spediteur.** Nach § 407 HGB ist Spediteur, „wer es gewerbsmäßig übernimmt, Güterversendungen durch Frachtführer oder durch Verfrachter von Seeschiffen für Rechnung eines anderen (des Versenders) in eigenem Namen zu besorgen."

Die Domäne des klassischen Spediteurs ist also die Vermittlung und Organisation von Transporten sowie die Übernahme der damit zusammenhängenden Nebenleistungen wie Verzollung und anderer Aufgaben. Obwohl das Schwergewicht speditioneller Tätigkeit auf dem Gebiet dispositiver Tätigkeiten liegt, besteht für ihn auch die Möglichkeit, durch Selbsteintritt die Transportleistungen und andere logistische Leistungen zu erstellen (§ 412 HGB).

Die Möglichkeiten der Produktpolitik einer Spedition reichen von der Degeneration zum reinen Frachtführer bis zum Angebot kompletter, vielfältige logistische Leistungen umfassender Systempakete.

Die veränderten Verladeranforderungen haben in Verbindung mit technischen und marktlichen (vgl. EG-Binnenmarkt, Deregulierung) Entwicklungen die speditionellen Leistungsangebote stark verändert. Dieser Umstand kann mit Hilfe des bekannten Lebenszykluskonzepts – zumindest in der Tendenz – sehr gut veranschaulicht werden.

Unter Berücksichtigung der Ausbreitung von Produktideen im Markt, der zunehmenden Sättigung von Bedarfen sowie der Alterung von Problemlösungskonzepten (u.a. in Abhängigkeit von innovativen Nachfolgeprodukten) kann von dem in *Figur 12* dargestellten idealisierten Lebenszyklus ausgegangen werden. Die Positionierung ausgewählter logistischer Produkte soll ihre **relative Marktreife** andeuten. Die jeweilige Lücke zwischen der Entwicklung des Marktes und den individuellen Leistungsangeboten bestimmt dementsprechend den strategischen Handlungsbedarf der Unternehmungen.

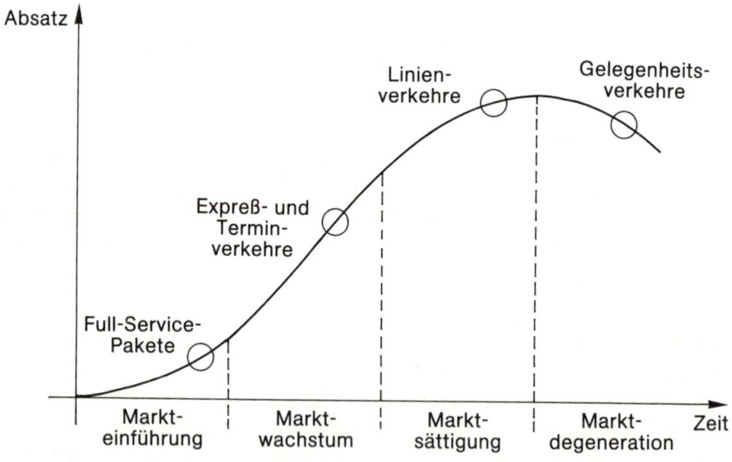

Figur 12: Relative Marktreife ausgewählter logistischer Dienstleistungen

Noch stärker vielleicht als die Spediteure sind die **Makler** auf Fachwissen und Marktübersicht angewiesen. Ihr Aufgabengebiet nämlich ist (vgl. §§ 93 ff. HGB) auf die Vermittlung von Verträgen beschränkt, ohne daß die Möglichkeit vorgesehen wäre, logistische Leistungen selbst zu übernehmen. Die unabhängige, neutrale Position des Maklers gegenüber den betroffenen Parteien wird durch die gesetzlichen Bestimmungen über Entgelt und Haftung bekräftigt insofern, als beide vertragschließenden Parteien jeweils zur Hälfte den Maklerlohn zahlen und dieser seinerseits beiden Parteien für verschuldete Schäden haftet.

Handelsvertreter, im Verkehrssektor als **Agenten** bezeichnet, sind demgegenüber für mindestens eine Unternehmung vermittelnd tätig und dieser nach den Bestimmungen der §§ 84 ff. HGB zu einem besonderen Treueverhältnis verpflichtet. Aufgrund dieser Bindung ist ihre Interessenlage verglichen mit derjenigen des Maklers eine völlig andere.

Agenten sind vorgeschobene Absatzorgane von Unternehmungen, ihre Bindung an diese ist dauerhaft. Entsprechend erfolgt ihre Bezahlung (Provision) durch das vertretene Unternehmen. Prototypen dieser Art von Absatzmittlern sind die Hinterlandagenten von Reedereien. Ihre Aufgabe besteht darin, Ladung für ihre Unternehmen zu akquirieren.

Der Beitrag der Agenten zur Verbesserung der Markttransparenz der Verlader ist aufgrund ihrer Interessenlage naturgemäß geringer als derjenige von Spediteuren und Maklern. Andererseits vermögen Agenten aufgrund der langfristigen und engen Zusammenarbeit mit bestimmten logistischen Betrieben individuelle Anforderungen unter Umständen besser zu berücksichtigen.

Insgesamt ist festzustellen, daß die Tätigkeit der Absatzmittler, Makler und Agenten für den Aufbau logistischer Zwischensysteme von entscheidender Bedeutung ist.

Durch die Erhöhung der Markttransparenz und eine umfassende Beratung bei individuellen logistischen Problemlösungen verbessern sie nicht nur aus einzel-, sondern auch aus gesamtwirtschaftlicher Sicht die Allokation der Ressourcen.

Ähnliches läßt sich von spezialisierten Unternehmensberatern sagen. Sie fördern die Verbreitung einschlägigen Wissens, verbessern dadurch die Rationalität der betrieblichen logistischen Entscheidungen und leisten einen wichtigen Beitrag für die Entwicklung und Implementierung leistungsfähiger logistischer Systeme. In Verbindung mit der steigenden Bedeutung logistischer Prozesse als Rationalisierungsreserve und hochwirksames Wettbewerbsinstrument überrascht es nicht, daß ihre Dienste zunehmend in Anspruch genommen werden, zumal in den betroffenen Unternehmungen selbst geeignetes Personal häufig nicht zur Verfügung steht.

Die skizzierte institutionelle Gliederung logistischer Betriebe orientiert sich an traditionellen, teilweise durch Legaldefinitionen des Handelsgesetzbuches festgeschriebenen Aufgabenkomplexen. Sie ist insofern ergänzungsbedürftig, als die sozioökonomische Entwicklung, technologische Neuerungen und wechselnde hoheitliche Einflußnahmen neue Aufgaben haben entstehen und andere untergehen lassen. Angestammte Domänen sind bedroht, neue Wettbewerber aufgetaucht. Das wird besonders deutlich an dem veränderten Verhältnis zwischen Verkehrsbetrieben und Speditionen, wie es z. B. durch die vertikale Ausdehnung der Leistungsprogramme von Reedereien und Luftfahrtgesellschaften entstanden ist.

Gegenüber der Einführung neuer Produkte und Prozesse sind die institutionell-organisatorischen Innovationen wie Franchisingsysteme, integrierte Dienste, spezifische Kooperationen oder Güterverkehrszentren von hervorgehobener Bedeutung. Anders als diese ermöglichen institutionelle Innovationen vergleichsweise nachhaltige Wettbewerbsvorteile, da sie unanschaulich sind und nicht so schnell imitiert werden können.

1.3 Mikrologistische Subsysteme

Den logistischen Betrieben als institutionellen Trägern ausgegliederter, marktfähiger logistischer Aufgaben stehen die mikrologistischen Subsysteme der Unternehmungen und Haushalte gegenüber, die mit ihnen die logistischen Aufgaben im Einzelfall teilen. Diese funktionalen Subsysteme nehmen einerseits die logistischen Interessen ihrer Supersysteme gegenüber der Umwelt wahr und erfüllen andererseits innerbetriebliche logistische Aufgaben. Unter Beachtung unternehmungspolitischer Maximen sowie der aktuellen Nutzen-Kosten-Relationen kaufen die mikrologistischen Subsysteme einschlägige Leistungen ein oder führen diese selbst aus.

Ohne das Gebot der Logistikkonzeption nach übergreifender Betrachtungsweise zu vernachlässigen, können u. a. folgende alternative Subsystemgliederungen unterschieden werden:

(1)	Betriebliches Versorgungssystem	Innerbetrieblicher Transport	Betriebliche Lager- und Vorratswirtschaft	Physische Produktdistribution
(2)	Beschaffungslogistik	Produktionslogistik		Distributionslogistik
(3)	Materialwirtschaft			Distributionslogistik

Wir schlagen für die Unternehmenslogistik die durch *Figur 13* veranschaulichte Gliederung vor.

In bezug auf die Gestaltungsmöglichkeiten der logistischen Prozesse bestehen zwischen den innerbetrieblichen und den marktorientierten Aktivitäten beachtenswerte Unterschiede. Während nämlich die Gesetzmäßigkeiten der innerbetrieblichen Prozesse (Produktionslogistik) weitgehend technisch-organisatorischer, somit deterministischer Art sind und die Entscheidungsparameter innerhalb dieser technologischen Gegebenheiten autonom kontrolliert werden können, treffen beide Merkmale auf die Regelung der

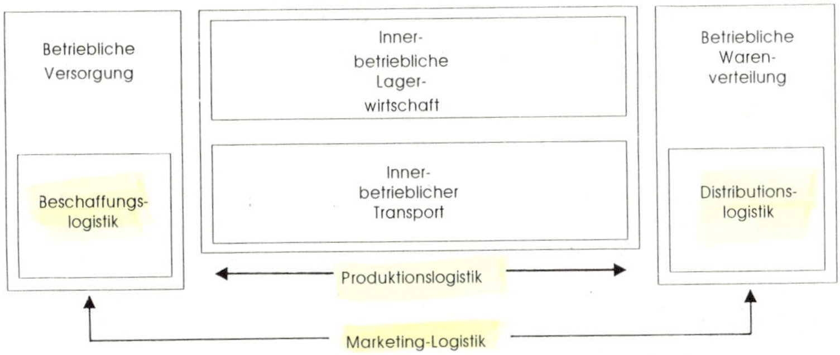

Figur 13: Die mikrologistischen Subsysteme der Unternehmung

außenorientierten logistischen Prozesse (Marketinglogistik) nicht zu. Sie sind als Schnittstellen nach außen vielmehr stark beeinflußt vom Verhalten unabhängiger Elemente in der logistischen Umwelt der Unternehmung.

An dieser Stelle sei der Inhalt der einzelnen Funktionsbereiche kurz skizziert.

Aufgabe der Beschaffungslogistik ist es, alle für die Produktion erforderlichen physischen Güter (Roh-, Hilfs- und Betriebsstoffe sowie Halb- und Fertigprodukte) zur richtigen Zeit, am richtigen Ort und in der richtigen Art- und Mengenzusammenstellung bereitzustellen, d. h. gemäß den Ergebnissen einer Gesamtkostenrechnung.

Das Gewicht dieser logistischen Aufgabe ist in den einzelnen Beschaffungssituationen sehr unterschiedlich ausgeprägt. In Abhängigkeit von der Art der Güter, der Struktur der Beschaffungsmärkte sowie den Verhaltensweisen der betroffenen Entscheidungsträger hat die Logistik entweder eine dominierende Kompetenz oder aber nur unterstützende und beratende Funktionen. Der erste Grenzfall wird gegeben sein, wenn austauschbare und transportkostenempfindliche Einsatzgüter eingekauft werden, der zweite dann, wenn hochwertige Spezialgüter gehandelt werden. Beratung ist vor allem dann erforderlich, wenn unterschiedliche Preisstellungen mit alternativen logistischen Leistungen verknüpft sind – z. B. bei fob- und cif-Klauseln sowie wechselnden Losgrößen – oder Wahlmöglichkeiten in bezug auf die Produkt- und Verpackungsgestaltung bestehen. Industrielle Einkaufsorganisationen sind entsprechend mit Logistikfachleuten zu besetzen oder zeitweilig zu ergänzen.

Die Produktionslogistik ist zwar – wie erwähnt – vergleichsweise gut gegenüber externen Störungen abgeschirmt, aber dennoch kaum leichter zu optimieren. Das beruht auf der Vielzahl von Interdependenzen, die zwischen Förderwesen, Lagerhaltung, Produktionstechnik, Fabrikplanung und Produktionsablaufplanung bestehen. So kann und wird in der Regel eine Ablaufplanung mit dem Ziel der Minimierung der Auftragsdurchlaufzeiten zu anderen Reihenfolgen führen als eine Optimierung, die auf die maximale Kapazitätsauslastung der Maschinen abzielt. Kurzfristige Gestaltungsmöglichkeiten bewegen sich im Rahmen derjenigen Entscheidungsprämissen, die durch die Fabrikplanung und in Verbindung damit durch den Organisationstyp der Produktion, wie Werkstatt- oder Fließfertigung, gesetzt werden. Die Wahl des Fertigungstyps, die ihrerseits in einem engen technisch-organisatorischen Zusammenhang mit dem Produktionsprogramm steht, legt bestimmte transport- und lagerwirtschaftliche Lösungen nahe, starre Fördersysteme etwa oder anpassungsfähige Transportmittel.

Offensichtlich für diesen Problembereich ist die Dominanz verfahrenstechnischer Anforderungen. Das gilt auch für die Entstehung und Bewirtschaftung von ‚in-process-Lägern'. Sie sind – verwiesen sei auf überdimensionierte Fördersysteme (sogenannte ‚schwimmende Läger') – so sehr in die Fertigung integriert, daß ihre Pufferfunktion mehr eine produktionswirtschaftliche, weniger eine eigenständige lagerwirtschaftliche Leistung ist.

Vielfältige wirtschaftliche Freiheitsgrade weist demgegenüber die Distributionslogistik auf. Diese reichen von den strategischen Alternativen der infrastrukturellen Gestaltung des Warenverteilsystems – Stufigkeit; Anzahl, Standorte und Ausstattung der Läger; Distributionskanal; Auftragsabwicklungssystem – bis hin zu Transport- und kurzfristigen Tourenentscheidungen.

Die Bedeutung der Distributionslogistik für die Unternehmungen resultiert einmal aus der Höhe der Distributionskosten und zum anderen aus der Eignung der logistischen Leistungen – Lieferzeit, Lieferbereitschaft, Lieferzuverlässigkeit und Lieferflexibilität – zur Stärkung der Wettbewerbsposition. Hinzu kommt, daß diese nach außen gerichteten Entscheidungen, in gleicher Weise wie diejenigen der Beschaffungslogistik, vergleichsweise stark risikobehaftet sind. Es ist für die Unternehmungen von existentieller Bedeutung, ob und in welchem Umfang es ihnen gelingt, ihre logistisch relevanten Umweltausschnitte überschaubar und/oder beherrschbar zu machen.

1.4 Der logistische Systemverbund – Logistische Zwischensysteme

An verschiedenen Stellen ist in den vorangegangenen Ausführungen deutlich geworden, daß die logistischen Interessen einer Einzelwirtschaft in der Regel über ihre Kompetenzen weit hinausreichen. Der Hinweis auf den systemübergreifenden Charakter der Logistik bezieht sich ja gerade darauf, daß die Einzelwirtschaften aus einer komplexen Umwelt abgegrenzte Institutionen sind, daß die Abgrenzungskriterien selbst aber nicht primär logistischer Natur sind. Aus einzelwirtschaftlicher Sicht ist es daher erforderlich, funktionale Zwischensysteme zu bilden, die neben den Produktbereitstellungs- bzw. Marktentnahmesystemen alle diejenigen Elemente der wirtschaftlichen Umwelt erfassen, mit denen die Produktions- und Konsumtionsprozesse güterwirtschaftlich verbunden sind. Das erfordert es, die Betrachtung nicht auf die Mitglieder der logistischen Organisation zu beschränken, sondern vielmehr die Interessen und das Verhalten aller derjenigen Wirtschaftssubjekte zu berücksichtigen, die externe Teilnehmer an einem umfassenden logistischen Prozeß in dem Sinne sind, daß sie an irgendeiner Stelle, in irgendeiner Funktion am Vollzug des betrachteten Gütertransfers auf dem Wege von der

Quelle bis zur Senke mitwirken. Durch diese Mitwirkung, durch die Teilnahme verschiedener Institutionen an mehrstufigen Güteraustauschprozessen entstehen funktionale Zwischensysteme (*Pfohl* bezeichnet diese interorganisatorischen Systeme als metalogistische; vgl. *Pfohl,* S. 13). Deren Prototypen sind die Transportketten.

Nach DIN 30780 ist eine „**Transportkette** eine Folge von technisch und organisatorisch verknüpften Vorgängen, bei denen Personen oder Güter von einer Quelle zu einem Ziel bewegt werden. Die Transportkette ist als System aufzufassen. Die technische Verknüpfung setzt Systemverträglichkeit der eingesetzten Sachmittel voraus. Die organisatorische Verknüpfung wird erreicht durch Koordinierung der Informations- und Steuerungssysteme sowie der rechtlichen und kommerziellen Bereiche. Das System Transportkette steht in Beziehung zu Nachbarsystemen, z. B. Gütererzeugung und Güterverwendung."

Umfassender als die Transportkette ist – wiederum entsprechend der Abfolge Transport – Verkehr – Logistik – die **logistische Kette.** Sie entsteht durch das arbeitsteilige Zusammenwirken logistischer Betriebe und mikrologistischer Subsysteme. Eine typische logistische Kette umfaßt z. B. Zulieferer, Spediteure, Frachtführer, Teilelager, Montage, Fertigproduktelager, Frachtführer und Kunden.

In Abhängigkeit von den konkreten logistischen Aufgaben haben die Zwischensysteme entweder nur kurzfristigen Bestand (vgl. den Episodencharakter der Projektlogistik beim Anlagenexport, Teil III, Abschnitt 3.2.3.2.2) oder aber sie sind auf Dauer angelegt. Im zweiten Fall muß eine Infrastruktur eingerichtet werden. Damit entwickeln sich die funktionalen zu strukturellen Zwischensystemen mit Rollen, Zuständigkeiten, Koordinationsmechanismen und kooperativen Institutionen. Der erste Schritt dahin ist die stillschweigende oder ausdrückliche Verständigung der Betroffenen auf organisatorische Regelungen.

Interessiert man sich für das Aussehen dieser Verabredungen in der Praxis, dann empfiehlt es sich, die konkreten Herrschaftsverhältnisse und damit Einflußmöglichkeiten in der logistischen Kette zu untersuchen.

Die **logistische Kontrollspanne** (*Ihde,* S. 55 ff.), d. h. der Einfluß einzelner Elemente von Logistikketten auf die Raum-Zeit-Struktur der Güterströme, auf Gebindegrößen und Ladeeinheiten etc., reicht von der ‚channel tyranny' über eine ‚benevolent channel leadership' (*Stern,* S. 85) bis zu vollkommener Anpassung und Unterordnung.

In jedem Fall werden die betroffenen logistischen Funktionsträger ihren Beitritt zu und die Mitwirkung in einem Zwischensystem nur vollziehen, wenn sie dadurch ihre Position gegenüber allen anderen Alternativen verbessern. Erforderlich für die Systembildung und -stabilisierung ist daher die Erwirtschaftung eines ‚Mehr', eines Ordnungsüberschusses des Systems im Verhältnis zu seiner (ungeordneten) Umwelt (*Luhmann,* S. 120) sowie die angemessene Beteiligung der Leistungsträger daran. Dieses Anreiz-Beitrags-Gleichgewicht *(Simon/Smithburg/Thompson,* S. 381 f.) ist angesichts der dynamischen Umwelten ständig bedroht.

Die erforderlichen Überschüsse und damit Beitritts- und Bleibeanreize werden dadurch erwirtschaftet, daß durch eine **Koordination** der interdependenten, individuellen Prozesse **entlang dem Materialfluß** günstigere Leistungs-Kosten-Relationen verwirklicht werden können. Das ist z.B. dann der Fall, wenn durch die Verständigung auf einen gemeinsamen Fahrplan Wartezeiten und Leerfahrten vermieden werden (vgl. *Figur 6*).

Durch ihren übergreifenden, häufig viele Aufgabenträger umfassenden Charakter bieten logistische Problemlösungen vielfältige Ansatzpunkte für Koordinationsvorteile, erschweren aber zugleich den erforderlichen Interessenausgleich.

Der Koordinationsbedarf entsteht zunächst an den Schnittstellen zwischen direkt benachbarten Elementen einer logistischen Kette, erstreckt sich aber im Sinne einer ‚overall-efficiency' auf alle Beteiligten an einem logistischen Prozeß.

Die Impulse für die Abstimmung von Schnittstellen können entweder von einem einzigen oder mehreren Mitgliedern einer Logistikkette, aber auch von staatlichen Institutionen sowie Interessenorganisationen der Wirtschaft (z.B. Verbände) ausgehen. Erinnert sei an die Tätigkeit der Normungsinstitute, die durch die Normung von Ladeeinheiten (Container, Paletten) dazu beigetragen haben, daß Umschlagsvorgänge in mehrstufigen Transportprozessen weitgehend reibungslos vollzogen werden können. Auch die Interessenorganisationen selbst haben für ihre Mitglieder in jüngerer Zeit vermehrt Empfehlungen für eine Optimierung physischer, aber auch informatorischer Schnittstellen in logistischen Ketten erarbeitet. Verwiesen sei beispielhaft auf die ‚VDA-Empfehlungen für die Datenfernübertragung' in der Automobilindustrie sowie die von der *CCG (Centrale für Coorganisation)* verabschiedeten ‚Standardregelungen einheitlicher Logistiksysteme' (SELOS). Einer Optimierung von Schnittstellen innerhalb einzelner Logistikketten durch zentrale Koordination logistischer Prozesse der einzelnen Kettenmitglieder sind dagegen enge Grenzen gesetzt, zumal viele Logistikketten nur temporär sind. Für die schnelle Reaktion ist eine enge Kopplung zwischen den einzelnen Gliedern wünschenswert.

In der Verkehrswirtschaft sind alle Spielarten zentraler und dezentraler Koordination zu beobachten. Die naheliegende Vermutung, daß die Güterbereitstellungssysteme, die Produzenten (Verlader) also, in logistischen Ketten dominierende Stellungen innehaben, also ‚geborene channel captains' seien (*McLammon*, S. 116ff.), da ja alle nachfolgenden Leistungen an die Bedingung der Bereitstellung der Güter gebunden seien, trifft nicht generell zu. Auf Käufermärkten etwa mit einer stark ausgeprägten Nachfragemacht können Marktentnahmesysteme wie Großhandelsorganisationen häufig die Anpassung aller vorgelagerten logistischen Prozesse an ihre individuellen, art- und mengenmäßig, räumlich und zeitlich bestimmten Güterentnahmemuster durchsetzen, u.U. eine Just-in-time-Versorgung. Zuweilen sind die beherrschenden Positionen auch von Zwischengliedern aus der Kette besetzt. Diese Machtkonstellation beruht in der Regel auf Engpässen bei einzelnen Ressourcen (Transportwegen, -mitteln, Umschlagsgerät etc.), worauf Stauungen oder Abrisse im Güterfluß hindeuten. Erinnert sei an die Bemühungen der Seereedereien, beim Aufbau des Containerverkehrs durch Regeln (conference rules, vgl. Teil II, Abschnitt 2.2.1) den gesamten Hinterlandverkehr zu organisieren, ihre logistische Kontrollspanne also über die Seehäfen hinaus auszudehnen.

Bisher wurden logistische Zwischensysteme behandelt, die durch eine Abfolge von Gütertransfers begründet werden. Von diesen vertikalen Formen der Zusammenarbeit sind horizontale zu unterscheiden, die sich auf Prozesse auf identischen Wertschöpfungsstufen beziehen. Mehr noch als bei der vertikalen Verkettung werden diese Kooperationen durch die Existenz von Größen- und Verbundeffekten bestimmt. Die Verkehrsmärkte haben vielfältige Formen horizontaler Kooperation hervorgebracht. Die nachfolgenden Ausführungen werden dies zeigen.

Literatur zu Teil II, Abschnitt 1

Ihde, G. B.: Logistik, Stuttgart 1972
Kirsch, W./Bamberger, I./Gabele, E./Klein, H. K.: Betriebswirtschaftliche Logistik, Wiesbaden 1973
Luhmann, N.: Zweckbegriff und Systemrationalität. Über die Funktion von Zwekken in sozialen Systemen, 1. Auflage, Tübingen 1969
Männel, W.: Eigenfertigung und Fremdbezug, 2. Auflage, Stuttgart 1981
McLammon, B. C. Jr.: Alternative Explanations of Institutional Change and Channel Evolution, in: Readings of Distribution Management. The Logistics of Management, hrsg. von *D. J. Bowersox/B. J. LaLonde/E. W. Smykay,* London 1969, S. 116–126
Pfohl, H.-Ch.: Logistiksysteme, 3. Auflage, Berlin, Heidelberg u. a. 1988
Seyffert, R.: Wirtschaftslehre des Handels, 5. Auflage, Opladen 1972
Simon, H. A./Smithburg, D. W. Thompson, V. A.: Public Administration, New York 1950
Stern, L. W.: Channel Control and Inter-Organization Management, in: Readings in Physical Distribution Management. The Logistics of Marketing, hrsg. von *D. J. Bowersox/B. J. La Londe/E. W. Smykay,* London 1969, S. 85–93
Voigt, F.: Verkehr, Bd. 1: Die Theorie der Verkehrswirtschaft, 1. Hälfte, Berlin 1973

2. Das makrologistische System

2.1 Die Abgrenzung und Struktur des makrologistischen Systems

Logistische Betriebswirtschaften und mikrologistische Subsysteme von Industrie- und Handelsunternehmungen bilden als organisatorische Ausprägungen der Leistungserstellung für Dritte bzw. der Eigenerstellung logistischer Leistungen die institutionellen Elemente des makrologistischen Systems. Zur Bewältigung der übergreifenden logistischen Aufgaben bilden sie miteinander funktionale oder strukturelle Zwischensysteme.

Alle Unternehmungen und Haushalte in arbeitsteiligen Wirtschaftssystemen sind durch vielfältige Güteraustauschprozesse miteinander verknüpft.

Werden die Güter des täglichen Bedarfs in die Betrachtung mit eingeschlossen, dann nimmt jedes Wirtschaftssubjekt – zumindest zeitweilig – an logistischen Prozessen teil und ist insoweit ein Element des makrologistischen Systems. Die spezialisierten Güterbereitstellungs- und individuellen Marktentnahmeelemente sind die Quellen und Senken der gesamtwirtschaftlichen Güterströme. Sie bilden die Endpunkte, an denen das makrologistische Netz aufgespannt wird.

Damit wird deutlich, daß eine exakte Systemabgrenzung nur schwer möglich ist und daß das makrologistische System in bezug auf seine Elemente eine unscharfe Menge darstellt. Echte Teilmengen innerhalb der Menge der Elemente des makrologistischen Systems bilden die mikrologistischen Subsysteme der Unternehmungen und Haushalte sowie die logistischen Betriebe. Sie sind die konstituierenden Elemente des makrologistischen Systems. Dabei ist die Menge der mikrologistischen Subsysteme größer als diejenige der logistischen Betriebe. Von mikrologistischen Subsystemen muß nämlich bereits dann gesprochen werden, wenn innerhalb der Unternehmungen bzw. Haushalte eine, wenn auch nur schwach ausgebildete, Arbeitsteilung in bezug auf logistische Aktivitäten gegeben ist.

So erlaubt es bereits die stillschweigende Verabredung innerhalb einer Familie, daß die Hausfrau für die Planung und, unter Benutzung z. B. des privaten Personenkraftwagens, für die Durchführung der Einkaufsfahrten zuständig ist, von einem mikrologistischen Subsystem einer Haushaltswirtschaft zu sprechen.

Die Aufgabenfülle und das Ausmaß der organisatorischen Verselbständigung der mikrologistischen Subsysteme reicht von diesem Grenzfall an dem einen Ende des Spektrums der Möglichkeiten bis hin zu betrieblichen Abteilungen wie Fuhrpark und Lagerhaltung, die soweit verselbständigt sind und logistische Leistungen für Dritte bereits in einem so großen Umfang übernommen haben, daß sie mehr logistischen Betrieben gleichen als mikrologistischen Subsystemen. In der Praxis existieren viele erfolgreiche logistische

Dienstleistungsunternehmen, die als bescheidene logistische Eigenversorgung begonnen haben.

Mit logistischen Betrieben und mikrologistischen Subsystemen als den Elementen ist aber erst eine Komponente des makrologistischen Systems erfaßt. Eine Grundaussage der Systemtheorie ist nämlich die, daß das Verhalten komplexer Systeme nicht aus den Eigenschaften der Systemelemente allein erklärt werden kann. Vielmehr muß sich die systemanalytische Betrachtungsweise zum Zweck der Erklärung und Gestaltung von Abläufen auch und vor allem erstrecken auf die Beziehungen zwischen den Elementen. Das ergibt sich daraus, daß bestimmte Elementeigenschaften erst durch Elementverknüpfungen entstehen. Das Zusammenwirken (vgl. die Synergieeffekte) seiner Elemente verleiht einem System Fähigkeiten, die aus den Möglichkeiten und Eigenschaften der isolierten Elemente nicht erklärt werden können.

Die konkrete Ausprägung der Beziehungen führt zur Bildung von Zwischensystemen. Auf sie muß daher das Interesse vor allem gerichtet sein, wenn die realen Bedingungen logistischer Prozesse sichtbar gemacht werden sollen.

Zwischensysteme gibt es in unüberschaubarer Vielfalt, zumal sie bereits durch stillschweigende oder auch nur temporäre Beziehungen entstehen. Als Prototypen waren Transportketten und logistische Ketten dargestellt worden (vgl. Teil II, Abschnitt 1.4).

Angesichts der vielfältigen einschlägigen Erscheinungsformen stellt sich die Frage nach einer zulässigen und praktikablen Abbildung des Untersuchungsgegenstandes. Diese erscheint möglich durch den Rückgriff auf die infrastrukturelle Basis des makrologistischen Systems.

Auf dem Wege der zunehmenden Abstraktion wird dabei zunächst von Verknüpfungen abgesehen, die aufgrund der nur zeitweiligen logistischen Aktivität von Elementen flüchtig sind. Danach wird auch von engeren, häufigeren und nachhaltigeren Bindungen abstrahiert, wie sie z.B. durch Transportraumgestellungsverträge bei Linienverkehrssystemen gegeben sind und deren Beständigkeit durch die für eine bestimmte Zeit vorgegebenen Fahrpläne zum Ausdruck kommt. Bei zunehmendem Umfang und stärkerer Nachhaltigkeit der Austauschbeziehungen werden stillschweigende Übereinkünfte zunehmend durch explizite Absprachen und Normen über die Durchführung der logistischen Prozesse ergänzt oder abgelöst.

Wird schließlich auch diese immaterielle Infrastruktur beiseite geschoben, dann verbleibt die materielle Infrastruktur, wie sie durch Verkehrs- und Kommunikationsnetze dargestellt wird. Damit ist eine handliche Abstraktionsebene erreicht.

Bei der Darstellung des makrologistischen Systems gehen wir im Sinne des skizzierten Weges also auf diejenigen strukturbildenden Elemente zurück, die die vergleichsweise umfassendsten und nachhaltigsten Wirkungen auf die logistischen Prozesse ausüben, auf die Komponenten der Verkehrsinfrastruktur.

Dem Ziel, Gestaltungshinweise für die optimale Handhabung logistischer Prozesse zu geben, entspricht dieses Vorgehen auch insofern, als diese durch die Inanspruchnahme von Verkehrsinfrastruktur gekennzeichnet sind und durch die gemeinsame, zunehmend rivalisierende Nutzung der Infrastruktur vielfältige Entscheidungsinterdependenzen entstehen, die Synergiepotentiale und Konflikte begründen: Die gemeinsame Inanspruchnahme von Ressourcen erzeugt Koordinationsbedarfe.

Im Mittelpunkt unserer Betrachtung stehen daher die Verkehrswege. Sie sind ein genereller Einsatzfaktor für Verkehrsleistungen und bestimmen durch ihre natürlichen, technischen und ökonomischen Merkmale wesentlich den Charakter der Logistiksysteme. Eine Differenzierung der Anbieter von Verkehrsleistungen nach dem Kriterium der von ihnen in Anspruch genommenen Verkehrswege führt zu der Einteilung in

- Seeschiffahrt
- Binnenschiffahrt
- Eisenbahnverkehr
- Straßenverkehr
- Luftverkehr
- Rohrleitungsverkehr

Vielfach wird noch der Nachrichtenverkehr genannt. Seine Abgrenzung beruht aber nicht auf der Inanspruchnahme bestimmter Verkehrswege, sondern bezieht sich auf das Transportobjekt. Zudem müssen aus logistischer Sicht zwei Arten von Nachrichtenverkehren unterschieden werden. Da ist einmal der Transport und die transportbezogene Manipulation von Nachrichten. Zu diesem umfassenden Bereich zählen das gesamte Post- und Fernmeldewesen, die modernen Telekommunikationssysteme und auch Kurierdienste. Und da ist andererseits der Ausschnitt aus diesem Nachrichtenverkehr, der sich auf die Steuerung und Regelung der logistischen Prozesse bezieht.

Ursprünglich waren die Transportinformationen direkt an das Transportobjekt gebunden bzw. mit dem Transportvollzug unmittelbar verknüpft. Den Prototyp dieser Entwicklungsphase des Nachrichtenverkehrs stellt der fahrende Kaufmann des Mittelalters dar, der allein die den Transport der Ware betreffenden Informationen wie Herkunfts- und Bestimmungsort kannte sowie völlig autonom und häufig spontan disponierte.

Später verselbständigten sich diese Informationen, Dokumente wurden geschaffen und Handelsbräuche entwickelt. Neben der Transportkette entstand eine Dokumentationskette, neben dem Transportgüter- und dem Transportmittelfluß ein spezifischer Informationsfluß. In dem Maße, in dem Transportleistungen zu Verkehrsleistungen und diese zu komplexen logistischen Leistungspaketen fortentwickelt worden sind, wurde es erforderlich, den güterstrombegleitenden Informationsfluß zu einem Führungssystem (vgl. *Figur 4*) auszubauen. Denn sowohl das Rationalisierungs- wie das Wettbewerbspotential von Logistikkonzepten wird bestimmt durch Kommunikation und Koordination der interdependenten Entscheidungsträger entlang den Material- und Güterströmen. Daraus erklärt sich die Bedeutung leistungsfähiger Informations- und Kommunikationssysteme für die Logistik. Diese Systeme bilden den hier interessierenden Ausschnitt des Nachrichtenverkehrs (vgl. Teil II, Abschnitt 2.5).

2.2 Die Verkehrsträger im makrologistischen System

2.2.1 Die Seeschiffahrt

Das bedeutendste Transportmittel und neben dem überwachten Luftraum das umfassendste Infrastrukturangebot ist das offene Meer mit seinen Schiffahrtswegen. Welthandel ist zum größten Teil Seehandel. Eine leistungsfähige Seeschiffahrt ist die Grundvoraussetzung für die Entwicklung einer arbeitsteiligen Weltwirtschaft. Regional unterschiedliche Faktorausstattungen, Produktionsbedingungen und Bedarfe erlauben erst dann eine räumliche Spezialisierung der Wirtschaft, wenn diese über hinreichende Transferkapazitäten verfügt.

Schaut man sich die Weltseeschiffahrt genauer an, so zeigt sich, daß sie aus einer Vielzahl unterschiedlichster Teilmärkte besteht *(Sanmann; Frankel; Fartning)*. Diese Teilmärkte können nach sachlichen, räumlichen, zeitlichen, preislichen, organisatorischen und anderen Kriterien abgegrenzt werden. Am wichtigsten ist die Unterscheidung in Linien- und Trampschiffahrt.

Die **Trampschiffahrt** ist ein auf den Transport von Massengütern in geschlossenen Schiffsladungen spezialisierter Gelegenheitsverkehr, die **Linienschiffahrt** bedient festgesetzte geographische Routen planmäßig. Die Trampschiffahrt, und das ist im wesentlichen Trockenladungs- (u.a. Kohle, Erze, Getreide) und Tankfahrt ist sehr flexibel organisiert. Ausgangspunkt der verschiedenen Angebotsformen und Dienste ist der Umstand, daß bei Gelegenheitsverkehren die (Transport-) Auftragsauswahl und die Vollzugsplanung i.d.R. simultan erfolgen. (Dies gilt auch für die entsprechenden Angebote anderer Verkehrsträger, vgl. insbesondere Binnenschiffahrt.) Sobald – was für die Praxis unterstellt werden muß – die Beschäftigungsdauer t_i für einen Transportauftrag i (Einzelreise – voyage charter) kleiner ist als die verfügbare Einsatzzeit T, stellt sich für die Anbieter das Problem der Auftragsselektion unter Unsicherheit. Welche Aufträge sollen angenommen werden und welche abgelehnt, um freie Kapazitäten für die Annahme erwarteter, später eingehender Aufträge mit möglicherweise höheren Deckungsbeiträgen bereitzuhalten? Diese Problematik kann mit Hilfe eines Zustandsbaumes veranschaulicht werden (vgl. *Figur 14*).

Zustandsbäume sind Graphen, deren Knoten Zustände darstellen, für die der Eintritt bestimmter Umweltentwicklungen, z.B. Transportaufträge, erwartet wird. Die Summe der Eintrittswahrscheinlichkeiten für die von den einzelnen Zuständen aus möglichen Umweltentwicklungen ist gleich – dargestellt durch die Kanten – Eins. Die Eintrittswahrscheinlichkeit eines Umweltzustandes in t_n von T_0 aus gesehen, ist damit gleich dem Produkt der Wahrscheinlichkeiten, die dem Kantenzug vom Ausgangszustand in t_0 bis zum Knoten t_n zugeordnet sind. Sofern die Umweltentwicklung von eigenen Entscheidungen abhängt, wird der Zustandsbaum durch die Einführung von Entscheidungsknoten zu einem Entscheidungsbaum erweitert.

Im dargestellten Zustandsbaum entspricht jede Kantenfolge einer bestimmten Auftragskette von Last- und Leerfahrten sowie Wartezeiten mit spezifi-

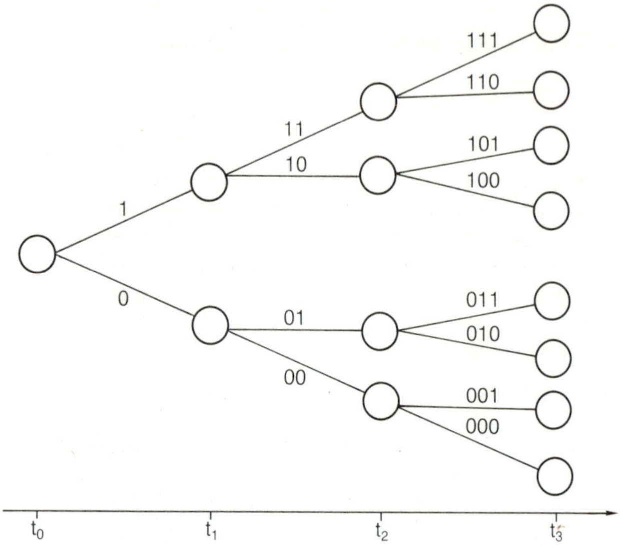

Figur 14: Auftragsketten im Gelegenheitsverkehr

schen Kosten und Erlösen (Deckungsbeiträgen). Da der Entscheider in den einzelnen Zeitpunkten – wenn überhaupt – den Eintritt zukünftiger Transportaufträge nur schätzen kann, wird er sich für die Auftragskette bis zu seinem Planungshorizont entscheiden, die den maximalen Erwartungswert der Auftragsdeckungsbeiträge verspricht. Dieser Wert ergibt sich aus der Multiplikation der Deckungsbeiträge mit den Eintrittswahrscheinlichkeiten der jeweiligen Ereignisse entlang den zugehörigen Kantenfolgen.

Angesichts dieser Entscheidungsproblematik haben sich in der Praxis viele unterschiedliche Angebotsformen herausgebildet. Neben Einzelreisencharters sind die für relativ kurze Dauer geltenden trip charters (Rundreisen) und time charters für wechselnde Zeiträume zu nennen. Die Flexibilität der Massenguttransportmärkte zeigt sich vor allem darin, daß die zeitliche Struktur der Charterabschlüsse stark auf konjunkturelle Wechsellagen und entsprechende Erwartungen reagiert.

Während die Frachtraten in der Trampschiffahrt insoweit den aktuellen Marktkräften folgen, gelten für die Linienschiffahrt feste, von der jeweiligen Marktlage in gewissem Umfang unabhängige, für bestimmte Zeiten gültige Raten *(Käselau)*. Ihr Niveau liegt, da es die Aufwendungen für angebotene, aber nicht genutzte Transportgelegenheiten einschließt, regelmäßig über dem der Trampschiffahrt. Daraus resultiert auch, daß die Linienschiffahrt ausgerichtet ist auf den Transport höherwertiger Stückgüter. Für die Organisation der Linienschiffahrt ist zudem zu beachten: Einerseits überfordert die Einrichtung weltweiter Liniendienste in der Regel das Leistungsvermögen einzelner Reedereien, andererseits hat der technische Fortschritt in der Seeschiffahrt, vor allem der Übergang vom Segel- zum Dampfschiff, auf einigen, insbesondere auf den damals sehr stark befahrenen Relationen zu Überkapazitäten und starkem Druck auf die Frachtraten geführt. Dieser Sachverhalt veranlaßte die einzelnen Reeder sehr bald, ihre Interessen für die umkämpften Fahrtgebiete abzustimmen und durch eine Regulierung des Wettbewerbs zu einem auskömmlichen Ratenniveau zu kommen *(Jürgensen)*. So schlossen sich bereits im Jahre 1868 die New Yorker Vertreter der im Europaverkehr engagierten Dampferlinien zu einer ‚Transatlantic Shipping Conference' zusammen. Das war der Beginn einer Kartellierungsbewegung, die zu einer Vielzahl von Schiffahrtskonferenzen führte, von denen es zeitweilig mehrere Hundert gab.

Eine **Schiffahrtskonferenz** ist ein Übereinkommen, das zwischen Schifffahrtsunternehmen mit der Absicht getroffen wird, gemeinsame Dienste zu betreiben und dabei den Wettbewerb zu regeln oder einzuschränken. In Konferenzen arbeiten unabhängige, konkurrierende Schiffahrtslinien zusammen. Eine Konferenz ist daher nicht mit einer Gruppe von Schiffahrtsgesellschaften (Konzern) zu verwechseln, die finanziell miteinander verbunden sind. Die überwiegende Zahl der Schiffahrtskonferenzen ist international, da sich ihre Mitglieder aus Reedereien verschiedener nationaler Flaggen zusammensetzen. Die meisten Konferenzen beschränken ihre Interessen auf den Verkehr zwischen zwei geographischen Regionen. Einzelne Reedereien können einer oder mehreren Konferenzen angehören, und gewöhnlich sind sie Konferenzmitglieder in jenen Fahrtgebieten, in denen sie Liniendienste betreiben. Daneben können Linienreedereien auch operieren, ohne Mitglied einer Konferenz zu sein, d. h., sie sind dann als Außenseiter (outsider) tätig.

Konferenzen können auf verschiedene Arten organisiert sein. Die weitestgehenden Regelungen gelten für geschlossene Konferenzen, in denen die Mitglieder in der Regel einstimmig über die Aufnahme neuer Bewerber entscheiden. Neben den Preisabsprachen werden häufig Vereinbarungen über (Treue-) Rabatte gegenüber konferenztreuen Verladern getroffen, es werden die Verkehrsdienste der einzelnen Mitglieder innerhalb der Konferenz, d. h. Anzahl der Abfahrten, Art der Tonnage, zu bedienende Häfen usw., exakt festgelegt. Darüber hinaus ist es möglich, Laderaum und Ladung zu poolen und zentral zu disponieren.

Aufgrund ihrer Absicht und Eignung, einerseits zwar die Wirtschaftlichkeit des Schiffseinsatzes zu fördern, andererseits aber den Wettbewerb zu beschränken, waren Konferenzen von Anbeginn an Gegenstand nationalstaatlicher Kartellgesetzgebungen. So waren geschlossene Konferenzen für USA-Fahrtgebiete verboten, für die Bundesrepublik Deutschland vom Kartellverbot durch die Bestimmungen des § 99 II GWB freigestellt. Durch den US-Shipping Act von 1984 wurde die strenge US-Antitrustgesetzgebung gelockert. Zugelassen wurden Reedervereinbarungen über die Poolung und Verteilung von Transportaufkommen sowie Space Charter und Joint Service Agreements als kooperative Betriebsformen. Zudem erhielten die Konferenzen das Recht, intermodale Durchfrachtraten anzubieten und den einzelnen Mitgliedern wurden sogenannte unabhängige Aktionen und längerfristige Servicekontrakte mit Verladern und Spediteuren erlaubt. Damit waren die rechtlichen Möglichkeiten für innovative Leistungskonzepte, wie z. B. integrierte (intermodale) Dienste geschaffen *(Frankel)*. Auch die Europäische Gemeinschaft hat die Schiffahrtskonferenzen von den Bestimmungen der Art. 85 EWGV (Kartellverbot) und Art. 86 (Verbot der mißbräuchlichen Ausnutzung von marktbeherrschenden Stellungen) freigestellt.

Wie alle den Wettbewerb einschränkenden Absprachen sind auch Schiffahrtskonferenzen auf vielfältige Kritik und Gegenreaktionen gestoßen *(Steinweg)*. Den Kritikern von Konferenzen wird häufig unter Hinweis auf die Outsider geantwortet. Außenseiter sind nicht konferenzgebundene Reeder oder Zusammenschlüsse verschiedener Reedereien, die einzelne Fahrtgebiete fahrplanmäßig oder auch unregelmäßig bedienen. Über diese Außenseiter sind die Konferenzen den Marktgesetzmäßigkeiten unterworfen insofern, als sie durch überhöhte Raten Außenseiter anziehen und sich damit der Gefahr der Ladungsabwanderung aussetzen. Durch eine selektive Fahrdienstgestaltung, die an aufkommensstarken Häfen und hochwertigen Gütern orientiert ist, können die Outsider die Konferenzraten teilweise erheblich unterbieten. Wer als Verlader jedoch auf die flächendeckende, regelmäßige und zuverlässige Bedienung großer Fahrtgebiete unter Einschluß auch unattraktiver Relationen angewiesen ist, muß an leistungsfähigen Liniendiensten interessiert sein. Nach den kostenwirtschaftlichen Gesetzmäßigkeiten erfordert dies i. d. R. jedoch auch die Hinnahme vergleichsweise höherer Raten.

Als Außenseiter hervorgetan haben sich zeitweilig insbesondere die Flotten der Staatshandelsländer des *Rates für gegenseitige Wirtschaftshilfe (RGW)*. Mit attraktiven, weniger an Rentabilität als an devisenwirtschaftlichen und übergeordneten politischen Gesichtspunkten orientierten Raten haben diese Dienste erhebliche Ladungsanteile auf sich ziehen können *(Witthöft; Böhme/Brok)*. Hinzu kommt, daß die Reedereien der westlichen Welt im Ost-West-Seeverkehr nur geringe Beschäftigungsmöglichkeiten gefunden haben, da in den RGW-Staaten staatliche Befrachtungsmonopole existieren. Durch diese Ladungslenkung wurde den staatlichen Flotten ein fester Anteil am nationalen Export- und Importvolumen gesichert, zumal die RGW-Staaten stets im Import fob- und im Export cif-Vereinbarungen durchzusetzen versuchten (*Böhme* 1981). Seit Ende der 80er Jahre hat die Tätigkeit der Flotten aus Ostblockstaaten ihren bedrohenden Charakter für Reeder aus westlichen Industrieländern teilweise verloren, was damit zusammenhängt, daß politische Veränderungen in Osteuropa dazu geführt haben, daß sich die dortigen Staatsunternehmen zunehmend marktwirtschaftlich verhalten.

Bedeutsamer für die zukünftige Entwicklung der Seeverkehrsmärkte als der traditionelle Outsiderwettbewerb sind neue, andersartige Leistungsangebote. Gemeinsame Merkmale dieser Wettbewerber sind der Verzicht auf eigene Schiffe und die Idee der Durchfracht. Diese Non Vessel Operators (NVO) greifen entweder auf gecharterten Schiffsraum zurück oder stützen sich hauptsächlich auf Landverkehre *(Drechsler, B.)*. Die spektakulärste Entwicklung bei der Expansion der Sammelladungs-Seefrachtspedition (Non Vessel Operating Common Carrier, NVOCC) war die Einbeziehung der transkontinentalen Eisenbahnen, insbesondere der Transsibirischen Eisenbahn. Der Ausbau dieser Landbrückenverkehre ist auch als Reaktion der Spediteure auf die Bemühungen der Konferenzreedereien zu sehen, ihren Einfluß auf die Hinterlandverkehre im Zuge der Containerisierung auszudehnen (vgl. dazu die Konferenzregeln merchant's bzw. carrier's haulage). Der Verzicht auf eigenen, teuren Schiffsraum fällt um so leichter, als ausreichend Chartertonnage zur Verfügung steht und auch kurzfristig das Angebot der Marktlage angepaßt werden kann.

Die genannten Entwicklungen der Marktordnung stehen in engem Zusammenhang mit technologischen Umwälzungen, die seitens der Reeder erhebliche Investitionen in Schiffe und Mannschaften erforderlich machten.

Unter den technologischen Neuerungen in der Seeschiffahrt – genannt seien das Größenwachstum der Schiffe *(Hulsmann; Mayer)*, das Lash-System und die Ro-Ro-Dienste – stellt die **Containerisierung** die bedeutendste dar. Von ihren wirtschaftlichen Konsequenzen her ist sie vergleichbar mit dem Übergang vom Segel- zum Dampfschiff. Nachdem 1966 der Containerverkehr auf dem Nordatlantik eröffnet worden war, haben die Containerschiffe sehr schnell alle bedeutenden Fahrtgebiete erschlossen und ihren Anteil an der Stückguttonnage ständig erhöhen können *(Beplat; Detrez)*. Heute sind alle wichtigen Fahrtgebiete containerisiert.

Verglichen mit konventioneller Tonnage sind für den Bau moderner Containerschiffe ungleich höhere finanzielle Aufwendungen erforderlich *(Seelbach; Rohlffs)*. Die vergleichsweise hohe Fixkostenbelastung der Containerdienste macht für ihren rentablen Einsatz eine hohe, gegenüber konventioneller Tonnage höhere Kapazitätsauslastung erforderlich. Daraus ergibt sich – wie bereits erwähnt – die Notwendigkeit, neue Organisationsformen für die Seeschiffahrt zu entwickeln und insbesondere die Kooperation der Reedereien zu verstärken *(Detrez)*. Dabei geht es zunächst darum, die Ladekapazität (im Sinne von Querschnittskapazität, vgl. S. 7) der einzelnen Schiffe möglichst vollständig auszulasten, und dann darum, die Umlaufgeschwindigkeit des einzelnen Schiffes zu erhöhen. Bei vorgegebener, betriebskostenminimaler Fahrtgeschwindigkeit ist dies gleichbedeutend mit der Forderung, die Dauer der Liegezeiten in den Häfen zu minimieren. Offensichtlich resultiert aus diesem Gebot auch eine Tendenz zu sogenannten **One-Port-Verkehren.** Diese wiederum setzen für die bedienten Häfen in der Regel leistungsfähige Feederdienste voraus, da das Aufkommen der einzelnen Häfen für die Füllung großer Schiffe selten ausreicht.

Das Größenwachstum der Containerschiffe und die Entstehung von Ladungszentren stehen auch im Zusammenhang mit der Entwicklung einer innovativen Organisation von Containerdiensten, den **Round-the-World-Verkehren.** Neben den i. d. R. niedrigeren Slotkosten als Folge von Größeneffekten besteht bei diesen Diensten durch die Verknüpfung von ladungsschwachen mit ladungsstarken Fahrtgebieten, oder besser von Relationen mit gegenläufigen Paarigkeiten, die Möglichkeit der Mehrfachbelegung von Slots im Gegensatz zu einer maximal zweimaligen Belegung der Containerstellplätze bei herkömmlichen Pendelverkehren *(Klippel; Neuhof)*.

Solange die Anzahl der Container im Verhältnis zur Zahl der Stellplätze auf den eingesetzten Schiffen knapp bemessen war, mußten die Reedereien an einem möglichst schnellen Umlauf ihres Equipments im Hinterland interessiert sein, wenn sie die Wartezeiten ihrer Schiffe im Hafen begrenzen wollten. Dieses Interesse an einer möglichst umfassenden Kontrolle der Containertransportkette führte zu den bereits erwähnten Konferenzregeln.

Carrier's haulage bedeutet, daß der Seereeder auch den Inlandstransport organisiert und sich dabei ausschließlich der ‚schnellen' Binnenverkehrsträger Bahn und Lastkraftwagen bedient. Demgegenüber arrangiert bei **merchant's haulage** ein Spediteur den Inlandstransport mit Hilfe von Bahn, Lastkraftwagen oder Binnenschiff. In beiden Fällen handelt es sich um FCL (Full Container Load) -Verkehre, bei denen der Versender den Container belädt und der Empfänger entlädt (Haus-Haus-Verkehre, vgl. den obigen Hinweis auf die Durchfrachtkonzeption). Bei LCL (Less than Container Load) -Verkehren (Pier-Pier-Verkehre) wird der Container im Seehafen gestaut bzw. entladen.

Erst mit der Zunahme der Zahl der Container – bereits 1979 entfielen auf jeden Stellplatz auf einem Containerschiff weltweit 4,6 Container gegenüber 2,9 in 1970 – konnte deren Verweilzeit im Hinterland großzügiger bemessen und die Binnenschiffahrt in das Containertransportsystem integriert werden, zumal sie auf vielen Relationen durchaus wettbewerbsfähige Laufzeiten erreicht.

Wichtiger aber für die Entwicklung der Seeverkehrsmärkte ist, daß die Ausbreitung standardisierter Transportbehältnisse das Denken in durchgehenden Transportketten und den **Intermodalismus** gefördert hat. Die Angleichung (Homogenisierung) der Transport- und Hafenleistungen einerseits sowie die relative Verringerung des Wertschöpfungs(kosten)anteils des Seetransports an der Haus-Haus-Transferleistung stärkten die Position des die Teilprozesse koordinierenden Dienstleisters. Reeder entwickelten integrierte Dienste, betätigten sich als Multimodal Transport Operators (MTO) und (Land-) Spediteure, darauf war schon hingewiesen worden, reagierten als NVOCCs mit FCL-FCL-Diensten.

Neue und bis heute nicht befriedigend gelöste Fragen warf die Containerisierung schließlich für die Preisbildung der Transportleistungen auf. Sehr bald stellte sich nämlich die Frage, ob der Container als homogenes, austauschbares Transportobjekt behandelt wird oder ob das für die technische Transportdurchführung unerhebliche Transportgut in der Preisbildung Berücksichtigung finden sollte (Werttarifierung). Die Idee der wertabhängigen Preisdifferenzierung steht in Verbindung mit einer starken Marktposition. Sobald diese nicht mehr gegeben ist, besteht die Gefahr, daß die hochwertige Ladung zu den Outsidern oder NVOs abwandert und sich bei den werttarifierenden Konferenzreedern die weniger attraktive Ladung sammelt. So überrascht es nicht, daß über neue Tarifsysteme nachgedacht wird. Die Überlegungen dazu, die nicht nur zwischen Reedern und Verladern, sondern auch unter den Verladern selbst kontrovers sind (und angesichts unterschiedlicher Güter auch sein müssen), zielen auf vereinfachte, von Auslastung und Wert des Containers mehr oder minder stark losgelöste Frachtraten. Das gilt für ‚Commodity Box Rates' und ‚Freight-All-Kind (FAK) -Rates'.

Die Commodity Box Rate ist eine Rate, die pro Container festgesetzt wird, weitgehend unabhängig von dessen Auslastung, die Art des Gutes (commodity) wird aber weiterhin berücksichtigt. Das ist anders bei der Freight-All-Kinds-Tarifierung, bei der pro Container unabhängig vom Inhalt nur noch ein fester Frachtsatz angewendet wird.

Es liegt auf der Hand, daß eine umfassende Tarifvereinheitlichung in dem skizzierten Sinne erhebliche ökonomische Konsequenzen hätte auch derart, daß die Wettbewerbsfähigkeit der einzelnen Güter stark beeinflußt würde. Das beruht darauf, daß die vergleichsweise hochwertigen Stückgütertransporte tendenziell entlastet und die vergleichsweise geringwertigeren Massenguttransporte stärker belastet würden.

Verglichen mit der Containerisierung nehmen sich die Erfolge der anderen technischen Entwicklungen Ro-Ro (Roll on-Roll off) und Lash (Lighter aboard Ship) ungleich bescheidener aus. Die Ro-Ro-Verkehre stellen Fährdienste dar, bei denen Landfahrzeuge streckenweise von Seeschiffen transportiert werden.

Da **Ro-Ro-Verkehre** den Einsatz – verglichen mit den Containern – vergleichsweise teurer Transportmittel erfordern und diese Lastkraftwagen, Eisenbahnwaggons oder Trailer für die Dauer des Seetransportes anderweitigen Nutzungen entziehen, erreichen Ro-Ro-Dienste die erforderliche Wirtschaftlichkeit i.d.R. nur auf kurzen Relationen (short sea). Typische Ro-Ro-Fahrtgebiete sind daher das Mittelmeer, die Nord- und Ostsee, die Irische See, die Karibik und das Gebiet der Großen Seen in Nordamerika; geborene Ro-Ro-Verkehre sind Schwerguttransporte.

Lash-Dienste stellen eine Verbindung von Binnen- und Seeschiffahrt dar. Bei ihnen werden Leichter von einem Seeschiff übernommen. Das geschieht nach dem ‚Swim in/Swim out-Prinzip' und mit Hilfe der bordeigenen Hebebühnen. Wie für Containerschiffe sind auch hier mehrere Sätze von Behältern (drei mindestens – ein Satz an Bord, ein Satz im Abgangshafen und ein Satz im Bestimmungshafen) für den wirtschaftlichen Einsatz erforderlich. Barge Carrier oder Lash-Verkehre besitzen Vorteile vor allem im Bereich des Massengutverkehrs und in Fahrtgebieten mit unzureichenden Hafenfazilitäten. Darüber hinaus können sich Lash-Dienste als wirtschaftlich erweisen, wenn im Anschluß an den Huckepacktransport auf der hohen See eine anschließende Schub- oder Schleppfahrt der Leichter auf Binnenwasserstraßen möglich ist. Die Vorteilhaftigkeit dieser Verkehre scheitert jedoch oft an der Unpaarigkeit der Transportströme, wie sie für Massengut typisch ist (*Möncke/Faust*).

Je nach dem verwendeten Maßstab – (t), (tkm) oder (DM) – errechnen sich unterschiedliche Seehandelsanteile am Welthandel und als Folge des wirtschaftlichen Strukturwandels sowie veränderter hoheitlicher Rahmenbedingungen auch unterschiedliche Veränderungsraten. So stehen in den letzten Jahren relativen, in einzelnen Sektoren auch absoluten gewichtsmäßigen Verlusten wertmäßige Anteilszuwächse gegenüber. Dies beruht darauf, daß im Zuge der wirtschaftlichen Entwicklung Massenguttransporte zunehmend von hochwertigen Stückguttransporten abgelöst werden. Mehr und mehr werden Rohstoffe – und das sind Gewichtsverlustmaterialien *(Weber)* – am Aufkommensort aufbereitet und erst in Form höherwertigerer Produkte, unter Umständen sogar erst als Reingewichtsmaterialien Handelsobjekte.

Diese Mengenverluste des Seehandels haben nicht nur wirtschaftliche Ursachen – etwa die gestiegenen Transport-, Energie- und Umweltkosten –, sondern resultieren zunehmend auch aus dirigistischen Eingriffen. Hierzu zählen vor allem protektionistische Maßnahmen, z.B. in Form von sogenannnten ‚local content'-Vorschriften, durch die sich viele Länder industrielle Wertschöpfungsanteile vorbehalten und so der Seeschiffahrt Transportaufkommen entziehen. Ähnliches gilt für vielfältige andere nicht-tarifäre Handelshemmnisse, die die Arbeitsteilung und damit den Warenverkehr behindern.

Auch der Wunsch der Länder der Dritten Welt, eine eigene industrielle Basis aufzubauen und die Importabhängigkeit zu verringern, hat für die Seeschiffahrt weitreichende Konsequenzen.

Besonders deutlich wird dies am Beispiel der Stahlindustrie. Durch den Bau großer, häufig über den Eigenbedarf hinausgehender Kapazitäten für die Stahlerzeugung und -bearbeitung haben die Entwicklungsländer der Seeschiffahrt in den 80er Jahren umfangreiche Eisenerz-, Kohle- und Halbzeugtransporte entzogen *(Ihde/Barwig)*. Das gilt in auffälliger Weise auch für die holzverarbeitende Industrie und die Aluminiumherstellung. Der Übergang vom Rundholzexport zum Export von Profilhölzern und Furnieren ist ebenso mit erheblichen Ladungsverlusten verbunden wie derjenige vom Bauxit zur Tonerde (Aluminiumoxid) und gar zum Aluminium (4 t Bauxit ~ 2 t Tonerde ~ 1 t Aluminium).

Weitere Ladungsanteile hat der Seehandel in den 80er Jahren auch an die Landbrückenverkehre verloren. Neben der bereits erwähnten Landbrücke über die Transsibirische Eisenbahn zwischen Europa und Fernost hat die Nordamerikanische Landbrücke als Verbindung zwischen atlantischen und pazifischen Seehäfen zunehmend Bedeutung erlangt. Sie hat einen Teil der Seetransporte durch den Panamakanal substituiert.

Die geschilderten Entwicklungen erklären aber nur einen Teil der Probleme, durch die der Weltseeverkehrsmarkt gekennzeichnet ist. Als Stichwort für den zweiten großen Problemkomplex der Seeschiffahrt kann die Nationalisierung dienen.

Entstanden ist die Seeschiffahrt als Eigenverkehr. Über Jahrhunderte hinweg haben die Kaufleute und Handelshäuser Seeschiffe zum Transport ihrer eigenen Güter betrieben. Erst vergleichsweise spät, aber dann sehr umfassend, haben sich Märkte für Seetransportleistungen entwickelt und Reedereien in unterschiedlichsten Organisationsformen Transportdienste für Dritte angeboten. Dieses arbeitsteilige Geschehen auf den Seeverkehrsmärkten hat dazu geführt, daß einige Nationen eine im Verhältnis zu den Bedürfnissen ihrer Volkswirtschaft überdimensionierte Handelsflotte aufgebaut haben, die dann naturgemäß vor allem Verkehre zwischen Drittländern durchführen. So gilt Norwegen als klassisches Cross-Trade-Land (‚Fuhrmann der

Meere'). Noch 1981 waren 95 v.H. der norwegischen Flotte im Cross-Trading engagiert.

Unabhängig von den herkömmlichen wirtschaftlichen Anlässen, insbesondere unabhängig vom nationalen Transportaufkommen, haben sich vor allem in den Jahren nach dem Zweiten Weltkrieg umfangreiche Flotten unter teilweise recht exotischen Flaggen gebildet. Durch die Öffnung ihrer Schifffahrtsregister und die Gewährung günstiger Konditionen vor allem auf steuerlichem sowie arbeits- und sozialrechtlichem (z.B. Bemannungsvorschriften) Gebiet schufen eine Reihe von Ländern Möglichkeiten und Anreize zur **Ausflaggung** von Tonnage *(v. Rantzau)*. Angesichts des Wettbewerbsdrucks, der insbesondere ein Kostendruck war, haben viele Reedereien ihre Schiffe in diese ‚Offenen Register' eintragen lassen *(v. Rantzau)*. In diesem Zusammenhang wird auch von ‚billigen Flaggen' oder ‚flags of convenience' gesprochen.

Im Jahre 1989 fuhren 62 v.H. der von deutschen Reedereien betriebenen Tanker und Massengutschiffe unter fremden Flaggen. Das kann nicht überraschen, wenn man bedenkt, daß diese ‚Standortverlagerung' für moderne Schiffe Einsparungen von bis zu 1 Mio. DM pro Schiff und Jahr ermöglicht. *Tabelle 3* veranschaulicht diesen Trend der Eintragung in offene Register.

Tabelle 3: Anteile an der Welttonnage in v.H.
(Berechnungsbasis Gross Register Tonnage)

	1965	1970	1980	1989
Westliche Industrieländer	70,0	65,1	51,7	33,4
Offene Register	15,1	18,8	27,5	30,8
Staatshandelsländer	7,4	8,9	9,5	8,8
Dritte Welt	7,0	6,7	10,8	21,4
Rest der Welt*	–	–	–	5,6

* Zum Rest der Welt zählen u.a.:

China	13,514 Mio GRT
Bermuda	4,076 Mio GRT
Gibraltar	2,611 Mio GRT

Quelle: Lloyd's Register of Shipping, versch. Jahrgänge

Diese Entwicklung hat dazu geführt, daß sich die Anteile der einzelnen Nationen am Welthandel immer weniger in ihren Anteilen an der Welttonnage spiegeln. Wenn auch strittig ist, ob und in welchem Umfang Schiffe unter nationaler Flagge etwa zur sicheren Abwicklung nationaler Im- und Exporte oder zur Sicherung von Arbeitsplätzen erforderlich sind, und zudem bedacht wird, daß die Führung einer Flagge noch keine Aussage über die Disposition und Kontrolle von Schiffsraum zuläßt, hat die massive Erosion ihrer nationalen Flotten die Industrieländer doch mehr und mehr dazu veranlaßt, Zusatzregister, Zweitregister bzw. Internationale Schiffahrtsregister einzurichten. In der Tat konnte, wie z.B. die neuen Zahlen für Norwegen oder die

Bundesrepublik zeigen, durch die Schaffung solcher Register mit wettbewerbsorientierten Bestimmungen insbesondere im Hinblick auf Bemannung und Entlohnung der Trend zur Ausflaggung umgekehrt werden *(Kappel; Kühl)*.

Diese Situation trifft nun mit jenen Strukturveränderungen der Seeschifffahrt zusammen, die aus den Protektionismus und Nationalisierung zuzuordnenden Vorstellungen und Bestrebungen zu neuen Formen einer seit dem 19. Jahrhundert überwunden geglaubten Inländerprivilegierung resultieren *(Franz)*. Diese Veränderungen bedeuten nämlich nicht weniger als eine Rückkehr zu den vorindustriellen Eigenverkehren insofern, als sie darauf abzielen, den einzelnen Nationen Vorrechte bei der Befrachtung ihrer eigenen Flotte einzuräumen. Viele Staaten wollen nationale Import- und Exportgütermengen den eigenen Flaggen vorbehalten.

Die Formen des **Schiffahrtsprotektionismus** sind äußerst vielfältig, wobei der Flaggendiskriminierung mit den Ausprägungen Ladungszuteilung, Ladungsaufteilung und Ladungslenkung besondere Bedeutung zukommt. Im Fall der Ladungsaufteilung haben viele Staaten, die im Handelsaustausch miteinander stehen, eine Ladungsaufteilung im Verhältnis 50:50 vereinbart und in bilateralen Schiffahrtsverträgen niedergelegt. Hiervon ist vor allem die Linienschiffahrt betroffen, während die Trampschiffahrt von solchen Eingriffen bislang noch weitgehend verschont geblieben ist. In einem Ausschnitt der internationalen Linienschiffahrt, der konferenzgebundenen Linienschiffahrt, kommt teilweise auch eine Ladungsaufteilung nach dem 1983 in Kraft getretenen UN-Verhaltenskodex für Linienkonferenzen zur Anwendung, der eine Aufteilung im Verhältnis 40:40:20 vorsieht *(Sturmey)*. Das heißt, daß das bilaterale Gütertransportaufkommen zwischen jeweils zwei Handelspartnern zu 40 v.H. den beteiligten nationalen Flaggen zugeteilt wird, während 20 v.H. dem freien Markt und damit den Cross-Tradern (Drittflaggen-Carrier) verbleiben sollen. Durch die Unterstützung und Ratifikation des UN-Verhaltenskodex wollten die Industriestaaten der wildwuchernden Flaggendiskriminierung entgegenwirken. Dadurch, daß die OECD-Staaten untereinander auf die Anwendung des Kodex verzichteten, wird diese Regelung, wenn überhaupt, nur im Verhältnis der Industriestaaten zu den Entwicklungsländern angewandt (*Böhme* 1988).

Flaggendiskriminierung und andere schiffahrtsprotektionistische Eingriffe sind kaum geeignet, den Welthandel zu fördern. Vielmehr kann damit gerechnet werden, daß die optimale Zuordnung von Ladung und Schiff beeinträchtigt wird, daß der Anteil der Leerfahrten erheblich zunehmen und als Folge davon langfristig sich das Ratenniveau nach oben verschieben muß. Diese Ratensteigerungen würden vor allem die Wettbewerbsfähigkeit entfernt liegender Produzenten auf den Hauptabnehmermärkten beeinträchtigen.

Gesamtwirtschaftlich gesehen läuft eine derartige Entwicklung auf eine Verschwendung von Ressourcen hinaus. Daher muß, wenn Individualisierung, Nationalisierung, Reglementierung und Quotierung die traditionelle Freiheit der Seeschiffahrt (Freiheit der Meere) in Frage stellen, multinationalen

Regelungen als dem kleineren Übel der Vorzug gegenüber dem strikten Bilateralismus gegeben werden, denn dieser läßt für eine arbeitsteilige Produktion und die optimale Zuordnung von Ladung und Schiff kaum einen Spielraum.

Besonders problematisch wäre die Ausdehnung schiffahrtsprotektionistischer Praktiken auf die Trampschiffahrt. Diese ist nämlich ungleich mehr als die Linienschiffahrt auf flexible Organisationsformen angewiesen, wie sie mit den verschiedenen Formen der Charterfahrt gegeben sind. Zeitcharter und Reisecharter gewährleisten eine derart umfassende zeitliche Anpassungsfähigkeit und räumliche Mobilität des Angebotes an Transportraum, daß auch stark wechselnde Nachfragen befriedigt werden können. Das um so mehr, als zwischenzeitlich Schiffe entwickelt worden sind, die unterschiedliche Massengüter transportieren und Ungleichgewichte auf einzelnen Elementarmärkten durch ein kurzfristiges Hin- und Herwechseln zügig abbauen können. So können OBO-Kombischiffe sowohl flüssige Güter (Oil) als auch trockene Schüttgüter (Bulk) wie Getreide oder Erze (Ore) fahren.

Es liegt auf der Hand, daß diese die Preisausschläge dämpfenden Möglichkeiten des Kapazitätsausgleichs stark eingeschränkt werden, wenn die einzelnen Ladungen ihr Schiff nur noch unter der beschränkten Auswahl der nationalen Flaggen suchen können.

Diese Aussagen stehen nicht im Widerspruch zu einer angemessenen Beteiligung der Flotten der Länder der Dritten Welt am internationalen Warenverkehr (*Böhme* 1979). Nur sollte auch für sie das Gebot der Arbeitsteilung gelten, etwa derart, daß sich Länder mit einem hohen Lohnniveau auf Transportleistungen mit kapitalintensiven Produktionstechniken konzentrieren, während Länder mit niedrigerem Lohnniveau arbeitsintensive Transportdienste betreiben. Diese Möglichkeiten zur Arbeitsteilung sowie zur Kooperation in der Seeschiffahrt sind in vielfältiger Weise gegeben.

2.2.2 Die Binnenschiffahrt

Der obige Hinweis auf die Einsatzgebiete der Lash-Dienste hat den Übergang von der Seeschiffahrt zur Binnenschiffahrt deutlich gemacht. In der Tat weisen diese beiden Verkehrsträger fließende Übergänge auf, sowohl im Mittelalter, als die kleinen Seeschiffe bis tief ins Binnenland fahren konnten, wie auch in der Neuzeit, in der man sich bemüht, durch geeignete Konstruktionen die Einsatzgebiete der Binnenschiffe auf die See bzw. die der Seeschiffe auf die Binnengewässer auszudehnen. Überschneidungen der beiden Einsatzgebiete fallen in den Bereich der Küstenschiffahrt.

Die Beförderung von Personen und Gütern auf Flüssen, Binnenseen und Kanälen wird vielfach als die älteste Form des Transportvollzugs angesehen. Sie ist es mit Sicherheit im Bereich großer Landmassen. Baumstämme und Flöße können als die ältesten Transportmittel angesehen werden.

Als wichtigste Ursache für die Entwicklung der Binnenschiffahrt muß das Zusammenwirken der kostenlosen Bereitstellung der Wasserwege einerseits und die zeitweilige Unsicherheit sowie die mangelnde Leistungsfähigkeit der

Landverkehrswege andererseits angesehen werden *(Most)*. Flüsse und dabei wiederum Mündungen, Zusammenläufe und Übergänge waren die bevorzugten Standorte für Handelsplätze. Die Erschließung des Landesinnern erfolgte regelmäßig ausgehend von den schiffbaren Wasserstraßen.

Die Binnenschiffahrt ist in zahlreichen Staaten der Erde nach wie vor ein bedeutender nationaler Verkehrsträger. Demgegenüber partizipiert sie in wesentlich geringerem Umfang am grenzüberschreitenden Verkehr. In Westeuropa kann der internationale Binnenschiffsverkehr zum größten Teil mit der internationalen Rheinschiffahrt gleichgesetzt werden, die aufgrund der natürlichen Anbindung des Rheins an die Seehäfen Amsterdam, Rotterdam und Antwerpen vor allem für den interkontinentalen Handel und weniger für den Außenhandel zwischen den Rheinanliegerstaaten von Bedeutung ist. Grundlage der internationalen Rheinschiffahrt ist noch heute die im Zeitablauf mit Zusatzprotokollen versehene **Mannheimer Akte** von 1868, in der eine liberale Marktordnung verankert ist. Die Ursprünge dieses liberalen Rheinregimes können bis auf den Wiener Kongreß von 1815 zurückgeführt werden.

Zuständig für die Aufrechterhaltung und Weiterentwicklung des Rheinregimes ist die Zentralkommission für die Rheinschiffahrt mit Sitz in Straßburg. Da die Rheinanliegerstaaten mit Ausnahme der Schweiz Mitglieder der Europäischen Gemeinschaft sind, kam es in dem Moment zu Konflikten zwischen der auf der Grundlage eines wesentlich älteren völkerrechtlichen Vertrags gegründeten Zentralkommission und der auf der Grundlage der Römischen Verträge von 1957 entstandenen EG, als letztere begann, eigene Vorstellungen von der Gestaltung der internationalen EG-Binnenschiffahrt zu entwickeln. Heute nimmt die EG, sofern ihre binnenschiffahrtspolitischen Maßnahmen die internationale Rheinschiffahrt berühren, auf die Interessen der Zentralkommission Rücksicht. Im übrigen EG-Wirtschaftsraum ist dies nicht erforderlich.

Die hervorstechenden Merkmale der Binnenschiffahrt sind ihre hohe Massenleistungsfähigkeit, die geringe Netzbildungsfähigkeit sowie die – verglichen mit den anderen Verkehrsträgern – geringe Transportgeschwindigkeit. Dieses Verkehrswertigkeitsprofil (*Voigt*, S. 69 ff.; vgl. Teil II, Abschnitt 2.3.1) prädestiniert die Binnenschiffahrt daher für die Beförderung massenhaft anfallender, transportkostenempfindlicher Güter, für die in der Regel auch keine Eilbedürftigkeit gegeben ist. Angesichts dieser Merkmale der Binnenschiffahrtsleistungen überrascht es nicht, daß sie durch die Industrialisierung einen außerordentlichen Aufschwung erlebte. Industrialisierungsprozesse sind nämlich durch ein überdurchschnittliches Wachstum im Bereich der Eisen- und Stahl- sowie der Bauindustrie gekennzeichnet. Alle.davon ausgelösten Transporte betreffen aber gerade diejenigen Güter, deren Merkmale besonders gut zur Binnenschiffahrt passen. Wie die nachfolgende Aufstellung zeigt, entfallen in der Bundesrepublik Deutschland auch heute noch auf die traditionellen Massengüter (Steine und Erden, Mineralölerzeugnisse, Erze, Metallabfälle und Kohle) fast drei Viertel des gesamten Transportaufkommens der Binnenschiffahrt (vgl. *Tabelle 4*).

Tabelle 4: Güterverkehr auf den Binnenwasserstraßen des Bundesgebietes nach Gütergruppen im Jahre 1988

Gütergruppen	in Mill. t	in v. H.
Land- und forstwirtschaftliche Erzeugnisse	7,5	3,2
Nahrungs- und Futtermittel	12,7	5,4
Kohle	21,4	9,1
Rohes Erdöl	0,1	< 0,1
Mineralölerzeugnisse	39,6	16,9
Erze und Metallabfälle	44,8	19,1
Eisen, Stahl und NE-Metalle	14,2	6
Steine und Erden	66,5	28,3
Düngemittel	6,7	2,9
Chemische Erzeugnisse	17,4	7,4
Fahrzeuge, Maschinen, sonstige Halb- und Fertigwaren	3,9	1,7
Gesamt	234,8	100

Quelle: *Bundesminister für Verkehr* (Hrsg.): Verkehr in Zahlen 1989; eigene Berechnungen

Diese Abhängigkeit der Binnenschiffahrt erklärt zu einem Teil die Strukturkrise, in der sich die deutsche Binnenschiffahrt wie auch die Binnenschiffahrt anderer Industriestaaten seit einer Reihe von Jahren befindet. Während nämlich die wirtschaftliche Entwicklung in den letzten Jahrzehnten dem Straßenverkehr außerordentliche Zuwächse bescherte, stagnierte die Nachfrage nach Binnenschiffahrtsleistungen *(Drude/Geisenberger/Müller; Out).*

Heute, an der Schwelle zur Dienstleistungsgesellschaft, erzeugt wirtschaftliches Wachstum tendenziell weniger massenhaftes Transportaufkommen (vgl. Abschnitt 3.1.2). Bemerkenswerte Zuwachsraten weisen allein hochwertige zeitkritische Stückgüter aus, die von ihren logistischen Erfordernissen aber eben nicht oder nicht sehr gut zur Binnenschiffahrt passen.

Diese Bedrohung von der Nachfrageseite her trifft mit entscheidenden Umwälzungen in der Angebotsstruktur der Binnenschiffahrt zusammen. Folgende Entwicklungen sind dabei hervorzuheben.

Verglichen mit allen anderen Verkehrsträgern hat die Binnenschiffahrt ihre Arbeitsproduktivität, gerechnet in Tonnenkilometern pro Beschäftigtem, am stärksten steigern können. Dieser Erfolg hat seine Ursache einmal im Strukturwandel der Flotte. Stichwörter hierfür sind der Übergang von der Schleppschiffahrt auf Selbstfahrer, die Steigerung der Motorleistung, der steigende Anteil größerer Schiffe, die Einführung der Schubschiffahrt und nicht zuletzt die Änderungen an der technischen Ausrüstung der Schiffe selbst, wie die Ausstattung mit Radar, Funk usw. Um das aufgrund der Angebotsausweitung bei gleichzeitig abnehmender Nachfrage entstandene Ungleichgewicht auf den Binnenschiffahrtsmärkten abzubauen, ist in der Bundesrepublik Deutschland eine staatlich geförderte, von der deutschen

Binnenschiffahrt gemeinschaftlich getragene und finanzierte Abwrackaktion durchgeführt worden *(Hamm; Schuh)*. Durch die Abwrackaktion verringerte sich die Zahl der Frachtschiffe unter deutscher Flagge von 7.489 im Jahr 1960 auf 2.990 in 1990. 1989 wurde durch EG-Verordnung eine Ausweitung dieser Aktion beschlossen, der sich auch die Schweiz als Nicht-EG-Mitglied angeschlossen hat. Die Einrichtung dieses Abwrackfonds wurde auch wesentlich bestimmt von der Diskussion über inverses Marktverhalten der selbstfahrenden Partikuliere (vgl. dazu ‚Ruinöse Konkurrenz' in Abschnitt 4.1.2).

Zu den genannten strukturellen Veränderungen der deutschen Flotte kommen zweitens organisatorische Veränderungen. Da ist zunächst von Bedeutung, daß das Transportraumangebot, nachdem es lange Zeit durch das wirtschaftliche Übergewicht der Partikulierschiffahrt gekennzeichnet war, heute zu mehr als der Hälfte von den Reedereien gestellt wird. Deren Kapazitäten haben in der Regel durch die Unterstützung leistungsfähiger Akquisitionsorgane sowie vielfältiger Bindungen an aufkommensstarke Verlader eine bessere Auslastung. Schließlich ist die Reorganisation der Partikulierschiffahrt selbst zu nennen.

Partikuliere sind nach § 13 des Binnenschiffahrtsverkehrsgesetzes (BSchVG) Schiffseigner oder Ausrüster, die in der Regel mit nicht mehr als drei Binnenschiffen gewerblich Güter transportieren. Sie sind also kleinbetriebliche Unternehmer, die über keine eigene landgestützte, kaufmännische Organisation verfügen und für die das Schiff Arbeits- und Wohnplatz und Erwerbsquelle zugleich ist *(Schlenkermann)*. Diese den Reedereien gegenüber schwächere wirtschaftliche Stellung hat dazu geführt, daß die Partikuliere entweder Beschäftigungsverträge mit anderen Binnenschiffahrtsunternehmungen eingehen, langfristige Kontrakte mit Verladern abschließen oder aber versuchen, innerhalb einer Partikuliergenossenschaft ihre wirtschaftliche Position zu stärken. Diese Stärkung durch Kooperation wird durch Schulung und Beratung sowie insbesondere dadurch angestrebt, daß mit Hilfe einer überbetrieblichen Disposition des Schiffsraums dessen Auslastung verbessert wird. In der Regel korrespondiert dabei die Laderaumpoolung mit einer Ladungspoolung.

Was die zukünftige Entwicklung der bundesdeutschen Binnenschiffahrt anbetrifft, so ist auf ihre Benachteiligung gegenüber den anderen Verkehrsträgern durch die sozioökonomische Entwicklung bereits hingewiesen worden. Als Folge dieses sogenannten Güterstruktureffektes wird für die absehbare Zukunft ein nahezu unveränderter Anteil der Binnenschiffahrt am gesamten binnenländischen Güterfernverkehr prognostiziert. Ob diese Erwartungen zutreffen werden, hängt vor allen Dingen von der Beantwortung folgender Fragen ab.

Die erste Frage bezieht sich auf das zukünftige Frachtensystem. Die gegenwärtige Festfrachtregelung hindert nicht nur leistungsfähige Binnenschiffahrtsunternehmen daran, ihre Wettbewerbsfähigkeit insbesondere der Bahn gegenüber marktwirksam werden zu lassen, sie behindert die deutsche Binnenschiffahrt insgesamt auch insofern, als die Frachten im grenzüberschreitenden Verkehr frei vereinbart werden können und keiner behördlichen Genehmigung bedürfen. Das führt nämlich nicht nur zu einem Standortvorteil z. B. der Rheinmündungshäfen gegenüber den deutschen Seehäfen, sondern begünstigt auch die nichtdeutsche Binnenschiffahrt. Sofern die Ladungsabwanderung oder Unternehmensverlagerungen als unerwünschte Konsequenzen dieses Zustandes angesehen werden, muß für die europäische Frachtenliberalisierung eine harmonisierte Regelung gefunden werden *(Otto; Müller)*.

Die zweite Frage nach der Zukunft der Binnenschiffahrt bezieht sich darauf, ob es ihr gelingen wird, ihre Leistungspalette durch die Übernahme der neuen Techniken Container, Lash und Ro-Ro auszudehnen und vor allen Dingen ein vollwertiges Glied in durchgehenden Containertransportketten zu werden *(Künzer/Seidelmann; SGKV)*. Es war oben darauf hingewiesen worden (vgl. Abschnitt 2.2.1), daß die Containerseeschiffahrt in ihren Pionierjahren aufgrund der geringen Zahl der verfügbaren Container darauf hinwirkte, die Umlaufzeiten im Hinterland kurzzuhalten, um damit die Liegezeit der Containerschiffe nicht unangemessen ausdehnen zu müssen. Dieser Umstand und das dargestellte wachsende Interesse an integrierten Haus-Haus-Diensten haben dazu geführt, daß die Seereedereien ihr Arbeitsgebiet mit Hilfe der Container weit in das Hinterland ausdehnten und die Containerverkehre im Hinterland durch die Bestimmungen der ‚carriers' haulage' weitgehend den ‚schnellen' Binnenverkehrsträgern Schiene und Straße vorbehielten. Diese von der Binnenschiffahrt als Diskriminierung empfundene Regelung hat dann keine sachliche Rechtfertigung mehr, wenn sich erstens die Anzahl der Container wie erwähnt vermehrt hat, zweitens, wenn mit den Containern auch weniger eilbedürftige Güter transportiert werden und schließlich drittens, wenn von der Binnenschiffahrt Laufzeiten erreicht werden, die denen der konkurrierenden Verkehrsträger Schiene und Straße nahekommen.

Das Ausmaß der Beteiligung der Binnenschiffahrt an internationalen Containertransportketten hängt schließlich auch davon ab, ob es ihr gelingt, für die Übernahme des Vor- und Nachlaufs der Container von den Binnenhäfen aus wettbewerbsfähige Angebote zu machen und in Verbindung damit vom Ausbau der Binnenterminals. Was den letzten Punkt anbetrifft, so ist vor allen Dingen aus gesamtwirtschaftlicher Sicht die kooperative Einrichtung und Nutzung von Binnencontainerterminals durch die drei Verkehrsträger Binnenschiffahrt, Schiene und Straße wünschenswert *(Mester)*. In diesem Zusammenhang ist auch die Ausdehnung der Zone konzessionsfreier Zubringer- und Verteilverkehre mit dem Lastkraftwagen auf 150 km (bisher 50) Entfernung um die Containerterminals zu erwähnen.

Wird weiter bedacht, daß sich die Transportkostenvorteile der Binnenschiffahrt insbesondere aufgrund der Mineralölpreisentwicklung erhöht haben, daß die Binnenschiffahrt als umweltfreundlicher Verkehrsträger gilt und daß sie erhebliche Kapazitätsreserven besitzt, während etwa die Nord-Süd-Relationen der Bahn weitgehend ausgelastet sind, dann überrascht die Feststellung nicht, daß nach über 80.000 TEU im Jahre 1980 in 1990 auf dem Rhein bereits über 400.000 TEU (Twenty Feet Equivalent Unit) befördert wurden. Für das Jahr 2000 wird eine Zunahme der mit der Binnenschiffahrt zu und von den Rheinmündungshäfen beförderten Container auf über eine Million erwartet.

Schließlich hängt die Zukunft der deutschen Binnenschiffahrt auch von Entscheidungen der EG-Binnenschiffahrtspolitik ab. Im Mittelpunkt steht die geplante Einführung einer Kabotageregelung für die EG-Binnenschiffahrt, von der in der Bundesrepublik Deutschland jedoch nur ein kleiner Teil des nationalen Binnenschiffahrtsaufkommens erfaßt werden würde, da im innerdeutschen Rheinverkehr bereits seit langem Kabotagefreiheit besteht. D.h., betroffen von der Einführung der Kabotage wäre nur der deutsche Binnenschiffsverkehr östlich der Linie Dortmund-Hamm. Strittig ist auch, ob das innerdeutsche Festfrachtensystem sowie das in Belgien, den Niederlanden und Frankreich praktizierte **Tour-de-Rôle-Prinzip** mit dem EWG-Vertrag (Art. 75 I lit. b) vereinbar ist.

Dieses durch das Motto ‚Wer zuerst kommt, mahlt zuerst' zu kennzeichnende überkommene Dispositionsprinzip der Binnenschiffahrt ist durch einen weitgehenden Mangel an Planung gekennzeichnet. Es führt zu einem hohen Anteil an Leerfahrten und erheblichen Umrüstkosten. Nur zufällig nämlich ergibt sich bei ihm eine optimale Zuordnung Ladung/Schiff, optimal nicht nur in dem Sinne der bestmöglichen technischen Entsprechung von Ladungsanforderungen und Schiffsraumbedingungen, sondern optimal vor allem im Hinblick auf passende Anschlußverkehre in sachlicher, räumlicher und zeitlicher Hinsicht. Schon aus diesen Gründen wäre eine Abkehr von diesem Frachtenverteilungsverfahren zu begrüßen.

Abschließend soll darauf hingewiesen werden, daß die zunächst heftig und kontrovers diskutierten Neu- und Ausbaumaßnahmen – das gilt insbesondere für den Bau der Rhein-Main-Donau-Schiffahrtsstraße – angesichts der Engpässe bei Schiene und Straße (vgl. vor allem „Alpentransit") sowie der Öffnung Osteuropas durchaus unerwartete Aufkommenszuwächse haben werden. Dabei war die Vorteilhaftigkeit dieser Bauvorhaben vor allem auch unter wasser- und energiewirtschaftlichen Aspekten diskutiert worden (Finanzierung!).

2.2.3 Der Eisenbahnverkehr

Kein anderer Verkehrsträger ist in seiner Entwicklung mit dem Prozeß der Industrialisierung so eng verknüpft wie die Eisenbahn, und kein anderer Verkehrsträger beschäftigt mit seinen Problemen Fachleute, Politiker und die breite Öffentlichkeit so sehr wie die Eisenbahn.

Die hervorgehobene Gestaltungskraft des Eisenbahnverkehrs resultiert daraus, daß die Kombination Rad/Schiene ein für massenhafte Verkehre außerordentlich wirtschaftliches Verfahren ermöglichte. Von der Kostenstruktur her ist die Produktion von Schienenverkehrsleistungen nämlich durch hohe Fixkosten und vergleichsweise außerordentlich niedrige variable Kosten gekennzeichnet. Daraus resultiert eine umfassende Begünstigung massenhafter Verkehre, die nicht ohne Einfluß auf das Betriebsgrößenwachstum und auf die räumliche Struktur der Industrie bleiben konnte. Die raumwirtschaftliche Gestaltungskraft des Schienenverkehrs mußte um so nachhaltiger wirken, als sie zeitlich mit der Phase der Industrialisierung zusammentraf, die durch den Aufbau der rohstoffintensiven Grundstoffindustrien gekennzeichnet war. Dabei wirkten starke Kostendegressionseffekte im Bereich des Schienentransports mit ausgeprägten Größenersparnissen bei massenhafter industrieller Fertigung zusammen.

Die für die Eisenbahn typische Kostenstruktur mit hohen Fix- und niedrigen variablen Kosten, hinter denen sich einerseits das Erfordernis der Vorhaltung umfangreicher materieller und personeller Kapazitäten und andererseits der geringe marginale Aufwand bei zunehmender Kapazitätsauslastung verbergen, ist neben anderen Gründen aber auch ursächlich für die Schwierigkeiten, in denen sich die Eisenbahnen heute befinden.

Im Mittelpunkt der folgenden Erörterungen steht die Deutsche Bundesbahn, auf die, abgesehen von der Tätigkeit einiger kleinerer, nicht bundeseigener Eisenbahnen fast das gesamte nationale Eisenbahnaufkommen entfällt. Zugleich sehen sich aber auch viele ausländische Eisenbahnverwaltungen mit gleichen oder ähnlichen Problemen wie die Deutsche Bundesbahn konfrontiert, was teilweise auch eine verstärkte internationale Zusammenarbeit der europäischen Eisenbahnen gefördert haben mag. Die Schwierigkeiten der Deutschen Bundesbahn lassen sich wie folgt skizzieren.

Erstens hat die sozioökonomische Entwicklung (vgl. Teil II, Abschnitt 3.1.2) dazu geführt, daß wirtschaftliches Wachstum immer weniger eisenbahnaffines Verkehrsaufkommen erzeugt, Massenleistungsfähigkeit also weniger gefragt ist. Wirtschaftliches Wachstum hat heute mehr qualitative als quantitative Aspekte. Es wird mehr und mehr getragen von hochwertigen Produkten für spezialisierte Bedarfe. Von diesem Güterstruktureffekt ist die Bahn in ähnlicher Weise betroffen wie die Binnenschiffahrt. Verstärkt wird diese Entwicklung dadurch, daß im Zuge neuer Logistikkonzepte der verladenden Wirtschaft die Transportstruktur verändert wird. Abnehmende Sendungsgrößen, höhere Transportfrequenzen und gestiegene zeitliche Anforderungen (vgl. Abschnitt 3.2.2) bestimmen das Bild.

Zweitens ist darauf hinzuweisen, daß die Eisenbahn selbst auf dem Gebiet der angestammten Massenguttransportmärkte ihre Monopolstellung verloren hat. Binnenschiffahrt, Rohrleitungssysteme und nicht zuletzt der Straßengüterverkehr haben erhebliche Marktanteile gewonnen. Das vor allen Dingen auch deswegen, weil sich einerseits die industrielle **Standortstruktur** verändert und in gewissem Sinne vom Schienennetz gelöst hat, während andererseits nicht zuletzt als Folge des Zweiten Weltkrieges und der Teilung Deutschlands das überkommene Schienennetz von seinem Umfang und von seiner Netzstruktur her den aktuellen Bedürfnissen der Wirtschaft nicht mehr entspricht. Oder anders: Die industrielle Standort- und die Siedlungsstruktur passen immer weniger zur **Netzstruktur** der Bahn. Sie ist stärker ausgerichtet an der Verkehrsinfrastruktur der nicht schienengebundenen Verkehrsträger, insbesondere am Straßennetz. Dies wird dadurch belegt, daß im sogenannten betriebswirtschaftlich ‚optimalen' Netz der Deutschen Bundesbahn, das ca. 50 v.H. des gegenwärtigen Grundnetzes von ca. 28.000 km umfaßt, rund 90 v.H. des Güterverkehrs (und 93 v.H. des Personenverkehrs) abgewickelt werden. Aus diesem Tatbestand ergibt sich, daß die Eisenbahn einen Großteil ihrer fixkostenintensiven Infrastruktur nicht ausnutzen und nicht in den Genuß der geringen marginalen Kostenzuwächse gelangen kann, weil keine ausreichende Verkehrsnachfrage gegeben ist. Hinzu kommt, daß eine streckenspezifische, auf Kostendeckung ausgerichtete Preisstellung die Dienste ja gerade in aufkommensschwachen Regionen prohibitiv verteuern würde. Andererseits kann die Transportnachfrage dort, wo sie gegeben ist, aufgrund der ungleichmäßigen Auslastung der vorhandenen Kapazitäten nicht immer voll befriedigt werden. Diese Situation trifft in besonderer Weise auf die Nord-Süd-Verkehre und dabei vor allem die Rheinschiene zu.

Aber nicht nur Güterstruktur- und Logistikeffekte sowie die disproportionierte Netzstruktur bestimmen das negative wirtschaftliche Ergebnis der Deutschen Bundesbahn, sondern auch ihre unzeitgemäße Produktpolitik. Dabei ist allerdings zu berücksichtigen, daß dieses Produktionsprogramm in weiten Teilen weniger das Ergebnis unternehmerischer Entscheidungen als vielmehr die Folge übergeordneter Vorgaben ist.

Im Bereich des **Personenverkehrs** wird zweckmäßigerweise in Fernreiseverkehr und Personennahverkehr unterteilt. Letzterer bildet häufig über verschiedene Formen der Zusammenarbeit mit kommunalen Verkehrsträgern (Verkehrsverbundsystemen) den Übergang zu einem weiteren Teilbereich des Schienenverkehrs, nämlich den Straßenbahnen, Untergrundbahnen und Hochbahnen. Während der Fernreiseverkehr für die Bahn ein betriebswirtschaftlich interessantes Geschäftsfeld darstellt, ist eine eigenwirtschaftliche Betätigung im Nahverkehr nicht zu erwarten. Vielmehr hat sich die unzureichende Kostendeckung dort in den letzten Jahren nicht verbessern lassen.

Im Bereich **Güterverkehr** umfaßt das Dienstleistungsangebot der Eisenbahn den Kleingutverkehr (in ihm sind die Bereiche Stück- und Partiefracht, Termindienst, IC-Kurierdienst und Expreßdienst zusammengefaßt), den Wagenladungsverkehr sowie den kombinierten Verkehr. Der kombinierte Verkehr wird als Containertransport oder Huckepackverkehr durchgeführt. Die Entwicklung der Marktsegmente des Güterverkehrs zeigt im einzelnen folgendes Bild.

Tabelle 5: Entwicklung ausgewählter Marktsegmente der Deutschen Bundesbahn

	1970	1988
Stückgutverkehre (Mio tkm)	1 345	982
Expreßgutverkehre (Mio tkm)	240	89
Wagenladungsverkehre (Mio tkm)	68 912	57 957
Containertransport (Stück)	263 000	1 098 900
Huckepackverkehr (LKW, Auflieger, WAB)	50 300	606 000

Quelle: Geschäftsberichte der DB

Große Marktanteile hat die Bahn vor allem in den Wachstumsmärkten für Stück- und Expreßgut verloren, insbesondere an den Straßenverkehr. Die Ergebnisse sind negativ. Bedeutsamer für das Gesamtergebnis wegen des hohen Anteils an der Gesamtleistung und der vergleichsweise besseren Deckungsbeiträge sind die strukturbedingten Verluste im Wagenladungsverkehr. Das zukunftsträchtige Segment der kombinierten Verkehre konnte bislang nicht kostendeckend bedient werden. Zudem sind die absoluten Werte noch sehr niedrig. Schließlich sind auch die Marktanteile der Bahn an dem im Vergleich zu den nationalen Verkehren stark steigenden grenzüberschreitenden Aufkommen sehr gering.

Diese Situation der Deutschen Bundesbahn sowie ihre Entwicklungsmöglichkeiten müssen, und darauf war schon hingewiesen worden, gesehen werden in Verbindung mit den institutionellen Rahmenbedingungen.

Die Deutsche Bundesbahn wird nach Art. 87 Abs. 1 GG in bundeseigener Verwaltung als nicht rechtsfähiges Sondervermögen mit eigener Wirtschafts- und Rechnungsführung geführt. Nach § 28 Abs. 1 des Bundesbahngesetzes ist sie „wie ein Wirtschaftsunternehmen mit dem Ziel bester Verkehrsbedienung so zu führen, daß die Erträge die Aufwendungen einschließlich der erforderlichen Rückstellungen (bei angemessener Verzinsung des Eigenkapitals) decken“.

Gleichzeitig aber hat die Bahn neben anderen Aufgaben, die aus der Instrumentalfunktion öffentlicher Unternehmen resultieren, gemeinwirtschaftliche Aufgaben zu erfüllen. Neben dem o. a. Handikap einer weitgehend überkommenen Produktionsstruktur bilden diese Verpflichtungen zu gemeinwirtschaftlichen Aufgaben einen wesentlichen Grund für die wirtschaftlichen Probleme der Deutschen Bundesbahn, wie sie Jahr für Jahr durch einen ständig steigenden Zuschußbedarf dokumentiert werden.

Aus der **gemeinwirtschaftlichen Aufgabenstellung** wird eine Betriebspflicht, eine Beförderungspflicht sowie die Tarifpflicht und die Fahrplanpflicht abgeleitet. Die Betriebspflicht bedeutet die Verpflichtung, den Betrieb ständig aufrechtzuerhalten, ihn sicher zu führen, die Anlagen, Fahrzeuge und das Material in betriebssicherem Zustand zu halten, nach dem jeweiligen Stand der Technik zu ersetzen und weiter zu entwickeln. Die Betriebspflicht hindert die Bundesbahn daran, bestimmte Verkehrsleistungen aus betrieblichen Gründen ohne Genehmigung aufzugeben oder einzustellen. Zudem ergibt sich aus der Betriebspflicht die Ausrichtung der Kapazität auf die erwartete Spitzenbelastung. In Verbindung mit der Betriebspflicht ist die Beförderungspflicht zu sehen, die besagt, daß alle Transporte durchgeführt werden müssen, die der Bahnbenutzer verlangt, es sei denn, die Mittel des Verkehrsbetriebes sind dazu nicht geeignet. Da die Eisenbahn aufgrund dieser Beförderungspflicht nicht wie ihre Wettbewerber bestimmte Nachfragen zurückweisen kann, sondern grundsätzlich jede Nachfrage bedienen muß, wird in diesem Zusammenhang häufig von einem ‚Monopol der schlechten Risiken‘ gesprochen, d. h. von einer Konzentration unattraktiver und niedrig zu tarifierender Transporte bei der Eisenbahn.

Weiter werden die unternehmerischen Dispositionsmöglichkeiten der Deutschen Bundesbahn durch die Tarifpflicht eingeschränkt. Diese beinhaltet den Tarifzwang, die Tarifveröffentlichungspflicht und das Gebot der Tarifgleichheit. Nach diesen Vorschriften muß die Eisenbahn jede Aufstellung, Änderung oder Aufhebung von Tarifen durch den Bundesminister für Verkehr genehmigen lassen. Die Tarifhoheit soll die Interessen der Allgemeinheit wahren helfen. Die für dieses Verfahren vorgesehenen Anhörungen sind sehr zeitaufwendig und verhindern eine flexible Preispolitik. Diese wird in der Praxis jedoch durch die Anwendung von Ausnahmetarifen erreicht (über drei Viertel aller Gütertransporte).

Die Tarifveröffentlichungspflicht fordert die Bekanntgabe des Preissystems, die Tarifgleichheit die Gleichbehandlung aller Bahnbenutzer ohne Rücksicht auf unterschiedliche Streckenverhältnisse und unterschiedliche Auslastung der Linien.

Zusammen mit der Fahrplanpflicht beschränken die genannten Regelungen die Anpassung des eisenbahnwirtschaftlichen Leistungsprogramms an veränderte Marktbedingungen sehr stark.

Darüber hinaus erschwert die Einbindung der Deutschen Bundesbahn in das öffentliche Dienstrecht kapazitative Anpassungen im Personalbereich. Der Einstellungsstopp und der damit verbundene altersbedingte Personalabbau seit dem Jahre 1974 konnten den Umstand, daß die Umsatzerlöse nicht einmal den Personalaufwand deckten, nicht verhindern. Da im Zuge der Kontennormalisierung nach EG-Recht und aufgrund nationaler Verpflichtungen die den gemeinwirtschaftlichen und politischen Auflagen entsprechenden Belastungen der DB weitgehend durch finanzielle Zuwendungen des Bundes abgegolten werden müssen, ist die Ausgleichsverpflichtung des Bundes, die sich nach § 33 Abs. 2 des Bundesbahngesetzes auf die Betriebsverluste und gemäß den genannten Verpflichtungen auf erfolgswirksame Bundesleistungen bezieht, stark gestiegen (vgl. *Tabelle* 6).

Als Folgen dieser Entwicklung haben die Ausgaben des Bundes für die DB inzwischen ca. 50 v. H. der gesamten Bundesverkehrsausgaben erreicht. Die Plafondierung der Bundesmittel in der mittelfristigen Finanzplanung erhöht

Tabelle 6: Abgeltungsleistungen des Bundes an die DB und Betriebsverluste der DB in Mio. DM

Jahr	Erfolgswirksame Bundesleistungen (1)	Betriebsverluste (2)	Ausgleichsverpflichtungen (1 + 2)
1964	883,8	970,4	1 854,2
1969	2 035,4	1 001,1	3 036,5
1974	6 084,3	2 776,2	8 860,5
1979	8 082,8	3 576,2	11 659
1984	9 467,8	3 120,1	12 587,9
1989	13 743,3	3 858,3	17 601,6

Quelle: Geschäftsberichte der DB

die Finanzierungsprobleme der DB, weil dabei deren wirtschaftliche Zukunftsperspektiven nicht berücksichtigt werden. 1990 ergab sich ein Defizit von über 5 Mrd. DM, für 1991 werden über 6 Mrd. DM erwartet. Mit einem starken Anstieg wird auch bei der DB-Fremdverschuldung gerechnet, die 1989 bereits 43,9 Mrd. DM betrug.

So überrascht es nicht, daß die meisten Fachleute in den genannten gemeinwirtschaftlichen Verpflichtungen den Hauptgrund für die finanziell desolate Situation der Bahn sehen, eine zumindest teilweise Lockerung der gemeinwirtschaftlichen Aufgaben verlangen sowie ein Unternehmungskonzept für die Deutsche Bundesbahn fordern.

Die Sanierungsvorschläge für die Deutsche Bundesbahn sind indessen unüberschaubar geworden. Sie bewegen sich im Spannungsfeld zwischen Marktwirtschaft und Dirigismus und reichen von Lösungen unter Betonung der freien Wahl der Verkehrsmittel bis hin zu dirigistischen Umlenkungen des Verkehrs von der Straße auf die Schiene *(Willeke/Aberle)*.

Wo auch immer der einzelne seinen Standpunkt in dieser Diskussion bestimmen mag, es bleibt festzustellen: Werden alle Produktionsmöglichkeiten, über die die Deutsche Bundesbahn gegenwärtig verfügt, berücksichtigt und alle vorhandenen materiellen und immateriellen Ressourcen genutzt, so ergibt sich angesichts der strukturellen Entwicklung selbst bei bestmöglicher kaufmännischer Geschäftsführung kein Betriebsleistungsangebot, dem eine ausreichende kostendeckende Nachfrage gegenübersteht.

Dieses Marktungleichgewicht kann grundsätzlich nur dadurch beseitigt werden, daß die Kapazität der Nachfrage oder die Nachfrage dem Angebot angepaßt wird. Letzteres aber ist nur eine theoretische Möglichkeit, denn noch so weitreichende verkehrslenkende Eingriffe können dort keine Nachfrage erzeugen, wo die ökonomischen Basisprozesse fehlen. Irreversible Tatbestände wie der sozioökonomische Entwicklungsstand der Bundesrepublik Deutschland und die Raumstruktur der Wirtschaft verhindern diesen zweiten Weg, d.h. die Anpassung der Nachfrage an die Produktionsmöglichkeiten der DB, nahezu gänzlich. Daraus ergibt sich, daß es ohne einen Abbau bestimmter Kapazitäten keine Sanierung der Deutschen Bundesbahn geben kann, wobei dieser Prozeß aber dadurch ergänzt werden muß, daß dort, wo kostendeckende Nachfragen bislang nicht befriedigt werden konnten, neue Kapazitäten geschaffen werden.

Die Deutsche Bundesbahn braucht Neuverkehre. Diese kann sie aber nur gewinnen durch nachfragegerechte Angebote, durch die Konzentration auf Leistungen, bei denen sie gegenüber den anderen Verkehrsträgern Vorteile aufweist, sowie durch Kooperation mit diesen Verkehrsträgern dort, wo ihre Leistungsmöglichkeiten allein nicht ausreichen, ein marktgerechtes Angebot bereitzustellen. Verfolgt man das Motto Konzentration weiter, so ergibt sich daraus das Gebot zu investieren, und zwar in neue Verkehrswege, in rollendes Material, in Umschlagseinrichtungen, aber auch, und nicht zuletzt, in die Personalentwicklung. Hindernisse ergeben sich in diesem Bereich nicht nur aus den begrenzten finanziellen Mitteln, sondern mehr noch aus den Widerständen, die dem Verkehrswegebau von einer Reihe von Interessengruppen entgegengestellt werden.

Das Stichwort Konzentration steht auch für eine Netzreduzierung mit dem Ziel, zu einem optimalen Netz zu gelangen. Zu diesem Zweck sind für die verschiedenen Netzalternativen Wegfallrechnungen durchgeführt worden, in denen die marginalen Kostenänderungen den Erlösänderungen gegenübergestellt wurden. Diese Rechnungen führten zu unterschiedlichen optimalen Netzlängen, je nachdem, ob eine ausschließlich betriebswirtschaftliche Betriebsführung unterstellt wurde oder aber eine volkswirtschaftliche Optimierung unter Einschluß sozialer Nutzen- und Kostenkategorien. Hervorzuheben ist in diesem Zusammenhang die Berücksichtigung raumwirtschaftlicher Wirkungen von Verkehrsangeboten.

Weniger weit als die Forderungen nach umfassenden Streckenstillegungen reichen die Vorstellungen, die unter dem Stichwort ‚Trennung von Fahrweg und Betrieb' entwickelt worden sind. In diesem Zusammenhang wurde der Vorstand der Deutschen Bundesbahn 1978 vom Bundesverkehrsministerium beauftragt, zu untersuchen bzw. untersuchen zu lassen, welche Konsequenzen sich für die Wettbewerbsposition der Deutschen Bundesbahn ergeben würden, wenn das Schienennetz wie die übrigen Bundesverkehrswege (Fernstraßen und Binnenwasserstraßen) in bundeshoheitliche Zuständigkeit überführt würde, mit der Folge, daß die Vorhaltung der Infrastruktur auf den Bund übergehen und eine Anlastung der Wegekosten nur gemäß jeweiliger Inanspruchnahme erfolgen würde. Die Eisenbahn würde dadurch zu einer unternehmerisch organisierten Betriebsgesellschaft weiterentwickelt. Für diese Trennung wurden verschiedene Abstufungen vorgesehen, von einer realen Trennung bis hin zu einer nur rein buchhalterischen Trennung von Infrastruktur- und Betriebsgesellschaft innerhalb einer organisatorischen Einheit. Die Untersuchungen haben zu dem Ergebnis geführt, daß die reale Trennung mit handelsrechtlicher Ausgestaltung des Betriebsteils wirtschaftlich gesehen die besten Ergebnisse bringen würde. Der Bundesminister für Verkehr kam jedoch seinerzeit zu dem Ergebnis, daß dieses Modell politisch und sachlich nicht durchzusetzen sei (im Sommer 1979). Dabei wurde unter anderem auf personalrechtliche Probleme in Verbindung mit der Übernahme von Beamten sowie auf die Notwendigkeit einer Verfassungsänderung hingewiesen. Die Fortgeltung des öffentlichen Dienstrechts muß insofern als wesentliche Behinderung der Deutsche Bundesbahn bei der Entwicklung wettbewerbsorientierter flexibler Führungs- und Leistungsstrukturen angesehen werden.

Infolge der Diskussion Fahrweg/Betrieb entwickelte und veröffentlicht die Deutsche Bundesbahn seit 1980 eine Trennungsrechnung. Diese ordnet das bisherige undifferenzierte Gesamtergebnis den Bereichen Infrastrukturbereitstellung (Schienennetz = staatlicher Bereich) und Transportbetrieb zu *(Meyer)*. Der Transportbereich wird in den nach eigenwirtschaftlichen Zielvorstellungen geführten Güter- und Personenfernverkehr sowie den gemeinwirtschaftlichen Bereich des öffentlichen Personennahverkehrs unterteilt. Für diesen besonders defizitären Bereich ist die Einführung des Systems der öffentlichen Aufträge für gesellschaftlich gewünschte Bahnleistungen geplant. An die Stelle pauschaler Abgeltungen sollen spezielle Entgelte (Prinzip der speziellen Entgeltlichkeit; vgl. *Aberle* 1988) für genau definierte Leistungen treten. Durch diese Anwendung des marktwirtschaftlichen Steuerungsprinzips ‚Der Besteller bezahlt' wird sichergestellt, daß ausschließlich ausgehandelte Leistungsaufträge ausgeführt werden und überzogene Leistungsanforderungen unterbleiben.

1989 hat die Bundesregierung im Grundsatz entschieden, daß durch die Trennung von Fahrweg und Betrieb und die Einführung eines Benutzungsabgabensystems eine Angleichung der Wettbewerbsgrundlagen von Straßen- und Schienenverkehr erfolgen soll *(Ellwanger)*. Nicht zuletzt auch im Hinblick auf die Schaffung eines einheitlichen EG-Verkehrsmarktes sollen bis 1992 die erforderlichen vorbereitenden Arbeiten abgeschlossen sein. Vorschläge zur Bemessung der Benutzungsabgaben liegen bereits vor *(Aberle/Weber; Laaser)*. Diese zeigen deutlich die Schwierigkeiten z.B. in bezug auf die Abgrenzung des abgaberelevanten Netzes, die Bestimmung der Wegenutzung (anderer Nutzungsumfang als bei der Straße), das Ausmaß der Kapazitätsauslastung und die Berücksichtigung externer Effekte.

Durch die vorgesehene Änderung der institutionellen Rahmenbedingungen gewinnt die DB unternehmerischen Handlungsspielraum zur Entwicklung und Umsetzung marktorientierter strategischer Konzepte. Diese stehen, wie erwähnt, unter den Leitgedanken der Konzentration und Kooperation. Konzentration bedeutet die konsequente Nutzung der Systemstärken der Bahn. Für den Bereich Güterverkehr folgt daraus als zentrales Angebot: Ganzzüge für Punkt-Punkt-Verkehre, Direktverbindungen zwischen den Wirtschaftszentren für kombinierte Ladungsverkehre (KLV), Einzelwagen und Wagengruppen von/nach Gleisanschlüssen, Verknüpfung von Frachtzentren. In Verbindung damit ist geplant, die Streuverkehre weiter zu reduzieren, und, um die für regelmäßige und häufige Bedienungen erforderlichen Güterstrombündelungen zu erreichen, die Zahl der Bedienungspunkte (von 5.500 in 1986 auf weniger als 1.000 im Jahr 2000), der Knotenbahnhöfe (von 274 auf ca. 100) und der Rangierbahnhöfe (von 29 auf zehn bis zwölf) zu verringern (noch bezogen auf das Gebiet der Bundesrepublik Deutschland vor dem 3.10.90).

Diese Konzentration der Bahn auf Leistungen, bei denen sie den anderen Verkehrsträgern, insbesondere der Straße, überlegen ist, muß einhergehen mit einer Kooperation mit anderen Verkehrsträgern dort, wo ihre Möglichkeiten allein nicht ausreichen, um ein marktgerechtes Angebot bereitzustellen. Dies gilt um so mehr, als die verladende Wirtschaft zunehmend integrierte Haus-Haus-Verkehre und flächendeckende Logistikdienste verlangt.

Eine aus verschiedenen Verkehrsträgern gebildete Transportkette ist gegenüber durchgehenden Haus-Haus-Verkehren mit nur einem Verkehrsträger, und das kann dann angesichts der begrenzten Netzbildungsfähigkeit der Bahn nur der LKW sein, dann vorteilhaft, wenn es gelingt, die beteiligten Verkehrsträger dort und in einem solchen Umfang einzusetzen, wo und solange sie den anderen Verkehrsträgern überlegen sind. Dabei dürfen diese komparativen Vorteile nicht ausgeglichen oder überkompensiert werden durch zusätzliche Aufwendungen, die bei dem Übergang der Güter von einem Verkehrsträger auf den anderen entstehen. Das ist in der Regel dann nicht der Fall, wenn der Umschlag in Form eines mittelbaren Umschlags mit Hilfe intermodaler, verkehrsuniverseller Transportbehältnisse erfolgt, als deren Prototyp der Container angesehen werden kann.

Neben dem Containertransport umfaßt der kombinierte Ladungsverkehr die Beförderung von Wechselaufbauten sowie den Huckepackverkehr mit der Verladung von Sattelaufliegern und kompletten Lastzügen bzw. Sattelzügen. Im Gegensatz zu den vom Güterstruktur- und Logistikeffekt besonders betroffenen Wagenladungsverkehren wird den kombinierten Ladungsverkehren ein starkes Wachstum prognostiziert, von 22,8 Mio. t in 1989 über 32,2 bis auf über 50 Mio. t im Jahre 2000. Davon wird der weitaus überwiegende Teil auf Direktzüge im KLV-Kernnetz mit zehn Konzentrationspunkten entfallen. Während der Transport von Wechselaufbauten, Sattelaufliegern und Lastzügen von Huckepackgesellschaften, in Deutschland von der KOMBIVERKEHR Deutsche Gesellschaft für kombinierten Güterverkehr mbH und Co. KG wahrgenommen wird (DB-Beteiligung 20,5%), werden die nationalen Containerverkehre von der DB-Tocher TRANSFRACHT Deutsche Transportgesellschaft mbH und die internationalen Verkehre von der INTERCONTAINER durchgeführt, einer Tochtergesellschaft europäischer Eisenbahnen, institutionalisiert als Genossenschaft belgischen Rechts mit Sitz in Brüssel und Generaldirektion in Basel.

Die Stichwörter Konzentration und Kooperation stehen auch für die Entwicklung des Stückgutsystems. Während die DB 1958 im Stückgutverkehr noch 5897 Bahnhöfe bediente, wurde in Anpassung an die veränderte Wirtschafts- und Verkehrsstruktur zum 1. Juni 1970 die Zahl der Stückgutbahnhöfe auf gut 1000 reduziert. Weitere Gutachten, insbesondere in Form von Sonderrechnungen, veranlaßten die DB, die Zahl ihrer Stückgutbahnhöfe bis 1976 auf 424 zurückzunehmen. Bis 1988 wurde das Netz der schienenbedienten Stückgutbahnhöfe auf 248 reduziert. Bei weiteren geplanten Verringerungen sollen schienenbediente in straßenbediente Stückgutbahnhöfe umgewandelt werden.

Die Weiterentwicklung des Stückgutverkehrs zielt auf die Bedienung von ca. 40 Frachtzentren innerhalb von maximal 48 Stunden durch Direktverbindungen. Die Frachtzentren können durch die Übernahme weiterer Leistungen, wie Lagerbewirtschaftung, Kommissionierung, Verpackung etc., zu wichtigen Elementen komplexer beschaffungs- und distributionslogistischer Systeme der Unternehmen werden.

Durch die Deregulierung des Straßengütertransports im Zuge der Entstehung des EG-Binnenmarktes wird sich die Wettbewerbssituation der Deutschen Bundesbahn im nationalen wie auch im internationalen, d. h. grenzüberschreitenden Verkehr weiter verändern. Im nationalen Verkehr werden aufgrund der durch eine EG-Verordnung im Juli 1990 eingeführten Kabotagemöglichkeiten zusätzliche Straßenverkehrskapazitäten auf den Markt kommen, was den preispolitischen Handlungsspielraum der Bahn einschränken wird. Darüber hinaus bleibt auch eine umfassende Deregulierung des nationalen Straßengüterverkehrs durch die Bundesregierung durchaus im Bereich des möglichen, wenn sie auch in den vergangenen Jahren aus verschiedenen politischen Erwägungen heraus stets aufgeschoben worden ist. Angesichts dieser Aussichten ist für die Deutsche Bundesbahn eine zügige Umsetzung der dargestellten, für den nationalen Verkehr entwickelten Konzepte sowie die fortdauernde Steigerung der Arbeitsproduktivität geboten.

Im internationalen Verkehr wird sich die Deutsche Bundesbahn ebenfalls weiter wachsenden Straßenverkehrskapazitäten gegenübersehen, die Ergebnis einer durch die EG-Verkehrspolitik 1986 eingeleiteten Deregulierung des innergemeinschaftlichen grenzüberschreitenden Straßengüterverkehrs sind. Auch von der Ende 1987 eingeleiteten Deregulierung des innergemeinschaftlichen grenzüberschreitenden Luftverkehrs ist die Wettbewerbssituation der Deutschen Bundesbahn auf Relationen von/nach der Bundesrepublik Deutschland (hier vor allem im Bereich des Personentransports) berührt worden. Als Antwort auf diese Risiken strebt die Deutsche Bundesbahn gemeinsam mit anderen in gleicher Weise betroffenen EG-Eisenbahnverwaltungen Angebotsverbesserungen im grenzüberschreitenden Eisenbahntransport an.

Die EG-Kommission befürwortet diese Formen der Zusammenarbeit, hat jedoch bislang nur wenig unternommen, um die Bahnen wirkungsvoll zu unterstützen, sprich ihre Wettbewerbssituation gegenüber ihrem Hauptwettbewerber, dem Lkw, zu verbessern. Ein wirkungsvoller Ansatz wäre zweifellos die Internalisierung der Umweltkosten bei allen Verkehrsträgern, die speziell die Bahnen aufgrund ihrer umweltfreundlichen Technologie begünstigen und die Wettbewerbssituation gegenüber dem Lkw verbessern würde. Weitere Fragen, die die EG-Eisenbahnpolitik in den vergangenen Jahren beherrscht haben, aber selbst zwei Jahre vor Vollendung des EG-Binnenmarktes noch nicht abschließend geklärt waren, waren die nach wirkungsvolleren Maßnahmen zur Förderung des kombinierten Verkehrs, nach den Möglichkeiten, den Bahnen der EG eine unternehmerisch vertretbare Finanzstruktur zu verschaffen, sowie nach Neuregelungen für die Beziehungen zwischen Bahn und Staat in bezug auf gemeinwirtschaftliche Leistungen. Diskutiert wurde außerdem die Frage nach geeigneten Formen der Unterstützung des Ausbaus eines europäischen Hochgeschwindigkeitsnetzes.

Geographische Sachzwänge erfordern auch die Berücksichtigung der Interessen von Nicht-EG-Staaten wie Österreich und Schweiz im Rahmen der EG-Eisenbahnpolitik. Zwischen den Eisenbahnverwaltungen der EG sowie der Nicht-EG-Staaten selbst bestehen in Europa bereits seit langem vielfältige Formen internationaler Zusammenarbeit, die nicht zuletzt Ergebnis ihrer Mitgliedschaft und Mitwirkung in der Internationalen Eisenbahnunion (UIC) sind.

Neue Aufgaben für die Deutsche Bundesbahn ergeben sich nach der Wiedervereinigung Deutschlands durch die notwendige Integration der Deutschen Reichsbahn der ehemaligen DDR. Hier ist ein umfassender Strukturwandel zu bewältigen, der von infrastrukturellen über institutionelle bis zu personellen Erfordernissen reicht. Dabei ist davon auszugehen, daß die durch Verkehrslenkung verordnete und vom dominierenden Massengut bestimmte Marktstellung der Bahn in den neuen Bundesländern nicht erhalten bleibt. Mit der einsetzenden Zunahme der Arbeits- und Standortteiligkeit der Wirtschaft werden Gütermengen-, Güterstruktur- und Logistikeffekte die bisherige Verkehrsteilung stark verändern.

2.2.4 Der Straßenverkehr

Von der veränderten Qualität des Wirtschaftswachstums in der Bundesrepublik Deutschland am stärksten profitiert hat der Straßengüterverkehr. Die Anteilsverschiebungen von vergleichsweise geringwertigen, transportkostenempfindlichen und massenhaften Transportgütern hin zu höherwertigeren und eilbedürftigen, in kleineren Mengen anfallenden Transportobjekten, haben dem Lastkraftwagen günstige Beschäftigungsmöglichkeiten eröffnet. Hinzu kamen kräftige Impulse als Folge der stärkeren wirtschaftlichen Entwicklung der Fläche, die ihrerseits durch die Netzbildungsfähigkeit des Straßenverkehrs begünstigt wurde. Bildhaft gesprochen haben die verstärkte Arbeitsteilung und Dislozierung der ökonomischen Basisprozesse zu einer Vervielfachung der Transportrelationen geführt, was vor allen anderen Verkehrsträgern den Straßenverkehr gefördert hat *(Webs; Dünner)*. Auch für die Zukunft ist von positiven Güterstruktureffekten des Wirtschaftswachstums für den Straßenverkehr auszugehen, oder mit anderen Worten, die Wachstumsindustrien der Zukunft haben eine hohe Straßenaffinität (und Luftfahrtaffinität).

Wie die nachfolgende *Tabelle* 7 ausweist, wurde die Zunahme des Transportaufkommens nach dem Zweiten Weltkrieg in der Bundesrepublik Deutschland zum größten Teil vom Straßengüterverkehr absorbiert, während auf die Konkurrenten Binnenschiffahrt und Eisenbahn immer geringere Anteile entfielen. Bis heute konnte der Straßenverkehr in den Industrieländern mehr als 50 v.H. aller Gütertransporte auf sich ziehen, in der Bundesrepublik Deutschland mehr als 80 v.H.

Wenn auch die größten Gewinne des Straßengüterverkehrs in die Zeit nach dem Zweiten Weltkrieg fallen, so führte der Schutzgedanke für die Bahn schon in den 30er Jahren zu ersten Eingriffen in das Wettbewerbsverhältnis Schiene/Straße.

Der heute noch gültige **Ordnungsrahmen** beinhaltet für den Güterfernverkehr Marktzugangsbeschränkungen und Tarifbindungen. Vor allem die Kontingentierung der Genehmigungen für den Straßengüterfernverkehr, die unter „Berücksichtigung des öffentlichen Verkehrsbedürfnisses und der Verkehrssicherheit auf den Straßen" (§ 9 Abs. 1 GüKG) zahlenmäßig bestimmt und die im Ausschreibungsverfahren und auf Zeit (acht Jahre) ausgegeben werden, stellen eine Begrenzung des Transportangebotes dar.

Da der Güternahverkehr weniger ein Konkurrent, sondern stets mehr eine Ergänzung des Eisenbahnverkehrs war, wurde er weniger stark reguliert. Auf objektive Zugangsbeschränkungen wurde verzichtet, die Tarife schon 1959 als Margentarife ausgebildet. Allerdings ist der räumliche Wirkungs-

Tabelle 7: Binnenländischer Güterverkehr nach Verkehrsarten – Verkehrsaufkommen

	1970 in Mio. t	1970 in v. H.	1975 in Mio. t	1975 in v. H.	1980 in Mio. t	1980 in v. H.	1989 in Mio. t	1989 in v. H.
Eisenbahnen	378,0	43,4	315,0	36,9	350,1	36,0	307,0	30,0
Binnenschiffahrt	240,0	27,5	227,3	26,7	241,0	24,8	234,8	22,9
Straßengüterfernverkehr	164,9	18,9	229,9	27,0	298,2	30,6	413,6	40,5
Rohrleitungsverkehr	89,2	10,2	80,3	9,4	84,0	8,6	67,8	6,6
Güterfernverkehr	872,1	100,0	852,5	100,0	973,3	100,0	1023,2	100,0
Güterfernverkehr	872,1	30,7	852,5	30,7	973,3	30,1	1023,2	30,8
Straßengüternahverkehr	1972,0	69,3	1925,0	69,3	2255,0	69,9	2300,0	69,2
insgesamt	2844,1	100,0	2777,5	100,0	3228,3	100,0	3323,2	100,0

Quelle: Zusammengestellt nach Verkehr in Zahlen, hrsg. vom Bundesminister für Verkehr, Bonn 1990

bereich des gewerblichen Güternahverkehrs auf eine Nahzone beschränkt, die „das Gebiet innerhalb eines Umkreises von 50 km, gerechnet in der Luftlinie vom Mittelpunkt des Standortes des Kraftfahrzeuges (Ortsmittelpunkt) aus" (§ 2 GüKG) umfaßt.

Die Preisregulierung des Straßengüterfernverkehrs geht auf den Reichskraftwagentarif (RKT) zurück, der auf den geltenden Eisenbahntarif ausgerichtet war. Der RKT wurde 1989 in Tarif für den Güterfernverkehr (GFT) umbenannt, doch enthält er nach wie vor Margentarife, die der Bundesminister für Verkehr durch Rechtsverordnung erläßt und deren Fortentwicklung durch Anträge von Tarifkommissionen des Gewerbes unter unterschiedlicher Beteiligung der Verlader geschieht.

Dennoch hat die Regulierung bis heute den skizzierten Anstieg des Anteils des Straßengüterverkehrs am gesamten Verkehrsaufkommen nicht verhindern können. Der geringe Erfolg staatlicher Eingriffe zeigt sich besonders deutlich am Beispiel der vom 01.01. 1969 bis zum 31.12. 1969 erhobenen Straßengüterverkehrssteuer (sogenannter ‚Leberpfennig'), die keine nennenswerte Verlagerung von der Straße auf die Schiene bewirken konnte.

Von besonderer Bedeutung für die Beurteilung der Marktentwicklung ist der **Werkverkehr,** der innerhalb des Straßenverkehrs überdurchschnittliche Anteilssteigerungen aufweist (vgl. *Tabelle 8*).

Werkverkehr ist die Beförderung von Gütern für eigene Zwecke des Unternehmens (das sind Verbrauch, Wiederveräußerung, Eigengebrauch, gewerbsmäßige Vermietung, Veredelung, Be- oder Verarbeitung, vgl. § 48 GüKG). Es handelt sich also um eine betriebliche Hilfsfunktion (vgl. dazu die Ausbildung mikrologistischer Subsysteme in Teil II, Abschnitt 1.3).

Die außerordentliche Ausweitung des Werkverkehrs kann im wesentlichen darauf zurückgeführt werden, daß

- im Bereich des konzessionierten gewerblichen Güterfernverkehrs auf der Straße das Laderaumangebot mit dem steigenden Aufkommen nicht Schritt gehalten hat,
- die staatliche Preisregulierung des gewerblichen Verkehrs den Werkverkehr wirtschaftlich interessant machte und
- das Angebot des Gewerbes den qualitativen Ansprüchen der verladenden Wirtschaft nicht entsprach.

Eine Analyse der Entwicklung zeigt, daß alle genannten Gründe, wenn auch mit wechselndem Gewicht, eine Rolle gespielt haben. So sei z. B. nur auf folgenden Zusammenhang hingewiesen: Der Werkfernverkehr weist einen höheren Leerfahrtenanteil auf als der gewerbliche Verkehr, die Jahreskilometerleistungen der eingesetzten Lastkraftwagen sind wesentlich geringer (Hauptursache dafür ist die starke Unpaarigkeit beim eigenen Ladungsaufkommen). Daraus resultieren zwangsläufig ungünstigere Kosten-Leistungs-Relationen. Wenn dennoch verstärkt Werkverkehr betrieben wurde, so offensichtlich als Folge eines unzureichenden Angebots des Gewerbes oder aber einer so marktfernen Tarifsituation, daß trotz geringerer Produktivität wirtschaftliche Vorteile realisiert werden konnten. In beiden Fällen liegen

Tabelle 8: Entwicklung des Werkverkehrs im Verglich zum gewerblichen Güterfernverkehr

	Werkverkehr				Gewerblicher Güterverkehr			
Jahr	Aufkommen in Mio. t	Durchschnittliche jährl. Veränderung	Leistung in Mrd. tkm	Durchschnittliche jährl. Veränderung	Aufkommen in Mio. t	Durchschnittliche jährl. Veränderung	Leistung in Mrd. tkm	Durchschnittliche jährl. Veränderung
1960	23,5	–	3,9	–	71,3	–	18,5	–
1965	34,1	9,0	5,8	9,7	88,4	4,8	23,3	5,2
1970	41,1	4,1	7,4	5,5	104,8	3,7	28,7	4,6
1975	79,2	18,5	13,7	17,0	112,3	1,4	31,8	2,2
1980	99,6	5,1	17,5	5,5	140,9	5,1	41,1	5,8
1985	119,1	3,9	21,0	4,0	146,8	0,8	43,8	1,3
1989	139,3	4,3	24,8	4,5	178,4	5,4	52,6	5,0

Quelle: Zusammengestellt nach Verkehr in Zahlen, hrsg. vom Bundesminister für Verkehr, Bonn 1990

Marktungleichgewichte vor, die geeignet sind, die optimale Arbeitsteilung zwischen Schiene und Straße zu verhindern *(Winter)*. Prototypisch für derartige Fehlentwicklungen ist der sogenannte Fuhrmannshandel, genauer, der Direktverkehr im Streckengeschäft des Handels, bei dem Handelsgeschäfte vorgetäuscht werden, um unter Umgehung der Genehmigungspflicht und des Tarifzwangs Straßengüterverkehrsleistungen durchführen zu können.

Hinzu kommt, daß in den letzten Jahren der Einfluß der Kostensituation Schiene/Straße auf die Wahlentscheidung des Verladers abgenommen hat. Zunehmend entscheiden leistungswirtschaftliche Kriterien. Befragungen haben ergeben, daß diejenigen Unternehmungen, die den Werkverkehr als betriebsnotwendig bezeichnen, Schnelligkeit und sofortige Verfügbarkeit, Flexibilität und Pünktlichkeit sowie die Anpassung der Verkehrsdienste an Produktions- und Vertriebsrhythmen als ausschlaggebende Entscheidungskriterien nennen. Alle einschlägigen Untersuchungen zeigen, daß immer weniger einfache Transportleistungen, sondern umfassende Problemlösungspakete im gewerblichen Straßengüterverkehr nachgefragt werden.

Im Bereich der Distributionslogistik etwa wird die zeitgenaue (just in time) Anlieferung der Ware verlangt, häufig einschließlich Mengensteuerung, Lagerhaltung, Kommissionierung, Verpackung, Auspreisung sowie Leergut- und Ladehilfsmittelsteuerung. Denn auf Käufermärkten mit einem übersichtlichen, weitgehend homogenen Güterangebot spielt – wie gezeigt wurde (vgl. Teil I, Abschnitt 2.2) – die Präsenz der Ware am Verkaufspunkt eine entscheidende Rolle für den Absatzerfolg. Die mangelnde Verfügbarkeit der Produkte am Nachfrageort wird heute mehr denn je mit dem Entzug der Nachfrage bestraft.

In der Beschaffungslogistik der Industrieunternehmungen werden ebenfalls zunehmend Just-in-time-Versorgungskonzepte durchgesetzt. Die damit einhergehende Verringerung der Transportlose bei gleichzeitig erhöhter Anlieferfrequenz begünstigt ebenfalls den Straßengüterverkehr. Erst die Konsolidierung des Ladungsaufkommens mehrerer Lieferanten in der Zeit oder Fläche erlaubt die Füllung und den wirtschaftlichen Einsatz von ganzen und zielreinen Zügen. Offensichtlich erfordern derartige logistische Leistungen Vereinbarungen über umfassende Leistungspakete, insbesondere auch unter Einschluß spezieller Informations- und Kommunikationsdienste.

Die aus den genannten Entwicklungen resultierenden Erfordernisse korrespondieren mit den besonderen Vorzügen des Lastkraftwagens, wie z. B. der ständigen Einsatzbereitschaft, der hohen Anpassungsfähigkeit der Fahrzeuge und Dienste an individuelle und wechselnde Bedarfe sowie mit der Fähigkeit, auch kleine Mengen in der Fläche zuverlässig zu verteilen. Diese Anforderungen begünstigen die Straße gegenüber der Schiene, insbesondere gegenüber dem herkömmlichen Wagenladungsverkehr.

Den individuellen Bedürfnissen der Nachfrager und den spezialisierten, hochwertigen Produkten der Anbieter entspricht ein ‚trading up' von Dienstleistungen, welches über die klassischen Überbrückungsfunktionen des räumlichen und zeitlichen Ausgleichs weit hinausreicht. Sofern die gewerblichen Güterverkehrsunternehmen diese Überbrückungsbedarfe als ihren

Markt ansehen, werden sie gezwungen sein, ebenfalls ‚trading up'-Strategien zu verfolgen. Das heißt, sie müssen um die Transportleistung herum ein umfassendes, auf die individuellen Bedürfnisse der Nachfrager abgestelltes logistisches Leistungspaket entwickeln. Das ist um so mehr erforderlich, als im Zuge des wirtschaftlichen Strukturwandels (vgl. Güterstruktur- und Logistikeffekte) der Teilladungs-, Stück- und sonstige Kleingutverkehr stärker wachsen wird als der Komplettladungsverkehr und der Linienverkehr stärker als der Gelegenheitsverkehr.

Sofern diese Markterfordernisse, die bis zur Übernahme der kompletten Beschaffungs- oder Distributionslogistik eines Herstellers reichen können, die Möglichkeiten einzelner logistischer Betriebe übersteigen, was insbesondere bei einer Vielzahl mittelständischer Unternehmungen der gewerblichen Verkehrswirtschaft der Fall sein wird, sind kooperative Lösungen zu suchen. Zu denken ist z. B. an gemeinschaftlich betriebene Umschlagseinrichtungen und Lagerhäuser sowie an die vielfach diskutierten Güterverkehrszentren (vgl. Teil II, Abschnitt 2.4.2). Sie sind, wobei noch verschiedene Formen der Trägerschaft und Organisation diskutiert werden, als Schnittstellen der Zusammenarbeit von Verladern und logistischen Betrieben vorgesehen. Durch diese Entwicklung sind vor allem die Speditionen herausgefordert. Sie können als die ‚geborenen' Anbieter derartiger Problemlösungspakete angesehen werden. Ihre Leistungsprogramme umfassen ‚Nicht-systemorientierte Logistikleistungen', z. B. gelegentliche Sammelladungsverkehre, ‚Systemorientierte Logistikkomponenten', z. B. Luftfrachtdienste im Rahmen der Ersatzteillogistik, und ‚Logistische Systemleistungen', z. B. die Übernahme der gesamten Warendistribution (*Drechsler, W.* S. 25).

Bevor es zu einer derartig umfassenden Zusammenarbeit der Binnenverkehrsträger kommt, muß der Straßenverkehr die vielfältigen Möglichkeiten verbesserter Arbeitsteilung nutzen, die bereits heute im Rahmen der bestehenden Infrastruktur und Regelungen möglich sind. Das betrifft vor allem die stärkere Nutzung der Angebote des kombinierten Verkehrs (vgl. Teil II, Abschnitt 2.3.3).

Im Sinne der optimalen Arbeitsteilung muß es als Fehlentwicklung angesehen werden, daß derjenige Verkehrsträger, der, wie oben dargestellt, bezogen auf die Transportentfernung die ausgeprägtesten Kostendegressionseffekte aufweist, nämlich die Eisenbahn, eine kürzere durchschnittliche Transportweite aufweist als der Straßengüterverkehr (vgl. dazu *Figur 3*).

Voraussetzung für die Ansteuerung der optimalen Arbeitsteilung ist jedoch, daß keine Zugangsbeschränkungen wirken und durch reglementierte Tarife keine falschen Signale für die unternehmerischen Entscheidungen gesetzt werden. Während sich die deutsche Verkehrspolitik bislang nur zu kleineren Modifikationen, nicht aber zu einer weitreichenden **Deregulierung** der Marktordnung des deutschen Straßengüterverkehrs entschließen konnte, ist in der Europäischen Gemeinschaft nach 1985 damit begonnen worden, den innergemeinschaftlichen grenzüberschreitenden Straßengüterverkehr in eine liberalere Marktordnung zu überführen. Diese soll ab 31. 12. 1992 durch freien, d. h. lediglich auf subjektiven Zulassungsvoraussetzungen beruhenden Marktzutritt und freie Preisbildung und damit durch die Möglichkeit zur freien Kapazitätsbildung gekennzeichnet sein. Diese für alle im EG-Straßengüterverkehr tätigen Unternehmer gleichermaßen geltenden Bedingungen bedeuten damit auch die Verwirklichung der Dienstleistungsfreiheit im grenzüberschreitenden Straßengüterverkehr.

Zusätzlich wurde 1989 den in der EG ansässigen und im gewerblichen Straßengüterverkehr tätigen Unternehmen die Möglichkeit eröffnet, in anderen EG-Staaten als denen, in denen sie ansässig sind, in (noch) begrenztem Umfang Kabotagefahrten mit ihren Lastkraftwagen durchführen zu können. Die Maßnahmen zur Neuordnung des innergemeinschaftlichen Straßengüterverkehrs sind dabei nicht nur Folge des umfassenden Programms zur Schaffung des EG-Binnenmarktes bis Ende 1992, sondern sind auch in Verbindung mit einem Urteil des Europäischen Gerichtshofes vom Mai 1985 zu sehen, in dem Versäumnisse der EG-Verkehrspolitik festgestellt und eine Beseitigung des beanstandeten Zustands gefordert worden war. Zwar war das Urteil für alle Verkehrsträger gleichermaßen von Bedeutung, doch war der Straßengüterverkehr am stärksten betroffen.

Die Deregulierung des EG-Straßengüterverkehrs, insbesondere die Einführung der Kabotagemöglichkeit, wird die bundesdeutsche Marktordnung nicht nur in Frage stellen, vielmehr wird sie nach und nach ganz beseitigt werden (*Aberle* 1987; *Ihde* 1989). Das schon deswegen, weil ein Fortbestehen der deutschen kontrollierten Wettbewerbsordnung auf dem Gebiet des Güterfernverkehrs bei weitgehender Liberalisierung des grenzüberschreitenden Straßengüterverkehrs zu Umgehungen und zu unzulässigen Diskriminierungen führen wird. Zwischenzeitlich wurde die Freigabe der Tarife im Güternahverkehr für den 1. 1. 93 vereinbart.

Offen ist noch, in welchem Ausmaß es zu einer Harmonisierung der Wettbewerbsbedingungen kommt, vor allem durch eine Angleichung der künstlichen Kosten (Kfz- und Mineralölsteuer sowie Wegebenutzungsabgaben). Der in der Bundesrepublik Deutschland zu erwartende Fortfall der Marktzugangsbeschränkungen sowie die sukzessive Durchsetzung von Marktpreisen wird nicht nur zu einer Ausweitung des Transportangebotes, sondern auch zu einer starken Leistungs- und Preisdifferenzierung führen. Der von den Speditionen im großen Umfang praktizierte Selbsteintritt wird zurückgehen, der Werkverkehr wird Marktanteile verlieren. Schließlich geht die Differenzierung der Leistungsangebote, hier Frachtführerschaft, dort Speditions- und umfassende Logistikdienste, einher mit veränderten Betriebsgrößenstrukturen. Die Nutzung umfänglicher Größeneffekte wird eher im Bereich der Spedition als bei der Frachtführerschaft einen Konzentrationsprozeß auslösen.

2.2.5 Der Luftverkehr

Mehr noch als das offene Meer stellt der Luftraum ein umfassendes Verkehrswegeangebot dar. Wenn auch von einer allseitigen Wegsamkeit nicht gesprochen werden kann, da das Gebot der Sicherheit die Nutzung des Luftraumes auf die überwachten Luftstraßen beschränkt, kann zumindest technisch im Luftverkehr eine unendliche Netzbildungsfähigkeit realisiert werden (durch den Hubschrauber). Mit der Entwicklung des Fluggerätes und der Zunahme des Flugverkehrs wurde jedoch eine immer aufwendigere Bodenorganisation und Flugsicherung erforderlich, so daß auch aus ökonomischen Gründen die Netzbildungsfähigkeit begrenzt werden muß auf ausgewählte Luftwege und Flughäfen.

Die umfassende kommerzielle Nutzung des Lufttransportes setzte nach dem Zweiten Weltkrieg ein und vollzog sich außerordentlich stürmisch *(Jackson/Brackenridge; Hoff; Blattmann; Pompl; Taneja).* Das gilt sowohl für den Linienluftverkehr als auch für den Gelegenheitsluftverkehr, der im wesentlichen Charterluftverkehr ist (vgl. *Tabelle* 9). Der Gelegenheitsluftverkehr unterscheidet sich vom Linienluftverkehr dadurch, daß er nicht planmäßig, d. h. nicht zu festen Flugzeiten, durchgeführt wird, wobei sich diese Unterschiede jedoch zunehmend verwischen.

Die bis heute ungebrochenen Zuwächse beim Transport von Passagieren, Fracht und Post resultieren aus Veränderungen in drei unterschiedlichen Bereichen, und zwar im technischen Bereich, im rechtlichen Bereich und im ökonomischen Bereich.

Tabelle 9: Entwicklung des Verkehrsaufkommens und der Verkehrsleistung im Weltluftverkehr (Linienverkehr der ICAO-Staaten)

Jahr	Aufkommen in Mio. t	Veränderung in v. H.	Leistung Mio. tkm	Veränderung in v. H.
1971	6,7	9,6	13 230	9,6
1972	7,3	9,2	15 020	13,6
1973	8,2	12,8	17 530	16,7
1974	8,7	5,2	19 020	8,5
1975	8,7	0,7	19 370	1,8
1976	9,3	7,4	21 540	11,2
1977	10,0	7,5	23 630	9,7
1978	10,6	6,0	25 940	9,8
1979	10,9	5,7	27 970	7,8
1980	11,1	0,8	29 380	4,9
1981	10,9	−1,6	30 880	5,1
1982	11,6	6,0	31 540	2,1
1983	12,3	6,0	35 110	11,3
1984	13,4	9,4	39 670	13,0
1985	13,7	2,4	39 840	0,4
1986	14,7	6,9	43 190	8,4
1987	16,1	9,5	48 370	12,0
1988	17,3	7,5	53 360	10,3
1989	18,0	4,1	57 410	7,6
		Durchschnitt: 5,6		Durchschnitt: 7,8

Quelle: ICAO-Journal 7/90, S. 23

Als Meilensteine der technischen Entwicklung, die sehr stark durch militärische Interessen geprägt war, müssen die Einführung des Düsengerätes 1960 sowie der Großraumflugzeuge 1970 angesehen werden. In der Zeit vorher spielte die Luftfracht, und das hieß damals in erster Linie der Postdienst, eine untergeordnete Rolle als Kuppel- oder besser Abfallprodukt der Passagierverkehre. Davon kann heute nicht mehr gesprochen werden, obwohl nach wie vor der weitaus größte Teil der Luftfracht auf Passagediensten befördert wird, sei es in den Unterflurfrachträumen oder auf dem Hauptdeck sogenannter ‚Kombiflugzeuge'. Diese Entwicklung wurde durch die verstärkte Einführung von Großraumfluggeräten gestützt, die die zur Verfügung stehende Unterflurfrachtkapazität wesentlich erweitern. So entspricht z.B. allein die Unterflurfrachtkapazität einer B 747 der Kapazität eines Nurfrachters vom Typ B 707-F. Obwohl das Flottenwachstum und die Größenentwicklung der Flugzeuge (Querschnittskapazität) sowie deren höhere Umlaufgeschwindigkeit (Periodenkapazität) das Angebot an Lufttransportraum außerordentlich ausgeweitet haben, konnten in den letzten Jahren vermehrt auch Nurfrachtflugzeuge beschäftigt werden.

Die technischen Möglichkeiten des Flugzeugs, nämlich große Entfernungen in kurzer Zeit zu überbrücken, und die Kostenverläufe des Flugzeugbetriebs, gekennzeichnet durch Fixkostenintensität und vergleichsweise geringe variable Kosten, haben diesen Verkehrsträger für den internationalen Verkehr prädestiniert, da es nur wenige Flächenstaaten gibt, in denen diese Vorzüge des Luftverkehrs im nationalen Verkehr zum Tragen kommen. Dieser geborenen Internationalität des Verkehrsträgers Flugzeug stand jedoch zunächst die Lufthoheit der einzelnen Staaten gegenüber. Aus diesem Grunde bedurfte es internationaler Vereinbarungen, um die Voraussetzung für einen sicheren und wirtschaftlichen Luftverkehr zu schaffen. 1944 wurde zu diesem Zweck nach einer Reihe von vorbereitenden Treffen auf Einladung der Vereinigten Staaten von Amerika die Konferenz von Chicago einberufen. Auf dieser Konferenz wurde der Versuch unternommen, zu einer von allen Staaten akzeptierten einheitlichen Ordnung des zivilen Weltluftverkehrs zu gelangen. Verhandlungsgrundlage waren die fünf grundlegenden **Freiheiten der Luft** (vgl. *Buchwald*). Diese Freiheiten der Luft sind (vgl. *Figur 15*):

1. Freiheit: das Recht, das Hoheitsgebiet eines Vertragsstaates ohne Landung zu überfliegen;
2. Freiheit: das Recht auf Landung zu nicht gewerblichen Zwecken;
3. Freiheit: das Recht, Passagiere, Fracht und Post abzusetzen, die in dem Gebiet des Staates aufgenommen wurden, in denen das Luftfahrzeug registriert ist;
4. Freiheit: das Recht, Passagiere, Fracht und Post im Gebiet des Partnerstaates zur Beförderung in den Staat aufzunehmen, in dem das Luftfahrzeug registriert ist;
5. Freiheit: das Recht, Passagiere, Postsendungen und Ladung mit Bestimmung für das Gebiet irgendeines anderen Vertragsstaates aufzunehmen, und das Recht, Passagiere, Postsendungen und Ladung, die aus irgendeinem Vertragsstaat kommen, abzusetzen.

Die ersten beiden Freiheiten werden als technische, die drei anderen Freiheiten als kommerzielle Freiheiten bezeichnet.

Neben diesen grundlegenden Freiheiten werden weitere drei Verkehrsrechte unterschieden. Die 6. Freiheit, praktisch eine Kombination der 3. und 5. Freiheit, bezieht sich auf das Recht zur Beförderung von Passagieren und Fracht aus einem anderen Land (Vertragsstaat 1) in das eigene Land und von dort weiter in ein drittes Land (Vertragsstaat 2). Diese 6. Freiheit bestimmt entscheidend den Markt von Luftfahrtgesellschaften aus Ländern ohne (vgl. Singapur) oder mit nur einem kleinen Heimatmarkt (vgl. Schweiz, Niederlande). Die 7. Freiheit, in der Praxis kaum anzutreffen, betrifft den Verkehr ausschließlich zwischen Drittstaaten (vgl. das Cross trading in der Seeschiffahrt. Die 8. Freiheit schließlich gestattet Kabotageverkehre.

Die Konferenz von Chicago brachte zunächst ein Abkommen (das sogenannte ICAO-Abkommen) über allgemeine Grundsätze der Luftfahrt und Regeln für die internationale Zusammenarbeit auf technischem Gebiet sowie die Gründung einer internationalen **Zivilluftfahrtorganisation,** der ICAO (International Civil Aviation Organization). Diese umfaßt als Mitglieder heute nahezu alle luftfahrttreibenden Nationen der Welt. Das Konferenzziel einer einheitlichen Weltluftverkehrsordnung wurde dagegen nicht erreicht, d. h., die Staaten waren nicht bereit, sich gegenseitig alle Freiheiten der Luft auf der Basis eines multilateralen Abkommens einzuräumen. Dabei fielen die Ergebnisse für den Linien- und Gelegenheitsluftverkehr unterschiedlich aus.

Dem Gelegenheitsluftverkehr wurden zwar gemäß Art. 5 des ICAO-Abkommens alle fünf Freiheiten der Luft gewährt, doch wurde diese liberale Regelung wieder dadurch eingeschränkt, daß jedem einzelnen Staat die Möglichkeit gegeben wurde, dem Gelegenheitsluftverkehr einseitig Beschränkungen aufzuerlegen. Von dieser Maßnahme ist später auch Gebrauch gemacht worden.

Auf dem Gebiet des Linienluftverkehrs fanden sich die meisten Konferenzteilnehmer zwar noch bereit, sich gegenseitig die ersten beiden Freiheiten der Luft mittels eines multilateralen Abkommens (sogenannte Transitvereinbarung) zu gewähren, doch erstreckte sich diese Bereitschaft nicht mehr auf die kommerziellen Freiheiten der Luft, d. h., nur wenige Konferenzteilnehmer haben ein entsprechend vorbereitetes multilaterales Abkommen (die sogenannte Transportvereinbarung) unterzeichnet. Statt dessen wurden die kommerziellen Freiheiten später in bilateralen Luftverkehrsabkommen geregelt.

Bezüglich der 3. und 4. Freiheit wird von Nachbarschaftsverkehr gesprochen, auf den sich die betroffenen Staaten in der Regel nach dem Grundsatz der Reziprozität verständigen. Ungleich problematischer sind Vereinbarungen über die 5. Freiheit, da durch sie die Interessen Dritter von dem Nachbarschaftsverkehr zweier Staaten betroffen werden. Damit stellt sich, wie bei dem Verkehrsträger Seeschiffahrt ausgeführt, auch hier die Frage nach nationalen Vorrechten an nationalem Transportaufkommen und danach, ob und in welchem Umfang Dritte am bilateralen Personen- und Güterverkehr teilhaben können *(Becher).*

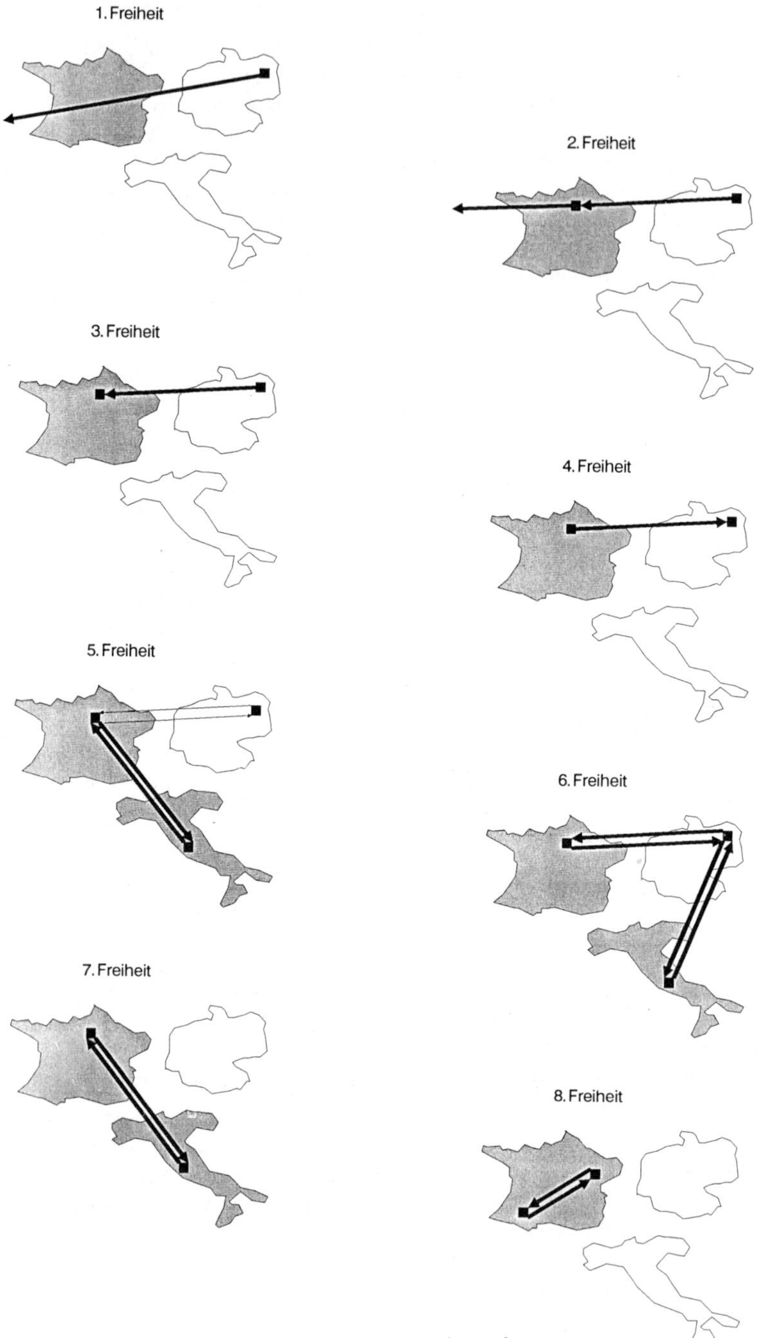

Figur 15: Freiheiten der Luft

Für die Gestaltung der bilateralen Beziehungen im Linienluftverkehr hatte bis 1977 das sogenannte Bermuda-Abkommen von 1946 zwischen den Vereinigten Staaten von Amerika und Großbritannien wegweisende Bedeutung, das 1977 durch ein neues Abkommen – Bermuda II – ersetzt wurde. Dieses Abkommen ist ein Ausgleich zwischen dem Wunsch der dominierenden US-Fluggesellschaften nach möglichst liberalen Regelungen und dem Bemühen Großbritanniens, durch eine Reihe von Festlegungen seine Interessen zu wahren. Im einzelnen beziehen sich die Vereinbarungen auf den Markteintritt, die Kapazität und die Tarifgestaltung. Tendenziell brachte das Bermuda II-Abkommen noch mehr Reglementierung insofern, als bestimmte Flugstrecken zwischen zwei Ländern nur noch von einer Gesellschaft aus jedem Land bedient (sogenannte Einzeldesignierungen) werden dürfen.

Die Kapazität wurde im allgemeinen im vorhinein festgelegt (das ist die Predeterminationsklausel) und nicht mehr auf Wunsch eines Partners im nachhinein (ex post facto-review) überprüft und angepaßt, eine Forderung, die auf strikte Reziprozität, d. h. hälftige Teilung des bilateralen Angebots oder sogar Verkehrsaufkommens, abzielt und heute vor allem von den Entwicklungsländern aufgrund ihrer luftverkehrswirtschaftlichen schwächeren Position vertreten wird.

Bezüglich der Preispolitik im internationalen Linienluftverkehr wurde auf die Tarifsetzung durch die IATA Bezug genommen mit dem Vorbehalt der Genehmigung durch die beteiligten Regierungen *(Reifarth)*. Später erhielten die Gesellschaften ein Tarifantragsrecht. Die **‚International Air Transport Association‘** (IATA) ist (war) neben der ICAO der zweite große Ordnungsfaktor des internationalen Luftverkehrs. Während der ICAO die einzelnen Länder als Mitglieder angehören und hoheitsrechtliche Fragen im Vordergrund stehen, ist die 1945 in Havanna gegründete IATA der Dachverband des gewerblichen Luftverkehrs. Entsprechend sind seine Interessen vornehmlich (erwerbs-) wirtschaftlicher Natur: Die IATA ist ein Preis- und Konditionenkartell. Gebietsabsprachen, Quotierung, Poolbildung, währungstechnische Abrechnungsprobleme, organisatorische Zusammenarbeit, Vereinheitlichung der Dokumente sind wichtige Anliegen *(Frerich/Pötzsch)*.

Durch die **Deregulationspolitik** der amerikanischen Zivilluftfahrtbehörde (open sky policy) im Jahre 1978 wurde ein Umbruch dieser Weltluftverkehrsordnung eingeleitet in Richtung auf eine möglichst weitgehende Liberalität *(Sichelschmidt)*. Vor allem in der Europäischen Gemeinschaft hat man mit großer Aufmerksamkeit die Veränderungen des inneramerikanischen Luftverkehrs infolge der Deregulierung als auch die Bemühungen der USA verfolgt, liberale Prinzipien vermehrt in bilaterale Luftverkehrsabkommen mit anderen Staaten einfließen zu lassen. Den letzten Anstoß zu einer Liberalisierung des grenzüberschreitenden Luftverkehrs zwischen den EG-Staaten erhielt die EG-Kommission durch die Beschlüsse zur Schaffung eines einheitlichen EG-Binnenmarktes bis Ende 1992. Die Liberalisierung des innergemeinschaftlichen Luftverkehrs wird bis Ende 1992 in zwei Stufen vollzogen, von denen die erste Stufe Ende 1987 eingeleitet wurde.

Für die Öffnung der Märkte ist vor allem die Zulässigkeit von Mehrfachdesignierungen sowie die Gewährung zusätzlicher Freiheiten bedeutsam. So ist in Verbindung mit der Herstellung der Dienstleistungsfreiheit in der EG bis Ende 1992 die Verwirklichung der 5., 7. und 8. Freiheit gefordert. Auch die Begrenzung und strikte Aufteilung der Kapazitäten wurde gelockert. Auf dem Gebiet der Tarife vollzieht sich die Liberalisierung durch die Abkehr von der Praxis der Doppelgenehmigungen hin zu der Genehmigung durch das Abflugland allein (country of origin rule) oder aber – noch weitergehend – durch die Zulassung der double disapproval rule, d.h. Billigung der Tarife, wenn nicht beide Vertragsstaaten widersprechen.

Neben den technischen und rechtlichen Rahmenbedingungen sind die ökonomischen Veränderungen zu betrachten, wenn dem Luftverkehr eine weiterhin positive Entwicklung vorausgesagt wird.

Betrachtet man speziell die Luftfracht, so ergibt sich, wenn die Leistungsmerkmale der Luftverkehre, wie Schnelligkeit, Sicherheit, Zuverlässigkeit, Bedienungshäufigkeit und Netzbildungsfähigkeit, den Verladerinteressen gegenübergestellt werden, daß die Luftfracht über den traditionellen Bereich des Ersatzes für den Oberflächenverkehr weit hinausgewachsen ist. Zunächst ist dies darauf zurückzuführen, daß für eine Reihe von Produkten, insbesondere für verderbliche, durch die schnelle Luftfracht erst neue Märkte geschaffen wurden (sogenannte kreative Luftfracht). Als Beispiel seien genannt Frischobst und Schnittblumen aus südlichen Ländern im Winter.

Wichtiger noch, denn vom Potential her umfangreicher, scheint die distributive Luftfracht zu sein. Die hierzu zählenden Güter besitzen eine hohe Luftfrachtaffinität, da das Verkehrswertigkeitsprofil des Flugzeuges den Anforderungen dieser Güter in bezug auf ihre Servicekriterien besser entspricht als das der anderen Verkehrsträger. Für die davon erfaßten hochwertigen Güter spielen auch hohe Luftfrachtraten, bezogen auf den Warenwert, nur eine nachgeordnete Rolle. Die für optimale Logistikkonzepte geforderte Gesamtkostenminimierung gibt bei der Wahl des Verkehrsmittels häufig den letzten Ausschlag für die Luftfracht, wenn die Kosten für Verpackung und Umschlag, Fehlmengenkosten, der Versicherungsaufwand sowie die Kosten für Lagerhaltung, insbesondere die Kapitalbindungskosten, miteinbezogen werden.

Was die Servicekriterien anbetrifft, so handelt es sich um die Lieferzeit, die Lieferbereitschaft, die Lieferflexibilität und die Lieferzuverlässigkeit, d.h. um Merkmale, die für zeitkritische Güter gefordert werden. Vielfach können Produktionsverzögerungen, Materialabrisse und Stillstandszeiten industrieller Anlagen nur vermieden und Liefertermine nur eingehalten werden, wenn die Güter auf dem Luftwege zugestellt werden. Dies ist um so bedeutender, als zunehmend weitgespannte, internationale Produktionsverbundsysteme aufgebaut werden. Die Zwischenwerkverkehre als integrierte Elemente der produktionslogistischen Abläufe müssen dabei mit hoher Zuverlässigkeit (vgl. just in time) abgewickelt werden. Hingewiesen sei auch auf die Zuordnungen

Lagerergänzungsaufträge → Oberflächenverkehre
Eilaufträge → Luftfracht

Sie können z. B. sehr anschaulich bei der Einkaufspolitik des Versandhandels in Fernost beobachtet werden.

In welchem Umfang es den Luftverkehrsgesellschaften gelingt, das theoretische Luftfrachtpotential auszuschöpfen, wird wesentlich davon abhängen, ob, getragen von organisatorischen Innovationen, bedarfsgerechte Angebote entwickelt werden in Verbindung mit flexiblen Tarifstrukturen zur differenzierten Marktbearbeitung. Die einschlägigen Entwicklungslinien seien kurz skizziert.

Das konventionelle Luftfrachtgeschäft ist durch die Trennung von Produktion und Absatz der Luftfrachtdienste gekennzeichnet. Bis heute entfällt der weitaus größte Teil der Luftfracht auf IATA-Fluggesellschaften, die sich der Spediteure als IATA-Agenten für die Akquisition und Abfertigung von Luftfracht bedienen. Diese Zusammenarbeit war jedoch selten konfliktfrei: Die Höhe der Kommission, der Zugang zum Sammelladungsgeschäft sowie die Position gegenüber IATA-unabhängigen Carriern und Chartergesellschaften waren immer wieder strittig.

Während z. B. große Luftfrachtspediteure mit Hilfe von **plane load charter** (komplettes Flugzeug) schon in der Vergangenheit Zugang zum Charterflugverkehr hatten, konnten die kleinen Luftfrachtspediteure erst durch die Zusammenarbeit mit den Outsidern Teilcharter (**split charter,** ab 1977 in der Bundesrepublik Deutschland) und Sammelladungsverkehre (**consolidation charter**) mit attraktiven Raten anbieten. Dies war um so wichtiger, als die Qualität der Luftfracht im gemischten Verkehr aufgrund der Prioritäten für die Bedürfnisse der Passagiere den Verladeranforderungen häufig nicht entsprach. Zudem ergab sich damit die Möglichkeit, die IATA-Tarife zu umgehen. Zwischenzeitlich haben die Luftfrachtspediteure die Möglichkeit, auch mit den IATA-Fluggesellschaften individuelle Kontraktraten für Sammelladungsverkehre zu vereinbaren. Neben den Kontrakten kommen allgemeine Frachtraten (Gewichtstarife), Commodity Rates (Warenartentarife), Ladeeinheits-, Quantitäts- und Minimumtarife zur Anwendung. Für Quantitätstarife als dem wichtigsten Tariftyp ist das Problem des Gewicht-Volumen-Verhältnisses bedeutsam, das in der Luftfracht mit 166 kg/m^3 angenommen wird. D. h., auch großvolumige Sendungen werden mit diesem Satz abgerechnet (zur Vermeidung des sogenannten Cube-out-Effektes, vgl. *Bertsch*).

Trotz der Preis- und Konditionen- und anderer Konflikte hat sich die Zusammenarbeit zwischen Spediteuren und Fluggesellschaften über viele Jahre bewährt. Sie ist erst seit Anfang der achtziger Jahre mit dem Aufkommen **integrierter Dienste** (Integrators) auf eine massive Bewährungsprobe, wenn nicht sogar in Frage gestellt worden. Integrierte Dienste, die nicht zuletzt durch die Deregulierung des inneramerikanischen Verkehrsmarktes entstanden sind, sind gekennzeichnet durch die Einheit (Integration) von Produktion und Absatz, den Aufbau von **Hub-Spoke-Systemen,** das Angebot von Haus-Haus-Diensten mit garantierten Laufzeiten und die Kombination von Lkw und Flugzeugen. Zudem wurden gering ausgelastete, (nachts) offene Flughäfen als zentrale Umschlagsknoten genutzt. Damit entsprachen die integrierten Dienste genau den Anforderungen der verladenden Wirtschaft in

Verbindung mit der Einführung logistischer Konzepte zur bestandsarmen Versorgung und Distribution *(Hector; Ihde/Bjelicic; Kaufer; Wojtek).*

Für die Zukunft kann davon ausgegangen werden, daß Flughafen-Flughafen-Beförderungen relativ an Bedeutung verlieren und das skizzierte Wachstum des Luftfrachtmarktes vor allem von den Haus-Haus-Verkehren bestimmt sein wird. Für die konventionelle Luftfracht erfordert dies eine Verbesserung der Zusammenarbeit in der Transportkette, vornehmlich durch leistungsfähige Informations- und Kommunikationssysteme zur verzögerungslosen und zuverlässigen, für den Kunden jederzeit ausweisbaren Steuerung.

Abschließend ist der Luftverkehr unter dem Aspekt der Verkehrsteilung (vgl. Teil II, Abschnitt 2.3.2), d.h. Zusammenarbeit mit anderen Verkehrsträgern in einem vertikalen Transportprozeß, in einer Transportkette, anzusprechen.

Dabei geht es primär um die Zustellung der Transportgüter zum Flughafen bzw. die Verteilung ex Flughafen mit Hilfe des Lastkraftwagens. Bei diesem Vor- und Nachlauf bedienen sich die Fluggesellschaften oftmals der Luftfrachtspediteure. Transportwirtschaftlich sind diese Vor- und Nachlaufverkehre zu unterscheiden vom sogenannten **Luftersatzverkehr** (Trucking). Dieser Luftersatzverkehr stellt weniger eine zur Luftfracht komplementäre Leistung als vielmehr einen (substitutiven) Transport unter Luftfrachtbrief von Flughafen zu Flughafen im Oberflächenverkehr dar (SGKV).

Trucking hat eine Vielzahl von Ursachen. Da ist zunächst das Interesse, räumlich gestreutes Aufkommen zusammenzufassen, um Transportraum und Verkehrsdienste besser auslasten zu können. Weiter werden von Luftverkehrsgesellschaften derartige LKW-Transporte durchgeführt, um Ladung auch an Plätzen akquirieren zu können, für die sie keine Verkehrsrechte besitzen. Schließlich sind die LKW-Verkehre anzusprechen, die weder rein substitutiven noch komplementären Charakter haben. Es handelt sich dabei zum einen um die Umgehung von IATA-Regelungen insofern, als Frachtgut mit Hilfe des Lastkraftwagens in Nachbarländer mit liberaler Charterpraxis abwandert, und zum anderen um die Auswirkungen der Ratenstruktur und Abrechungspraxis der IATA in Weichwährungsländern, wo Ratendifferenzen ausgenutzt werden können (Transportarbitrage).

Während die Kombination Flugzeug/LKW also vor allem bestimmt wird durch technische und institutionell-organisatorische Erfordernisse, ist die kombinierte See-Luft-Fracht das Ergebnis eines wirtschaftlichen Vorteilhaftigkeitsvergleichs (aktive Verkehrsteilung). Unpaarige Luftverkehrsrelationen, das steigende Interesse an gegenüber dem reinen Seeverkehr kürzeren, aber zuverlässigen Transferzeiten in Verbindung mit kleineren Liefermengen und höheren Lieferfrequenzen (vgl. Just-in-time-Philosophie), die vergleichsweise attraktiven Ratenmischsätze und der Einsatz intermodaler Ladeeinheiten haben zu einem starken Wachstum der Sea-Air-Verkehre geführt. Dabei treten die See- bzw. Luftfrachtspediteure als Multimodal Transport Operators (MTOs) auf, übernehmen die Beförderungsverpflichtung für den gesamten Transport, garantieren Laufzeiten und regeln die Haftung. Als Drehscheiben für Sea-Air-Dienste haben sich vor allem Häfen an der nordamerikanischen Westküste (Seattle, Portland, Los Angeles) sowie im Nahen Osten (Dubai, Abu Dhabi, Kuwait) etabliert.

Vergleichsweise geringe Bedeutung hat schließlich die Kombination Eisenbahnverkehr/Luftverkehr, keine Bedeutung die Kombination Luftverkehr/Binnenschiffahrt. Ursächlich dafür ist die Tatsache, daß die Kombination der genannten Verkehrsträger gegenüber dem artreinen Transport bezüglich der einzelnen Qualitätsmerkmale der Verkehrsleistung (Verkehrswertigkeiten) keine derart gravierenden Vorteile aufweist, daß diese den Aufwand für den Umschlag rechtfertigen würden.

2.2.6 Der Rohrleitungsverkehr

Durch den Bau der Alaska-Pipeline vom Norden Alaskas zum pazifischen Hafen Valdez sowie durch die in der Öffentlichkeit breit diskutierte Frage des Baus einer Erdgaspipeline von Sibirien (Halbinsel Jamal) nach Westeuropa ist ein Transportmittel bekanntgeworden, das trotz seiner ökonomischen Bedeutung bislang kaum beachtet worden ist.

Es handelt sich um Rohrleitungssysteme. Von den bisher behandelten Verkehrsträgern unterscheiden sich Rohrleitungsverkehre dadurch, daß bei ihnen Verkehrsweg, Transportgefäß und Transportmittel eine Einheit bilden. Zum Antrieb des Transportgutes werden, sofern nicht die Schwerkraft genutzt wird, stationäre Maschinen verwendet, wobei die bewegende Kraft ausschließlich zum Transport der Güter benötigt wird, weder erfolgt ein Mittransport der Transportgefäße noch eine Rückführung leerer Behälter.

Zu den Rohrleitungsverkehren werden nur diejenigen gezählt, die überregionale Bedeutung haben. Kürzere Rohrleitungen bleiben außer Betracht, da sie so sehr integrierte Bestandteile der Produktion sind, daß besondere Verkehrsprobleme neben den ökonomischen Produktionsproblemen nicht auftreten. Außerhalb der Betrachtung bleiben weiterhin die Rohrleitungssysteme, die der kommunalen Ver- und Entsorgung dienen. Als eigenständige Verkehrsträger werden also nur diejenigen Rohrleitungssysteme angesehen, die im Überlandverkehr bei der Beförderung von Massengütern mit der Eisenbahn und der Schiffahrt konkurrieren *(Holland)*.

Im Mittelpunkt des Interesses stehen dabei Rohrleitungen, die der Beförderung von Wasser, Erdöl und Erdölprodukten sowie Erdgas dienen.

Der Hinweis auf den Wassertransport verdeutlicht, daß Rohrleitungen schon sehr früh als Transportmittel verwendet worden sind, so unter anderem schon vor mehreren tausend Jahren in China in Gestalt von Bambusrohren. In der Römerzeit erlebte der Bau von Fernwasserleitungen einen großen Aufschwung. Umfassende wirtschaftliche Bedeutung erlangte die Rohrleitung als Transportsystem jedoch erst in Verbindung mit der Entwicklung der Erdölindustrie und dem wachsenden Energiebedarf der Industrienationen. Bei dem Transport dieser Güter weisen Rohrleitungen nämlich eine Vielzahl von Vorteilen gegenüber den anderen Verkehrsträgern auf. Dies zeigt ein kurzer Blick auf die Leistungsmerkmale von Rohrleitungssystemen.

Zunächst fällt auf, daß die Leistungsfähigkeit von Rohrleitungssystemen in Verbindung steht mit einem kontinuierlichen Transportanfall als Grundvoraussetzung für das Zustandekommen des Rohrleitungsverkehrs überhaupt. Daraus ergibt sich, daß die Rohrleitung ein ausgesprochenes Massentransportmittel ist. Ihre Leistungsfähigkeit wird bestimmt vom Rohrquerschnitt und der Fördergeschwindigkeit.

Mit zunehmendem Rohrdurchmesser steigt die Kapazität jedoch nicht linear, sondern entsprechend einer quadratischen Funktion. Bei der Bestimmung der optimalen Leistungsfähigkeit ist dementsprechend ein Kompromiß zwischen Investitionen für größere Querschnitte und leistungsfähigere Pumpstationen einerseits sowie Betriebskosten für die Beschleunigung des Durchsatzes andererseits zu finden. Auch die anderen Komponenten der Verkehrswertigkeit wie Netzbildungsfähigkeit, Zuverlässigkeit, Berechenbarkeit sind positiv zu beurteilen. Hinzu kommt mit wachsender Bedeutung die Umweltfreundlichkeit von Pipelines. So besteht, fehlerfreie Konstruktion und Betrieb vorausgesetzt, keine Gefahr der Luft- oder Gewässerverunreinigung. Die Lärmbelästigung ist außerordentlich gering, das Transportgut ist wetter-, diebstahl- und zollbruchsicher untergebracht. Selbst negative externe Effekte wie Stauungen und Unfallgefährdungen, wie sie bei den Oberflächenverkehren auftreten, entstehen nicht. Die in der Regel unterirdische Verlegung der Leitungssysteme erzeugt keinen Landschaftsverbrauch, sondern erlaubt vielmehr alternative Nutzungen.

So überrascht es nicht, daß die Rohrleitungssysteme selbst bei Anlastung aller, auch der volkswirtschaftlichen Kosten (vgl. Teil II, Abschnitt 4.1.4) bei dem Transport flüssiger und gasförmiger Stoffe über weite Strecken allen anderen Verkehrsträgern überlegen sind. Diese Vorteilhaftigkeit der Rohrleitungsverkehre hat dazu geführt, daß sie im Bereich des Fernverkehrs ihren Anteil am gesamten Verkehrsaufkommen von 2,2 v.H. im Jahr 1960 auf ungefähr 9 v.H. im Jahr 1980 haben steigern können. Diese Steigerung ging vor allem zu Lasten der Binnenschiffahrt als dem Hauptkonkurrenten für Massengutverkehr. In letzter Zeit hat sich dieser Anteil allerdings wieder verringert, nicht zuletzt eine Folge der Politik ‚Weg vom Öl'.

Die Zukunft der Rohrleitungsverkehre wird wesentlich davon bestimmt sein, in welchem Umfang es gelingt, Rohrleitungssysteme für feste Transportgüter zu bauen bzw. nutzbar zu machen.

Die Entwicklung sogenannter Feststoffpipelines geht in zwei Richtungen. Die eine Richtung zielt auf hydraulische Systeme, bei denen unter Verwendung von Wasser, Öl oder anderen Transportmedien feste Transportgüter schwimmend in Röhren transportiert werden. Die andere Entwicklungsrichtung betrifft pneumatische Beförderungssysteme, in denen feste Transportgüter in geschlossenen Kapseln in den Rohrleitungen bewegt werden. Die hydraulische Kohle- und Eisenerzbeförderung ist schon recht weit verbreitet (sogenannte ‚slurry-pipelines'). Bekannt ist die Black-Mesa-Pipeline, durch die zeitweilig 4,4 Mio. t Kohle pro Jahr von Arizona nach Nevada transportiert wurden. Problematisch ist bei diesem Transportverfahren vor allem die Verfügbarkeit von Wasser und die (Kohle-) Schlammentwässerung.

Die hohe Fixkostenintensität des Rohrleitungsverkehrs und in Verbindung damit seine geringe Anpassungsfähigkeit haben dazu geführt, daß Pipelines fast ausschließlich von ihren Benutzern selbst gebaut und vorgehalten werden. So befinden sich die meisten der Mineralölpipelines im Gemeinschaftsbesitz nationaler und internationaler Ölgesellschaften. Zwischenzeitlich ist Europa von einem dichten Netz von Rohrleitungen für Mineralöl und Erdgas überzogen.

Die Internationalität der Rohrleitungsverkehre stellt in ähnlicher Weise wie die Binnenschiffahrt und der Luftverkehr die Frage nach der Transitfreiheit von Rohrleitungsverkehren. Die grundlegenden Regelungen sind auch hier bilateraler Natur und beziehen sich auf die gegenseitige Einräumung von Nutzungsrechten.

2.3 Kombinierte Verkehre als Prototypen logistischer Zwischensysteme

2.3.1 Verkehrswertigkeiten, Verkehrsaffinitäten

Bei der Darstellung der verschiedenen Verkehrsträger ist deutlich geworden, daß sie als Folge technischer und rechtlich-organisatorischer Merkmale zum Teil sehr unterschiedliche Leistungsprofile aufweisen. Für die Erfassung der verkehrsmittelspezifischen Leistungsfähigkeit hat *Voigt* (1973) Qualitätsmaßstäbe in Form der sogenannten **Verkehrswertigkeiten** eingeführt. Einzelnen Qualitätsmerkmalen, als Teilwertigkeiten bezeichnet, werden korrespondierende **Verkehrsaffinitäten** gegenübergestellt, durch die die Anforderungen des Transportobjektes bzw. des Transportnachfragers an die Qualität der Verkehrsleistungen zum Ausdruck gebracht werden. Die Bezugnahme der Verkehrsaffinitäten auf die Wertigkeiten der Verkehrsträger erlaubt Aussagen über die Vorteilhaftigkeit eines Verkehrsmittels gegenüber anderen und die Entwicklung der Verkehrsteilung, d. h. über die Beteiligung der einzelnen Verkehrsträger an den gesamtwirtschaftlichen Verkehrsleistungen (sogenannter modal split).

Mit *Voigt* (S. 73) werden folgende Teilwertigkeiten bzw. Teilaffinitäten unterschieden:

- Massenleistungsfähigkeit
- Schnelligkeit
- Fähigkeit zur Netzbildung
- Berechenbarkeit
- Häufigkeit der Verkehrsbedienung
- Sicherheit
- Bequemlichkeit

Jedes Verkehrsmittel verfügt bezüglich der einzelnen Merkmale über eine bestimmte (potentielle) Teilwertigkeit, etwa eine zulässige Höchstgeschwindigkeit. Werden diese Möglichkeiten aus wirtschaftlichen Erwägungen nicht ausgenutzt (z. B. beim slow steaming in der Seeschiffahrt), dann ergibt sich eine geringere tatsächliche Wertigkeit.

Was die Quantifizierung der Maßstäbe anbetrifft, so ist sie entweder unproblematisch oder aber nur unvollkommen möglich, z. B. bei der Bequemlichkeit und auch der Sicherheit. Schwierigkeiten treten also vor allem dann auf, wenn die Teilwertigkeit nicht in einer technisch bestimmten Dimension gemessen werden kann, sondern auf qualitative Kriterien zurückgegriffen werden muß.

Im allgemeinen werden die Wertigkeiten und Affinitäten auf eine von 0 bis 1 reichende Skala transformiert. Graphische Darstellungen sind u. a. durch Polaritätsprofile, Polar(koordinaten)profile oder Säulendiagramme möglich (vgl. *Figur 16*). Durch eine Gegenüberstellung der normierten Profile kann dann die Eignung einzelner Verkehrsträger für bestimmte Transportaufträge bestimmt werden.

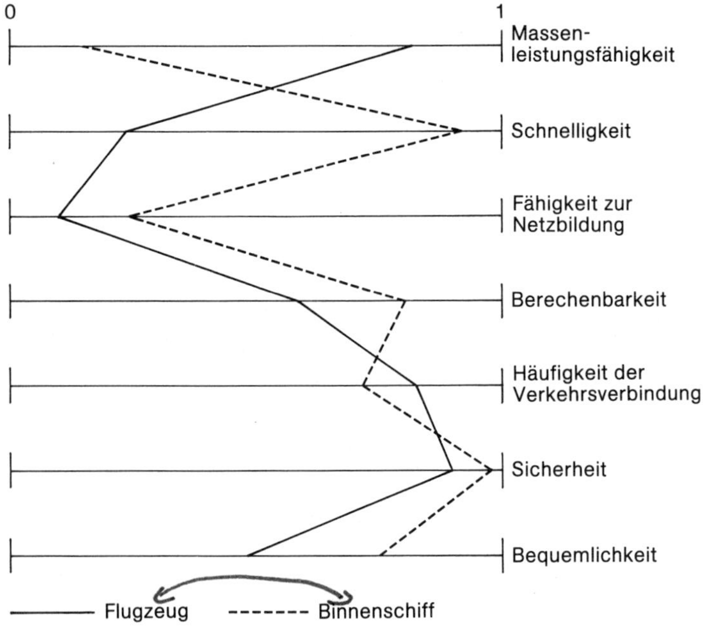

Figur 16: Verkehrswertigkeitsprofile

Praktisch bedeutet dies eine Minimierung der Abstände zwischen Wertigkeits- (W) und Affinitätsprofilen (A), so daß mit Hilfe der Distanzformel

$$D_{AW_j} = \sum_{i=1}^{n} | A_i - W_{ij} | \quad \begin{matrix} i = \text{Merkmale} \\ j = \text{Verkehrsträger} \end{matrix}$$

die optimale Zuordnung Transportauftrag/Transportmittel berechnet werden kann. Allerdings ist diese Berechnung nicht unproblematisch. Die einfache Distanzformel unterstellt, daß alle Teilwertigkeiten für den Entscheider von gleich großer Bedeutung sind, da sie alle gleichgewichtig in die Berechnung eingehen. Wenn bestimmte Teilwertigkeiten wichtiger sind als andere, muß dies durch eine unterschiedliche Gewichtung berücksichtigt werden. Zudem ist zu prüfen, ob bei der Aggregation der Teilwertigkeiten anstelle der additiven eine andere Verknüpfung zu wählen ist.

Sofern die Anforderungen eines Verladers durch alternative Verkehrsträger erfüllt werden können, erfolgt die letzte Auswahl unter Kostengesichtspunkten. Dabei ist zu beachten, daß einzelne Affinitäten durch zusätzlichen Aufwand verändert werden und damit die Auswahlmöglichkeiten beeinflußt werden können. Das gilt z. B. für den Fall, daß hochwertige Verpackungen unsicherere und langsamere Transporte ermöglichen.

Was die zukünftigen Beschäftigungsmöglichkeiten der einzelnen Verkehrsträger anbetrifft, so lassen sich vor dem Hintergrund der bekannten und absehbaren Wertigkeitsprofile Anteilszuordnungen vornehmen, sobald Prognosen über Quantität und Qualität des Wirtschaftswachstums vorliegen (*Chemnitz;* vgl. dazu Teil II, Abschnitt 3.1.2). Auf die abnehmende Bedeutung der Massenleistungsfähigkeit war angesichts der Verluste von Bahn und Binnenschiff bereits hingewiesen worden.

2.3.2 Die Verkehrsteilung

Die Zuordnung des Transportaufkommens auf einzelne Verkehrsträger nach Maßgabe der Wertigkeiten und Affinitäten führt zu einer bestimmten Art- und Mengenteilung der gesamten Transportarbeit (sogenannter **modal split;** vgl. Teil II, Abschnitt 4.1.5.2). Daneben existieren Transportaufgaben, die von einem Verkehrsträger/-betrieb allein nicht übernommen werden können oder aus wirtschaftlichen Gründen nicht allein ausgeführt werden sollten. Im ersten Fall wird eine ‚passive oder vordeterminierte Verkehrsteilung' erzwungen, im zweiten Fall ist eine ‚aktive Verkehrsteilung' *(Kadas)* angezeigt. Passive Verkehrsteilungen resultieren aus natürlich/technischen Zwängen. Derartige gebrochene Verkehre waren z. B. typisch für überseeische Relationen, solange keine direkten Flugverbindungen bestanden. Inzwischen sind vielfältige verkehrstechnische Möglichkeiten für die Durchführung ungebrochener Transporte entstanden. Dazu hat vor allem der Ausbau der Verkehrswege beigetragen.

Demgegenüber werden heute vielfach Umschlagsvorgänge dadurch erzwungen, daß die einzelnen nationalen Verkehrsträger keine internationalen Verkehrsrechte haben (vgl. die Ausführungen zur Seeschiffahrt und zum Luftverkehr).

Während die passive, administrativ verordnete Verkehrsteilung in der Regel mit zusätzlichen Aufwendungen verbunden ist, man denke nur an erzwungene Umschlagsvorgänge und Zwischenlagerungen, erfolgt die aktive Verkehrsteilung aufgrund ökonomischer Vorteile. Diese wirtschaftlich begründete Arbeitsteilung basiert auf den unterschiedlichen Wertigkeiten der einzelnen Verkehrsträger. Deren spezifische technische Leistungsmerkmale führen zu unterschiedlichen Kostenstrukturen und damit zu einer wirtschaftlichen Überlegenheit einzelner Verkehrsträger bei bestimmten Teilaufgaben.

Die Beachtung dieser komparativen Kostenvorteile bei den alternativen Leistungsträgern führt zu einer vorteilhaften Arbeitsteilung, und zu einer optimalen dann, wenn die Grenzkosten für die eingebrachten Verkehrsleistungen bei allen beteiligten Partnern gleich hoch sind. In einer solchen Situation übernimmt jeder beteiligte Verkehrsbetrieb genau die Teilleistung, die er mit dem geringsten Aufwand erstellen kann, der gesamte Ressourceneinsatz wird minimiert. Dabei sollen die Kosten unter Berücksichtigung externer Effekte (vgl. Teil II, Abschnitt 4.1.4) angesetzt werden.

In jedem Fall ist es für eine Entwicklung in Richtung optimale Verkehrsteilung unabdingbar, daß die unterschiedlichen Eignungen und damit Kostenstrukturen der einzelnen Verkehrsträger – erinnert sei nur an die geringen Grenzkosten für die Beförderung einer zusätzlichen Tonne auf einer regelmäßig bedienten Eisenbahnstrecke einerseits und die unverhältnismäßig hohen Aufwendungen für vereinzelte Sendungen in entlegene Gebiete andererseits – auch marktwirksam werden können. Das heißt, durch verordnete Preisfestsetzungen dürfen keine ‚falschen Signale' für die Verkehrsnachfrager gesetzt werden, die zu einer Ressourcenverschwendung führen. Ein Blick auf die Realität zeigt, daß in der Verkehrswirtschaft eine optimale Arbeitsteilung nicht gegeben ist. Das hängt, wie gezeigt werden wird (vgl. Teil II, Abschnitt 4.1.3), nicht zuletzt damit zusammen, daß die Verkehrspolitik auch für andere als verkehrswirtschaftliche Ziele eingesetzt wird.

Nicht vollständig marktwirksam werden gegenwärtig auch die unterschiedlichen Umweltverträglichkeitsprofile der einzelnen Verkehrsträger (Flächenverbrauch, Schadstoffemissionen, Lärm), was damit zusammenhängt, daß noch keine geeigneten Lösungen gefunden wurden, die eine vollständige Internalisierung der durch die Verkehrsträger verursachten Umweltkosten gewährleisten. Eine Internalisierung erfordert angesichts der Schaffung offener Märkte nicht nur den politischen Willen jedes einzelnen Staates, sondern einen internationalen Konsens über die Behandlung von Umweltkosten.

2.3.3 Die kombinierten Verkehre

Die Beteiligung von zwei oder mehreren Verkehrsbetrieben an einem Transportauftrag ist offensichtlich nur dann vorteilhaft im Sinne der obigen Effizienzbedingung, wenn und solange die dadurch erzielten Ersparnisse durch den zusätzlichen Aufwand für die erforderlichen Umschlagsleistungen nicht überkompensiert werden. Daraus ergibt sich, daß der Aufbau arbeitsteiliger, mehrgliedriger Transportketten durch die Einführung leistungsfähiger Umschlagstechniken stark begünstigt wurde. Im Mittelpunkt stand dabei das Bestreben, die arbeitsintensiven, zeitaufwendigen und schadensanfälligen unmittelbaren Umschlagsvorgänge durch mittelbare zu ersetzen, bei denen das Transportgut mit dem Transportbehältnis zusammen umgeschlagen wird. Der Schlüssel für diese Rationalisierung war die Verständigung aller beteiligten Partner auf genormte Ladeeinheiten. Dabei wird nicht übersehen, daß neben dieser technischen Integration für den Aufbau leistungsfähiger Transportsysteme weitere Abstimmungen erforderlich sind, und zwar über durchgängige Informations- und Kommunikationssysteme, über preispolitische Fragen (vgl. das Stichwort Durchtarifierung) und nicht zuletzt über Rechts- und Haftungsfragen.

Während die rechtlichen und versicherungswirtschaftlichen Fragen noch nicht vollständig gelöst sind, ist die technische Integration schon sehr weit fortgeschritten. Die Verständigung auf genormte Ladeeinheiten hat die Anpassung von Transportmitteln und Umschlagsgerät bei den einzelnen Gliedern der Transportkette zur Folge und damit auch eine gewisse Austauschbarkeit der Teilprozesse untereinander. Daraus ergeben sich vielfältige Kombinationsmöglichkeiten verkehrsträgerspezifischer Prozesse mit ganz individuellen Leistungsmerkmalen. Hinzu kommt, daß die Anpassung der technischen Ausrüstung keineswegs auf den außerbetrieblichen Bereich beschränkt ist. Vielmehr ist auch die Verzahnung inner- und außerbetrieblicher Transport-, Lager- und Umschlagsvorgänge ein wichtiges Kennzeichen integrierter Logistikprozesse. Dabei werden durchgehende Behältersyteme und Haus-Haus-Verkehre angestrebt.

In der Praxis hat die geschilderte Entwicklung zu unterschiedlichen kombinierten Verkehren geführt.

Kombinierter Verkehr ist „die Beförderung von Gütern in Ladeeinheiten mit mehreren Transportmitteln eines oder mehrerer Verkehrsträger, wobei der Übergang zwischen verschiedenen Verkehrsmitteln ohne Wechsel des Transportgefäßes erfolgt" (*Seidenfus,* S. 2 f.).

Die wichtigsten Formen des kombinierten Verkehrs sind die Paletten-, Behälter- und Huckepackverkehre. *Figur 17* zeigt die Zusammenhänge und Merkmale *(Ewers).*

Die größte Bedeutung als intermodale, verkehrsuniverselle Einheitsladung hat der Container erlangt. In den vorangehenden Abschnitten sind die verkehrsträgerspezifischen Probleme des Containerverkehrs dargestellt worden.

Die Vorteile der Ladungsvereinheitlichung hängen nicht nur von der Verbreitung der einzelnen Ladeeinheiten ab, sondern vor allem auch davon, wie diese zueinander passen. Ideal wäre eine durchgängige Verträglichkeit von Produkt-Verpackung-Palette-Container-Verkehrsmittel. Dieses modulare System ist jedoch nur ausschnittweise gegeben durch die 1000 × 1200 mm Palette in Verbindung mit der Standardverpackung 400 × 600 mm, der Poolpalette mit 800 × 1200 mm und dem ISO-Container.

Was die Rationalisierung des binnenländischen Güterverkehrs anbetrifft, hat neben dem Container- der **Huckepackverkehr** im engeren Sinne besonderes, vor allem offizielles politisches Interesse gefunden. Diese Kombination Schiene/Straße verspricht einen wichtigen Beitrag zur Sanierung der Deutschen Bundesbahn, zu energie- und umweltwirtschaftlichen, ja selbst zu raumordnungs- und mittelstandspolitischen Zielen. Die Bahn und der Lastkraftwagen können ihre jeweilige Überlegenheit bei der Massenleistungsfähigkeit bzw. der Netzbildungsfähigkeit in eine überlegene Transportal-

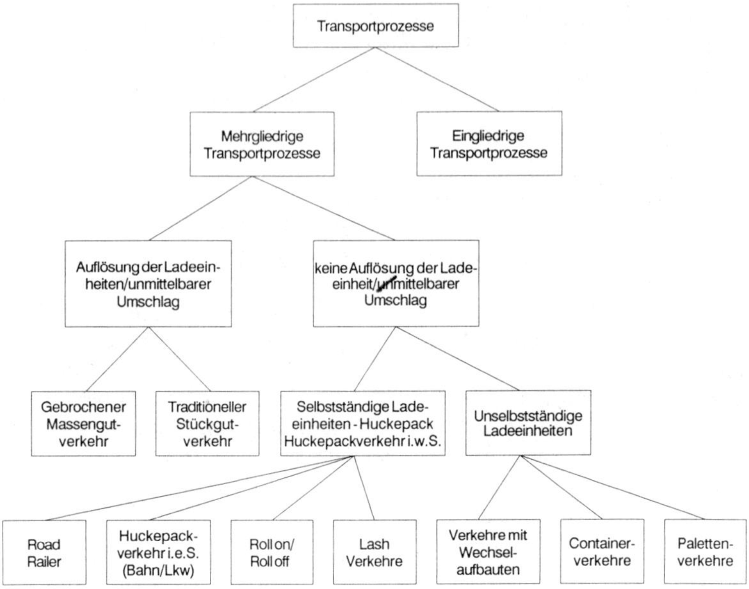

Figur 17: Erscheinungsformen kombinierter Verkehre

ternative einbringen. Je nach den individuellen Anforderungen werden unterschiedliche Techniken angewendet, nämlich die Bahnverladung kompletter Last- oder Sattelzüge (‚Rollende Landstraße'), der Transport der Sattelauflieger ohne Zugmaschine sowie die Verladung von Wechselaufbauten (vertikaler Umschlag mit Hilfe von Kran oder Brücke). Während die genannten Techniken den Einsatz von Güterzugwagen und Kränen erfordern, wird in den Vereinigten Staaten von Amerika in wachsendem Umfang eine neuere Technologie genutzt. Bei dieser als RoadRailer-Konzept bekannt gewordenen Technologie werden Trailer, d. h. Sattelauflieger, auf spezielle Schienendrehgestelle gesetzt, ohne daß hierfür Kräne erforderlich sind. Bevor der Schienentransport erfolgt, werden die Trailerachsen hydraulisch angehoben. Zwischenzeitlich wird die Systemtechnik Trailerzug auch in Europa verfolgt *(Kuhla)*.

Gefördert von der Bundesregierung – z. B. durch die Übernahme der Investitionen und Anlaufverluste bei der Deutschen Bundesbahn und die Rückerstattung der Steuern für eingesetzte Anhänger und Sattelauflieger an die Güterfernverkehrsunternehmen – hat die KOMBIVERKEHR Deutsche Gesellschaft für kombinierten Güterverkehr mbH&CoKG einen großen Aufschwung erlebt. Der Transport erfolgt nach Möglichkeit in zielreinen Ganzzügen zwischen Knotenpunkten. Die Ganzzüge werden von der KOMBIVERKEHR bei der Deutschen Bundesbahn eingekauft und vermarktet.

Dabei sind die wichtigsten deutschen Wirtschaftszentren durch nächtliche Direktverkehre miteinander verbunden. Je nach eingesetzter Technik haben die verschiedenen Kombiverkehre unterschiedliche wirtschaftliche Mindesttransportweiten, in etwa zwischen 300 und 500 km. Huckepackverkehre rechnen sich i. d. R. nur für kürzere Relationen (wegen der relativ hohen Totlast sowie der zeitlichen Bindung der teuren Ladeeinheiten), werden jedoch wegen der vergleichsweise geringen Investitionen im Umschlagsbereich vor allem dann verstärkt eingesetzt, wenn kurzfristig Verkehrswegeengpässe (vgl. Alpentransit) zu bewältigen sind. Für die Anzahl und Anordnung der Terminals ist der Ausgleich zwischen Marktpotentialerschließung und Produktionskosten entscheidend. So wird mit einer größeren Anzahl von Terminals zwar ein größeres Aufkommen erschlossen, zugleich erhöhen sich jedoch aufgrund der kleineren Mengen (Konsolidierung) die Produktionskosten.

Während das gesamte Verkehrsaufkommen der Bahn von 1983 bis 1988 nahezu unverändert bei ca. 300 Mio. t stagnierte, erhöhte sich der kombinierte Ladungsverkehr in demselben Zeitraum von 13,8 auf 20,7 Mio. t. Für das Jahr 2000 wird bereits mit 50 Mio. t gerechnet. Ob diese Prognosewerte erreicht werden können, hängt vor allem davon ab, daß zunächst geltende Beschränkungen, wie Zugang des Werkverkehrs, preisliche Bindung an den RKT/GFT, Hinterlegungspflicht von Fernverkehrskonzessionen (ab 01.01. 1991 für unbegleiteten Huckepackverkehr aufgehoben), vollständig abgebaut werden. Auch der Zugang privater Verkehrsunternehmen mit eigenem Equipment zur Schienennutzung ist zu erwägen. Vor allem aber wird das Wachstum des kombinierten Ladungsverkehrs durch die unzureichende Verfügbarkeit von Fahrplantrassen zwischen den wichtigsten Knotenpunkten (zu Wettbewerbszeiten) sowie mangelnde Terminalkapazität behindert.

Was die Entwicklung kombinierter Verkehre insgesamt anbetrifft, so wird sie auch von der Lösung offener Rechtsprobleme bestimmt. Das gilt vor allem für den weltweiten Containerverkehr. Das traditionelle Transportrecht ist sehr stark zersplittert, es ist verkehrsträgerspezifisch. Vor Einführung des kombinierten Verkehrs wurde ein unmittelbarer Umschlag der Transportgüter vorgenommen. Beim Wechsel des Verkehrsmittels wurde eine Mängelprüfung durchgeführt, und Schäden waren daher den einzelnen Frachtführern zurechenbar. Beim kombinierten Verkehr, der durch einen Umschlag von Transportgütern in Ladeeinheiten gekennzeichnet ist, lassen sich Schäden an der Ladung dagegen erst am Bestimmungsort der Sendungen feststellen, und es ist dann äußerst schwierig, zu eruieren, auf welcher Teilstrecke der Schaden eingetreten ist (Problem des unbekannten Schadensortes), es sei denn, daß Beschädigungen der Ladeeinheit eingetreten sind, die Rückschlüsse zulassen. Ein einheitliches Frachtrecht für den kombinierten Verkehr gibt es jedoch bis heute nicht, bisher herrschen nationale Einzelvorschriften vor.

Rechtsunsicherheit herrscht dabei nicht nur in bezug auf die Haftung im Fall des unbekannten Schadensortes *(Ebenroth/Fischer/Sorek)*, sondern auch hinsichtlich allgemein anerkannter, akkreditivfähiger Transportdokumente, letzteres um so mehr, als zunehmend neue Kommunikationsmedien eingesetzt werden. Im Mittelpunkt der vielfältigen internationalen Bemühungen (u. a. vom *Comité Maritime International*, von der *Economic Commission for Europe*, der *Inter-Governmental Maritime Consultive Organization* und nicht zuletzt den Internationalen Handelskammern) um die rechtliche Regelung des multimodalen Transports steht die Rechtsfigur des sogenannten Multimodal Transport Operators (MTO) (diese Bezeichnung hat die früher übliche Bezeichnung CTO -Combined Transport Operator – abgelöst). So haben die Vereinten Nationen am 24.05. 1989 eine ‚Konvention über den internationalen multimodalen Transport von Gütern' unterzeichnet, die das Konzept des Gesamtbeförderers zum Gegenstand hat. Dieser Gesamtbeförderer übernimmt alle Pflichten des gesamten Transports, organisiert die Transportkette und haftet für etwaige Schäden und Fehler. Im Artikel 13 der Konvention heißt es, daß der Gesamtbeförderer für Schäden haftet, die aus dem Verlust, der Beschädigung oder der verspäteten Ablieferung der Güter entstehen. Die Haftung erstreckt sich auf den Zeitraum von der Übernahme bis zur Ablieferung des Gutes.

Allerdings wird die gegenwärtige Rechtsunsicherheit noch viele Jahre bestehen bleiben, da dieser Entwurf erst zwölf Monate nach Ratifizierung durch mindestens 30 Staaten in Kraft treten kann.

2.4 Die Knotenpunkte des makrologistischen Systems

2.4.1 Die Häfen

2.4.1.1 Die See- und Binnenhäfen

Es war darauf hingewiesen worden, daß die differenzierten Verladeranforderungen vor dem Hintergrund der aktuellen technologischen und ökonomischen Rahmenbedingungen zum größten Teil nur dadurch erfüllt werden können, daß die Leistungen verschiedener Verkehrsträger miteinander kombiniert werden. Diese arbeitsteiligen Verkehrsprozesse bestimmen mehr und mehr das Bild der Logistik. Dadurch rücken diejenigen Einrichtungen in den Mittelpunkt des Interesses, an denen der Übergang der Güter von einzelnen Verkehrsträgern und Transportmitteln auf andere erfolgt. Es sind dies Betriebshöfe, Güterverkehrszentren, Bahnhöfe und Häfen.

Von hervorgehobener Bedeutung sind die See- und Flughäfen. Sie sind Stützpunkte der Verkehrsverbindungen, Schnittstellen und Brennpunkte der logistischen Prozesse. Ihre zentrale Funktion innerhalb des makrologistischen Systems beruht darauf, daß von diesen Punkten aus viele logistische Prozesse gesteuert werden und daß sie ein mehr oder minder großes Einzugs- bzw. Verteilgebiet mit logistischen Leistungen versorgen. Brennpunkte nationaler und internationaler Güterströme sind sie insofern, als sie einerseits vielfältige vereinzelte Transporte bündeln und andererseits massenhafte Transporte auflösen und verteilen.

Häfen sind die wichtigsten Nahtstellen in intermodalen Transportketten. Ihre Leistung ist entscheidend für die Leistungsfähigkeit des gesamten makrologistischen Systems. Das zeigt sich besonders dann, wenn es infolge ungenügender Kapazitäten zu Störungen kommt, wie sie z. B. bei vielen Flughäfen und Bahnterminals besonders augenfällig sind.

Wie bereits erwähnt, ist der größte Teil des Welthandels Seehandel. Dabei ist der in Tonnen gemessene Anteil höher als der wertmäßige. Dies beruht darauf, daß der Seetransport als Folge der Industrialisierung Europas und Nordamerikas sowie später Japans einerseits und der Konzentration vieler massenhafter Rohstoffvorkommen in weniger entwickelten Gebieten andererseits, in erster Linie Rohstoffe umfaßte. Sofern diese in verarbeiteter Form den entgegengerichteten Weg nahmen, fielen sie im wahren Wortsinn weniger ins Gewicht (vgl. Teil II, Abschnitt 2.2.1).

Gewichtsrelationen von 5:1, 4:1 oder 3:1 für Einfuhr/Ausfuhr über Häfen von Industriestaaten waren und sind keine Seltenheit. Die tendenzielle Abnahme dieser Relationen wie auch entsprechend des Anteils des Seehandels am Welthandel resultiert aus der veränderten Arbeitsteilung, wie sie insbesondere durch die Industrialisierung der Dritten Welt und die zunehmende Verdichtung oder Verarbeitung der Rohstoffe vor Ort zum Ausdruck kommt. Der geringere wertmäßige Anteil des Seehandels schließlich erklärt sich auch daraus, daß zunehmend höherwertige Güter ausgetauscht werden und diese luftfrachtaffin sind.

Während für die Anlage und Entwicklung der Seehäfen zunächst die naturgegebene geographische Lage (die sogenannte primäre Standortgunst) ausschlaggebend war, haben in der Neuzeit wirtschaftliche und technische Einflußfaktoren immer mehr an Bedeutung gewonnen als Ausdruck der sekundären Standortgunst.

Zu der ersten Kategorie von Standortfaktoren zählen verkehrsgeographische Kriterien und dabei vor allem die Meereslage, die Küstenlage und die Hinterlandlage. Die **Meereslage** beschreibt die geographische Situation eines Hafens in bezug auf die Hauptschiffahrtslinien der offenen Meere. Sie war für die Entwicklung der Seehäfen insofern von großer Bedeutung, als die frühe Seeschiffahrt nur mit einigen wenigen Schiffahrtswegen vertraut war. Entsprechend führte die Entdeckung neuer Schiffswege zur Gründung und Blüte neuer Seehäfen, während andere, die in deren Schatten gerieten, an Bedeutung verloren. Das gilt z. B. für die Mittelmeerhäfen nach der Entdeckung des Seeweges um das Kap der Guten Hoffnung. Heute spielt die Meereslage der Häfen insofern eine Rolle, als sie sich in unterschiedlichen Transportzeiten und Transportkosten auswirken kann. Je früher z. B. ein vergleichsweise langsames Seeschiff einen Hafen erreicht und damit die Möglichkeit zum Umschlag auf einen schnelleren Binnenverkehrsträger gegeben ist, desto größer ist tendenziell der Zeitvorteil. Unter diesem Gesichtspunkt hat z. B. Vancouver an der pazifischen Nordamerikaküste im Japanverkehr Vorteile und hat sich nicht zuletzt aus diesem Grund zu einer Drehscheibe im kombinierten Verkehr von Seeschiff und Flugzeug entwickelt. Gleiches gilt für die Häfen der ARA-Range (Antwerpen, Rotterdam, Amsterdam), die den Seeschiffen im Atlantikverkehr einen vorzeitigen Umschlag der Güter vor allem auf die Binnenverkehrsträger Eisenbahn und Binnenschiff bieten. Durch die hohen Tageskosten für moderne Seeschiffe wird dieser Zeitvorteil zunehmend kostenwirksam.

Die Küsten- oder Uferlage hat für die Stellung eines Seehafens nicht mehr die Bedeutung, die ihr in der Frühzeit der Seeschiffahrt zukam. Die **Küsten-**

lage beschreibt die Nähe des Seehafens zum offenen Fahrwasser. Fortschritte in der Navigation, die Vertiefung der Fahrrinnen sowie das Aufkommen neuer Transporttechniken haben zu dem Bedeutungsverlust der Küstenlage geführt. So kann z. B. aus der Tatsache, daß Bremen und Hamburg mehr als 100 km vom offenen Seeweg entfernt sind, allein kein Wettbewerbsnachteil gegenüber Rotterdam und Amsterdam abgeleitet werden, die beide nur ca. 25 km vom offenen Meer entfernt liegen. Allenfalls kann als Folge der unterschiedlichen Lage an der Küste bei den betroffenen Häfen eine Tendenz zur Spezialisierung als Massen- oder Stückguthafen festgestellt werden. Das beruht darauf, daß Massengutschiffe höheren Größenklassen angehören und Massengutverkehre auf große Freiflächen für die Lagerung der Transportgüter angewiesen sind. Bei Stückgutverkehren entscheiden andere Faktoren über die Auswahl des Seehafens. Es sind dies vor allem die von den einzelnen Häfen angebotenen Fazilitäten, die zusammengenommen die Leistungsfähigkeit eines Hafens bestimmen und zu denen mit immer stärkerem Gewicht Informations- und Kommunikationsdienste gehören (vgl. Teil II, Abschnitt 2.5).

Angesichts der unterschiedlichen Erfordernisse von Massengut- und Stückgutverkehren überrascht es nicht, daß die deutschen Seehäfen am Seeverkehr der Bundesrepublik Deutschland einen größeren wertmäßigen Anteil und eine stärkere Stellung haben als die ebenfalls am deutschen Warenverkehr beteiligten Rheinmündungshäfen, eine Schwächeposition dagegen dann, wenn man den Seeverkehr in Gewichtseinheiten mißt. So laufen z. B. die Masse der deutschen Rohölimporte und Großteile des Eisenerz- und Kohleverkehrs über ausländische Seehäfen, vor allem über Rotterdam *(Stackelberg; Suykens).*

Durch die Industrialisierung hat die **Hinterlandlage** der Seehäfen gegenüber der Meeres- und Küstenlage immer mehr an Bedeutung gewonnen. Mit der Hinterlandlage ist vor allem die sekundäre Standortgunst der Seehäfen angesprochen, die die wirtschaftliche Leistungskraft der Region widerspiegelt. Die Gewichtsverlagerung von den naturgegebenen geographischen Faktoren zu den weitgehend steuerbaren ökonomischen Bedingungen erklärt z. B. den Bedeutungsverlust ehemals so hervorragender Seehäfen wie Liverpool und London. Schlagwortartig kann der Bedeutungswandel bezüglich Meeres- bzw. Uferlage einerseits und Hinterlandlage andererseits so ausgedrückt werden: Früher brauchte ein Seehafen möglichst viel Wasser, heute dagegen braucht er möglichst viel Land.

Das **Hinterland** eines Hafens ist derjenige Wirtschaftsraum, der seinen Seeverkehr über eben diesen Hafen abwickelt. Dazu gehört auch die Hafenstadt selbst mit ihren Loco- (lokalen) Verkehren. Das Hinterland eines Hafens ist aber nicht eindeutig bestimmbar *(Böttger).* Zudem kann es im allgemeinen von den Hinterländern anderer Seehäfen nicht überlappungsfrei abgegrenzt werden. Das ist u. a. darauf zurückzuführen, daß das Hinterland unterschiedliche Ausdehnungen hat, je nachdem, auf welche Güterarten und welche Verkehrsträger abgestellt wird. Schließlich muß beachtet werden, daß das Hinterland über verschiedene Einflußfaktoren, insbesondere über den Parameter Transportkosten, politisch manipuliert werden kann (vgl. Teil II, Abschnitt 4.1.6).

Daraus ergibt sich: Wenn auch die materielle Infrastruktur, d. h. Fahrrinnenbreite und -tiefe, Kailänge, Freiflächen, Lagerflächen, Umschlagseinrichtungen etc., und die immaterielle, also qualifiziertes Personal, umfassende Dienstleistungsangebote, Know How etc., als Grundlagen der Leistungsfähigkeit eines Seehafens bei dem Wettbewerb der Seehäfen untereinander eine wichtige Rolle spielen, der Wettkampf der Seehäfen um Seehandelsanteile wird vor allem im Hinterland ausgetragen und entschieden. In bezug auf den hart umkämpften Containerverkehr wird diese Situation von Fachleuten sehr treffend beschrieben: „Containerization is a sea battle fought ashore."

So haben überall dort, wo das Festland mit einer Vielzahl leistungsfähiger Seehäfen ausgestattet ist, wie z.B. in Westeuropa, Nordamerika und Japan, die einzelnen Seehäfen nur ein sehr geringes sicheres Ladungsaufkommen. Absolut sicher ist, wie Beispiele zeigen, den einzelnen Seehäfen nicht einmal ihr örtliches Aufkommen.

Die Loco-Verkehre haben früher keine oder nur eine geringe Bedeutung gehabt. Die Seehäfen waren Umschlagplätze, an ihnen wurden überwiegend Handels-, Speditions- und Transitfunktionen ausgeübt. Die Bemühungen um eine vergleichsweise sichere Grundauslastung der fixkostenintensiven Hafenfazilitäten haben dazu geführt, daß die Hafenstädte zu einer aktiven Industrieansiedlung übergegangen sind. Auf diese Weise konkurrieren die Seehäfen dann untereinander nicht nur um Ladung, sondern auch um diejenigen Betriebe, die Ladungsaufkommen produzieren.

Was nun den Wettbewerb um das seewärtige Ladungsaufkommen in den Hinterländern anbetrifft, so ist zunächst festzustellen, daß die Einflußmöglichkeiten der Seehäfen selbst ständig geringer geworden sind. Immer stärker wird ihre Position von Rahmenbedingungen bestimmt, auf die sie keinen Einfluß haben. Von besonderer Bedeutung ist die durch die Containerisierung mögliche Homogenisierung und Ausdünnung der Hafenleistungen. Homogenisierung heißt Angleichung der Leistungsanforderungen, Verringerung der Bedeutung spezifischen Waren-, Verpackungs-, Stau- und Lager-Know Hows mit der Möglichkeit leichter (Hafen-) Substitution, Ausdünnung bedeutet den Verlust von logistischen Funktionen durch das Vordringen von Haus-Haus- (FCL-FCL-) zu Lasten von Haus-Pier- (FCL-LCL-), Pier-Haus- (LCL-FCL-) und Pier-Pier- (LCL-LCL-) Verkehren. Dieser Entwicklung versuchen die Seehäfen u.a. dadurch zu begegnen, daß sie zunehmend Angebote zur umfassenden Güterbewirtschaftung im Rahmen internationaler Beschaffungen machen. Dabei geht es vor allem um die bedarfssynchrone (just in time) Versorgung von Industrie- und Handelsbetrieben mit Importwaren (vgl. Distributionszentren).

Betrachtet man die Preispolitik der Seehäfen, so muß festgestellt werden, daß sich die Hafendurchgangskosten der konkurrierenden Seehäfen sehr stark angeglichen haben, andererseits haben die Seehäfen auch Vor- und Nachteile des Außenwertes der Inlandswährungen zu tragen. Dies ist die Problematik der Währungsausgleichszuschläge (Currency Adjustment Factors), durch die bei unzureichender Geldwertanpassung Verladungen über

Seehäfen in Hartwährungsländern benachteiligt werden. Weitere Probleme ergeben sich daraus, daß es vielfach keinen exakten Kostenübergangspunkt gibt: Wer trägt z.B. die ‚Preshipment' oder ‚Cargo Handling Charges', der Verlader, die Hafenbetriebe oder die Konferenzreeder? Die Beantwortung dieser Frage ist mitentscheidend für die Hafenwahl.

Von größerer Bedeutung für die Wettbewerbsposition der einzelnen Seehäfen als die geschilderten Faktoren sind aber die Entwicklungen, die zu unterschiedlichen Bedingungen im seeseitigen Bereich oder im Hinterland führen. Denn überall dort, wo der Seetransport nur einen Abschnitt in einer Transportkette darstellt, kann durch massive Veränderungen der Wirtschaftlichkeit der Vor- und Nachlaufverkehre zu und von den Seehäfen eine massive Begünstigung bzw. Benachteiligung herbeigeführt werden. Was die seeseitige Konkurrenzlage der Häfen anbetrifft, so sind hier neben der bereits erwähnten Meereslage die Paarigkeit der Seerelationen sowie in Verbindung damit der Aufbau von Round-the-world-Diensten und One-Port-Verkehren sowie Mainports zu nennen *(Lieb)*. Daraus resultiert, abgebildet z.B. durch die Zahl der Liniendienste und Abfahrten, eine hervorgehobene Attraktionskraft der Seehäfen. Was die Hinterlandsituation anbetrifft, so reicht der Katalog der einschlägigen Maßnahmen von nationalen Verkehrswegebaumaßnahmen über die preispolitische Begünstigung nationaler Seehäfen durch subventionierte Tarife der Binnenverkehrsträger, vor allem der staatlichen Eisenbahnen, über direkte und indirekte ladungslenkende Maßnahmen bis hin zu nationalen Befrachtungsmonopolen und der gezielten Diskriminierung einzelner Häfen.

In Europa nehmen in diesem Zusammenhang die Seehafentarife der staatlichen Eisenbahngesellschaften eine Sonderstellung ein. Durch sie erfolgt eine teilweise massive Subventionierung der nationalen Strecken und damit der nationalen Seehäfen. Als einschlägige Instrumente dienen dazu die Nullregulierung und die Port Equalization (*Stuber,* S. 149 ff.).

Die **Nullregulierung** soll die nationalen Seehäfen begünstigen, ohne jedoch deren Wettbewerbsverhältnis untereinander zu beeinflussen. Das wird erreicht, indem für den Verkehr des leistungsstärksten Seehafens (tarifbildender Hafen) die Frachtsätze des billigsten ausländischen Eisenbahnverkehrs übernommen werden. Die daraus resultierende prozentuale Ermäßigung gegenüber dem Regeltarif wird allen nationalen Seehäfen zugestanden.

Ein besonderes Problem ist dabei die Durchrechnung der Sondertarife über Ländergrenzen hinweg, sofern – wie im Falle der Rheinmündungshäfen – verschiedene nationale Eisenbahngesellschaften betroffen sind.

Port Equalization oder Frachtgleichstellung bedeutet, daß von einem beliebigen Punkt (Gebiet) des Hinterlandes die Eisenbahnfrachten zu allen miteinander konkurrierenden Seehäfen völlig unabhängig von den tatsächlichen Entfernungen gleichgestellt werden. Port Equalization gibt es z.B. im Westen der USA.

In der Bundesrepublik Deutschland werden Nullregulierung und Port Equalization in unterschiedlichen Ausprägungen und kombiniert eingesetzt.

Die an einzelstaatlichen Interessen ausgerichteten Seehafenpolitiken haben, obwohl in Artikel 74 des EG-Vertrages eine einheitliche Verkehrspolitik gefordert wird, zu umfassenden Wettbewerbsverzerrungen der europäischen Seehäfen untereinander geführt. Die 1972 vom Verkehrsausschuß des europäischen Parlaments geforderten Grundsätze für eine europäische Seehafenpolitik sind bis heute nicht durchgesetzt worden. Sie lauten:

- Nichtdiskriminierung
- Wettbewerb
- Prinzip der Kostendeckung
- Abbau der Subventionen
- Zusammenarbeit der Häfen
- Angleichung der Hafengebühren
- Abbau der Bevor- und Benachteiligungen bestimmter Hinterlandverkehre durch Anlastung der Wegekosten an die Binnenverkehrsträger

Abschließend soll darauf hingewiesen werden, daß die unter dem Stichwort Nationalisierung der Seeschiffahrt behandelten Bemühungen um multi- bzw. bilaterale Quotierungen des Ladungsaufkommens die Position der Seehäfen der betroffenen Handelsnationen nicht unberührt lassen werden.

Nicht nur See-, sondern auch Binnenhäfen waren über Jahrhunderte wichtige Impulsgeber der Entwicklung von Handel und produzierendem Gewerbe im Hafenumland. Nur wenige Binnenhäfen üben diese Funktion auch noch heute aus. Große Bedeutung besitzen nach wie vor Häfen entlang des Rheins, wenn sie auch wie alle übrigen Binnenhäfen Verluste dadurch erlitten haben, daß ihnen durch den wirtschaftlichen Strukturwandel zunehmend Massengutaufkommen entzogen wurde.

Die Binnenhäfen entlang der Rheinschiene haben im Gegensatz zu anderen Binnenhäfen in den vergangenen Jahren ihre Stellung dadurch verbessert, daß sie von den Seehäfen, mit denen sie in Verbindung stehen, verschiedene Aufgaben, wie z.B. das Be- und Entladen von Containern, übernommen haben. An Containertransporten zu/von den Seehäfen partizipiert die Binnenschiffahrt auf dem Rhein in dem Maße, in dem es ihr gelingt, freie Kapazitäten sowie häufige Abfahrten und Laufzeiten (auch über das Wochenende; vgl. LKW-Fahrverbot) zur Geltung zu bringen. Allerdings konnte der Verlust an Massengutumschlagsaufkommen nicht durch die Zunahme des Stückgut-, insbesondere des Containerumschlags kompensiert werden. Dieser Strukturwandel führt tendenziell zum Freiwerden von Freilagerflächen für Massengüter und damit zu der Frage nach alternativen Nutzungsmöglichkeiten dieser Flächen. Einige Binnenhäfen haben die Möglichkeit genutzt und diese Flächen für die Ansiedlung von Gewerbebetrieben zur Verfügung gestellt. Allerdings stehen sie dabei in Konkurrenz mit anderen Anbietern gewerblicher Flächen, wie z.B. verschiedenen Kommunen im Hafenhinterland. Um sich von diesen Anbietern abzusetzen, müssen den Ansiedlungsinteressenten besondere Vorteile geboten werden. In diesem Zusammenhang sind auch Freihafenprojekte zu sehen (in Duisburg und Deggendorf).

2.4.1.2 Die Flughäfen

Flughäfen sind die Stützpunkte des Flugverkehrs. Zusammen mit den gesicherten Luftstraßen bilden sie die materielle Infrastruktur des Luftverkehrssystems. Wie Seehäfen verfügen Flughäfen über vielfältige Einrichtungen. Das Leistungsangebot umfaßt technische und kommerzielle Dienste für die Abfertigung von Passagieren, den Umschlag von Luftfracht und die Ver- bzw. Entsorgung von Flugzeugen. Der hohe Investitionsaufwand und das hoheitliche Interesse an einem geordneten Luftverkehr führen dazu, daß Flughäfen wie Seehäfen, zumindest diejenigen von überregionaler Bedeutung, im Eigentum der öffentlichen Hände sind. Im Gegensatz aber zur Deutschen Bundesbahn werden die Flughäfen in der Bundesrepublik als Aktiengesellschaften bzw. Gesellschaften mit beschränkter Haftung betrieben, wodurch das eigenständige, unternehmerische Element in der Geschäftspolitik stärker betont wird. Dennoch ist der unternehmerische Spielraum begrenzt. Zum Beispiel unterliegen die Flughäfen in bezug auf ihre Preispolitik, d. h. bei der Festsetzung von Start- und Landegebühren, einer staatlichen Genehmigungspflicht *(Doganis).*

Bei der Standortbestimmung von Flughäfen sind primäre Standortfaktoren, also natürlich vorgegebene topographische Bedingungen, von ungleich geringerer Bedeutung als dies bei den Seehäfen der Fall ist. Demgegenüber dominieren die sekundären Standortfaktoren.

Als zentrale Einrichtungen eines Wirtschaftssystems wirken Flughäfen weit in den Raum hinein. Ihr Einflußbereich umfaßt zunächst das unmittelbare **Flughafenumland,** in dem sich jene Unternehmungen und Institutionen ansiedeln, die flughafenbezogen sind, für die die angebotenen Luftverkehrsverbindungen komplementäre Leistungs- und damit wesentliche Standortfaktoren sind *(Hilsinger).*

Prototypisch für diese wirtschaftliche Verflechtung ist die Entwicklung von sogenannten Airport Industrial Parks, die ähnlich wie der Flugverkehr ein stürmisches Wachstum aufweisen, sowie die Entwicklung von Off Airport Terminals, z. B. in Form von Speditionszentren zur Luftfrachtabfertigung in unmittelbarer Flughafennähe. Hierdurch versuchen die Speditionen zum einen die hohen Flächenkosten einer Ansiedlung unmittelbar auf den Flughäfen zu umgehen, zum anderen lassen sich dadurch Rationalisierungsvorteile bei der Luftfrachtabfertigung erzielen, z. B. durch die Inanspruchnahme der Serviceleistungen einer neutralen Umschlagsgesellschaft und gute verkehrliche Anbindungen.

Weiter als dieses unmittelbare Flughafenumland reicht das Einflußgebiet der Flughäfen, wenn auf das Einzugsgebiet für das Verkehrsaufkommen abgestellt wird. Diese dem Hinterland von Seehäfen vergleichbare Region ist einmal als das Quellgebiet für die über den betreffenden Flughafen gehenden Transporte zu sehen, zum anderen als Zielgebiet für die Verteilung der einkommenden Güter *(Iwersen).* Quell- und Zielgebiete in diesem Sinne müssen nicht deckungsgleich sein und unterscheiden sich darüber hinaus danach, ob das Kurz- oder Langstreckenverkehrsaufkommen betrachtet wird.

Besonderen Einfluß auf das Frachteinzugsgebiet eines Flughafens üben, neben den von diesem Flughafen aus angebotenen Verkehrsdiensten, die jeweils gültigen Charterbestimmungen aus. So führten die im Vergleich zur Bundesrepublik Deutschland ursprünglich wesentlich liberaleren Luftfracht-Charterbestimmungen der Niederlande und Luxemburgs zu erheblichen Aufkommensverlusten für deutsche Flughäfen und damit auch für den nationalen Carrier (vgl. Trucking, S. 88).

Die verkehrliche Verflechtung der Flughäfen mit dem Wirtschaftsraum reicht über die geschilderten Grenzen noch hinaus, wenn nicht nur das direkte Aufkommen betrachtet wird, sondern auch, daß die Flughäfen untereinander eine Hierarchie zentraler Einrichtungen bilden. Je höher der einzelne Flughafen in dieser Hierarchie zentraler Orte (vgl. Teil II, Abschnitt 3.1.5) angeordnet ist, desto größer wird seine Bedeutung als Transitstation. So sind eine Vielzahl regionaler und nationaler Zubringer- und Verteilerdienste auf die internationalen Großflughäfen, wie z. B. Frankfurt/Main, ausgerichtet *(Iwersen)*. Diese **Drehscheibenfunktion** Frankfurts ist besonders stark ausgeprägt. Nahezu jeder zweite Passagier ist Umsteiger (im Jahre 1990 über 47 v. H. der Passagiere). Das gleiche läßt sich im Frachtbereich feststellen. 1990 entfielen 70 v. H. des Frachtaufkommens in Frankfurt auf Weiterleitungsfracht.

Entscheidend dafür, daß ein Flughafen sich eine starke Position als Transitflughafen aufbauen kann, ist insbesondere das Leistungsmerkmal der Schnelligkeit – sowohl in bezug auf die garantierte Umsteigezeit für die Passagiere wie auch in bezug auf die Umschlags-/Umladezeit für Gepäck und Fracht. Um hier möglichst kurze Zeitspannen garantieren zu können – um ein ‚schneller Flughafen' zu sein – sind erhebliche Investitionen in die materielle und immaterielle Infrastruktur des Flughafens erforderlich, so z. B. in die Einrichtungen zur Gepäckbeförderung, zum Umschlag der Fracht, zur Abwicklung des Informationsflusses etc.

Unter Einbeziehung der **Transitfunktion** reicht das Hinterland einzelner Flughäfen teilweise über nationale Grenzen hinweg und schließt ausländische Flughäfen mit ihren Hinterländern ein. Die Bedeutung der Transitfunktion steigt mit der Konzentration des Luftverkehrs auf Knotenpunkte. Die damit angesprochene Tendenz zur Zentralisierung des Luftverkehrs steht wie bei den Seehäfen in Verbindung mit technologischen und organisatorischen Veränderungen.

Während es dort die Containerisierung war, ist es hier die Einführung von Großraumflugzeugen, deren wirtschaftliche Nutzung ein gebündeltes und nachhaltiges Verkehrsaufkommen voraussetzt. Daneben ist die Organisation der Dienste und der Wettbewerb der Flughäfen in den vergangenen Jahren in nicht unerheblicher Weise von der Liberalisierung des Luftverkehrs beeinflußt worden. So führte die Umgestaltung der Streckennetze der amerikanischen Fluggesellschaften nach der Deregulierung des inneramerikanischen Luftverkehrs in den Jahren 1977 und 1978 zur verstärkten Herausbildung von **Hub-Spoke-Systemen,** zu einer Konzentration des Flugverkehrs auf aufkommensstarke Strecken und vergleichsweise wenige zentrale Flughäfen

(Hubs). Innerhalb eigener Streckennetze versuchen die Fluggesellschaften durch die Bündelung des Aufkommens einzelner Punkte (Spokes), die aufgrund ihres geringen Aufkommens nicht non-stop verknüpft werden können, für ihre Knotenpunkte Aufkommensstärken zu erreichen, die sowohl ihre Terminalkapazitäten und große Flugzeuge auslasten wie auch häufige One-Stop-Dienste möglich machen, Vorteile, denen Umwegkosten und Umsteigezeiten gegenübergestellt werden müssen *(McShan; Windle).*

2.4.2 Güterverkehrszentren

Häfen sind die hervorgehobenen und traditionellen zentralen Einrichtungen des makrologistischen Systems. Häfen sind Schnittstellen in arbeitsteiligen Verkehrsprozessen und Instrumente der Konzentration und Kooperation. Konzentration wird dabei in dem Sinne verstanden, daß die Vielfalt räumlich und zeitlich verteilter Transporte zusammengefaßt wird im Hinblick auf eine möglichst gleichmäßige, nachhaltige und umfassende Auslastung leistungsfähiger, aber fixkostenintensiver Verkehrseinrichtungen und Verkehrsmittel. Brennpunkte der Kooperation sind die Häfen insofern, als bei ihnen wesentlicher Koordinationsbedarf zwischen den einzelnen Gliedern der logistischen Kette entsteht und eine eventuelle unzureichende Abstimmung sichtbar wird. Die möglichst umfassende Verständigung auf ausgewählte Techniken und organisatorische Regelungen ermöglicht die Erwirtschaftung von Ordnungsüberschüssen (vgl. Teil II, Abschnitt 1.4). Häfen sind ‚geborene' Güterverkehrszentren (GVZ).

Die Vervielfachung der binnenwirtschaftlichen Güteraustauschprozesse als Folge der zunehmenden Arbeits- und Standortteiligkeit der Wirtschaft hat dazu geführt, daß die Logistikkosten stärker als alle anderen relevanten Kostenarten gestiegen sind. Das gilt um so mehr, als neben den individuellen Kosten (vor allem Personal-, Kapital- und Energiekosten) verstärkt gesamtwirtschaftliche Aufwendungen für die Vorhaltung der Verkehrsinfrastruktur sowie externe Effekte wie Stauungs- und Umweltkosten berücksichtigt werden müssen. Dabei sei darauf hingewiesen, daß die spezialisierte Fertigung großer Stückzahlen zwar Produktionskostenersparnisse ermöglicht, zugleich aber zusätzliche Aufwendungen für die Transporte erfordert (vgl. Teil II, Abschnitt 3.1.3). Dies um so mehr, als zugleich bestandsarme Beschaffungs- und Distributionskonzepte verfolgt werden. Die Rationalisierung der Abläufe muß daher darauf gerichtet sein, durch eine geeignete Reorganisation diesen Kostenanstieg zu begrenzen. Das ist jedoch nur möglich, wenn es gelingt, die zersplitterten, individualisierten Transportströme in einem solchen Ausmaß zusammenzufassen, daß massenleistungsfähige Transportsysteme eingesetzt und ausgelastet werden können. Dann sind auch hier Größenvorteile realisierbar.

Die Grundidee aller einschlägigen Bemühungen ist die des in Verbindung mit dem See- und Luftverkehr bereits angesprochenen **Knotenpunktkonzeptes.** *Figur 18* veranschaulicht die dadurch bewirkte ‚Entflechtung' der Wirtschaft.

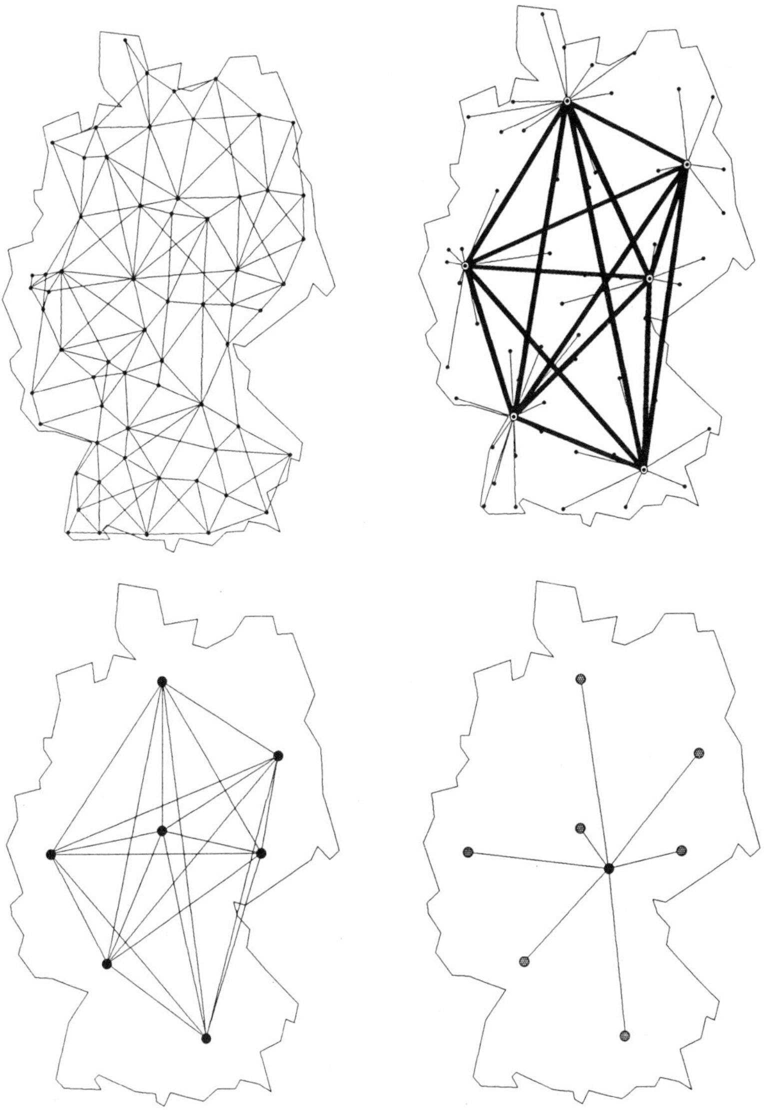

Figur 18: Ein- und mehrstufige Knotenpunktsysteme

Knotenpunkte können auf Umschlags- und Umsteigefunktionen (Transitterminals, Transshipments) beschränkt sein oder aber vielfältige weitere Aufgaben übernehmen.

Transitfunktionen kennzeichnen die Knotenpunkte bei einfachen Verkehrsspannungen. Durch die Verknüpfung von Pendeltouren und Rundreisen (vgl.

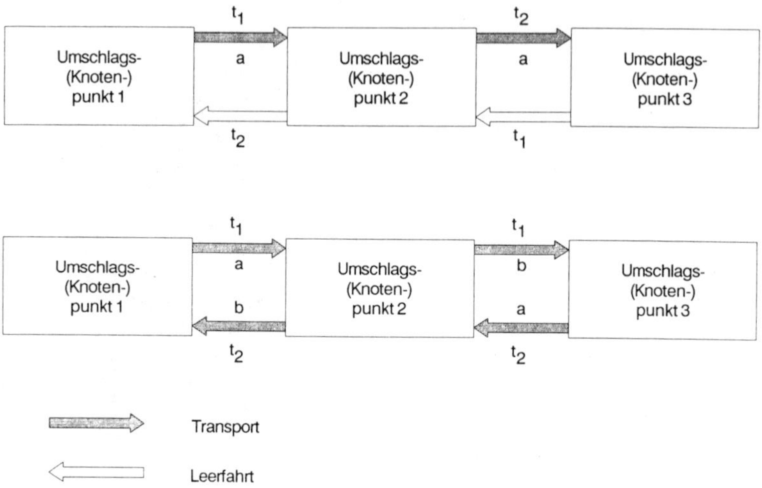

Figur 19: Stafetten- und Begegnungsverkehre

Rund- um-die-Welt-Dienste der Seeschiffahrt) und die Verkettung von einzelnen Relationen in Form von Stafetten- oder Begegnungsverkehren (vgl. *Figur 19*).

können Leerfahrten reduziert, Fahrzeugauslastungen verbessert sowie Transportmittelumläufe optimiert werden (Fahrpläne, Rückkehr zu Stützpunkten, Fahrereinsatzplanung etc.). Bei komplexen, flächenhaften Verkehrsspannungen werden durch die Einrichtung von Knotenpunkten die zwischen den einzelnen Versendungs- und Empfangsorten bestehenden Direktverkehre (Rasterverkehre) durch indirekte Verbindungen ersetzt. Im Fall des einfachen Hub-Spoke-Systems verringert sich damit die Zahl der Relationen (von $\frac{n\,(n-1)}{2}$ auf n-1, vgl. *Figur 18*), während sich die durchschnittlichen Transport- und Reiseweiten bzw. -zeiten verlängern.

Durch die Bündelung der Verkehrsströme – in den einzelnen Orten werden die Sendungen für jeweils alle anderen Orte zusammengefaßt – entstehen Aufkommensmengen, die den Einsatz größerer Transportmittel oder aber häufiger Bedienungen der einzelnen Relationen ermöglichen. Das führt zu Kostenvorteilen und Leistungsverbesserungen. Zum einen können neben Transportkostenersparnissen weitere Kostendegressionseffekte durch die massenhafte, industriell-mechanisierte Behandlung der Sendungen in den Knotenpunkten erzielt werden, zum anderen werden Verladern und Reisenden trotz Verlängerung der einzelnen Laufzeiten durch höhere Abfahrts- und Fahrplandichte i. d. R. größere zeitliche Handlungsspielräume (vgl. bedarfssynchrone Versorgung) geboten.

Auch für die Sammlung und Verteilung der Güter in der Fläche bieten Knotenpunkte, nunmehr erweitert um Assortierungs- und Kommissionieraufga-

Keine Konsolidierung

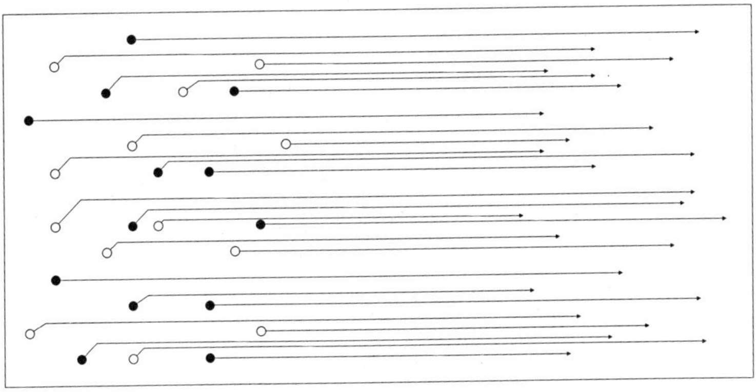

Konsolidierung nach Art der Produkte

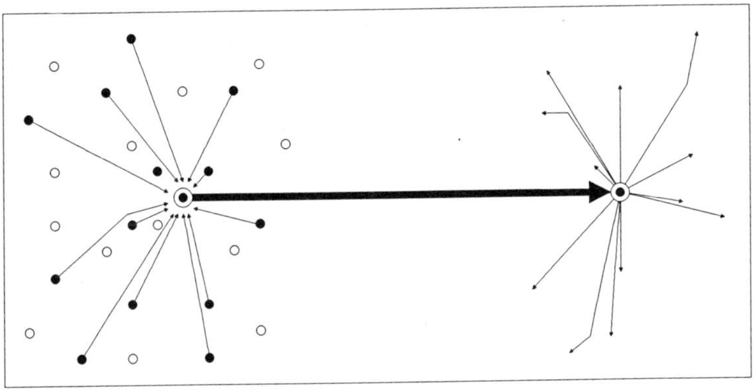

Konsolidierung nach Regionen

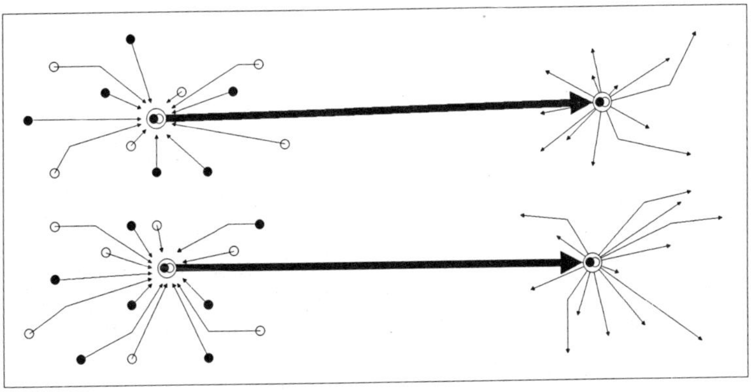

Figur 20: Konsolidierung der Güterströme nach Produkten und Regionen

ben, interessante Möglichkeiten zur Transportrationalisierung. So können, wie *Figur 20* zeigt, durch die Konsolidierung über Gütergruppen und/oder Regionen (vgl. Ladungs-/Empfängerakquisition, S. 246) Sammel- und Verteilgebiete verkleinert und längere bzw. mehr kostengünstige Knotenpunktverbindungen geschaffen werden. Schließlich, und *Figur 21* veranschaulicht dieses Prinzip, können in den Knotenpunkten durch lieferantenübergreifende, empfängerspezifische Assortierungen der im Fernverkehr eingehenden Ladungen wirtschaftliche Kurztouren erzeugt werden. Diese Möglichkeit gewinnt angesichts der immer kleiner werdenden und häufig unverträglichen Belieferungszeitfenster in den Ballungsgebieten besondere Bedeutung.

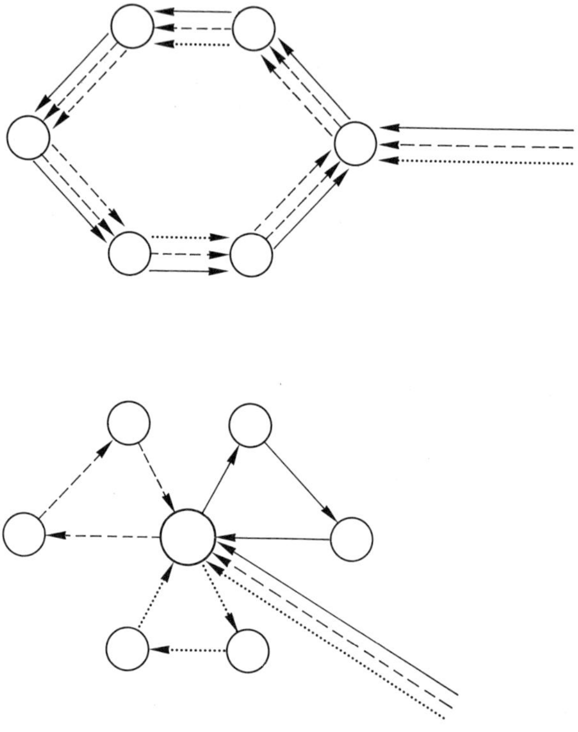

Figur 21: Tourenbildung mit Transitpunkten

Durch die Übernahme weiterer Funktionen werden die Knotenpunkte zu **Güterverkehrszentren** entwickelt. Zu nennen sind neben der Lagerhaltung, der Verpackung, Kennzeichnung und Auspreisung spezielle Leistungen wie Konfektionierung, Finishing und Montage von Gebrauchsgütern. Hinzu kommen mit steigendem Gewicht die erforderlichen Informations- und Kommunikationsdienste.

Die Einrichtung von Güterverkehrszentren wird seit Mitte der siebziger Jahre von der offiziellen Verkehrspolitik als erfolgversprechendes Rationalisierungsinstrument der Verkehrswirtschaft angesehen und sogar als Grundlage eines ‚alternativen Gütertransportsystems' herausgestellt *(Bahke)*. Güterverkehrszentren sollen danach hauptsächlich Schnittstellen zwischen Nah- und Fernverkehr sein, d.h., das Güterverkehrszentrum soll die Sammlung (Verteilung) der Güter im Nahverkehr steuern, die im Fernverkehr das Gebiet verlassen (bzw. in das Gebiet eingehen), für das das Güterverkehrszentrum konzipiert wurde. Außerdem sollen mehrere Unternehmen des Straßengüterverkehrs in den Güterverkehrszentren zusammenarbeiten, um damit auch den Laderaum- und Ladungsausgleich zu fördern. Güterverkehrszentren sollen aber auch Knotenpunkte sein, an denen verschiedene Verkehrsträger, speziell Bahn und Lkw, möglicherweise auch Binnenschiffe, zusammentreffen (vgl. *Tress*). Letzteres wäre denkbar, wenn Binnenhäfen zu Güterverkehrszentren werden. Vor allem die Verbindung von Straße und Schiene ist erstrebenswert, sind doch Güterverkehrszentren im Idealfall aufkommensstarke Knotenpunkte des Verkehrs und daher in besonderer Weise zur Bildung direkter Züge geeignet, die zwischen den Güterverkehrszentren verkehren können, wodurch den Systemstärken der Eisenbahn (kostengünstiger Transport großer Gütermengen auf langen Distanzen) entsprochen werden kann. Angestrebt wird ein flächendeckendes System von Güterverkehrszentren, die vor allem am Rand von Ballungsräumen angesiedelt werden sollen.

Als Zielvorstellungen für die Entwicklung eines solchen flächendeckenden Systems von Güterverkehrszentren werden genannt:

- Beitrag zu einer optimalen Arbeitsteilung zwischen den Binnenverkehrsträgern, insbesondere zur Kooperation zwischen Schiene und Straße
- bessere Auslastung bzw. Nutzung der Verkehrsinfrastruktur
- Verringerung des Primärenergiebedarfs, der Umweltbelastungen und der Stauungskosten (vor allem Zeitverluste)

Erreicht werden sollten diese Ziele durch:

- Zusammenfassung logistischer Funktionen in einer sich auf freiwilliger Basis bildenden Einrichtung
- Ausnutzung rationeller Dispositions- und Organisationsmethoden im Umschlag-, Lager- und Verwaltungsbetrieb
- Verbesserung der Auslastung der eingesetzten Transport- und Umschlagskapazitäten unter verstärktem Einsatz technologischer Neuerungen
- Verringerung des Aufwandes für den Güterhauptlauf durch eine Verkürzung der Transport- und Umlaufzeiten
- Verringerung der Kosten des Sammel- und Verteilverkehrs durch bessere Auslastung der Fahrzeuge und optimierte Touren

In der Praxis ist es zur Realisierung eines flächendeckenden knotenpunktgestützten Gütertransportsystems bisher nicht gekommen. Das Güterverkehrszentrum in Form einer umfassenden räumlichen und kooperativen Zusammenführung verschiedener Verkehrsträger und Unternehmen des Gütertransports und zugehörigen Dienstleistungen ist in den achtziger Jahren in Bremen modellhaft realisiert worden (Güterverkehrszentrum Bremen). Es sind jedoch in den vergangenen Jahren zahlreiche Umschlagsanlagen mit/ohne Gleisanschluß von Kraftwagenspeditionen, Industrie- und Handelsunternehmen errichtet worden, die entsprechend ihren Dimensionen und Funktionen durchaus mit Güterverkehrszentren verglichen werden können. Die Umschlagsanlagen in Industrie und Handel sind das Ergebnis einer gezielten Ausdünnung der Lagernetze und des Übergangs zu selektiver Lagerhaltung bzw. zu Zentrallagerkonzepten.

2.5 Informationssysteme logistischer Betriebe

Die zunehmende Arbeitsteilung und Spezialisierung der Produktion einerseits und die Individualisierung der Bedarfe andererseits haben als die hervorgehobenen Kennzeichen hochentwickelter Volkswirtschaften eine Zunahme des Planungs- und Koordinationsaufwandes zur Folge. Zum Beispiel wird die Zuverlässigkeit und Berechenbarkeit der Transporte immer wichtiger, wenn aus Kostengründen die Vorratshaltung reduziert wird. In diesem Zusammenhang ist auf den Zusammenhang zwischen Schlupf, z. B. in Form von Wartezeiten und Beständen, und Unsicherheit, z. B. als Folge mangelnder Kommunikation zwischen arbeitsteilig verbundenen Aufgabenträgern, hinzuweisen. „The amount of slack required depends on the degree of task uncertainty“ (*Galbraith*, S. 84).

Bei der Annäherung an das Ideal der ‚lagerlosen Fertigung‘ bzw. der ‚bestandslosen Distribution‘ ist zwischen Lieferanten und Abnehmern eine teilweise minutengenaue Abstimmung und Information über die Warenzustellung erforderlich. Erinnert sei auch an die kurzen Liegezeiten der Containerschiffe in den Häfen, die eine weitreichende Kommunikation zwischen allen Gliedern der Hinterlandverkehre erfordern.

Tendenziell sind alle Maßnahmen zur Verbesserung der Wirtschaftlichkeit arbeitsteiliger Systeme mit einem erhöhten Regelungs-, d. h. Informationsbedarf verknüpft.

Physische Güterprozesse, d. h. Transport-, Lager- und Umschlagsprozesse, werden von Informationsprozessen begleitet und müssen durch Informationen gesteuert werden. Dabei gilt, daß die Leistungsfähigkeit des makrologistischen Systems zunehmend von der Leistungsfähigkeit der Informationssysteme bestimmt wird. Nicht nur die in den vorstehenden Kapiteln dargestellten logistischen Betriebe bemühen sich daher um eine stetige Verbesserung ihrer Informationssysteme, sondern auch ihre Industrie- und Handelskunden, die Güter empfangen und versenden.

Dabei kommt kaum ein unternehmensbezogenes Informationssystem noch ohne EDV aus, d. h., die Informationssysteme sind zunehmend rechnergestützt. Die Entwicklung der EDV hat in kurzer Zeit neue Formen und Möglichkeiten der Datenerfassung, -verarbeitung, -speicherung und -übertragung mit sich gebracht.

Da in logistischen Ketten mehrere Unternehmen zusammenarbeiten, muß sichergestellt werden, daß deren Informationssysteme reibungslos miteinander kommunizieren können. Hierzu ist eine Standardisierung der Informationen erforderlich, damit eine freizügige Kommunikation zwischen Geräten und Netzen verschiedener EDV-Hersteller bzw. EDV-Informationssystemen verschiedener Unternehmen erfolgen kann. Der Standardisierung der Transportobjekte durch Ladeeinheiten muß die Standardisierung der Informationen folgen. Dazu ist es erforderlich, sich auf strukturierte Daten (Syntax) zu verständigen als Basis des elektronischen Datenaustausches.

Die heute vorwiegend im Einsatz befindlichen EDV-gestützten logistischen Informationssysteme stellen in der Regel nur Insellösungen dar, sie sind überwiegend im Hinblick auf einzelbetriebliche Problemstellungen konzipiert. Was fehlt, das sind übergreifende Lösungen. So wird es von Verladern als schwerwiegendes Hindernis für ihre Rationalisierungsbemühungen empfunden, daß ihre Informationssysteme am Werktor enden. Als besondere Schwachstellen werden von der Praxis genannt:

- der fehlende gegenseitige Informationszugriff der verschiedenen, an einem logistischen Prozeß Beteiligten
- die lückenhaften Informationsflüsse
- die mangelnde Transparenz der Daten
- ungenügende Steuerungs- und Abstimmungsmöglichkeiten

Fragt man nach den Gründen für diesen unbefriedigenden Zustand, dann werden vor allem zwei Argumente genannt. Das erste Argument bezieht sich auf die versicherungs- und handelsrechtlichen Anforderungen an die Transportdokumentation. Erinnert sei z. B. nur an die Ausgestaltung der Verladerdokumente als Orderpapier und die Rechtsstellung der einzelnen Mitglieder einer Transportkette im Verlust- oder Schadensfall. Das zweite Argument zielt auf den Datenschutz und damit unter anderem auf die Befürchtung, daß die von den einzelnen Mitgliedern der Informationskette eingebrachten Angaben gegenüber Konkurrenten nicht geschützt sind.

Über schnittstellenkompatible Informationssysteme für einzelne Transportkettenglieder hinaus werden daher einerseits umfassende Informations- und Kommunikationssysteme angestrebt, die eine dezentrale Datenerfassung/-wiedergabe und rechnergestützte Verarbeitung ermöglichen und dort, wo Zuständigkeiten abgetreten werden, zentrale übergeordnete Eingriffe erlauben, andererseits aber den einzelnen Partnern den geschützten Zugriff auf ihre Vorbehaltsdaten gewährleisten. Das gilt vor allem dann, wenn, wie bei Güterverkehrszentren vorgesehen, verschiedene Verlader, unter Umständen Wettbewerber, gemeinsam ein Lager oder einen Fuhrpark nutzen.

Um den rechnergestützten Datenaustausch zu erleichtern, haben sich verschiedene Organisationen in den vergangenen Jahren mit Fragen der Normung befaßt. Durch die *ISO (International Organization for Standardization)* sind bereits Datenelemente sowie Datenaustausch- bzw. Syntaxregeln international genormt worden, letztere durch EDIFACT – Electronic Data Interchange for Administration, Commerce and Transport. Dennoch wird es noch geraume Zeit in Anspruch nehmen, bis die zahlreichen bislang unverbundenen Insellösungen, als die sich die im Einsatz befindlichen EDV-gestützten logistischen Informationssysteme der Unternehmen aus Industrie, Handel und Verkehr i. d. R. erweisen, in übergreifende Lösungen überführt werden können.

Die Notwendigkeit übergreifender Informationsysteme ergibt sich auch aus der Beschleunigung und Terminierung der Güterströme als zentrale Steuergrößen moderner Logistikkonzepte. Das macht es erforderlich, daß die auf die physischen Prozesse bezogenen Informationen diesen selbst nach Möglichkeit voraneilen müssen, keinesfalls aber nachhinken dürfen.

Das bedeutet zugleich, daß das Transportobjekt selbst als Informationsträger ungeeignet ist und daß die Information verselbständigt werden muß. Durch die Schaffung einer unabhängigen Infrastruktur für die Kommunikation wird eine bessere Abstimmung möglich, d. h., Bestände können reduziert werden, Warte- und Fehlzeiten abgebaut und Leerfahrten vermieden werden.

Wünschenswert ist die Möglichkeit zur Echtzeitkontrolle aller interdependenten Vorgänge durch die betroffenen Elemente einer logistischen Kette. *Figur 22* zeigt schematisch den Übergang zur verzögerungsfreien Unterrichtung aller Glieder einer Logistikkette über den tatsächlichen Transportverlauf.

Werden Stauungen oder Abrisse des Güterflusses in einer logistischen Kette nämlich sukzessiv und damit mit wachsendem Zeitverzug durch die einzelnen Elemente hindurch gemeldet, dann unterbleiben frühzeitige Anpassungen, der Anpassungsbedarf und die Anpassungskosten steigen. Nur auf der

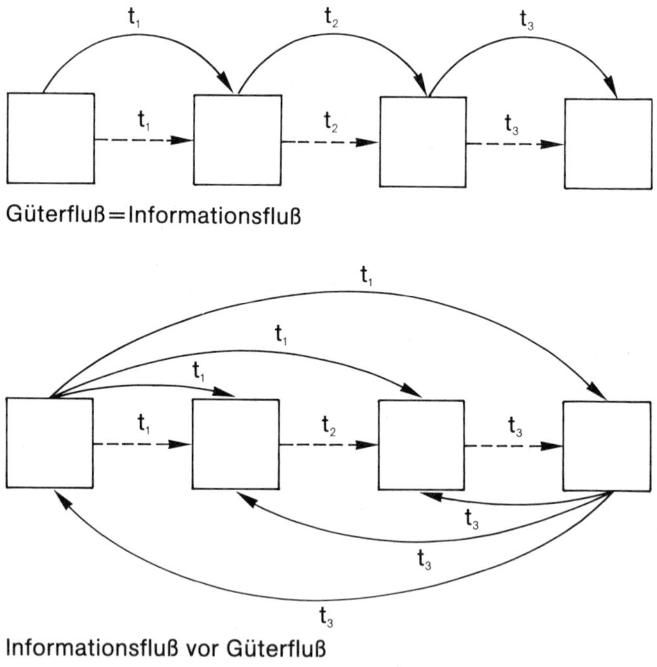

Figur 22: Echtzeitkontrolle durch Verselbständigung der Informationen

Basis eines ständigen, aktuellen Bildes des raumzeitlichen Zustands der Güterströme (monitoring) ist es möglich, drohenden Abrissen und Stauungen durch Beschleunigungen bzw. Verzögerungen von Güterbewegungen statt durch Vorhaltung von Güterbeständen und Kapazitäten zu begegnen. Systeme zur Gewinnung und Übertragung zuverlässiger Statusinformationen über Sendungen, Ladungen und Fahrzeuge sind daher von besonderer Bedeutung, automatische Identifikationstechniken und mobile Datenerfassungssysteme sind zunehmend im Einsatz.

Unternehmen, die im Straßengütertransport tätig sind, setzen rechnergestützte Informationssysteme auch für das Fuhrparkmanagement bzw. den Fahrzeugeinsatz ein. Spezielle Bordsysteme ermöglichen dabei während der Transportvorgänge eine Fahrzeugverfolgung und -steuerung über Datenfunk, teilweise auch über Satellit. Angesichts der zunehmenden Überlastung der Verkehrswege ist ein leistungsfähiges Verkehrsmanagement mit Fahrzeugeinsatzsteuerung und Verkehrsbeeinflussung erforderlich. In diesem Zusammenhang sind die EG-Entwicklungsprogramme Prometheus, Drive, Euret u. a. zu sehen. Verschiedene Vorschläge existieren für die informatorische Verbindung der Lkw-Frachtführer, Versand- und Empfangsspediteure sowie Güterverwender und -empfänger. Verwiesen sei z. B. auf das Projekt LOG (Logistische Optimierung von Gütertransportketten). Von besonderer Bedeutung für die im Straßengütertransport tätigen Unternehmen sind schließlich Informationssysteme, die den Laderaum- und Ladungsausgleich unterstützen *(Grandjot/Ruhnow; Möhlmann).*

Auch die Eisenbahnen haben mittlerweile komplexe Informationssysteme im Einsatz, mit denen sie ihre Produktionsaktivitäten im Schienenverkehr sowie andere betriebliche Funktionen planen, steuern und überwachen *(ECMT).* Speziell zur Unterstützung des grenzüberschreitenden Verkehrs werden eisenbahnübergreifende Informationssysteme (weiter-) entwickelt. Für Westeuropa ist das Informationssystem HERMES (Handling through European Railway Message Electronic System) zu nennen.

Auch die in See- und Binnenschiffahrt sowie im Luftverkehr tätigen Unternehmen haben ihre Informationssysteme verstärkt rechnergestützt ausgebaut. Im Luftverkehr sind spezielle Informationssysteme, so z. B. die Computerreservierungssysteme für den Personenluftverkehr, kooperativ von mehreren Fluggesellschaften entwickelt worden. Genannt seien die Computerreservierungssysteme AMADEUS und GALILEO. Durch die Einbeziehung von Reisebüros, Hotelketten, Autovermietungsgesellschaften usw. werden diese Informationssysteme zu wichtigen Vermarktungsinstrumenten.

Nicht zuletzt haben die See-, Binnen- und Flughäfen als zentrale Knotenpunkte des Verkehrs zur Handhabung der Koordination zwischen Verladern und Frachtführern, den betroffenen Verkehrsträgern sowie Maklern und Agenten eigene rechnergestützte Informationssysteme entwickelt. Die *Datenbank Bremische Häfen & Co. KG* wurde z. B. 1973 von über 100 Unternehmungen der Hafenverkehrswirtschaft gegründet mit dem Ziel, eine computerorientierte Methode für Planung und Ablaufsteuerung im Seehafen

(System COMPASS) zu entwickeln und anzuwenden. Zwischenzeitlich existieren vielfältige Spezialdienste z. B. für die Lagerhaltung und Distribution und Containerverkehre. Das Wettbewerbsangebot des Hamburger Hafens trägt den Namen DAKOSY (Daten-Kommunikations-System), das Rotterdamer heißt INTIS (International Transport Information System). Binnen- und Flughäfen bemühen sich ebenfalls um Informationssysteme, die eine freizügige Kommunikation mit und zwischen den Nutzern der Binnen- und Flughäfen sowie sonstigen Logistikkettenmitgliedern, zu denen im grenzüberschreitenden Verkehr auch Zollbehörden usw. zu rechnen sind, zulassen.

Literatur zu Teil II, Abschnitt 2

Aberle, G.: Sektorale Deregulierung. Die EG-Integration erzwingt veränderte ordnungspolitische Strukturen auf den Güterverkehrsmärkten, in: Hamburger Jahrbuch für Wirtschafts- und Gesellschaftspolitik, 32 (1987), S. 157–174

Aberle, G.: Zukunftsperspektiven der Deutschen Bundesbahn, Heidelberg 1988

Aberle, G./Weber, U.: Verkehrswegebenutzungsabgaben für die Eisenbahn, Bd. 1 der Gießener Studien zur Transportwirtschaft und Kommunikation, Darmstadt 1987

Bahke, E.: Güterverteilzentren als logistische Knoten der Wirtschaft, Zeitschrift für Eisenbahnwesen und Verkehrstechnik, 103 (1979), S. 349–353

Becher, G.: Entwicklungstendenzen in der Marktordnung des internationalen Luftverkehrs, Zeitschrift für Verkehrswirtschaft, 1979, S. 3–14

Beplat, K.: Probleme der Einführung des Containerverkehrs, Hamburg 1970

Bertsch, L. H.: Kostenbasierte Bestimmung situativer Preisuntergrenzen für Lufttransportleistungen, Zeitschrift für Verkehrswissenschaft, 61. Jg. (1990), S. 237–253

Blattmann, R.: Entwicklungsaspekte des Luftfrachtverkehrs unter besonderer Berücksichtigung des Luftfrachtpotentials im Bundesgebiet, Karlsruhe 1977

Böhme, H.: Die internationale Arbeitsteilung und die deutschen Reedereien, Internationales Verkehrswesen, 31 (1979) 4, S. 211–217

Böhme, H.: Weltseeverkehr: Vor einem neuen Tonnageüberschuß? Die Weltwirtschaft, 1981, S. 144–167

Böhme, H.: Staatliche Reglementierung der Linienschiffahrt oder Freiheit der Meere? – Zur Revisionskonferenz über den UN-Linienkodex, Die Weltwirtschaft, 1988, S. 165–177

Böhme, H./Brok, H.: Die Schiffahrtspolitik der sozialistischen Länder und die Ordnung des internationalen Seeverkehrs, Kiel 1976

Böttger, W.: Grundlagen, Triebkräfte und Entwicklungen eines Seehafens aus dem Blickfeld seines Hinterlandes: Das Beispiel Antwerpen, Zeitschrift für Verkehrswissenschaft, 1977, S. 118–123

Buchwald, P.: Hauptprobleme des heutigen und zukünftigen Luftverkehrs, 2. Auflage, Bad Homburg 1974

Chemnitz, M.-D.: Die Verkehrsteilung im inländischen Güterfernverkehr – Darstellung mit Hilfe des Affinitätsdiagramms, Internationales Verkehrswesen, 1982, S. 239–246

Detrez, H.-W.: Konzentration und Kooperation im überseeischen Containerverkehr unter wettbewerbspolitischen Gesichtspunkten, Bremen 1974

Doganis, R.: Wie Flughäfen Gewinne machen, Internationales Verkehrswesen, 41 (1989), S. 98–103

Drechsler, B.: Landbrücken als Herausforderung für traditionelle Seelinienverkehre, Göttingen 1980

Drechsler, W.: Markteffekte logistischer Systeme, Göttingen 1988
Drude, M./Geisenberger, S./Müller, J.H.: Strukturelle Unterschiede zwischen Binnenschiffahrt und Eisenbahn im Hinblick auf den gegenseitigen Wettbewerb, Berlin 1969
Dünner, H.W.: Die Wettbewerbssituation auf den Güterverkehrsmärkten der Bundesrepublik Deutschland, Göttingen 1980
Ebenroth, C.T./Fischer, R./Sorek, C.: Die Haftung im multimodalen Gütertransport bei unbekanntem Schadensort, Der Betriebsberater, 1990, S. 1073–1077
ECMT (Hrsg.): Rail Network Co-operation in the Age of Information Technology and High Speed, Paris 1989
Ellwanger, G.: Trennung von Netz und Betrieb bei den Eisenbahnen, Internationales Verkehrswesen, 42 (1990), S. 15–19
Ewers, H.-J.: Systemorientierte Integration von Transportabläufen im Güterverkehr, in: Systemorientierte Verkehrspolitik, hrsg. von *H. St. Seidenfus,* Beiträge aus dem Institut für Verkehrswissenschaft an der Universität Münster, Heft 72, 1973, S. 33–57
Farthing, B.: International Shipping, London, New York, Hamburg, Hongkong 1987
Frankel, E.G.: The World Shipping Industry, London, New York, Sidney 1987
Frerich, J./Pötzsch, R.: Kartellierung im internationalen Linienluftverkehr – Zur Frage der Stabilität des IATA-Kartells, Zeitschrift für Verkehrswissenschaft, 1976, S. 102–132
Galbraith, J.R.: Organization Design, Reading u. a. 1977
Grandjot, H.H./Ruhnow, D.: Informatik im Güterverkehr – Übersicht betriebsübergreifender Projekte, Bd. 32 der Reihe ‚Rationeller Transport, hrsg. von der *SGKV,* Frankfurt/Main 1984
Hamm, W.: Ist der Abwrackfonds für Binnenschiffe noch zeitgemäß? Internationales Verkehrswesen, 33 (1981) 2, S. 109–112
Hector, B.: Aus der Entstehungsgeschichte der Kurier-, Paket- und Expreßdienste, in: Transportmärkte – Kurier-, Expreß- und Paketdienste, Bd. 13 der Reihe ‚Märkte im Wandel', hrsg. vom *Spiegel-Verlag,* Hamburg 1987, S. 7–21
Hilsinger, H.-H.: Das Flughafenumland, Paderborn 1976
Hoff, G.: Entwicklung und Bedeutung des Luftfrachtverkehrs der Bundesrepublik Deutschland, Berlin 1972
Holland, B.: Die Rohrleitung als Ferntransportmittel, Berlin 1961
Hulsmann, K.: Probleme des Wachstums der Seeschiffgrößen, Göttingen 1966
Ihde, G.B.: Wettbewerbsstrategien der Spedition im Spannungsfeld zwischen (De-) Regulierung und Strukturwandel, Zeitschrift für Verkehrswissenschaft, 60 (1989), S. 71–82
Ihde, G.B./Barwig, U.: Die Standortveränderungen in der Eisen- und Stahlindustrie und ihre Auswirkungen auf die Seetransportmärkte, Zeitschrift für Verkehrswissenschaft, 1982, S. 44–54
Ihde, G.B./Bjelicic, B.: Luftfrachtdienste: Integrierte Dienste nehmen zu, in: Jahrbuch der Logistik 1989, Düsseldorf, Frankfurt/Main 1989
Iwersen, A.: Großflughäfen und ihr Zubringerverkehr, Hamburg 1978
Jackson, P./Brackenridge, W.: Air Cargo Distribution, London 1971
Jürgensen, H.: Der Rationalisierungseffekt von Linienkonferenzen in Fahrtgebieten von besonderem Interesse für die kontinentaleuropäische Schiffahrt, Göttingen 1971
Kadas, K.: Optimale Arbeitsteilung zwischen den Verkehrsträgern unter dem Aspekt der wirtschaftsmathematischen Entwicklungsmodelle, Wissenschaftliche Zeitschrift der Hochschule für Verkehrswesen Dresden, 14 (1967), S. 63–67

Kappel, R.: Das internationale Schiffsregister Norwegens (NIS) und die Folgen der Etablierung in offenen Registern in Europa, Schiff und Hafen, 40 (1988), S. 9–10

Käselau, R.: Das optimale Transportkonzept in der Linienschiffahrt. Entscheidungstheoretische Analyse und Kostenvergleich, Göttingen 1971

Kaufer, E.: Die Bedeutung internationaler Kurierdienste im internationalen Handel, Baden-Baden 1985

Klippel, B: Rund-um-die-Welt-Linien, München 1985

Kühl, S. G.: Das Gesetz zum deutschen ‚Internationalen Schiffahrtsregister', Transportrecht, 12 (1989), S. 89–95

Kuhla, E.: Der Trailerzug, Die Bundesbahn, 1990, S. 669–673

Künzer, L./Seidelmann, C.: Containerverkehr in der Binnenschiffahrt, Frankfurt 1981

Laaser, C. F.: Möglichkeiten der Deregulierung des Schienenverkehrs der Deutschen Bundesbahn: Die Option des Wettbewerbs, Kieler Arbeitspapiere Nr. 314, Kiel 1988

Lieb, T. C.: Wettbewerbliche Perspektiven von Weltcontainerhäfen unter veränderten see- und landseitigen Rahmenbedingungen, Frankfurt/Main, Bern u. a. 1990

Mayer, H.: Ökonomische Aspekte des Größenwachstums von Verkehrsmitteln in der Luft- und Seeschiffahrt, Diss. München 1971

McShan, S./Windle, R.: The Implications of Hub-and-Spoke Routing for Airline Costs, Logistics and Transportation Review, 25 (1989), Nr. 3, S. 209–229

Mester, B.: Marktchancen der Binnenschiffahrt im Container-Hinterlandverkehr der Häfen der Hamburg-Antwerpen-Range, Bd. 47 der Buchreihe des Instituts für Verkehrswissenschaft an der Universität zu Köln, Düsseldorf 1986

Meyer, W.: Der Bundesbahnverlust – ein Rechenfehler? Anmerkungen zur Trennungsrechnung der Deutschen Bundesbahn, Internationales Verkehrswesen, 1983, S. 19–28

Möhlmann, E.: Möglichkeiten der Effizienzsteigerung logistischer Systeme durch den Einsatz neuer Informations- und Kommunikationstechnologien im Güterverkehr, Heft 108 der Beiträge aus dem Institut für Verkehrswissenschaft an der Universität Münster, Göttingen 1987

Möncke, H./Faust, P.: Barge Carrier Supply – Demand Analysis, Bremen 1979

Most, O.: Die deutsche Binnenschiffahrt, 2. Auflage, Bad Godesberg 1964

Müller, H. J.: Die Binnenschiffahrt im Gemeinsamen Markt, Baden-Baden 1967

Neuhof, B.: Kritische Bestandsaufnahme und Zukunftsperspektiven der Round-the-World-Dienste im internationalen Containerverkehr, Internationales Verkehrswesen, 40 (1988), S. 157–164

Otto, K.-P.: Die Preisbildung in der Binnenschiffahrt. Eine Analyse unter besonderer Berücksichtigung der deutschen Verhältnisse, Berlin 1966

Out, H.: Analyse der Strukturen und Wettbewerbsverhältnisse in der Binnenschiffahrt, München 1978

Pompl, W.: Luftverkehr – Eine ökonomische Einführung, Berlin, Heidelberg, New York, London, Paris, Tokyo 1989

Rantzau, E. v.: Flaggenwechsel in der deutschen Seeschiffahrt, Göttingen 1977

Reifarth, J.: Internationale Regelungen der Tarife im Linienluftverkehr, Frankfurt/Main, Bern, New York 1985

Sanmann, H.: Seeverkehrsmärkte: Grundlegung einer Ökonomik des Seeverkehrs, Göttingen 1965

Schlenkermann, H.-G.: Die Konzentration in der Binnenschiffahrt – Ursachen und Entwicklungen, Heft 97 der Beiträge aus dem Institut für Verkehrswissenschaft an der Universität Münster, Göttingen 1982

Schuh, G.: Zur Kapazitätsproblematik in der Binnenschiffahrt, Zeitschrift für Verkehrswissenschaft, 60 (1989), S. 233–244

Seelbach, M./Rohlffs, J.: Ein Investitionsmodell für die Einrichtung eines Containerdienstes, Zeitschrift für Verkehrswissenschaft, 1977, S. 101–117

Seidenfus, H. St.: Die volkswirtschaftliche Bedeutung des kombinierten Verkehrs, in: Gesamtkonzeption des kombinierten Verkehrs, Schriftenreihe der deutschen Verkehrswissenschaftlichen Gesellschaft, Reihe D, Band 60/61, Köln 1974, S. 2 f. (Vortragsveranstaltung vom 26. 10. 1974)

Sichelschmidt, H.: Weltluftverkehr: Im Umbruch, Die Weltwirtschaft, 1981, S. 168–178

Stackelberg, F. v.: Die deutschen Universalhäfen und ihre Hinterlandverbindungen, Göttingen 1981

Steinweg, W.: Die Marktstrukturen im Linienseeverkehr in ihrer Bedeutung für die verladende Wirtschaft, Zeitschrift für Verkehrswissenschaft, 52 (1981), S. 233–245

Stuber, L.: Die Seehafentarifpolitik der deutschen Eisenbahnen, Düsseldorf 1969

Studiengesellschaft für den kombinierten Verkehr e. V. (Hrsg.): Transportkette 33, Containerverkehr in der Binnenschiffahrt, Frankfurt 1981

Sturmey, S. G.: The Unctad Code of Conduct for Liner Conferences, Institut für Seeverkehrswirtschaft, Bremen 1974

Suykens, F.: Weltwirtschaftliche Entwicklungen in ihren Auswirkungen auf die Häfen im Delta von Rhein, Maas und Schelde, Zeitschrift für Verkehrswissenschaft, 1981, S. 3–21

Taneja, N. K.: The International Airline Industry, Lexington/Mass., Toronto 1988

Tress, R.: Das Güterverkehrszentrum als infrastrukturelle Schnittstelle des Güterverkehrs, Düsseldorf 1984

Voigt, F.: Verkehr, 1. Band, 1. Hälfte, Die Theorie der Verkehrswirtschaft, Berlin 1973

Weber, A.: Über den Standort der Industrien, Teil II: Die deutsche Industrie seit 1860, Tübingen 1922

Webs, M.: Transporting Goods by Road, London 1972

Willeke, R./Aberle, G.: Thesen zur Sanierung der Deutschen Bundesbahn, Zeitschrift für Verkehrswissenschaft, 1973, S. 38–50

Winter, D.: Werkverkehr – Störfaktor der Verkehrsmarktordnung in der Bundesrepublik Deutschland? Zeitschrift für Verkehrswissenschaft, 1978, S. 135–146

Witthöft, H. J.: Das COMECON-Problem in der Linienschiffahrt – eine Chronologie, Hamburg 1979

Wojtek, R.: Internationale Kurierdienste – Bedeutung und Marktverhältnisse, in: Transportmärkte – Kurier-, Expreß- und Paketdienste, Bd. 13 der Reihe ‚Märkte im Wandel', hrsg. vom *Spiegel-Verlag,* Hamburg 1987, S. 22–41

3. Die gesamtwirtschaftlichen Rahmenbedingungen der Logistik

3.1 Logistik als bedingender und resultierender Faktor sozioökonomischer Entwicklungen

3.1.1 Die Stellung des Transfersektors in Wirtschaftssystemen

Präferenzen, Fähigkeiten und materielle Ressourcen sind von Wirtschaftssubjekt zu Wirtschaftssubjekt und von Region zu Region unterschiedlich verteilt. Zudem unterliegen die genannten Faktoren im Zeitablauf vielfältigen Veränderungen. Aus der räumlichen Verteilung und der zeitlichen Schichtung dieser elementaren Bestimmungsfaktoren der wirtschaftlichen Entwicklung resultiert die Arbeitsteilung. Diese kann in ihrer einfachsten Ausprägung bereits bei Einpersonenwirtschaften beobachtet werden. Gemeint ist die zeitliche Schwerpunktbildung, das zeitliche Zusammenfassen wiederkehrender artgleicher Tätigkeiten etwa mit dem Ziel, individuelle Übungseffekte zu erzielen oder klimatische Wechsellagen zu nutzen (beim Jagen oder Ernten).

Diese zeitliche Spezialisierung baut Vorräte auf, deren gezielte Bewirtschaftung wiederum erst die umfassende Nutzung der Spezialisierungsvorteile ermöglicht. Die Entwicklung und Nutzung von Bevorratungsmöglichkeiten bestimmt daher die Vorteilhaftigkeit der zeitlichen Arbeitsteilung ganz entscheidend. Erste logistische Probleme entstehen.

Weitere Wohlfahrtseffekte können erwirtschaftet werden, sobald in den Prozeß des arbeitsteiligen Wirtschaftens mehrere Personen mit unterschiedlichen Fähigkeiten einbezogen werden. Das setzt jedoch voraus, daß sich die Beteiligten auf einen Austauschmechanismus verständigen, der die erwirtschafteten Vorteile so wenig wie möglich reduziert und insbesondere ihre komparative Struktur erhält. Denn die Aufgabe der Selbstversorgung setzt die relative Vorteilhaftigkeit der Versorgung über Tauschvorgänge voraus.

Die Frage, in welchem Ausmaß die durch die Arbeitsteilung ausgelösten Tauschvorgänge die erwirtschafteten Spezialisierungsvorteile verringern, stellt sich insbesondere dann, wenn die Spezialisierung mit einer räumlichen Funktionsteilung verbunden ist. Die Vorteilhaftigkeit der räumlichen Arbeitsteilung wird nämlich entscheidend relativiert durch den Raumüberwindungsaufwand, mit dem die erforderlichen Austauschvorgänge belastet werden.

Aus den geschilderten Zusammenhängen ergibt sich, daß Arbeitsteiligkeit und Dislozierung Übertragungen zwischen den beteiligten Wirtschaftssubjekten erforderlich machen. Der Leistungsumfang dieses Transfersektors steht in direktem Zusammenhang mit demjenigen der Transformationssektoren: Übertragungs- und Umwandlungsprozesse bedingen einander. Der Transfersektor ist insofern nach Art und Umfang abgeleitet aus den Über-

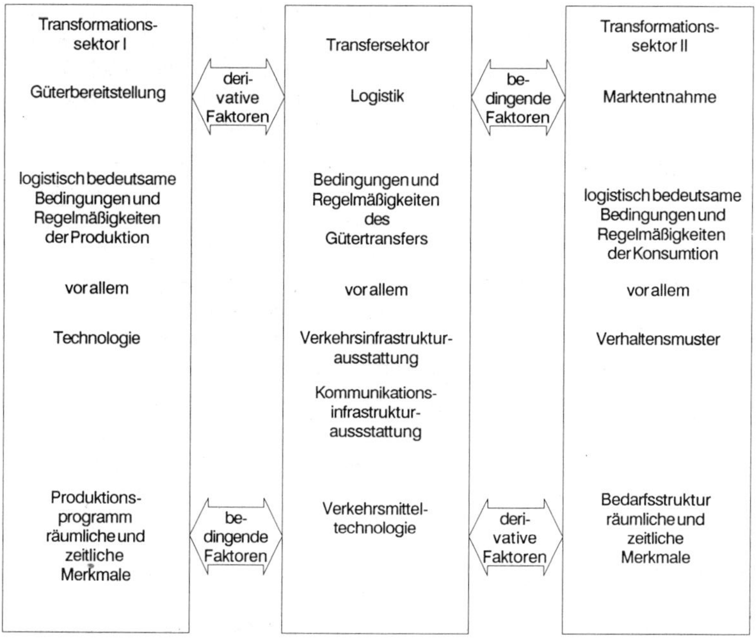

Figur 23: Logistischer Systemverbund

brückungsbedarfen der räumlich verteilten Transformationsprozesse Produktion und Konsumtion (vgl. *Figur 23*).

Der derivative Charakter des Transfersektors dominiert dort, wo die Arbeitsteiligkeit der Wirtschaft sowie ihre räumliche Verteilung das Ergebnis vorgegebener natürlicher Bestimmungsfaktoren ist, also z.B. abhängig ist von angeborenen Neigungen, vorgegebenen Rohstoffvorkommen und primärer verkehrlicher Standortgunst. In dem Maße jedoch, in dem die Transfermöglichkeiten verbessert und der Aufwand für die Überbrückungen zeitlicher Disparitäten und räumlicher Distanzen verringert wird, erscheinen Arbeitsteiligkeit und Standortstrukturen in einem veränderten Licht: Die Leistungsfähigkeit des Transfersystems verändert die Produktions- und Standortbedingungen: Zunehmend löst sich die wirtschaftliche Entwicklung von der vorgegebenen primären Begünstigung einzelner Standorte.

Im Zuge der wirtschaftlichen Entwicklung erscheint die Logistik immer weniger als abgeleitetes Resultat der originären Wirtschaftsprozesse Produktion und Konsumtion und immer mehr als bedingender Faktor für deren Organisation und Entwicklung. Daraus ergibt sich zugleich, daß je nach Entwicklungsstand des Wirtschaftssystems die Bedeutung des Transfersektors unterschiedlich ausgeprägt ist.

Der globale Überbrückungsbedarf einer Wirtschaft resultiert aus deren Organisation und Entwicklungsstand. Überbrückungsmöglichkeiten und Überbrückungskosten bestimmen entscheidend Organisation und Entwicklung einer Wirtschaft. Aus diesem Umstand ergibt sich unmittelbar, daß Investitionen in den Verkehrswegeausbau zur Reduzierung der Überbrückungskosten je nach Arbeitsteiligkeit und räumlicher Struktur einer Volkswirtschaft unterschiedliche Auswirkungen auf deren Entwicklung haben.

Jedes mehrgliedrige Wirtschaftssystem ist neben dem Produktions- und dem Konsumtionssektor durch einen Transfer- oder Zirkulationssektor gekennzeichnet. Innerhalb dieses Wirtschaftssektors vollziehen sich die logistischen Prozesse des Zeitausgleichs, des Raumausgleichs, des Mengenausgleichs und des Artausgleichs. So bestimmen die zeitlichen, räumlichen, art- und mengenmäßigen Merkmale der Wirtschaft den Transfersektor. Dessen Überbrückungskapazitäten und -kosten sind elementare Bestimmungsfaktoren für die Entwicklungsmöglichkeiten einer Wirtschaft.

Die Leistungsfähigkeit des makrologistischen Systems wiederum wird von einer Vielzahl von Faktoren bestimmt. Zu nennen sind vor allem die verkehrsinfrastrukturelle Ausstattung, der Verkehrsmittelbestand und die logistische Organisation.

3.1.2 Wirtschaftswachstum und Logistik

Aus den bisherigen Ausführungen ergibt sich, daß der wirtschaftliche Strukturwandel und logistische Prozesse in einem engen Verhältnis zueinander stehen und sich gegenseitig beeinflussen. Zugleich ist darauf hingewiesen worden, daß die einzelnen Wirtschaftssysteme je nach Umfang und Struktur einen unterschiedlichen Überbrückungsbedarf aufweisen und daß die Bedeutung des makrologistischen Systems für die Entwicklung einer Wirtschaft nach deren Entwicklungsstand unterschiedlich ausgeprägt ist.

Die Bemühungen um eine optimale logistische Ausstattung und Versorgung einer Volkswirtschaft müssen daher zunächst darauf gerichtet sein, Gesetzmäßigkeiten aufzudecken, die die wechselseitige Entwicklungsdynamik von Transformation und Transfer beschreiben.

Die Messung des Wirtschaftswachstums geschieht in der Regel mit Hilfe ausgewählter Zahlen der volkswirtschaftlichen Gesamtrechnung. Im Mittelpunkt steht die wirtschaftliche Gesamtleistung, steht das Bruttosozialprodukt. Dieses kann zur Aufdeckung der interessierenden Beziehungen direkt mit ausgewählten Leistungsparametern der Makrologistik verglichen werden. Eine hervorgehobene Kennzahl stellt dabei die sogenannte Transportelastizität dar, die sich als Quotient aus relativer Änderung des Transportaufkommens und relativer Änderung des realen Bruttosozialproduktes ergibt:

$$\text{Transportelastizität } \eta = \frac{\frac{\Delta\, t}{t}}{\frac{\Delta\, \text{BSP}}{\text{BSP}}}$$

Die Transportelastizität beschreibt die prozentuale Entwicklung des Transportaufkommens, wenn die reale Wirtschaftsleistung eine bestimmte relative Veränderung erfährt.

Für $\eta > 1$ gilt somit, daß das Transportaufkommen stärker wächst als das Bruttosozialprodukt, bei $\eta = 1$ wachsen beide Größen im Gleichschritt, bei $\eta < 1$ bleibt das zusätzliche Transportaufkommen hinter dem Wirtschaftswachstum zurück.

Vielfältige Untersuchungen der interessierenden Zeitreihen für unterschiedliche Länder haben bestätigt, daß zwischen dem wirtschaftlichen Wachstum und dem Transportaufkommen ein gesetzmäßiger Zusammenhang besteht, der auf den sozioökonomischen Entwicklungsstand der einzelnen Volkswirtschaften abhebt. Die Rechnungen haben nämlich gezeigt, daß das Wirtschaftswachstum mit fortschreitender Entwicklung der Wirtschaft immer weniger Transportaufkommen erzeugt. *Gleissner* (1967) hat für Deutschland und die Vereinigten Staaten von Amerika z. B. folgende Transportelastizitäten berechnet:

Deutschland

1925–1937 $\eta = 1{,}434$
1950–1963 $\eta = 0{,}695$ (ohne Straßengüternahverkehr)
bzw. $\eta = 0{,}770$ (einschl. Straßengüternahverkehr)

Vereinigte Staaten von Amerika

1890–1920 $\eta = 1{,}615$
1920–1950 $\eta = 1{,}099$
1950–1961 $\eta = 0{,}602$

Eigene Berechnungen auf der Grundlage der vom Bundesministerium für Verkehr veröffentlichten Zahlen zeigen folgendes Bild (vgl. *Figur 24*).

Die Berechnung wurde mit Hilfe einer Regression mit variabler Koeffizientenschätzung durchgeführt unter der Annahme, daß der Zusammenhang zwischen Verkehrs-

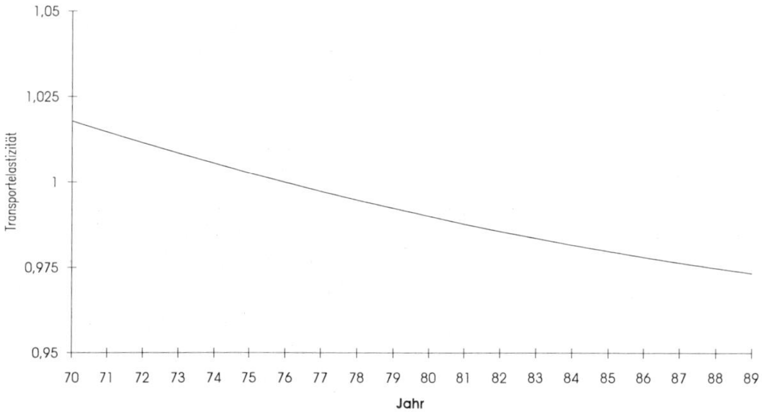

Figur 24: Entwicklung der Transportelastizität der Bundesrepublik Deutschland

aufkommen (VA) und dem realen Bruttosozialprodukt (BSP) einem nichtlinearen Trend folgt. Für die Transportelastizität gilt dann

$$\frac{\text{dln VA}}{\text{dln BSP}} = 1{,}01785 - 0{,}00329\ t + 0{,}00005\ t^2$$

Die Transportintensität des gesamtwirtschaftlichen Wachstums nimmt mit fortschreitender Entwicklung offensichtlich ab. Diese Gesetzmäßigkeit beruht darauf, daß Wachstum Wandel bedeutet und daß dieser Strukturwandel die Mengenleistung des makrologistischen Systems von der Leistung der Gesamtwirtschaft abkoppelt. Diese für die wirtschaftliche Entwicklung von Industrieländern empirisch nachgewiesenen wachstumsinduzierten **Gütermengeneffekte** können jedoch für die zukünftige Entwicklung nicht mehr unbesehen als gültige Gesetzmäßigkeit unterstellt werden. Vielmehr ist ab einem bestimmten, in einigen Ländern bereits erreichten Ausmaß an Arbeitsteiligkeit von einer gegenläufigen Entwicklung auszugehen, deren Stärke jedoch nicht genau bestimmt werden kann.

Die Statistiken nämlich erlauben keine Aussage darüber, wie oft ein einzelnes Transportgut angefaßt worden ist. Die Trennung bisher vertikal integrierter Fertigungen und deren arbeits- und standortteilige Durchführung machen es erforderlich, einzelne Güter mehrfach zu transportieren, jeweils auf unterschiedlichen Stufen der Wertschöpfung, zuerst z. B. einzelne Halbleiter, dann die bestückte Leiterplatte, das komplettierte Fernsehchassis und schließlich das komplette Fernsehgerät, jeweils mit den Halbleitern. Diese Zwischenwerkverkehre, bei vertikal integrierter Fertigung innerbetrieblicher Materialströme, können durchaus dazu führen, daß die insgesamt beförderten Gütermengen in Verbindung mit neuen Formen industrieller Fertigung wieder ansteigen, nunmehr mit veränderten Anforderungen, insbesondere in bezug auf die Genauigkeit der art- und mengenmäßigen, räumlichen und zeitlichen Zusammenführung der Güter. Dies ist ein Aspekt des **Logistikeffektes** der wirtschaftlichen Entwicklung.

Aussagen über die Bedeutung des makrologistischen Systems für die Wirtschaft müssen offensichtlich Bezug nehmen auf gesamtwirtschaftliche Entwicklungsphasen. Am bekanntesten sind die Einteilungen der Wirtschaft in drei Sektoren *(Fourastié; Holtfrerich)*. Diese unterscheiden sich in bezug auf Technologie und Organisation und haben im Zeitablauf unterschiedliche Bedeutung.

Der primäre Sektor umfaßt die gesamte Urproduktion und die Gewinnungsbetriebe. Zur Urproduktion zählen Land- und Forstwirtschaft sowie Fischerei, zu den Gewinnungsbetrieben zählt insbesondere der Abbau von Bodenschätzen. Mit der Technisierung der Rohstoffgewinnung erfolgt der Übergang zum sekundären Sektor, der durch die handwerkliche und industrielle Fertigung von Gütern gekennzeichnet ist sowie durch die dafür erforderlichen Infrastrukturleistungen wie Energieerzeugung. Der tertiäre Sektor schließlich ist der Dienstleistungsbereich mit Verkehr, Handel, Banken und Versicherungen sowie öffentlichen Diensten.

Im Mittelpunkt dieses Drei-Sektoren-Strukturmodells stehen folgende Aussagen:

Mit zunehmender Industrialisierung sinkt der Anteil des primären Sektors am Gesamtprodukt. Gleichzeitig steigt der Anteil des sekundären Sektors. Der tertiäre Sektor wächst in entwickelten Volkswirtschaften und zeigt vor allem eine deutliche Zunahme der Zahl der Beschäftigten in öffentlichen Diensten.

Andere bekannt gewordene Gesetzmäßigkeiten über den Strukturwandel der Wirtschaft sind von *W.G.Hoffmann* (1931) und *W.W.Rostow* (1960) formuliert worden. *Hoffmann* unterscheidet drei Entwicklungsstufen und stellt zur Charakterisierung des Industrialisierungsprozesses vor allen Dingen auf das Verhältnis von Konsumgüter- und Kapitalgüterindustrien ab. *Rostow* unterscheidet fünf Phasen, die sich von der traditionellen Gesellschaft mit dominierender Landwirtschaft über die einsetzende und sich ausbreitende Industrialisierung (wirtschaftlicher take-off) und die industrielle Reifephase bis hin zum Zeitalter des Massenkonsums erstrecken.

Ohne auf diese Theorien im einzelnen einzugehen, werden die uns interessierenden **Güterstruktureffekte** sichtbar: Die Veränderung der Struktur des Güterverkehrsaufkommens als Folge des skizzierten Strukturwandels resultiert vornehmlich aus Sättigungs- und Spezialisierungstendenzen. Die sukzessive Sättigung von Bedarfen und die Spezialisierung der Produktion führen zu starken Anteilsverschiebungen der einzelnen Güterarten am Transportaufkommen. So verlieren z.B. in entwickelten Volkswirtschaften die Güterbereiche landwirtschaftliche Erzeugnisse, Nahrungs- und Futtermittel, Kohle, Eisenerze sowie Verbrauchsgüter Anteile, während chemische Erzeugnisse und Investitionsgüter überdurchschnittliche Zuwächse aufweisen.

Vereinfacht kann diese Entwicklung durch die Aussage beschrieben werden, daß die Massenguttransporte Anteile am Gesamtaufkommen verlieren und demgegenüber die Stückgüter Anteile gewinnen. Dabei wandelt das herkömmliche Stückgut seinen Charakter: Durch die Verwendung standardisierter Ladeeinheiten (Container) wird es mehr und mehr homogenisiert.

Unter Rückgriff auf eine von *A.Weber* (1922, S.53 f.) getroffene Wortwahl kann auch gesagt werden, daß die **Gewichtsverlustmaterialien** an Bedeutung verlieren, während die **Reingewichtsmaterialien** an Bedeutung gewinnen. Dabei werden unter Gewichtsverlustmaterialien Einsatzfaktoren verstanden, die im Zuge ihrer chemisch-physikalischen Umwandlung (Transformation) Gewichtsverluste erleiden, während die Reingewichtsmaterialien mit ihrem gesamten Einsatzgewicht im Endprodukt enthalten sind. Die Abnahme des Anteils der Gewichtsverlustmaterialien am gesamten Aufkommen resultiert vor allem aus den skizzierten Entwicklungsprozessen der Volkswirtschaften. Die sukzessive Sättigung der Märkte für Grundbedarfe verschiebt die Nachfrage immer mehr zu Gütern, die weniger materialintensiv sind, sondern hochwertige, spezialisierte Problemlösungen mit vielfältigem Umwandlungsaufwand darstellen, oder aber immaterieller Natur sind. *Strunden* (1964, S.565) spricht in diesem Zusammenhang von „Entmaterialisierung" als Folge der Substitution von schwer transportierbaren und standortgebundenen Einsatzfaktoren, z.B. Rohstoffe, durch leicht transportierbare und standortungebundene Bauteile und Fertigprodukte. Hinzu kommt die in vielen Branchen (vgl. vor allem Elektronik) beobachtbare Miniaturisierung dieser Beschaffungsgüter. Besonders deutlich werden die dargestellten Zusammenhänge, wenn man die Entwicklung der Nachfrage nach Stahl beobachtet. Während die Industrialisierung zunächst eine stürmische Zunahme des spezifischen Stahlverbrauchs bringt, nimmt dieser nach Erreichen eines Höhepunktes (vgl. *Wienert*) in hochentwickelten Volkswirtschaften wieder ab.

Aufkommensverluste erleiden einzelne Volkswirtschaften und Regionen auch dadurch, daß – vor allem aus wirtschaftlichen Gründen – Transformationsprozesse an die Aufkommensorte der Rohstoffe heranrücken: Transporte werden durch Produktionsprozesse substituiert.

Diese mit der wirtschaftlichen Entwicklung einhergehenden Strukturveränderungen führen zu stark veränderten Anforderungen an das makrologistische System. Aufgrund der veränderten Eigenschaften der Transportgüter sowie der unterschiedlichen Qualitätsmerkmale der einzelnen Verkehrsträger werden diese von den skizzierten Anteilsverschiebungen der verschiedenen Güterbereiche am gesamten Transportaufkommen unterschiedlich betroffen (vgl. die Darstellung von Verkehrswertigkeiten und Verkehrsaffinitäten in Teil II, Abschnitt 2.3.1): Die veränderten Transportanforderungen verändern den sogenannten ‚modal split'. Diese veränderte Verkehrsmittelwahl begünstigt einzelne Verkehrsträger und beeinträchtigt die Beschäftigungsmöglichkeiten anderer. So werden z. B. der Straßen- und Luftverkehr durch die Tendenz zu höherwertigen, eilbedürftigen und messenden Gütern (d. h. hohes Volumen/Gewichtsverhältnis) begünstigt. In diesem Zusammenhang darf aber nicht übersehen werden, daß die Verkehrsträger durch technologische Entwicklungen ihre Qualitätsmerkmale in einem gewissen Umfang verändern und damit ein zeitgemäßeres Transportangebot machen können. Das gilt unter anderem für die Containerisierung sowie für kombinierte Verkehre.

3.1.3 Industrielle Organisation und Logistik

Die industrielle Organisation ist gekennzeichnet durch das Ausmaß und die Art der überbetrieblichen Arbeitsteilung. Dabei interessieren sich die Logistiker insbesondere für die Arbeitsteilung, die mit einer räumlichen Trennung der geteilten Funktionen einhergeht. Sofern diese räumliche Dimension unberücksichtigt bleibt, bleiben die logistischen Entscheidungen im wesentlichen auf die Frage der zeitlichen Mengenbewirtschaftung beschränkt, also auf das Problem der optimalen Anordnung von Aktivitäten innerhalb eines Planungszeitraums (prototypisch dafür sind die Reihenfolge- und Losgrößenprobleme).

Bei der Arbeitsteilung kann man eine **Mengenteilung** und eine **Artteilung** unterscheiden. Beide Formen der Arbeitsteilung haben für die Logistik unterschiedliche Bedeutung. Von hervorgehobener Bedeutung ist die Artteilung, die als eigentliche Arbeitsteilung oder Arbeitsteilung im engeren Sinne verstanden wird. Die Artteilung führt zu einer Reduktion der Aufgabenkomplexität und damit zu einer Spezialisierung der einzelnen Aufgabenträger und Betriebe. Die spezialisierten Betriebe realisieren Kostenvorteile vor allem in Form von Auflagendegressionseffekten, Größenersparniseffekten aufgrund des Einsatzes leistungsfähiger Spezialmaschinen mit größeren Kapazitäten und besseren Wirkungsgraden sowie Lerneffekten aufgrund der individuellen und kollektiven Übung und Erfahrung der Mitarbeiter.

Diesen zusammengefaßten Ersparnissen bei der Transformation stehen zusätzliche Aufwendungen für die erforderlichen Transferleistungen gegenüber: Ersparte Produktionskosten korrespondieren mit zusätzlichen Aufwendungen für Transport, Lagerhaltung und Umschlag.

Die mit der arbeitsteiligen Produktion verbundenen vermehrten Überbrükkungs-, Ausgleichs- und Ordnungsanforderungen haben mehrere Ursachen. Zunächst führt die Artteilung zu einer Vermehrung der Austauschbeziehungen in einem Wirtschaftssystem. Systemtheoretisch gesehen erhöht sich die Anzahl der Elemente sowie der zwischen ihnen bestehenden Beziehungen als Ausdruck der Systemkomplexität. Diese Vervielfachung der Transferbeziehungen geht einher mit ihrer artmäßigen Aufsplitterung. Daraus resultieren spezielle und sporadische Transportanforderungen, die, verglichen mit der Abwicklung gleichartiger und gleichmäßiger Transporte, einen höheren Aufwand erfordern. Vor allem steigen die Anforderungen an die Zuverlässigkeit der logistischen Prozesse, da die Aufnahme und Durchführung eines Produktions- oder Konsumtionsprozesses im Gegensatz zu früher eine größere Zahl von spezialisierten Einsatzfaktoren erfordern, deren Bereitstellung exakt aufeinander abgestimmt sein muß. Dies gilt besonders dann, wenn die einzelnen Prozesse just in time abgewickelt werden sollen, d. h. mit minimalem Schlupf in Form von Pufferbeständen und -zeiten.

Die Vielfalt der Transferbeziehungen in einem arbeitsteiligen Wirtschaftssystem kann durch ein Netz von Input-Output-Beziehungen beschrieben und mit Hilfe von Konten oder Matrizen abgebildet, quantifiziert und auch rechenbar gemacht werden *(Leontief; Gehrig)*. Geht man von einer bestimmten branchenmäßigen Aufgliederung der Wirtschaft aus und entwickelt, wie im System der volkswirtschaftlichen Gesamtrechnung üblich, eine Verflechtungsmatrix der sektoralen Austauschbeziehungen, so läßt sich aus der Art, wie die einzelnen Matrixfelder besetzt sind, auch eine Aussage über den Entwicklungsstand der betrachteten Volkswirtschaft ableiten (vgl. zur räumlichen Verflechtung Teil II, Abschnitt 3.1.5).

Die zweite, häufig allerdings vernachlässigte Komponente der Arbeitsteilung ist die reine Mengenteilung. Obwohl sie in der Regel in Verbindung mit der Artteilung auftritt, erscheint es notwendig, sie von dieser klar zu trennen, um klären zu können, welche Wirkungen von ihr auf den Transfersektor ausgehen. Das Problem der Mengenteilung bezieht sich auf die Entscheidung, ob die für die Versorgung eines gegebenen Marktes (gegebenes Marktpotential) erforderlichen Mengen einer ausgewählten Güterart zentral in ausgewählten Fertigungsstätten erzeugt werden oder aber verteilt in verschiedenen dezentralen Fertigungsstätten. Aus betriebswirtschaftlicher

Sicht wird diese Frage in der Regel unter dem Stichwort ‚Optimale Betriebsgröße' behandelt.

Die Frage nach der optimalen Größe kann nicht aus der isolierten Betrachtung produktionswirtschaftlicher, absatzwirtschaftlicher oder finanzwirtschaftlicher Bedingungen beantwortet werden, vielmehr müssen alle genannten Einflußfaktoren berücksichtigt werden und darüber hinaus jene transportwirtschaftlichen, besser logistischen, Erfordernisse, die mit alternativen Größenstrukturen der Wirtschaft verbunden sind. So sind z. B. die Zugangsmöglichkeiten der einzelnen Unternehmensgrößen zum Kapitalmarkt und ihre Finanzierungskosten mit Sicherheit recht unterschiedlich. Noch stärker unterscheiden sich jedoch Aufwendungen für die logistischen Prozesse, wenn die zentralisierte Massenfertigung mit dezentralisierten Kleinserienfertigungen verglichen wird. Der vermehrte Transferaufwand bei zentralisierter Produktion resultiert vor allem aus den zunehmenden durchschnittlichen Bezugs- und Versandweiten sowie der größeren Verweildauer der Güter im Transfersystem. Die damit verbundenen höheren Unterwegsbestände erhöhen die Kapitalbindungskosten.

In Volkswirtschaften mit einer guten Verkehrsinfrastrukturausstattung und damit vergleichsweise geringem Überbrückungsaufwand werden Arbeits- und Standortteiligkeit tendenziell begünstigt. Die Größenvorteile spezialisierter Produktionen überwiegen dabei den zusätzlichen Transferaufwand. Tatsächlich haben die Größeneffekte die Industriestruktur in der Vergangenheit stark beeinflußt, integrierte Fertigungen großer Stückzahlen wurden begünstigt. In dem Maße jedoch, in dem die Variantenvielfalt zu- und die Dauer der Produkt- und Technologiezyklen abnimmt, werden Größeneffekte relativiert. Zunehmend sind auch Verbundeffekte (vgl. Teil I, Abschnitt 2.1) zu beachten. Wird schließlich berücksichtigt, daß aufgrund verbesserter Markttransparenz sowie neuer Informations- und Kommunikationssysteme die Koordinationskosten für die Handhabung vielfältiger Beschaffungs- und Absatztransaktionen (Transaktionskosten) stark verringert werden konnten, dann ergibt sich die Erklärung der empirisch feststellbaren Tendenz zur abnehmenden **Fertigungstiefe** (*Ihde* 1988). Sofern bei diesen Bedingungen nunmehr für die einzelnen Fertigungsstufen, die ja unterschiedliche Standortanforderungen haben, Standorte mit entsprechenden Ausstattungen existieren, wandern die spezialisierten Fertigungen an diese für sie optimalen Orte. Dies um so mehr, als die Transportkostenempfindlichkeit der Güter geringer wird. An die Stelle der Standorteinheit als Kompromiß, bei dem kaum eine Fertigungsstufe ihren optimalen Standort hatte, tritt die Standortteilung mit ggfs. maximaler **Standortarbitrage.** Als Folge dieser Strategie wächst der Markt für Zwischenwerkverkehre gegenwärtig stärker als der für Beschaffungs- und Verteilverkehre. Da diese Verkehre als integrative Prozesse der Produktion anzusehen sind, werden an sie in bezug auf Plan- und Steuerbarkeit Anforderungen gestellt wie an Fertigungsprozesse. Just-in-time-Dienste sind insofern systembedingt. Diese Reorganisation der Industriestruktur verstärkt den Logistikeffekt.

3.1.4 Raumdifferenzierung und Logistik

Die räumliche Verteilung der ökonomischen Grundprozesse, die räumliche Ordnung der Wirtschaft *(Lösch)* kann ohne Rückgriff auf die raumdifferenzierenden Einflußfaktoren nicht erklärt werden. Das haben bereits die Ausführungen des letzten Abschnittes gezeigt. Diese raumdifferenzierenden Faktoren als Beweggründe für die individuelle Standortwahl sind zu unterteilen in natürliche, vorgegebene oder primäre Standortfaktoren sowie sekundäre Standortfaktoren, die erst im Zuge der wirtschaftlichen Erschließung eines Raumes wirksam werden und deren Intensität von der räumlichen Struktur der Wirtschaft selbst bestimmt wird (Rückkopplungseffekte).

Es handelt sich um die aus der Massierung und Mischung ökonomischer Aktivitäten (*Lösch*, S. 48 ff.) resultierenden **Standortfaktoren,** die zu einem Teil konzentrationsfördernd, zum anderen Teil dispersionsfördernd wirken. Konzentrationsfördernd wirken die positiven Verbundeffekte in Form interner und externer Ersparnisse, auflockernd wirken demgegenüber die Transportkosten und die Bodenpreise. Die Raumwirksamkeit dieser Faktoren führt zu regional unterschiedlichen industriellen Standortstrukturen. Bisher schon behandelt wurden die internen Ersparnisse und die Transportkosten. Ihre Wirkung auf die wirtschaftliche Standortstruktur war unter Hinweis auf die Wechselbeziehungen zwischen Transformations- und Transferkosten dargestellt worden. Weiter wurde darauf hingewiesen, daß der sozioökonomische Strukturwandel zu einer Anteilssteigerung der transportkostenunempfindlichen Produktionen führt. Zugleich haben der Ausbau der Verkehrswege und die Entwicklung der Verkehrstechnologie die Bedeutung der Transportkosten als Standortfaktor reduziert.

Was die Bedeutung der internen Ersparnisse in Form der Fixkostendegression, der Größenersparnisse sowie der Lerneffekte anbetrifft, so wird, wie bereits dargestellt, ihr Gewicht in dem Maße relativiert, als Massenmärkte gesättigt werden, die Spezialisierung der Bedarfe voranschreitet und sich die Produktlebens- und Technologiezyklen tendenziell verkürzen. Die durch diese Entwicklungen bedingte Relativierung der raumdifferenzierenden Wirkung von internen Ersparnissen und Transportkosten steht, und das muß betont werden, in Verbindung mit dem historischen Entwicklungsprozeß der Wirtschaften. So wird deutlich, daß je nach Entwicklungsphase der betrachteten Volkswirtschaft die verschiedenen raumdifferenzierenden Faktoren von unterschiedlicher Bedeutung sind. In diesem Sinne von hervorgehobener Bedeutung für entwickelte Volkswirtschaften sind die externen Effekte und die Bodenpreise. Betrachten wir zunächst die Bodenpreise.

Aufgrund der Unvermehrbarkeit des Bodens werden seine Nutzungsentgelte vornehmlich durch die Nachfrageentwicklung bestimmt. Als Folge davon werden weniger zahlungskräftige Nachfrager bzw. flächenintensive Produktionen von der Nutzung attraktiver Standorte sehr schnell ausgeschlossen. Die unterschiedlichen Bodenpreise differenzieren die ökonomische Landschaft damit nach der Flächenintensität (-produktivität) der Transformationsprozesse und der Zahlungsbereitschaft der Nachfrager. So überrascht es nicht, daß sich an den teuren Standorten Prozesse mit geringem Flächenbedarf (i. e. hohe Wertschöpfung pro Flächeneinheit) konzentrieren, was unter anderem dazu führt, daß der tertiäre Sektor an diesen Standorten den sekundären verdrängt, während der primäre Sektor aufgrund seiner Flächenbezogenheit ohnehin den entfernteren Gebieten vorbehalten bleibt.

Diese ‚land use theory' *(Alonso),* die die Flächenverteilung auf die konkurrierenden Flächennachfrager mit Hilfe des Bodenpreises erklärt, geht zurück auf *Johann Heinrich v. Thünens* (1842) Standorttheorie, mit deren Hilfe er die räumliche Verteilung unterschiedlicher landwirtschaftlicher Bewirtschaftungsformen auf der Basis der Transportkostenbelastung und Flächenintensität darstellt (*v. Böventer* 1981, S. 412 ff.).

Nach den internen Ersparnissen, den Transportkosten und den Bodenpreisen sind nunmehr mit zunehmendem Gewicht die externen Effekte als raumdifferenzierende Faktoren zu diskutieren. Externe Effekte sind Auswirkungen einzelwirtschaftlicher Aktivitäten auf Dritte oder die Gesellschaft als Ganzes, die in den Wirtschaftsrechnungen der Verursacher unberücksichtigt bleiben. Charakteristisch für diese Interdependenzen ist, daß sie sich außerhalb des Marktes abspielen, also nicht über Preismechanismen wirken (ausgeglichen werden, vgl. *Buchanan/Stubblebine; Schlieper*). Dabei können ‚external economies' als außermarktmäßige Kosteneinsparungen und ‚external diseconomies' als zusätzliche Kosten unterschieden werden. Die technologischen Ursachen für die Entstehung externer Effekte sind sehr vielfältig.

An dieser Stelle interessieren besonders jene Effekte, die mit der räumlichen Verteilung der wirtschaftlichen Aktivitäten in Verbindung stehen.

Diese **räumlichen Verbundeffekte** werden seit *Hoover* (1937) in ‚localization economies' und ‚urbanization economies' unterteilt. Sie können positiv oder negativ sein. Positive Effekte wirken agglomerativ, negative deglomerativ. Ihr Wirkungsverhältnis entscheidet damit über das Ausmaß der Anziehungskraft bzw. der Ausweichneigungen von Unternehmungen und Haushalten untereinander. Während in der Vergangenheit die positiven Verbundeffekte dominiert und das Bild der Industrielandschaft stark beeinflußt haben, gewinnen gegenwärtig, nicht zuletzt als Folge der Umweltpolitik, negative Effekte an Bedeutung. Dadurch verändern sich die Ballungsoptima, und für die einzelnen Betriebe stellt sich die Frage, ob sie durch eine Standortverlagerung oder eine Aufteilung ihrer Aktivitäten auf mehrere Standorte ihre Bilanz (internalisierter) positiver und negativer Effekte nicht verbessern können.

Bleiben wir zunächst bei den ‚localization economies'. Unter diese Bezeichnung werden diejenigen positiven Verbundeffekte subsumiert, die aus der räumlichen Nähe artgleicher Betriebe resultieren. Weber spricht in diesem Zusammenhang davon, daß dieser Agglomerationsfaktor ein Vorteil ist, also eine Verbilligung der Produktion oder des Absatzes darstellt, die sich daraus ergibt, daß die Produktion in bestimmten Gebieten zusammengeballt wird (*Weber,* S. 123). Als Beispiel für ‚localization economies' sei nur die Verfügbarkeit einschlägiger Ressourcen genannt, wie sie z. B. durch das lokale Angebot an qualifiziertem Fachpersonal gegeben ist. Dieses Beispiel verdeutlicht zugleich den obigen Hinweis, daß die Grenzen zwischen internen Ersparnissen und externen in der Form der ,localization economies' fließend sind. Es handelt sich um gleichartige Phänomene, allein mit dem Unterschied, daß sie einmal innerhalb einer einzelnen Unternehmung realisiert werden, während sie im anderen Fall das Ergebnis des Zusammenwirkens mehrerer Betriebe sind, d. h. Eigentumsverhältnisse, Weisungsbefugnisse und rechtliche Normen, kurz: konkrete Verfügungsrechsstrukturen, entscheiden über das Kriterium ,intern' bzw. ,extern' (vgl. ,property rights').

Vielfach führte die geballte Ansiedlung artgleicher Betriebe dazu, daß die Öffentlichkeit mit dem Ballungsgebiet bestimmte Vorstellungen verbindet. Sofern es sich dabei um positive Einstellungen handelt, können die betroffenen Unternehmungen durch diese Imagebildung in den Genuß eines Herkunfts-Goodwills (vgl. Solinger Stahlwaren) kommen (*Behrens*, S. 80). Dieser Goodwill, der den Produkten vom Markt aufgrund ihrer regionalen Herkunft entgegengebracht wird, verbessert deren Marktposition. Dabei entscheidet nicht der tatsächliche, sondern nur der vermeintliche Standort.

Umfassendere und über artgleiche Prozesse hinausreichende externe Effekte werden als ,urbanization economies' bezeichnet. Verstädterungsvorteile sind das Ergebnis der räumlichen Konzentration ökonomischer Prozesse welcher Art auch immer. Sie sind im wesentlichen eine Folge der für Ballungen typischen geringen ökonomischen und sozialen Entfernungen. Diese erleichtern die gegenseitige Fühlungnahme der Wirtschaftssubjekte untereinander, verbessern deren Informations- und Kommunikationsmöglichkeiten (verringern die Transaktionskosten) und erhöhen die Mobilität der Produktionsfaktoren. Hinzu kommt die mit der Ballung von Arbeitsplätzen einhergehende Wirtschaftskraft mit den daraus resultierenden höheren Einkommens- und Nachfragepotentialen.

Ihre Kennzeichnung macht deutlich, daß die Entstehung externer Effekte in engem Zusammenhang steht mit der Transparenz der Marktverhältnisse und der Mobilität von Personen und Gütern. Die Ausstattung der Räume mit Verkehrs- und Kommunikationsinfrastruktur ist somit von grundlegender Bedeutung für die Entstehung und Verteilung der externen Effekte, und dieser Umstand wiederum begründet die Eignung der staatlichen Infrastrukturpolitik für die Gestaltung wirtschaftlicher Standortstrukturen (vgl. Teil II, Abschnitt 4.1.5).

Art und Struktur der bereitgestellten Verkehrsinfrastruktur bestimmen die „Lokalisierung potentieller externer Ersparnisse" (*Lauschmann*, S. 52) bzw. die Diffusion dieser Effekte im Raum. Die begrenzten Kapazitäten der infrastrukturellen Einrichtungen führen dazu, daß mit zunehmender Nutzung und Verknappung spezifische Ausschlußmechanismen wirksam werden (*Siebert* 1970). Zum Beispiel werden durch verstopfte Straßen und belegte Parkplätze jene potentiellen Nutzer ausgeschlossen, die zeitlichen Beschränkungen unterworfen sind. Der Wettbewerb um die Infrastrukturnutzung führt in gleicher Weise wie die Steigerung der Bodenpreise zu einer gegenseitigen Behinderung und Beeinträchtigung der Nutzungsbedingungen. So werden deglomerativ wirkende negative externe Effekte aufgebaut. Diese ‚diseconomies' sind nicht nur im Zusammenhang mit der begrenzten Kapazität der verkehrsinfrastrukturellen Einrichtungen zu sehen, zunehmende Bedeutung erlangt in diesem Zusammenhang die Umweltnutzung. Das ist z. B. dann der Fall, wenn für einzelne Ballungsgebiete Grenzwerte für die höchstzulässige Belastung mit Schadstoffen vorgegeben werden. Durch sie werden Wegenutzungen (vgl. Smogalarm) oder auch Neuansiedlungen umweltbelastender Produktionen ausgeschlossen.

Die ökonomische Landschaftsstruktur wird offensichtlich immer mehr durch die diskutierten sekundären Einflußfaktoren bestimmt, während die primären Standortfaktoren an Bedeutung verloren haben. Dadurch werden industrielle Standortstrukturen politisch manipulierbar. Läßt man die Bodenpreise außer Betracht und richtet sein Augenmerk nur auf die Agglomerationsvorteile und die Transportkosten, dann können nach *v. Böventer* (1962, S. 14) folgende typische Landschaftsstrukturen unterschieden werden (vgl. *Figur 25*).

Transportkosten / Interne und externe Ersparnisse	= 0	> 0
= 0	Indifferenz	Tendenz zur Streulage der Produktionsprozesse
> 0	Tendenz zur Ballung der Produktionsprozesse	Kompromiß zwischen Dispersion und Ballung

Figur 25: Formen der ‚ökonomischen Landschaftsstruktur' *(v. Böventer)*

Wird jetzt bedacht, daß die im Zuge der sozioökonomischen Entwicklung einer Volkswirtschaft zum Einsatz kommenden Technologien einerseits unterschiedliche interne Ersparnisse ermöglichen und daß andererseits die Ausstattung mit Verkehrsinfrastruktur in den einzelnen Volkswirtschaften und im Zeitablauf unterschiedlich ausgeprägt ist, dann ergibt sich, daß die Volkswirtschaften in ihrer historischen Entwicklung zeitweilig stärker durch Ballungs- oder aber Dispersionstendenzen gekennzeichnet sind.

Für eine Bestandsaufnahme der aktuellen räumlichen Struktur einer Volkswirtschaft stehen eine Reihe analytischer Instrumente zur Verfügung, von denen an dieser Stelle Konzentrationsanalysen, Lokalisationskoeffizienten sowie Shiftanalysen angesprochen werden sollen.

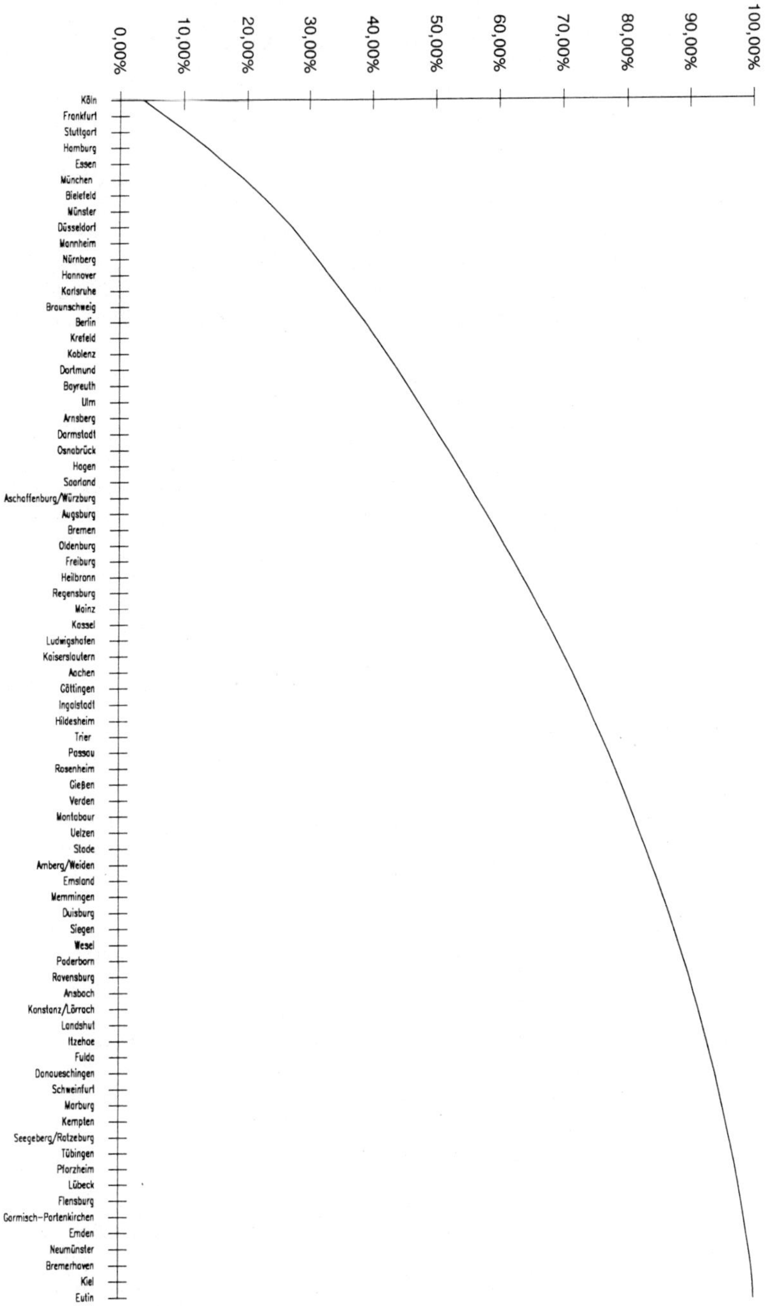

Quelle: Bundesanstalt für den Güterfernverkehr

Figur 26: Konzentrationskurve – Anteile von 76 Planungsregionen am Versandaufkommen im Straßengüterfernverkehr innerhalb der Bundesrepublik Deutschland, 1989

Grundlage jeder Konzentrationsanalyse ist die Zuordnung von Merkmalsbeträgen auf Merkmalsträger. Bezogen auf die hier diskutierte Fragestellung liefert die Konzentrationsanalyse z. B. Aussagen darüber, wieviel v. H. der gesamten Wertschöpfung einer Branche (Volkswirtschaft) auf wieviel v. H. ihrer Fläche konzentriert sind. *Figur 26* zeigt zur Erläuterung dieser Fragestellung z. B. die Verteilung des Straßengüteraufkommens auf die 76 DIW-Planungsregionen. Gegenüber der Gleichverteilung zeigt die Darstellung eine starke Konzentration des Aufkommens auf bestimmte Regionen, die auf der Abszisse entsprechend ihren Merkmalsbeträgen in absteigender Reihenfolge abgetragen sind.

Lokalisationsquotienten drücken den Anteil einer Branche an der gesamten Industrie einer Region im Verhältnis zu dem Anteil dieser Branche an der gesamten Industrie in allen betrachteten Regionen aus. Lokalisationskoeffizienten (*Lauschmann,* S. 116 ff.) beziehen sich auf die Abweichungen der gemessenen Ausstattungen der einzelnen Regionen von der Gleichverteilung. Shiftanalysen *(Gerfin)* untersuchen Veränderungen von Standortstrukturen und werden vor allem für Prognosen im Dienste der Regionalplanung und -politik verwendet.

3.1.5 Räumliche Verflechtung und Logistik

Aus der Arbeits- und Standortteiligkeit der Wirtschaft sowie der Siedlungsstruktur resultieren räumliche Verflechtungen. Dabei interessieren hier nur diejenigen Verflechtungen, die Güterströme darstellen. Das Geflecht dieser Güterströme ist, wie die Behandlung des makrologistischen Systems gezeigt hat, sehr eng geknüpft, da, zumindest zeitweilig, jedes Wirtschaftssubjekt Verkehrsquelle und/oder Verkehrssenke ist.

Für die Veranschaulichung ausgewählter Verflechtungsstrukturen und deren quantitative Analyse ist die Abgrenzung von **Verflechtungsräumen, Regionen** oder **Verkehrszellen** erforderlich. Diese treten als Bezugspunkte der Verflechtungen an die Stelle der individuellen Beschaffungs- oder Absatzorte. Im Interesse der Fragestellung erscheint es geboten, von historisch gewachsenen oder administrativ festgelegten Grenzziehungen abzusehen und die logistisch bedeutsame Zusammengehörigkeit oder Unterschiedlichkeit der Teilräume zu berücksichtigen. Homogenität der Elemente und Intensität der Beziehungen bestimmen dabei die Bildung von Subsystemen.

Eine Regionalisierung nach dem Homogenitätsprinzip bedeutet, daß die Gebiete aufgrund der Gleichartigkeit ausgewählter Strukturmerkmale – z. B. Produktion oder Einkommen betreffend – abgegrenzt werden, während die aus der Arbeitsteilung resultierenden Beziehungen vernachlässigt werden. Diese bestimmen demgegenüber die Abgrenzung nach dem Funktionalprinzip. Bei ihm stehen die wirtschaftlichen und sozialen Verflechtungen im Vordergrund, deren Intensität in bezug auf die einzelnen Raumpunkte darüber entscheidet, welcher Region sie zugeschlagen werden. *Siebert* (1967) kennzeichnet Regionen als räumlich gebundene Systeme, wobei die Bindung durch die Interdependenzen zwischen den Elementen die Folge von Austauschbeziehungen ist.

In diesem Sinne sind die **Thünenschen Kreise,** der **Launhardtsche Trichter,** die **zentralen Orte** von *Christaller* sowie das **Lillsche Reisegesetz** Modelle der funktionalen, räumlichen Gliederung.

Von Thünens ‚Isolierter Staat' ist das erste regionale Wirtschaftsmodell (1842). Im Mittelpunkt der Überlegungen steht die raumbildende Kraft eines Absatzzentrums, in diesem Fall für landwirtschaftliche Erzeugnisse. Unter der Annahme einer homogenen Fläche um das Absatzzentrum herum sowie gegebener Preise und entfernungsproportionaler Transportkosten bilden sich im Sinne gewinnmaximaler landwirtschaftlicher Erwerbstätigkeit „regelmäßige, konzentrische Kreise um die Stadt, in welchen absteigend freie Wirtschaft (d. h. Gemüse, Obst und Milcherzeugnisse, der Verf.), Forstwirtschaft, Fruchtwechsel-, Koppel-, Dreifelderwirtschaft und Viehzucht betrieben werden" (*v. Thünen,* S. 386 ff.). Durch die mit der Entfernung vom Markt steigenden Transportkosten werden bei gegebenen Absatzpreisen für die einzelnen Produkte lokale Grenzen unter Bezugnahme auf ihre Produktionskosten bestimmt und damit die jeweiligen Anbaugebiete abgegrenzt. Als Modellvorstellung für eine entfernungsregulierte, räumlich bedingte Produktionsspezialisierung gilt der von *Thünen*sche Ansatz allgemein.

Das Modell des *Launhardt*schen (Preis-) Trichters (vgl. *Figur 27*) macht Aussagen über den räumlichen Wettbewerb. Kennt man die standortbezogenen Produktionskosten sowie den Marktpreis, so kann unter Berücksichtigung von entfernungsabhängigen Transportstückkosten die (gewinn-) maximale Transportweite und damit das (monopolistische) Marktgebiet einzelner Produktionsstätten bestimmt und gegenüber anderen Anbietern abgegrenzt werden *(Launhardt).*

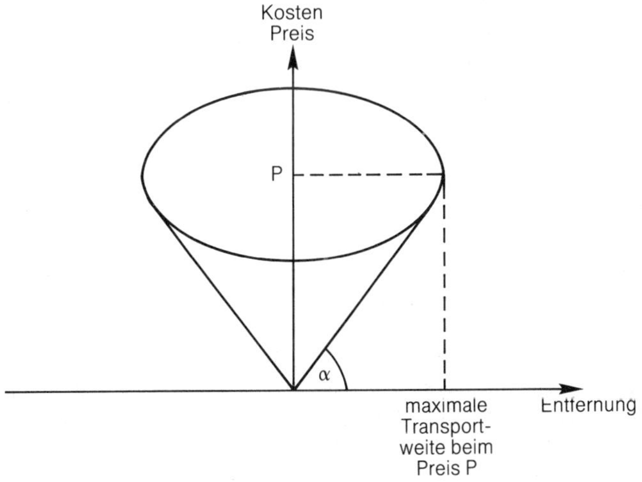

Figur 27: Launhardtscher Trichter

Durch den Ausbau der Verkehrsinfrastruktur und/oder staatliche Eingriffe in die Verkehrspreisbildung können die Marktgebiete gezielt verändert werden (vgl. *Figur 28*).

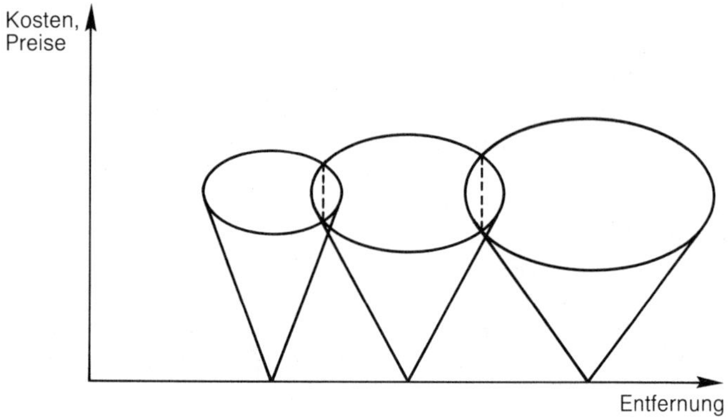

Figur 28: Marktgebiete von drei Anbietern mit unterschiedlichen (Transport-) Kosten

Bei einer räumlich gleichmäßig verteilten Nachfrage und unterschiedslosen Produktionsbedingungen bildet sich eine hexagonale Marktstruktur nach dem Prinzip der geringsten Durchschnittsentfernung für die Nachfrager bzw. maximaler Abstände der Wettbewerber voneinander (vgl. *Figur 34*).

Bei *Christallers* Theorie der zentralen Orte (1933) stehen die Stadt-Land-Verflechtungen im Mittelpunkt. Im Gegensatz zu *von Thünen* behandelt *Christaller* die raumbildende Kraft, die von einem Angebotszentrum ausgeht. In ähnlicher Weise jedoch wie dort bestimmen die am zentralen Ort angebotenen zentralen Güter und Dienstleistungen mit ihren individuellen Attraktivitäten, d. h. Einzugsreichweiten, die räumliche Differenzierung der Angebote im Umland. Die Struktur der zentralen Orte ist hierarchisch, so daß jeweils eine bestimmte Zahl von zentralen Orten niedrigerer Ordnung einem nächst höherrangigen Ort zugeordnet ist (Unter-, Mittel-, Oberzentren). Die Zentralität eines Ortes ist die „relative Bedeutung eines Ortes in bezug auf das ihn umgebende Gebiet" *(Christaller,* S. 27 sowie *Figur 33).*

Das *Lill*sche Reisegesetz gibt das Verhältnis an, „nach welchem sich die Bewohner eines Ortes oder Bezirkes von ihrem Wohnort mehr oder weniger weit entfernen" (*Lill* 1891, S. 3). Durch die entfernungsabhängige Reisehäufigkeit wird die Verflechtung eines zentralen Anziehungspunktes mit dem regionalen Umfeld beschrieben (vgl. *Figur 32*). Wenn *Lill* seine Aussagen auch auf den Personenverkehr bezieht, so ist, wie gezeigt werden wird, die von ihm zugrunde gelegte Gesetzmäßigkeit, nämlich das Gravitationsgesetz von *Newton,* auch auf Güterverkehre anwendbar.

Das geeignete Darstellungsmittel für die **räumliche Verflechtung** ist die Input-Output-Tabelle *(Leontief).* In den Zeilen der Tabelle sind die aus dem je-

Tabelle 10: Input-Output-Tabelle der räumlichen Verflechtung

Zielregionen / Quellregionen	Inland 1 2 … n	Summe Inland	Ausland n+1 n+2 … m	Summe Ausland	Summe Inland und Ausland
Inland 1 2 . . . n	X_{11} X_{12} … X_{1n} X_{21} … . . . X_{n1} … X_{nn}		$X_{2, n+2}$		
Summe Inland					
Ausland n + 1 n + 2 . . . m	$X_{n+2,1}$		X_{mm}		
Summe Ausland					
Summe In- und Ausland					

weiligen Sektor (Region) herausfließenden Ströme und in den Spalten die in den jeweiligen Sektor (Region) hineingehenden Ströme aufgeführt. Für ein geschlossenes System ist die Summe der Inputs gleich der Summe der Outputs. Dabei können inländische, ausländische und grenzüberschreitende Güterströme getrennt erfaßt werden (vgl. *Tabelle 10*).

Werden die einzelnen Regionen als Verkehrsquellen und Verkehrssenken mit aus- und eingehenden Güterströmen dargestellt, so können Aussagen über die **(Un-) Paarigkeit** einzelner Verkehrsrelationen gemacht werden. Der jeweilige Paarigkeitsindex errechnet sich zu

$$P_{ij} = \frac{x_{ij}}{x_{ji}}\ ; \ x_{ji}\ \text{Verkehrsaufkommen auf Relation von i nach j.}$$

Stark ausgeprägte Ballungstendenzen und die Konzentration der Austauschvorgänge auf ausgewählte Relationen sind typisch für Massenverkehrsträger wie Binnenschiffahrt und Eisenbahn. Eine starke Aufsplitterung des Transportaufkommens auf eine Vielzahl von Verkehrszellen begünstigt demgegenüber den Straßenverkehr aufgrund seiner Vorzüge bei der Flächenbedienung (Netzbildungsfähigkeit).

Betrachten wir die Offenheit bzw. Geschlossenheit einer Region unter logistischen Aspekten, so interessieren ihre Export- und Importmengen. Vieles spricht dafür, daß die güterwirtschaftliche Verflechtung einer Region mit ihrer Umwelt mit zunehmender Größe abnimmt, insbesondere als Folge der steigenden Zahl von Standortoptionen und der umfassenderen Möglichkeiten zur Selbstversorgung. Daß diese Hypothese nur unter bestimmten Bedingungen bestätigt werden kann, z. B. unter der Annahme räumlich gleichverteilter Ressourcen, zeigt die Wirtschaftspraxis. So bestehen z. B. zwischen der Größe der einzelnen Volkswirtschaften und ihrem Anteil am Welthandel keine derart eindeutigen Beziehungen. Das beruht nicht zuletzt darauf, daß im Unterschied zu den Regionen einzelner Volkswirtschaften bei Nationalstaaten außerökonomische Interessen und Handelshemmnisse wirksam werden.

Wird von derartigen situativen Bedingungen abgesehen, dann kann festgestellt werden, daß die logistischen Anforderungen insbesondere in Form von Transportanforderungen in dem Maße steigen, in dem die betrachteten Volkswirtschaften sich im Sinne einer internationalen Arbeitsteilung auf ausgewählte Produktionsprozesse spezialisieren. Diese Spezialisierung wird um so ausgeprägter sein, je unterschiedlicher die nationalen Bedarfe und Ressourcenausstattungen sind und je geringer die zwischen ihnen bestehenden Handelshemmnisse. Deren Abbau hat z. B. dazu geführt, daß in der Europäischen Gemeinschaft der grenzüberschreitende Verkehr in den letzten Jahren stärker gewachsen ist als die inländischen Verkehre, eine Entwicklung, die sich nach Vollendung des EG-Binnenmarktes noch verstärken wird.

3.2 Wechselwirkungen zwischen den räumlichen und zeitlichen Merkmalen von Güterbereitstellung und Marktentnahme und ihre Bedeutung für die Logistik

3.2.1 Räumliche Wechselwirkungen

Im vorangegangenen Abschnitt sind die Bestimmungsfaktoren der ökonomischen Landschaftsstrukturen behandelt worden. Bodenpreise, Transportkosten, interne und externe Ersparnisse sind im Hinblick auf die Organisation und Standortstruktur der Wirtschaft untersucht worden. Die Güteraustauschbeziehungen zwischen den funktional differenzierten Wirtschaftseinheiten begründen Verflechtungen zwischen den einzelnen Raumpunkten. Die nähere Untersuchung der Verflechtungsstrukturen hat das Spannungsfeld zwischen räumlicher Konzentration und Streulage deutlich gemacht. Im Mittelpunkt der Analyse der interregionalen und internationalen Verflechtung standen die Güterströme zwischen abgegrenzten Verkehrszellen. Die Basis dieser Verflechtungsstrukturen bilden unternehmerische und private Sammel- und Verteilprozesse. Damit rücken die industriellen Standort- und privaten Siedlungsstrukturen als Bestimmungsfaktoren der Güterflußnetze in den Mittelpunkt des Interesses. Dabei können Standort- und Siedlungsstrukturen nicht unabhängig voneinander erklärt werden.

Die Einführung der räumlichen Dimension in den Markt als Begegnungsstätte zwischen Angebot und Nachfrage wirft sofort folgende Fragen auf:

Erstens: Welche Wechselwirkungen bestehen zwischen der räumlichen Struktur der Angebotspunkte und der räumlichen Struktur der Bedarfspunkte? Welche Rückwirkungen hat das räumliche Verhalten der Anbieter auf dasjenige der Nachfrager und umgekehrt?

Zweitens: Wie erfolgt der aktuelle Marktausgleich für den Fall, daß Angebots- und Bedarfspunkte nicht deckungsgleich sind?

Zwischen beiden Fragen bestehen Interdependenzen, so daß sie nicht unabhängig voneinander beantwortet werden können.

Ausgangspunkt der nachfolgenden Überlegungen ist das räumliche Marktmodell von *Miksch* (1951). Durch die Anwendung der Prinzipien Konzentration und Streuung auf die beiden Marktseiten ergeben sich, wie das nachfolgende Schaubild zeigt, vier theoretische räumliche Marktstrukturen. Angeführt sind zugleich entsprechende prototypische Verkehre.

In der Realität lassen sich Beispiele für alle vier Marktkonstellationen finden. Fall I ist dadurch gekennzeichnet, daß einer räumlich konzentrierten Nachfrage ein räumlich konzentriertes Angebot gegenübersteht. Sofern Angebots- und Nachfrageort deckungsgleich sind, haben wir den Modellfall des ‚Wonderland of no dimensions' (*Isard* 1956). Der räumliche Überbrückungsbedarf ist gleich Null, was verbleibt, sind Zeitüberbrückungs- und Ordnungsaufgaben.

Nachfrage \ Angebot	räumlich konzentriert	räumlich gestreut
räumlich konzentriert	I Punkt-Punkt-Verkehre	II Sammelverkehre
räumlich gestreut	III Verteilverkehre	IV Flächenverkehre

Figur 29: Räumliche Marktmodelle *(Miksch)* mit prototypischen Verkehren

Der Sonderfall, daß Angebot und Nachfrage untereinander zwar konzentriert, voneinander aber getrennt sind, ist häufig bei außenwirtschaftlichen Beziehungen zu beachten: Unternehmungen mit spezialisierten Bedarfen stehen jeweils nur einzelne Bezugsquellen gegenüber.

Fall II entspricht in seiner idealtypischen Ausprägung dem landwirtschaftlichen Raummodell von *von Thünen*. Während sich die Nachfrage nämlich in den Städten und auf Marktplätzen zusammenballt, erfolgt die Bereitstellung der landwirtschaftlichen Erzeugnisse räumlich breit gestreut. Vielfältige Sammelverkehre sind die Folge.

Fall III ist dadurch gekennzeichnet, daß das Angebot aufgrund primärer Standortgunst oder der Wirkungen interner und externer Ersparnisse räumlich konzentriert auftritt und ein mehr oder minder großes Absatzgebiet versorgt, in dem die Nachfrager verstreut sind. Diese Modellvorstellung läßt sich mit Hilfe des *Launhardt*schen Trichters bzw. *Christallers* Zentraler Orte sehr gut veranschaulichen.

Zur weiteren Erläuterung sei mit *Fetter* (1924) im Fall II von einem ‚kaufenden Markt' und im Fall III von einem ‚verkaufenden Markt' gesprochen. Die Güterbewegungen zwischen Anbieter und Nachfrager sind im Marktfeld II zentripedal, im Marktfeld III zentrifugal und in jedem Fall stark unpaarig (vgl. *Figur 30*).

Das Modell IV ist, wie auch der vierte ökonomische Landschaftstypus von *v. Böventer* (vgl. *Figur 25*) durch die ausgeprägte und gleichzeitige Wirkung von internen und externen Ersparnissen sowie Transportkosten gekennzeichnet, so daß sich die Spannung zwischen Konzentration und Dispersion durch die Bildung einer Vielzahl von Angebots- und Nachfragepunkten auflöst.

Das *Miksch*sche Raummodell ist ein einfacher Versuch zur Ordnung der räumlichen Wirtschaftsbeziehungen. Die Annäherung an die Realität und die Offenlegung der aus den räumlichen Strukturen resultierenden logistischen Anforderungen macht eine Differenzierung des Modells erforderlich. Im Mittelpunkt der Differenzierung müssen die einzelnen Produkte mit ihren produktions- und absatzwirtschaftlichen Merkmalen stehen. Aus diesen Merkmalen nämlich resultieren die Raumgebundenheit der Produktion wie

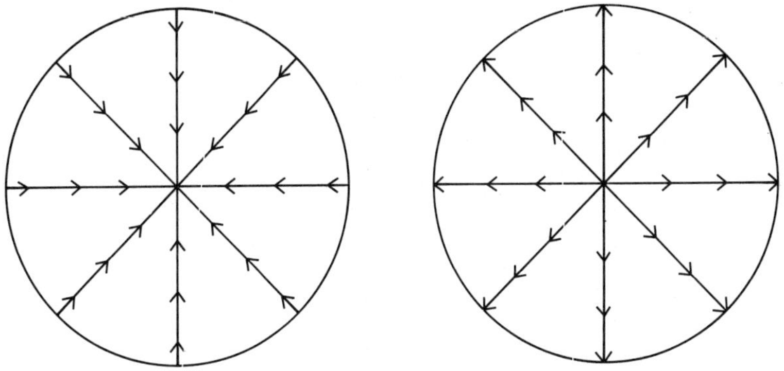

Figur 30: Marktfelder mit zentripedalen bzw. zentrifugalen Güterbewegungen

auch der einschlägigen Nachfrage und daher zugleich die mit dem Austausch verbundenen logistischen Erfordernisse.

An dem einen Ende des Spektrums möglicher Merkmalsausprägungen steht das hochspezialisierte Investitionsgut, das für einen einzelnen Auftraggeber individuell nach dessen Wünschen gefertigt wird. An dem anderen Ende stehen vergleichsweise geringwertige Konsumgüter des täglichen Bedarfs, die von einer Vielzahl von Nachfragern an entsprechend vielen Standorten nachgefragt werden. Während im ersten Fall von Auftrag zu Auftrag wechselnde Logistikkonzepte entwickelt werden müssen (vgl. Projektlogistik, Teil III, Abschnitt 3.2.3.2.2), ist für die Verteilung der massenhaft und dispers nachgefragten Konsumgüter der Aufbau eines leistungsfähigen Distributionssystems erforderlich.

Die Struktur dieser Distributionssysteme, insbesondere ihre Stufigkeit, die Anzahl und Standorte der Läger je Stufe sowie deren Bevorratung, spiegelt das räumliche Verhalten der Marktteilnehmer wider bzw. muß auf die erwarteten räumlichen Verhaltensmuster der Marktteilnehmer abgestellt werden.

Die Art und das Ausmaß der räumlichen Trennung von Bereitstellungs- und Bedarfspunkten bestimmt die erforderlichen logistischen Leistungen. Beide Marktseiten nehmen diese Aufgaben arbeitsteilig wahr, sie verständigen sich auf das Bring- oder Holprinzip, auf die Übernahme der Transportkosten und die Beteiligung an den Transportrisiken, sie führen den von ihnen übernommenen Aufgabenteil selbst aus oder greifen auf logistische Betriebe zurück. Dabei sind die aktuellen Überbrückungsaufwendungen bedeutsam für den zukünftigen Überbrückungsbedarf insofern, als sie in Standort- und Wohnsitzentscheidungen eingehen. Erklärende Aussagen über das räumliche Verhalten der einen Marktseite sind daher immer zugleich auch Aussagen über das Verhalten der anderen Marktseite (vgl. zu den allumfassenden Interdependenzen der Standorte *Lösch*, S. 181). Dabei ist eine Ursache-Wirkungs-Diskussion müßig, die Frage also, gibt es und wenn ja, wer ist der Souverän bei der Gestaltung der Industrie- und Siedlungsstrukturen *(Schröder)*.

Im Laufe des sozioökonomischen Strukturwandels haben die einzelnen Standortfaktoren – primäre und sekundäre Standortgunst, Bodenpreise, Transportkosten, interne und externe Ersparnisse – ihre Gewichte stark verändert.

Traditionelle Standortbindungen wurden gelockert, und neue Immobilitäten sind entstanden. Hinzu kommt mit zunehmender Bedeutung der raumordnerische Gestaltungswille der öffentlichen Hände.

Betrachten wir beispielhaft die Entwicklung bei der Industrie, so gibt es einerseits eine Reihe von Einflußfaktoren, die ihr einen größeren räumlichen Handlungsspielraum verschafft haben, u. a.

- Abnahme der Materialindizes (*Weber,* S. 60)

$$\text{Materialindex} = \frac{\text{Gewicht des lokalisierten Materials}}{\text{Gewicht des Fertigerzeugnisses}},$$

- Ausbau der Verkehrsinfrastruktur
  = Verringerung der Transportkosten
  = alternative Verkehrsangebote
  = qualitativ bessere Verkehrsleistungen
- Entwicklung der Informations- und Kommunikationstechnologie
  = Verringerung der Transaktionskosten
  = bessere Steuerungsmöglichkeiten räumlich verteilter Prozesse

andererseits Einflußfaktoren, die diese einzelwirtschaftlichen Wahlmöglichkeiten eingeschränkt haben, u. a.

- Zunahme der Kapitalintensität der Fertigungsprozesse
- Knappheit und Immobilität des Faktors Arbeit
- Standort- und Flächenregulierungen (vgl. Raumordnungsgesetz, Bundesbaugesetz, Baunutzungsverordnung, Städtebauförderungsgesetze)
- Umweltschutzauflagen

Hinzu kommen vielfältige raumwirksame Förderungsmaßnahmen und im internationalen Zusammenhang weitere standortrelevante Regulierungen, z. B. in Form nicht-tarifärer Handelshemmnisse, etwa local content-Vorbehalten.

Werden alle Einflußfaktoren berücksichtigt, so sprechen die Wirkungen insgesamt für eine tendenzielle Verkürzung der industriellen Standortzyklen *(Timmermann).*

Aus einzelwirtschaftlicher Sicht können bei der Standortstrukturgestaltung

- Standortspaltungen
- Standortteilungen
- Standortdiversifikationen

als Möglichkeiten der Anpassung von Standortanforderungen und Standortbedingungen unterschieden werden (vgl. *Figur 31*).

Die **Standortspaltung** als erste Möglichkeit der Aufgabe der Standorteinheit (*Behrens,* S. 94 ff.) bedeutet die Aufteilung artgleicher Produktionsprozesse auf verschiedene Standorte. Gefördert werden Standortspaltungen durch vergleichsweise geringe Größenvorteile und hohe Transportkosten. Sie rech-

Mengenteilung \ Artteilung	nein	ja
nein	Standorteinheit	Standortteilung
ja	Standortspaltung	Standortdiversifikation

Figur 31: Mögliche Standortstrukturen

nen sich daher im allgemeinen für geringwertige und ausgereifte Produkte in Volkswirtschaften mit vergleichsweise schlechter Verkehrsinfrastrukturausstattung.

Die **Standortteilung** ist mit einer Arbeitsteilung verbunden. Einzelne Funktionen, wie z. B. Gießen, spanabhebende Fertigung, Lackiererei und Montage, werden auf verschiedene Standorte aufgeteilt. Im Gegensatz zur Standortspaltung verursacht diese räumliche Spezialisierung vielfältige Lieferverkehre der Werke untereinander. Bei der Standortteilung dominieren daher die Größenersparnisse der Fertigung. Sie ist in der Regel vorteilhaft für hochwertige Produkte (geringe Transportkostenempfindlichkeit) und in Regionen mit guter Verkehrswegeausstattung. Die Standortteilung wird durch die Strategie der Verringerung der Fertigungstiefe gefördert.

Standortdiversifikationen schließlich liegen dann vor, wenn die Unternehmungen mit neuen Produkten an neue Standorte gehen. Dadurch sollen die standortspezifischen Kosten minimiert werden. Zugleich korrespondiert der Verzicht auf positive Verbundeffekte mit einer Streuung der Standortrisiken.

Bei veränderten Rahmenbedingungen, z. B. Marktsättigungstendenzen, produktionstechnischen Umwälzungen und Verkehrswegeausbauten, ist auch der umgekehrte Weg, d. h. die Aufgabe von Standorten und der Rückzug auf zentrale Einrichtungen, zu diskutieren. Dabei kann davon ausgegangen werden, daß unter den skizzierten sozioökonomischen Entwicklungslinien zunächst Standortspaltungen, danach Standortteilungen und schließlich Standortdiversifikationen rückgängig gemacht werden.

Besonders eng sind die räumlichen Wechselwirkungen zwischen der unternehmerischen Güterbereitstellung und der privaten Marktentnahme. Das ist die zentrale logistische Schnittstelle. Die Mobilität der Nachfrage und die Art der Güter sind die wichtigsten Bestimmungsfaktoren dieser Beziehungen. Das wird besonders deutlich, wenn man das Nachfrageverhalten bei den Gütern des täglichen Bedarfs untersucht. Bei ihnen erwartet der Nachfrager nahezu Überallerhältlichkeit und Allgegenwärtigkeit.

Wenden wir uns zunächst der Überallerhältlichkeit zu. Ihr entspricht die Erwartung der Nachfrager, daß bestimmte Güter an allen einschlägigen Verkaufspunkten verfügbar sind. Welche Standorte dabei für welche Produkte relevant sind, das ist vor allem eine Frage spezieller Merkmale der Produkte und wird unter Rückgriff auf die Theorie der zentralen Orte dargestellt. Ausgangspunkt ist zunächst die Forderung, die Produkte möglichst überall dort verfügbar zu machen, wo einschlägiger Bedarf auftritt. Sind im unmittelbaren, unter Umständen im fußläufigen Einzugsgebiet eines Bedarfsträgers mehrere Bezugsquellen erreichbar (vgl. Erreichbarkeitsindices, S. 167), so wird dieser bei Nichtverfügbarkeit oder Ausverkauf des Produktes in einem Geschäft ein zweites und gegebenenfalls auch drittes aufsuchen. Er wird dies um so eher tun, je stärker seine Bindung (attitude to product; Markentreue) zu dem Produkt ist und je geringer die zusätzlichen Beschaffungsmühen.

In dem Maße, in dem nun die Zahl der erreichbaren Bezugsquellen durch den Rückzug des Handels aus der Fläche verringert wird, muß der **Distributionsgrad** und die Präsenz der Produkte erhöht werden. Dabei ist der Distributionsgrad ein Maß für die Verbreitung eines Gutes an den relevanten Angebotsstellen, etwa als Verhältnis der bedienten zu den möglichen Angebotspunkten. Bei starker Ausdünnung der Flächenbedienung muß der Hersteller seine Produkte nach Möglichkeit an jedem verbliebenen Angebotspunkt verfügbar machen, um überhaupt berücksichtigt zu werden. Denn die Bindung an ein bestimmtes Produkt wird relativiert durch die Mühen, die für den Nachfrager mit dem Aufsuchen der zentralen Angebotspunkte verbunden sind. Je höher die einschlägigen Aufwendungen sind, desto eher wird der Nachfrager bei Ausverkäufen das Produkt, nicht das Geschäft, wechseln (attitude to situation). Diese Gefahr der Entstehung von Fehlmengenkosten ist ein Grund für die oben dargestellte (vgl. Teil I, Abschnitt 2.2) Bedeutung logistischer Leistungsparameter für die unternehmerische Wettbewerbssituation.

Der Rückzug des Angebots aus der Fläche korrespondiert mit der gestiegenen Mobilität der Nachfrager. Die **Mobilität** mit ihren beiden Komponenten Fahrtenhäufigkeit und Fahrtenweite hat die räumliche Trennung der Orte für die Ausübung der elementaren Lebensfunktionen Wohnen, Lernen, Arbeiten, Versorgen und Erholen ermöglicht.

Die räumliche Trennung der Erlebnisorte und die Erweiterung der Erlebnishorizonte hat Mobilitätsbedürfnisse geweckt, die Freizeit- und Einkommensentwicklung hat zeitliche und finanzielle Spielräume für Mobilitätsbedarfe geschaffen, und die Motorisierung sowie Verkehrs- bzw. Reiseangebote haben die Bedarfsbefriedigung ermöglicht. Dabei haben die interdependenten Entscheidungsträger – Konsumenten, Fahrzeughersteller, öffentliche Nahverkehrsbetriebe, Verkehrswegeplaner, Einzelhändler und Hersteller – sich wechselseitig bestimmte Verhaltensweisen unterstellt.

Als eine der ersten und grundlegenden Aussagen über das räumliche Verhalten von Personen – von *Eduard Lill* in den Rang eines Naturgesetzes erhoben (*Lill*, S. 5) – muß das *Lill*sche Reisegesetz angesehen werden. Dieser Gesetzmäßigkeit

$$x \cdot y = M$$

entspricht die in *Figur 32* wiedergegebene Hyperbel, wenn x und y als Abszisse und Ordinate gezeichnet werden. Der „Reisewert M" bestimmter Stationen ergibt sich als Produkt aus der Anzahl der Reisenden y über die unterschiedlichen Entfernungen x.

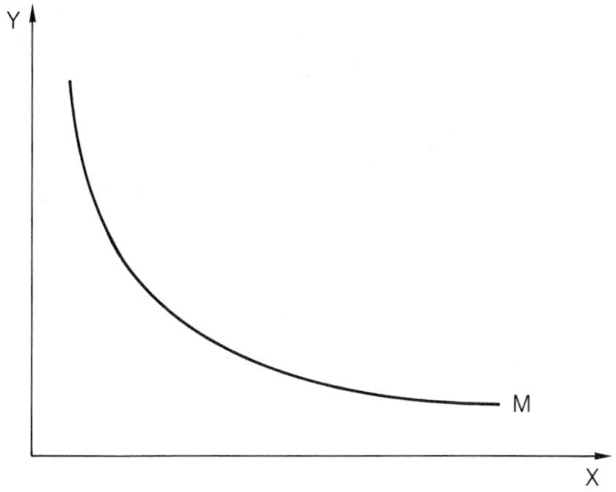

Figur 32: Das *Lill*sche Reisegesetz

Von grundlegender Bedeutung ist der skizzierte Zusammenhang insofern, als die Wahrscheinlichkeit (Häufigkeit) von Reisen erklärt wird unter Bezugnahme auf die Anziehungskraft der Reiseziele und die Aufwendungen (auch immaterielle Mühen) für die Reise. Die Attraktivität oder der Anforderungswert der Zielpunkte als Nutzenkategorie und der physisch/psychische Abstand des Bedarfsträgers von diesen Orten sind die elementaren Argumente in den einschlägigen Erklärungsmodellen.

Vielfach sind diese Ansätze in Analogie zu physikalischen Gesetzen entwickelt worden, indem Schwerpunktbildungen im Raum abgegrenzt und deren Ausstrahlungskraft auf das Umfeld untersucht wurden. Im einzelnen sind in diesem Zusammenhang Gravitationsmodelle, Potentialmodelle und Interaktionsmodelle zu nennen (*Isard* 1976, S. 493 ff.). Den physikalischen Massen entsprechen dabei z. B. Städte und Gemeinden oder auch Angebotsagglomerationen, deren **Anziehungskraft** auf den Konsumenten die Entfernung entgegenwirkt. In diesem Sinne etwa formulierte *Reilly* bereits 1931 ein ‚law of retail gravitation', das auf das *Newton*sche Gesetz aufbaut und die konkurrierende Anziehungskraft zweier Handelsplätze A und B auf die Bevölkerung eines Siedlungsgebietes C wie folgt berechnet:

$$\frac{\text{Anziehungskraft von A auf C}}{\text{Anziehungskraft von B auf C}} = \left(\frac{\text{Bevölkerung von A}}{\text{Bevölkerung von B}}\right) \cdot \left(\frac{\text{Entfernung BC}}{\text{Entfernung AC}}\right)^2$$

Während diese Gravitationsmodelle auf die wechselseitige Wirkung (Anziehungskraft) zweier Massen (Anzahl einschlägiger Geschäfte, Verkaufsflächen etc.) aufeinander unter Berücksichtigung der Entfernung abstellen, beschreiben Potentialmodelle die von bestimmten Potentialen – Verkaufsflächenkonzentrationen, Einkommenspotentialen, Arbeitsplatzbesatz – ausgehenden räumlichen Effekte.

Gravitationsmodelle und Potentialanalysen bilden die Grundlage für die Berechnung der Interaktionen zwischen zwei Potentialen. Dabei wird von der Beziehung

$$I_{ij} = K \frac{P_i \cdot P_j}{d_{ij}^{\,2}}$$

I_{ij} = Zahl der Interaktionen zwischen Orten i und j
K = Proportionalitätskonstante
P_i, P_j = Potentiale der Orte i, j
d_{ij} = Widerstandsfaktor (Entfernung)

ausgegangen. Die Brechungskraft der Entfernung beruht in diesen Modellen nicht nur auf ihrer räumlichen Dimension, vielmehr werden gerade bei der Analyse konsumtiver Verkehre auch psychologische und soziale Faktoren berücksichtigt.

In jedem Fall kann, was die grundlegenden Aussagen anbetrifft, von der *Lill*schen ‚Reisedichtigkeit' über die Gravitationsmodelle und die Verflechtungsmatrizen eine direkte Verbindung zur Systemanalyse hergestellt werden. Immer geht es darum, die Art und Intensität von Interaktionen zwischen Elementen auf deren Merkmale zurückzuführen, und seien diese nur ihre relative Größe und Nähe.

Vielfach kann die grundlegende Gesetzmäßigkeit des „Abklingen(s) des Verkehrsbedarfs mit größer werdendem Abstand der Verkehrserzeugungsstätten i von der Attraktionsstelle j" (*Mäcke*, S. 49) auch darauf zurückgeführt werden, daß sich zwischen dem Ausgangs- und dem Anziehungsort Gelegenheiten zur Bedarfsbefriedigung ergeben (intervening opportunities; *Stouffer* 1940).

Bekannt geworden sind weiterhin die Modelle von *Converse* (1949) zur Bestimmung von Wettbewerbsgrenzen (Anziehungsschwelle; breaking point), von *Nelson* (S. 66 f.) mit der Berücksichtigung von localization economies bei Handelsbetrieben sowie die Arbeiten von *Huff* (1960, 1964) zur Abgrenzung der Einzugsgebiete von Absatzzentren und zur Ermittlung der Wahrscheinlichkeit, mit der ein Nachfrager bestimmter Produkte ein Einkaufszentrum aus mehreren auswählt.

Alle Modelle, auch die in den letzten Jahren entwickelten komplexeren Ansätze (u. a. *Jaeck; Schöler*) greifen auf die Anziehungskraft ausgewählter Raumpunkte und Kriterien ihrer Erreichbarkeit zurück. Dabei besteht für den Nachfrager das sein Verhalten bestimmende Interesse darin, die durch die genannten Größen begründeten Nutzen-Kosten-Relationen zu optimieren. Aus dieser Zielvorstellung und den Bedingungen für die Nutzen- und Kostenentstehung können typische Verhaltensmuster abgeleitet werden. Das gilt insbesondere für Einkaufsverkehre, da diese, verglichen etwa mit den konsumtiven Freizeitverkehren, ungleich stärker Wirtschaftlichkeitsüberlegungen unterworfen sind.

Die weitergehende Analyse des räumlichen Verhaltens der Nachfrager muß auf bedarfsspezifische Merkmale Bezug nehmen. Diese begründen die Wertschätzung der Produkte durch den Bedarfsträger und damit seine Bereitschaft, Beschaffungsmühen auf sich zu nehmen. Für den Anbieter bilden diese Merkmale das Prüfkriterium für die Frage, wieweit er die einzelnen Produktangebote aus der Fläche zurückziehen kann und den Distributionsgrad abbauen darf. Dabei hat er die Substitutionsmöglichkeiten und die Distributionspolitik der Wettbewerber zu beachten.

Die bekannte Einteilung der (Konsum-) Güter von *Copeland* (1924) macht diese Distributionsanforderungen unmittelbar deutlich:

Convenience goods: häufig nachgefragte, vergleichsweise geringwertige Güter

Shopping goods: seltener nachgefragte, nach Qualitäts- und Preisvergleichen gekaufte Produkte

Speciality goods: einmalige oder nur in großen Zeitabständen nachgefragte Güter für individuelle Bedarfe

Berücksichtigt man zusätzlich die unterschiedlich ausgeprägte Marktübersicht der Konsumenten – bei den Massen- und Markenartikeln für den täglichen Bedarf als Folge von Werbung und Kauferfahrung hoch, bei den Spezialgütern nur gering – sowie die Homogenität bzw. Heterogenität der Produkte, dann wird die unterschiedliche räumliche und zeitliche Reichweite der Produktangebote offensichtlich.

Die Wirkung dieser Zusammenhänge führt zur Herausbildung unterschiedlich großer Marktgebiete und zu einer Hierarchie von Angebotspunkten. An der Spitze dieser Hierarchie stehen die Oberzentren mit denjenigen Produktangeboten, deren Wert und Individualität Nachfrager aus einem großen Einzugsgebiet zu seltenen, gezielten Fahrten auffordern. Innerhalb dieser umfassenden Einzugsgebiete liegen mittlere und schließlich kleine Versorgungsgebiete, deren Zentren austauschbare, vergleichsweise geringwertige Produkte anbieten und die Nachfrager aus der Nachbarschaft zu häufigeren, vielleicht auch ungezielten Besuchen veranlassen. *Figur 33* zeigt diese Entsprechung zwischen Zentralität der Orte und Zentralität der Güter.

Die zentralen Einkaufsorte verfügen danach über einen Bedeutungs- oder Leistungsüberschuß, wodurch sie in der Lage sind, das Umland zu versorgen. Die Leistungsabgabe erfolgt durch zentrale Einrichtungen, die Leistungen selbst sind zentrale. Die **Zentralität** eines Ortes und damit sein Rang in der Hierarchie bestimmt der relative Leistungsüberschuß, gemessen durch Zentralitätsindizes. Für die hier interessierende Handelszentralität wird z. B. der Quotient zwischen der am zentralen Ort vorhandenen Verkaufsfläche in qm pro Einwohner und der entsprechenden Maßzahl für das gesamte Einzugsgebiet gebildet. Indexwerte größer als Eins kennzeichnen zentrale Orte. Wer-

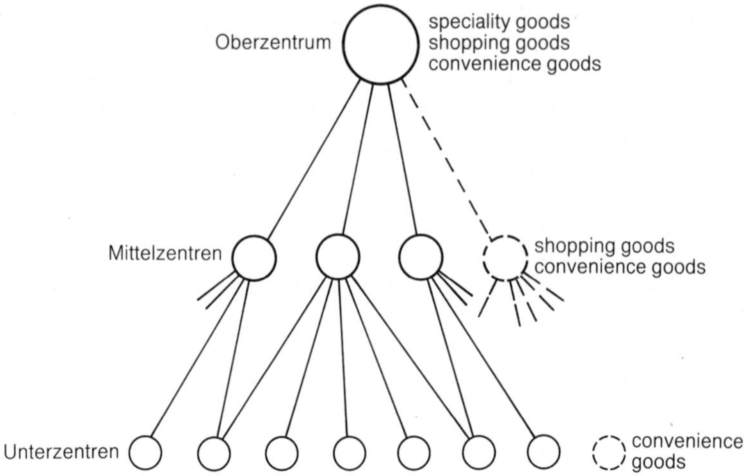

Figur 33: Hierarchie zentraler Orte und Güter

te kleiner als Eins weisen abhängige Gebiete aus. Deren Unterversorgung macht Versorgungsfahrten erforderlich.

Dem aufmerksamen Leser zeigen sich an dieser Stelle Parallelen zu den obigen Aussagen (vgl. Teil II, Abschnitt 3.1.3) über die räumliche Struktur der Industrie, insbesondere zu deren Ungleichverteilung im Raum als Folge der Wirkung von Lokalisations- und Urbanisationseffekten. In der Tat spielen auch bei der Herausbildung von zentralen Angebotsagglomeraten neben internen Größenvorteilen, wie z. B. der kostengünstigen Belieferung in großen Gebinden und der Nutzung integrierter DV-gestützter Warenbewirtschaftungssysteme, externe Effekte einzelwirtschaftlichen Verhaltens eine bedeutsame Rolle. Die Nutzung dieser Effekte steht in Verbindung mit den Bemühungen der Konsumenten, ihre Nutzen-Kosten-Relationen zu verbessern, also etwa den gesamten Beschaffungsaufwand einer Fahrt zur zentralen Einkaufsstätte auf eine möglichst große Einkaufsmenge zu verteilen. Augenscheinlicher Ausdruck dieser Bemühungen ist der Verbundeinkauf, ist das one-stop-shopping. Im einzelnen sind folgende Verbundeffekte zu beachten *(Böcker):*

- der Bedarfsverbund als Folge des gemeinsamen Ge- und Verbrauchs von Gütern (komplementäre Güter)
- der Nachfrageverbund infolge des Bestrebens der Konsumenten, in einem Handelsbetrieb einen möglichst großen Teil der Nachfrage zu decken (Prototyp des geplanten Verbundeinkaufs)
- der Kaufverbund, der erst im Verkaufsraum oder beim Einkaufsweg wirksam wird als Folge einer ‚attitude to situation' (der typische Impulskauf)

Aus den vorangehenden Ausführungen ergibt sich unmittelbar, daß das veränderte räumliche Verhalten der Nachfrager, ihre Ausrichtung auf zentrale

Versorgungs(stütz)punkte auch zeitliche Verhaltensänderungen impliziert. Dabei stehen die räumliche und die zeitliche Struktur der Einkaufsverkehre zunächst deswegen miteinander in Beziehung, weil Transport- und Lagerhaltungskosten zumindest teilweise gegeneinander substituiert werden können. Weiter können bei vorgegebenen Zeitbudgets außerhalb von Rush-Hours größere Distanzen überwunden werden. Und schließlich stellen Zeitvorgaben und untereinander unverträgliche Zeitschranken häufig, etwa bei Berufs- und Ausbildungsverkehren sowie bei engbegrenzten Öffnungs- und Ladezeiten schwerwiegende Interaktionshemmnisse dar. Diese Rahmenbedingungen bewirken eine zeitliche Zusammenfassung, eine Fokussierung der privaten Marktentnahmetätigkeiten sowie eine Reorganisation der städtischen Ver- und Entsorgungsverkehre. Wenn der Kauf von Gütern des täglichen Bedarfs nicht mehr im Tante-Emma-Laden um die Ecke erfolgt (oder möglich ist) und er mit dem selteneren Kauf höherwertiger Güter zusammengelegt wird, dann müssen vom Konsumenten Bestandsplanung und Vorratshaltung übernommen werden. Diese veränderte Verteilung der logistischen Aufgaben auf Handel und Konsumenten ist an bestimmte Voraus-

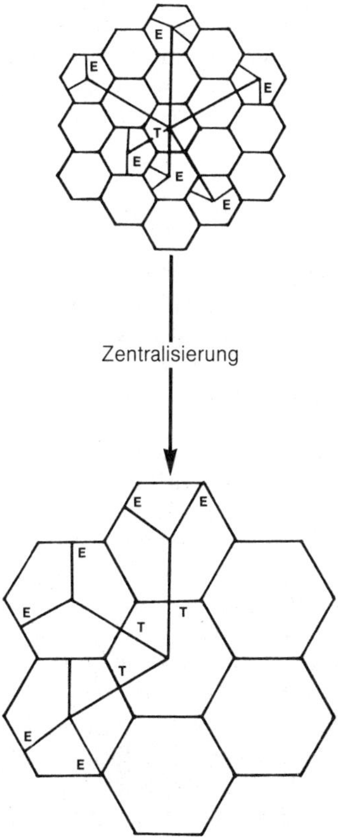

Figur 34: Substitution gewerblicher Transporte durch private Einkaufsverkehre

setzungen gebunden. So wurde der Rückzug des Lebensmitteleinzelhandels aus der Fläche vor allem dadurch ermöglicht, daß die private Nachfrage aufgrund ihrer gestiegenen Mobilität (Motorisierung) in der Lage war, längere Einkaufsfahrten durchzuführen. Im Zuge dieser veränderten Arbeitsteilung haben private Einkaufsverkehre (E) gewerbliche oder werkverkehrliche Verteilungsverkehre (T) substituiert (*Ihde* 1978, S. 53; *Schöler,* S. 51 ff.). *Figur 34* veranschaulicht diese Entwicklung, die mit einer veränderten Aufteilung der Distributionskosten einhergegangen ist (u. a. Transportkosten, Bevorratungskosten, Zeitkosten). In Einkaufszentren werden – je nach Wettbewerbslage – ersparte Kosten und realisierte Größenvorteile über Preisnachlässe weitergegeben.

Diese Entwicklungen führen zu weiteren Problemen. Zum einen stellt sich bei fortschreitender Ausdünnung der Angebotspunkte die Frage nach dem Versorgungsgrad und dabei besonders nach Versorgungsunterschieden mit Einkommensumverteilungswirkungen *(Dichtl/Bauer/Finck).* Zu denken ist hierbei an immobile Bevölkerungsteile, aber auch an Berufstätige mit knapp bemessenem Zeitbudget (Ladenschlußzeiten), bei denen zeitliche Ausschlußmechanismen wirksam werden. Das zweite aktuelle Problem betrifft die grundlegende Vorteilhaftigkeit der skizzierten Standortpolitik des Handels angesichts der stark steigenden Raumüberwindungskosten und der Gefahr des sich prohibitiv verteuernden Zugangs zu zentralen Angebotsagglomerationen. Da kann die Bedienung durch öffentliche Nahverkehrssysteme existentiell werden.

3.2.2 Zeitliche Wechselwirkungen

Bereits im vorangegangenen Abschnitt wurde darauf aufmerksam gemacht, daß die zeitlichen Anforderungen an logistische Prozesse zuweilen strenger sind als die räumlichen. Das ist z. B. dann der Fall, wenn der Zugang zu Absatzgebieten nicht durch verkehrliche Unzulänglichkeiten, sondern durch knappe Zeitbudgets begrenzt wird. Der zeitliche Gestaltungsspielraum der Güteraustauschprozesse wird durch eine Vielzahl von Einflußfaktoren bestimmt. Diese sind natürlich-technischer, politisch-rechtlicher oder ökonomischer Natur und beziehen sich auf Güterbereitstellung, Transfer und Marktentnahme. Zu der ersten Kategorie von Einflußfaktoren zählen z. B. chemisch-physikalische Gesetzmäßigkeiten, die eine Fließfertigung (Zwangslauffertigung) oder Chargenprozesse erzwingen. Weitere Beispiele sind klimabedingte Erntefolgen und die Verderblichkeit von Produkten. Derartige Beschränkungen existieren auch in den Bereichen Transfer und Marktentnahme. Erinnert sei an vereiste Häfen und gesperrte Pässe sowie an den Bedarfsverlauf bei Saatgut, Düngemitteln und Brennstoffen.

Die politisch-rechtlichen Beschränkungen der zeitlichen Strukturierung der Logistik sind kaum überschaubar. Sie reichen von allgemeinen Vorschriften der Arbeitszeitordnung über spezielle Regelungen wie Nachtback- und Wochenendfahrverboten bis hin zu den Bestimmungen über Ladenöffnungszeiten sowie Schluß- und Sonderverkäufe (vgl. authority constraints in Abschnitt 4.1.5.2).

Ökonomische Gesichtspunkte schließlich führen innerhalb des verbliebenen Gestaltungsspielraums zu bestimmten, möglichst optimalen Zeitstrukturen der Ressourceneinsätze. Genannt seien die Reihenfolge- und Losgrößenplanung in der Produktion, die Aufstellung von Fahr- und Tourenplänen, die Festlegung der Fahrtgeschwindigkeiten (vgl. die Beweggründe für das ‚slow steaming' in der Seeschiffahrt) und schließlich der zeitliche (wöchentliche) Verbundeinkauf der privaten Haushalte in zentralen Angebotsagglomerationen.

Insgesamt sind die drei Sektoren Güterbereitstellung, Transfer und Marktentnahme durch ein enges Geflecht vertikaler zeitlicher Interdependenzen miteinander verbunden. Das Ausmaß der zeitlichen Kopplung von Güterbereitstellung und Marktentnahme wird im Rahmen der zulässigen Gestaltungsmöglichkeiten nach dem Synchron- oder Emanzipationsprinzip geregelt (vgl. Teil III, Abschnitt 2). Den technisch notwendigen, rechtlich erforderlichen oder wirtschaftlichen Ausgleich leistet der Transfersektor durch Lagerhaltung. Vielfach erzwingen die produktions-, produkt- oder bedarfsspezifischen Merkmale eine derartige zeitliche Nähe der Teilprozesse, daß diese dem Rhythmus des ‚Engpaßsektors' folgen müssen. Erinnert sei an die Distribution verderblicher Produkte wie Frischgemüse und Schnittblumen. Die entgegengerichtete Zeitstrukturierung ergibt sich bei saisonaler und zeitlich flüchtiger Nachfrage.

Besondere Anforderungen stellen jene Distributionsaufgaben, bei denen die einzelnen Produkte nur eine zeitlich begrenzte Eignung zur Bedarfsdeckung besitzen. Diese **produktelementbezogene Endlichkeit** beruht auf spezifischen Merkmalen der einzelnen Produkte wie begrenzter Haltbarkeit (Frischmilch). Daneben existiert eine Endlichkeit der Eignung zur Bedürfnisbefriedigung, die nicht an das einzelne Produkt gebunden ist, sondern ein grundlegendes Merkmal des gesamten Produktkonzeptes ist. Genannt seien Presseerzeugnisse, Weihnachtsbäume, Ostereier u. ä. Diese **produktkonzeptbezogene** Endlichkeit folgt aus historischen, kalenderzeitabhängigen Ereignissen, wie z. B. Feiertagen, Jahreszeiten oder auch der Vorstellung eines Nachfolgeproduktes auf einschlägigen Messen. In diesem Zusammenhang wird von **zeitlicher Flüchtigkeit** der Nachfrage gesprochen. Steht innerhalb dieser, manchmal nur wenige Stunden oder Tage umfassenden Nachfrageperiode das Produkt nicht zur Verfügung, dann erlischt die Nachfrage, und zwar endgültig. Zeitablauf und alternative Versorgungsmöglichkeiten entscheiden darüber, ob der Markt insgesamt oder nur einzelne Marken oder Geschäfte Umsätze verlieren.

Der Hinweis auf einen Geschäftswechsel macht deutlich, daß zwischen zeitlicher und räumlicher Flüchtigkeit der Nachfrage Wechselwirkungen bestehen.

Sofern die Produktion selbst (kalender-) zeitlich strukturiert ist (vgl. Tageszeitungen), führen produktelementbezogene oder produktkonzeptbezogene Endlichkeiten zu geschlossenen **Prozeßzeitbudgets**, innerhalb derer alle logistischen Leistungen abgewickelt sein müssen *(Ihde/Eybl/Merkel)*. Die Beachtung derartiger prozeßspezifischer Zeitbudgets macht in der Praxis ganz bestimmte Verteilstrukturen und -abläufe erforderlich. Besonders hinderlich sind zeitliche Beschränkungen für optimale Lösungen der Transport- und Tourenplanung. So scheitern die optimale Füllung und zeitliche Ausnutzung von Auslieferungsfahrzeugen bei der tourenmäßigen Belieferung von Kunden in der Regel daran, daß diese individuelle und überlappende Zeitintervalle für ihre Warenannahme vorgeben. Sofern sich darüber hinaus aufgrund allgemeiner Übung (Ladezeiten) oder hoheitlicher Regelungen (Fahrverbote in Fußgängerzonen, Ladenöffnungszeiten etc.) Lieferfahrzeuge auf den Verkehrswegen gegenseitig behindern (hinzu kommt die Überlagerung mit den Verkehrsspitzen des Berufs- und Ausbildungsverkehrs!) und an den Rampen stauen, verschlechtert sich die Produktivität der logistischen Leistungen – gemessen z.B. durch die Maßzahl Zustellungen/Stunde – immer mehr. Rationalisierungsmöglichkeiten sind vor allem Ladungskonsolidierungen und unternehmensübergreifende Touren, um die Relation t/km zu verbessern, sowie die Entkoppelung unverträglicher **Kundenzeitschranken.**

Besonders gut können diese theoretischen Zusammenhänge am Beispiel der Verteilung von Presseerzeugnissen veranschaulicht werden. Abgeleitet aus Art. 5 GG wird gefordert, daß jeder Einwohner die Möglichkeit hat, jedes Presseerzeugnis überall im Verbreitungsgebiet und möglichst zur selben Zeit zu erwerben. Presseerzeugnisse altern sehr schnell, sie haben ein eindeutiges ‚Verfalldatum', gesetzt spätestens durch das Erscheinen der nächsten Nummern. Andererseits müssen sie aus Gründen der Produktqualität (d.h. Aktualität) so spät wie möglich fertiggestellt werden. Redaktionsschluß und die zeitliche Struktur der Nachfrage bestimmen also ein recht knapp bemessenes Prozeßzeitbudget. Für Herstellung und Verteilung ergeben sich daraus strenge Handlungserfordernisse, für die Distribution z.B. derart, daß dezentral bereitgestellt wird, kleine Verteilgebiete abgegrenzt und kurze Auslieferungstouren gleichzeitig bedient werden.

Die zeitliche Struktur von Güterbereitstellung, Transfer und Marktentnahme kann durch Mengenangaben pro Zeitraum nur ungenügend beschrieben werden. In gleicher Weise wie bei der Finanzplanung kann die ‚materielle Liquidität', d.h. die aktuelle Höhe der Ausgleichsbestände und jederzeitige Verfügbarkeit, nur durch eine Zeitpunktbetrachtung ermittelt und gewährleistet werden. Eine Verrechnung von Über- und Fehlbeständen führt zu fehlerhaften Bevorratungsentscheidungen, da sie sich in ihren Kosten und Erlöswirkungen unterscheiden. In Verbindung damit ist auch die in Teil II, Abschnitt 2.5 angesprochene Forderung nach einer Echtzeitkontrolle der Transportströme zur Reduzierung der Bestände zu sehen.

Ausgleichsbedarf entsteht aber nicht nur dann, wenn kontinuierliche und diskontinuierliche Güterströme aufeinandertreffen, unabhängig von Störungen ergeben sich positive oder negative Bestände nämlich auch dann, wenn Schnittstellen der Art ‚kontinuierlich/kontinuierlich' oder ‚diskontinuierlich/diskontinuierlich' ungleiche Querschnittskapazitäten aufweisen. Zum Ausgleich ist in diesen Fällen neben Transportlos und Transportfrequenz die Fördergeschwindigkeit als Regelungsparameter einzusetzen. Für die zeitliche Strukturierung der Material- und Güterströme haben sich durch Entwicklungen im Bereich der Fertigungs- sowie insbesondere der Informations- und Kommunikationstechnik neue, wirtschaftlich interessante Gestaltungsmöglichkeiten ergeben. Diese sind zum einen dadurch gekennzeichnet, daß die zeitliche Initiierung der einzelnen Aktivitäten vom Ende der logistischen Ketten ausgeht, von geplanten Fertigstellungs- oder vereinbarten Lieferterminen. Das zweite Merkmal ist die stärkere Synchronisierung der leistungsmäßig verknüpften, bislang nur lose gekoppelten Prozesse. Durch die aktuelle Abbildung der Güterbewegungen möglichst entlang der gesamten logistischen Kette und eine verzögerungsfreie informatorische Vor- und Rückkopplung der Prozesse untereinander können diese weitgehend just in time abgewickelt werden. Störungen und Nachfrageschwankungen werden somit weniger durch Bestände als vielmehr durch Beschleunigungen bzw. Verzögerungen der Material- und Güterströme ausgeglichen.

Literatur zu Teil II, Abschnitt 3

Alonso, W.: Location and Land Use. Towards a General Theory of Landrent, Cambridge/Mass. 1964

Behrens, K. Chr.: Allgemeine Standortbestimmungslehre, 2. Auflage, Opladen 1971

Böcker, F.: Die Analyse des Kaufverbunds – Ein Ansatz zur bedarfsorientierten Warentypologie, Zeitschrift für betriebswirtschaftliche Forschung, 1975, S. 290–306

Böventer, E. v.: Theorie des räumlichen Gleichgewichts, Tübingen 1962

Böventer, E. v.: Raumwirtschaft I: Theorie, in: Handwörterbuch der Wirtschaftswissenschaft, hrsg. von *W. Albers u. a.*, Band 6, Stuttgart, New York u. a. 1981, S. 407–429

Buchanan, J. M./Stubblebine, W. V.: Externality, Economica, 1962, S. 371–384

Christaller, W.: Die zentralen Orte in Süddeutschland. Eine ökonomisch-geographische Untersuchung über die Gesetzmäßigkeit der Verbreitung und Entwicklung der Siedlungen mit städtischen Funktionen, 1. Auflage, Jena 1933

Converse, P. D.: New Laws of Retail Gravitation, Journal of Marketing, 1949, S. 379–384

Copeland, M. T.: Principles of Merchandising, Chicago, New York 1924

Deutsches Institut für Wirtschaftsforschung (Hrsg.): Integrierte Langfristprognose für den Güter- und Personenverkehr in der Bundesrepublik Deutschland bis zum Jahre 1990. Band V: Die Güterverkehrsnachfrage in den Regionen der Bundesrepublik Deutschland 1970 und 1990, Berlin 1976

Dichtl, E./Bauer, H. H./Finck, G.: Die Versorgung mit Gütern des täglichen Bedarfs im Urteil von Verbrauchern, Die Betriebswirtschaft, 1978, S. 219–230

Fetter, F. A.: The Economic Law of Market Areas, Quarterly Journal of Economics, 1924, S. 520–529

Fourastié, J.: Die große Hoffnung des zwanzigsten Jahrhunderts, Köln-Deutz 1954

Gehrig, G.: Input-Output Analyse, in: Handwörterbuch der Wirtschaftswissenschaft, hrsg. von *W. Albers u. a.*, Band 4, Stuttgart, New York u. a. 1978, S. 215–233

Gerfin, H.: Gesamtwirtschaftliches Wachstum und regionale Entwicklung, Kyklos, 17 (1964), S. 565–595

Gleissner, E.: Transportelastizität und wirtschaftliche Entwicklung. Ein internationaler Vergleich, München, Berlin 1967

Hoffmann, W. E.: Stadien und Typen der Industrialisierung, Jena 1931

Holtfrerich, C.-L.: Wachstum I: Wachstum der Volkswirtschaften, in: Handwörterbuch der Wirtschaftswissenschaft, hrsg. von *W. Albers u. a.,* Band 8, Stuttgart, New York 1980, S. 413–432

Hoover, E. M.: Location Theory and the Shoe und Leather Industries, Cambridge/Mass. 1937

Huff, D. L.: A Topographical Model of Consumer Space Preferences, in: Papers and Proceedings of the Regional Science Association, Band 6, 1960, S. 159 ff.

Huff, D. L.: Defining and Estimating a Trading Area, Journal of Marketing, 1964, S. 34–38

Ihde, G. B.: Distributionslogistik, Stuttgart, New York 1978

Ihde, G. B./Eybl, D./Merkel, H. H.: Zur ‚Operational time' in logistischen Prozessen, in: Proceedings in Operations Research 9, hrsg. von *J. Schwarze u. a.* Würzburg, Wien 1980, S. 136–143

Ihde, G. B.: Die relative Betriebstiefe als strategischer Erfolgsfaktor, Zeitschrift für Betriebswirtschaft, 58. Jg. (1988), S. 13–23

Isard, W.: Location and Space-Economy, Bd. 1, Cambridge/Mass. 1956

Isard, W.: Methods of Regional Analysis: An Introduction to Regional Science, Cambridge/Mass., London (1960) 1976

Jaeck, H.-J.: Marketing and Regional Science, Berlin 1972

Launhardt, W.: Mathematische Begründung der Volkswirtschaftslehre. Neudruck der Ausgabe: Leipzig 1885, Aalen 1963

Lauschmann, E.: Grundlagen einer Theorie der Regionalpolitik, 3. Auflage, Hannover 1976

Leontief, W.: Die multiregionale Input-Output-Analyse, in: Veröffentlichungen der Arbeitsgemeinschaft für Forschung des Landes Nordrhein-Westfalen (Hrsg.), Nr. 123, Köln, Opladen 1963, S. 7–50

Lill, E.: Das Reisegesetz und seine Anwendung auf den Eisenbahnverkehr, Wien 1891

Lösch, A.: Die räumliche Ordnung der Wirtschaft (Jena 1940), 3. Auflage, Stuttgart 1962

Mäcke, P. A.: Die formale Darstellung des regionalen Verkehrsbedarfs – eine Zusammenfassung, Straßenverkehrstechnik, 1967, S. 49–55

Miksch, L.: Zur Theorie des räumlichen Gleichgewichts, in: Weltwirtschaftliches Archiv, 1951, S. 5–20

Nelson, R. L.: The Selection of Retail Locations, New York 1958

Reilly, W.: The Law of Retail Gravitation, New York 1931

Rostow, W. W.: Stadien wirtschaftlichen Wachstums, Göttingen 1960

Schlieper, K.: Externe Effekte, in: Handwörterbuch der Wirtschaftswissenschaft, hrsg. von *W. Albers u. a.,* Band 2, Stuttgart, New York 1980, S. 524–530

Schöler, K.: Das Marktgebiet im Einzelhandel, Berlin 1981

Schröder, O.: Der Mensch: Objekt oder Subjekt der Standortwahl, in: Polis und Regio. Von der Stadt- zur Regionalplanung, Basel, Tübingen 1967

Siebert, H.: Die Anwendung der Mengentheorie für die Abgrenzung von Regionen, in: Jahrbuch für Sozialwissenschaft, Band 18, 1967, S. 215–222

Siebert, H.: Zur Frage der Distributionswirkungen öffentlicher Infrastrukturinvestitionen, in: Theorie und Praxis der Infrastrukturpolitik, hrsg. von *R. Jochimsen/M. E. Simonis,* Schriften des Vereins für Socialpolitik, N. F., Band 54, Berlin 1970, S. 33–71

Stouffer, S. A.: Intervening Opportunities: A Theory Relating Mobility and Distance, American Sociological Review, (1940) 6, S. 845–867

Strunden, T. M.: Wettbewerb der Standorte und Regionalpolitik, in: Informationen des Instituts für Raumforschung, 1964, S. 563–573

Thünen, J. H. v.: Der isolierte Staat in Beziehung auf Landwirtschaft und Nationalökonomie. Neudruck nach der Ausgabe letzter Hand von 1942, 4. Auflage, Stuttgart 1966

Timmermann, M. L.: Standort-Diversifikation als Instrument der Unternehmenspolitik, Die Unternehmung, 1973, S. 41–49

Weber, A.: Ueber den Standort der Industrien. Erster Teil. Reine Theorie des Standorts, Tübingen 1922

Wienert, H.: Zum Einfluß der wirtschaftlichen Entwicklung in verschiedenen Regionen der Welt auf das Wachstum des Stahlverbrauchs bis 1990, Mitteilungen des Rheinisch-Westfälischen Instituts für Wirtschaftsforschung, Essen, 30 (1979) 2, S. 101–124

4. Die politisch-rechtliche Einflußnahme auf die Logistik

4.1 Nationale Verkehrspolitik

4.1.1 Die Begründung verkehrspolitischen Handlungsbedarfs

An verschiedenen Stellen der bisherigen Ausführungen sind vielfältige Wirkungen hoheitlicher Eingriffe auf Struktur und Vollzug logistischer Prozesse deutlich geworden. So z. B. dort, wo Marktzugangsbeschränkungen, Tarifbindungen und beschränkte Verkehrsrechte angesprochen worden sind, oder auch dort, wo der Ausbau der Verkehrswege und die Entwicklung von Standort- und Siedlungsstrukturen berührt sind. In der Tat ist kein wirtschaftlicher Bereich derart weitgehend hoheitlichen Rahmenbedingungen und staatlicher Regulierung unterworfen wie der Verkehrssektor. Hinzu kommen die indirekten Auswirkungen auf die Logistik durch hoheitliche Eingriffe in die Transformationsprozesse wie Umweltschutzauflagen und Betriebs- oder Ladenöffnungszeitregelungen. Beschränken wir uns an dieser Stelle auf die nationale Verkehrspolitik. Dabei interessieren zum einen die Beweggründe, zum anderen die Instrumente staatlichen Eingriffshandelns.

Wirtschafts- und damit auch verkehrspolitisches Eingriffshandeln resultiert zunächst daraus, daß das Ergebnis des unregulierten wirtschaftlichen Handelns nicht den Vorstellungen entspricht, die die Repräsentanten des Volkswillens, die Treuhänder einschlägiger Interessengruppen, die jeweiligen Machthaber von der Ordnung, von den Abläufen und den Ergebnissen des wirtschaftlichen Geschehens haben. Die Vorstellungen darüber, wie das Gemeinwesen und die arbeitsteilige Wirtschaft organisiert werden sollen, gehen weit auseinander. Geprägt durch die Einstellungen zu Grundwerten wie Freiheit, Gerechtigkeit, Sicherheit, Fortschritt und Wohlfahrt und überzeugt von der Existenz spezifischer sozioökonomischer Ursache-Wirkungs-Zusammenhänge, werden wirtschaftspolitische Zielkataloge und instrumentelle Handlungskonzepte entwickelt.

Als realtypische Erscheinungsformen möglicher wirtschaftspolitischer Konzepte im Spektrum von Dirigismus und Autonomismus können die Zentralverwaltungswirtschaft und die Marktwirtschaft angesehen werden, die letztlich auf das Kollektiv- bzw. Individualprinzip als philosophische Grundhaltungen zurückzuführen sind. Marktwirtschaftliche und zentralgelenkte Wirtschaften unterscheiden sich vor allem bezüglich der Ausgleichs- und Abstimmungsmechanismen unterschiedlicher Interessen. Zentraler Koordinationsmechanismus der Marktwirtschaft ist der Preiswettbewerb, wirtschaftspolitische Eingriffe zur Sicherung von Individualinteressen und sozialen Leitvorstellungen sollen die Funktionsfähigkeit der marktmäßigen

Koordination möglichst wenig stören. Staatstätigkeit ist der Ausnahmefall und folgt vor allem aus dem Subsidiaritätsprinzip.

Grundsätzlich gilt das wirtschaftspolitische Leitbild der sozialen Marktwirtschaft auch für die bundesdeutsche Verkehrspolitik, wie der Gesetzgeber wiederholt betont hat. Wenn auch mehrfach, z.B. 1961 anläßlich der Verkehrsänderungsgesetze (Kleine Verkehrsreform), versucht wurde, die bisherige Verkehrsordnung zwar vorsichtig und behutsam, aber zugleich zielstrebig und wirksam in Richtung auf einen verstärkten Wettbewerb hin weiterzuentwickeln, ist es doch bis heute nicht zu einer umfassenden Liberalisierung gekommen, d.h., noch immer wird in der Bundesrepublik Deutschland von einer kontrollierten Wettbewerbsordnung gesprochen und nach wie vor ist die Verkehrswirtschaft umfassend reguliert (*Baum; Aberle* 1989).

Bevor die weitere Entwicklung der deutschen Verkehrsmarktordnung behandelt wird, die in zunehmend engerer Verknüpfung mit der EG-Verkehrspolitik zu sehen ist, sei auf die Beweggründe eingegangen, die zu der im Vergleich zu anderen Wirtschaftssektoren stärkeren **speziellen Regulierung** der Verkehrswirtschaft geführt haben. Sie sind vielfältiger Natur. Von besonderer Bedeutung sind jedoch zwei Umstände. Da ist einmal die Tatsache, daß bedeutende Vertreter der Verkehrswissenschaft die Verkehrspolitiker von ihren Anfängen an bis heute in der Auffassung bestärkt haben, der Verkehrssektor weise Besonderheiten auf und die Verkehrswirtschaft müsse daher als wirtschaftspolitischer Ausnahmebereich behandelt werden, bedürfe also einer speziellen Ordnungspolitik. Das zweite Argument hebt darauf ab, daß das Verkehrsgeschehen aufgrund vielfältiger Interdependenzen, insbesondere als Folge externer Effekte, derart eng mit anderen sozioökonomischen Bereichen verknüpft ist, daß seine eigenwirtschaftliche Organisierung andere wichtige Interessen, und seien es die einer ‚Allgemeinheit', unvertretbar beeinträchtigen müßte. Daher sei die Verkehrspolitik auch als Strukturpolitik im Sinne anderer, vor allem raumwirtschaftlicher, sozialer und zunehmend ökologischer Absichten zu konzipieren.

Beide Ansätze für die Rechtfertigung einer speziellen Regulierung der Verkehrswirtschaft basieren auf der Vorstellung, daß Marktprozesse untauglich seien zur Erzielung zufriedenstellender Ergebnisse hinsichtlich der herausgestellten Ziele. Beide Argumentationsketten beruhen auf bestimmten Annahmen, deren Existenz zu diskutieren ist. Wie zu zeigen sein wird, steht dabei die Frage im Mittelpunkt, ob und gegebenenfalls unter welchen, u.U. gerade für den Verkehrssektor gegebenen Bedingungen von einem Markversagen gesprochen werden kann oder aber von Staatsversagen gesprochen werden muß, letzteres vor allem in dem Sinne, daß der Staat es versäumt hat, die für eine funktionsfähige Marktwirtschaft erforderlichen Voraussetzungen zu schaffen. Die Argumente, aus denen der Gesetzgeber Marktversagen und damit die Notwendigkeit marktordnender Eingriffe ableitet, entstammen der normativen Theorie der Regulierung. Sie betreffen behauptete (Eigen-) Gesetzlichkeiten der Verkehrsmärkte. Demgegenüber führt die positive Theorie der Regulierung die Eingriffe unmittelbar auf Interessen Begünstigter zurück, seien es politische Gruppen, Verbände oder Behörden *(Werner)*. Diese Erklärungsansätze betreffen vor allem die Inanspruchnahme der Verkehrspolitik für nichtverkehrliche Ziele, z.B. mit der Bereitstellung öffentlicher Güter und gemeinwirtschaftlicher Dienste, aber auch die Genehmigung spezieller Tarife (vgl. Sozial-, Ausnahmetarife).

4.1.2 Die ‚Besonderheiten' des Verkehrs

Marktversagen als Folge von ‚Besonderheiten des Verkehrs' wird im allgemeinen mit dem Auftreten von natürlichen Monopolen und ruinöser Konkurrenz umschrieben.

In der deutschen Verkehrswissenschaft wurde zuerst von der ‚Eigengesetzlichkeit' des Verkehrs gesprochen *(Sax)*, dann von ‚Besonderheiten' *(Voss)*, später von besonderen Anpassungsproblemen in der Verkehrswirtschaft oder auch einer Häufung von Anpassungsschwierigkeiten (Quantität schlägt in Qualität um) und von besonderen Verhaltensweisen im Verkehr (*Seidenfus* 1961) und schließlich davon, daß die ‚Besonderheitslehre' nunmehr wissenschaftlich obsolet sei (*Aberle* 1975). Überholt ist diese Theorie aber insofern nicht, als sie nach wie vor dazu dient, verkehrspolitische Eingriffe zu rechtfertigen, wenn diese auch – mit gewisser Entsprechung zum theoretischen Umdenken – durch eine immer stärkere Betonung nichtverkehrlicher Aspekte gekennzeichnet sind.

Selbst die verkehrspolitischen Vorstellungen der Europäischen Gemeinschaft sind noch von der Existenz verkehrlicher Besonderheiten geprägt. So spricht das Europäische Parlament von Besonderheiten des Verkehrs, denen nach Art. 75 des EWG-Vertrages bei der Gestaltung einer europäischen Verkehrspolitik Rechnung getragen werden soll. Es versteht darunter die Gesamtheit der technischen, wirtschaftlichen und rechtlichen Erscheinungen, die sich im Verkehrswesen anders darstellen als in anderen großen Wirtschaftszweigen und zählt als solche auf (vgl. *Europäisches Parlament:* Terminologische Liste).

1. Verkehrsleistungen können nicht gestapelt werden.
2. Die Verkehrsnachfrage unterliegt starken Saisonschwankungen.
3. Die Kapazität muß auf die Saisonspitze ausgerichtet werden.
4. Der Anteil der Festkosten ist auch bei guter Beschäftigung sehr hoch.
5. Das Angebot ist deshalb von einer sehr geringen Elastizität.
6. Die Beweglichkeit der Fahrzeuge bewirkt, daß die ortsansässigen Unternehmen auswärtiger Konkurrenz ausgesetzt sind.
7. Das Rückfrachtproblem.
8. Die Nachfrage ist in den meisten Fällen eine abgeleitete Nachfrage und deshalb in bezug auf den Transportpreis sehr wenig elastisch.
9. Öffentliche und private Unternehmen stehen miteinander im Wettbewerb.
10. Einem Teil der Unternehmen sind Verpflichtungen auferlegt, die ihnen den Charakter eines öffentlichen Dienstes geben.
11. Neben Großunternehmen bestehen handwerkliche Kleinunternehmen mit weitgehend außerökonomischem Verhalten.
12. Der gewerblich Verkehr steht im Wettbewerb mit dem Werkverkehr.

Betrachtet man diese sogenannten ‚Besonderheiten' genauer *(Peters; Bühlmann)*, so zeigt sich entweder, daß sie auch auf andere Wirtschaftsbereiche zutreffen, z. B. die Unmöglichkeit der Vorratsproduktion, die geringere Preiselastizität der Nachfrage, die Wahlmöglichkeit zwischen Eigenerstellung und Fremdbezug logistischer Leistungen, die Fixkostenintensität, insofern also keine Besonderheiten sind, oder daß sie nicht die Voraussetzungen, sondern vielmehr die Folge von staatlichen Eingriffen sind, z. B. die Teilnahme öffentlicher Betriebe am Wettbewerb, die gemeinwirtschaftlichen Verpflichtungen von Verkehrsbetrieben und das starke Vordringen des Werkverkehrs. Schließlich muß darauf hingewiesen werden, daß das Auftreten auswärtiger Wettbewerber, die Existenz von Saisonschwankungen etc., nichts anderes sind als Risiken der Unternehmenstätigkeit, deren Übernahme erst Gewinnchancen eröffnet und rechtfertigt. Die Möglichkeit, etwa am Bestimmungsort einer Fahrt keine Rückfracht zu erhalten, entspricht der generellen Gefahr mangelnder Nachfrage. Die ungenügende planerische und kalkulatorische Berücksichtigung dieses Risikos muß durch den Wettbewerb sanktioniert werden, andernfalls würde diesbezügliches unternehmerisches Fehlverhalten ja zu einer Fehlallokation der Ressourcen (Verschwendung) führen *(Soltwedel/Busch/Graß/Laaser)*.

Das dynamische Wechselspiel von Chancen und Risiken reguliert den Zutritt zu und das Ausscheiden aus den Märkten und ist konstituierendes Merkmal eines funktionsfähigen Leistungswettbewerbs. Marktzugangskontrollen und Preisregulierungen behindern diesen Bewegungsvorgang. Die administrierte Einebnung von Leistungs- und Kostenunterschieden durch Preisfestsetzungen etwa läßt leistungssteigernde Anpassungsprozesse verkümmern. Unerwünschte und unbefriedigende Marktergebnisse können insofern nicht darauf zurückgeführt werden, daß der Wettbewerb versagt hat.

Sofern die Marktteilnehmer selbst z. B. durch abgestimmtes Verhalten oder Mißbrauch marktlicher Machtstellungen Nichtleistungswettbewerb betreiben, kann derartigen Verhaltensweisen mit Hilfe des GWB (Gesetz gegen Wettbewerbsbeschränkungen) begegnet werden. Bisher ist der Verkehrssektor von der Anwendung dieses Gesetzes gem. § 99 aufgrund eben dieser vermeintlichen Besonderheiten jedoch weitgehend ausgeschlossen (Ausnahmebereich).

Wie die immer wieder angeführten Besonderheiten keine sind, so ist das mögliche Auftreten von natürlichen Monopolen und ruinöser Konkurrenz kein zwingendes Argument für eine staatliche Regulierung.

Von einem **natürlichen Monopol** wird gesprochen, wenn die gesamte Nachfrage nach einem Produkt (Leistung) am kostengünstigsten von einem Unternehmen bedient werden kann. Es liegt Subadditivität (vgl. economies of scale, Teil I, Abschnitt 2.1) der Kostenfunktionen vor. Wettbewerbspolitisch problematisch wird das natürliche Monopol erst dann, wenn der Monopolist überhöhte Preise nimmt (nicht die wohlfahrtsmaximale Preis-Mengen-Kombination, Preis = Grenzkosten, wählt) oder Konkurrenten durch Dumpingpreise vom Markt verdrängt bzw. fernhält (vgl. *van Suntum* 1986 a, S. 68 ff.). Dabei ist es dann keineswegs erforderlich, die Grenzkosten-Preis-

Stellung mit Hilfe staatlicher Regulierung anzusteuern, wenn nur sichergestellt ist, daß Markteintritte und somit Herausforderungen der Monopolisten jederzeit möglich sind (d. h. der Markt bestreitbar ist).

Die erforderliche Vollkostendeckung braucht nicht über staatliche Defizitabdeckungen herbeigeführt werden, sie kann durch preispolitische Maßnahmen (insbesondere Preisdifferenzierung) erreicht werden. Auch ist ein staatlicher Schutz des Monopolisten vor ‚Rosinenpickern' nicht erforderlich. Ein Erfolg dieser Strategie, d. h. die Beeinträchtigung der Vollkostendeckung des Monopolisten, setzt nämlich interne (Quer-) Subventionierungen zwischen den angegriffenen und anderen Teilmärkten (Geschäftsfeldern) voraus. Diese Subventionierung unrentabler Geschäfte wirkt einzel- wie gesamtwirtschaftlich negativ. Wenn der vermeintliche Monopolist das betreffende Geschäft nicht vollkostendeckend betreiben kann, ist es besser für ihn und die allgemeine Allokationseffizienz, es aufzugeben und Wettbewerbern zu überlassen. Eingriffsbedarf kann möglicherweise dann gegeben sein, nicht aber als Folge von Besonderheiten des Verkehrs, sondern seitens der Kartellbehörde, wenn interne Subventionierung zur Verdrängung von Wettbewerbern eingesetzt wird. Deren Nachweis ist jedoch aufgrund der weitreichenden Erlös- und Kostenverbundenheit (vgl. Verbundeffekte) i. d. R. sehr schwierig. Ein gewisser Handlungsbedarf könnte schließlich dann auftreten, wenn durch hohe spezifische Investitionen Markteintrittsbarrieren bestehen (sunk costs). In diesen Fällen ist, vor einem Eingriff in den Marktprozeß selbst, daran zu denken, den Zugang zum und die Teilnahme am Markt auf Zeit zu konzessionieren und zu versteigern, wenn nicht durch technisch-organisatorische Fortschritte das Gewicht irreversibler Kosten ohnehin verringert wird.

Von **ruinöser Konkurrenz** wird gesprochen (vgl. *Willeke; van Suntum* 1986 a, S. 61 ff.), wenn der Selektionsmechanismus des Wettbewerbs nicht nur, was ja erwünscht ist, ineffiziente Grenzanbieter sanktioniert, sondern so gestört ist, daß auch Anbieter ruiniert werden, die durchaus effizient arbeiten. Nicht gemeint ist zudem der gezielte kurzfristige Verdrängungswettbewerb, häufig in Verbindung mit internen Subventionierungen (s. o.), sondern die gegenseitige, nachhaltige Preisunterbietung bei unzureichender Nachfrage. Dieser Wirkungszusammenhang wird auf besondere strukturelle Gegebenheiten zurückgeführt, die eine hohe Inflexibilität der Anbieter verursachen. Spezifische, nicht rückholbare Investitionen in langlebige Betriebsmittel hinderten, so wird argumentiert, die Anbieter, i. d. R. wird auf selbstfahrende Binnenschiffer verwiesen, an einer kontinuierlichen Kapazitätsanpassung. Bei nachlassender Beschäftigung würden sie notfalls bis auf oder unter ihre Grenzkosten gehen, und, wenn überhaupt, erst mit dem Ende der Lebensdauer ihrer Kapazitäten aus dem Markt ausscheiden. Daß derartiges Verhalten im kurzfristigen Zusammenhang und wieder steigender Nachfrage angezeigt sein kann, darf jedoch nicht dazu führen, die spätestens mit dem Ende der Lebensdauer der Betriebsmittel mögliche und allokationspolitisch wünschenswerte Umwidmung der Ressourcen zu verhindern. Dies geschieht jedoch, wenn die Unsicherheit über die Nachfrageentwicklung und die damit verbundenen Beschäftigungsrisiken in den Investitionsrechnungen der Unternehmungen durch die Setzung staatlicher Mindestpreise kompensiert werden. Hohe Kapitalintensität, Langlebigkeit der Anlagen, Unsicherheit über die Nachfrageentwicklung, fehlende Rückfrachten als immer wieder genannte Besonderheiten reichen nicht hin, staatliche Regulierungen mit einer Tendenz zur ruinösen Konkurrenz zu begründen. Allenfalls bei extremen, kurzfristigen Nachfragestörungen sind stützende Eingriffe vorstellbar, zu rechtfertigen jedoch nicht mit vermeintlichen Besonderheiten, sondern aus nichtverkehrlichen, hier vor allem sozialen Erwägungen.

4.1.3 Nichtverkehrliche Ziele der Verkehrspolitik

Die möglichst effiziente Regelung des Verkehrsgeschehens ist ein Anliegen, die Berücksichtigung von Auswirkungen des Verkehrsgeschehens auf andere Bereiche der Wirtschaft und Gesellschaft sowie die gezielte Nutzung der daraus möglicherweise resultierenden instrumentellen Tauglichkeit der Verkehrspolitik für außerverkehrliche Zwecke ist ein anderes Anliegen. In der Tat wurde und wird die Verkehrspolitik – als Folge der dargestellten umfassenden und engen Interdependenzen zwischen Verkehr einerseits sowie Produktion und Konsumtion andererseits und der Eignung der Überbrükkungsleistungen als generelle Einsatzfaktoren – immer wieder für nichtverkehrliche Anliegen in Anspruch genommen. Im Vordergrund stehen dabei **gemeinwirtschaftliche Aufgaben, raumordnungs-** und **umweltpolitische** Ziele, aber auch **mittelstands-** und **branchenpolitische** sowie **energie-** und sogar **beschäftigungspolitische** Aspekte sind zu nennen.

Ohne die nichtverkehrlichen Ziele bewerten zu wollen, stellt sich jedoch die Frage, ob durch Umwidmung der Verkehrspolitik die verkehrlichen Abläufe nicht in einem so großen Ausmaß geschädigt (d.h. ineffizient) werden, daß die positiven Zielbeiträge in den anderen Bereichen diese Nachteile nicht auszugleichen vermögen. Ist es, so ist zu fragen, nicht besser, den Verkehrssektor optimal zu organisieren und damit einhergehende, als Zielverfehlungen empfundene Ergebnisse, etwa im sozialpolitischen Feld, durch andere, vor allem direkte Maßnahmen, z.B. Fahrgelderstattungen, auszugleichen. Marktinkonforme Eingriffe verzerren die Marktprozesse derart, daß immer neue Interventionen notwendig werden.

Die Wahrnehmung gemeinwirtschaftlicher Aufgaben, z.B. durch die Bundesbahn in Form der Flächenbedienung (vgl. Tarifgleichheit im Raum), oder von Sozialtarifen macht interne oder offene Subventionierungen notwendig. Dabei ist die direkte Abgeltung übertragener Pflichten (vgl. das Prinzip der speziellen Entgeltlichkeit bei der Sanierung der Bundesbahn) im Hinblick auf mögliche Störungen der Marktprozesse ordnungspolitischen Eingriffen vorzuziehen.

Was die Umwelt- und Sicherheitsaspekte des Verkehrs anbetrifft, so sind diese ebenfalls weniger eine Frage der direkten Steuerung und Kontrolle der Verkehrsprozesse als vielmehr bestimmt von der Schaffung zielwirksamer Rahmenbedingungen und Verhaltensanreize.

4.1.4 Verkehrsinfrastrukturpolitik

Neben den ordnungspolitischen Bedingungen, unter denen Unternehmen Verkehrsleistungen anbieten können, bestimmen die Bereitstellung von Verkehrsinfrastruktur und die Grundsätze für die Abgeltung der Infrastrukturkosten die Verkehrsbedarfe und Logistiksysteme der Gesamtwirtschaft. Während jedoch die Ordnungspolitik durch die Deregulierung im Zuge der Schaffung eines europäischen Verkehrsmarktes an Bedeutung verliert, nimmt diejenige der staatlichen Infrastrukturpolitik zu, nicht zuletzt aufgrund der zunehmenden Engpässe im Verkehrswegesystem.

Die öffentliche Bereitstellung der Verkehrsinfrastruktur wird mit der Existenz von Marktversagen begründet. Das Marktversagen wird auf Eigenschaften zurückgeführt, die für die Verkehrsinfrastruktur behauptet werden und die diese zu einem öffentlichen Gut machen würden (Subsidiaritätsprinzip). Gekennzeichnet durch *(Musgrave)*

- jointness of production (Quantencharakter der Produktion)
- jointness of supply (Nutzendiffusion)
- jointness of demand (eingeschränkte Konsumentensouveränität)
- jointness of consumption (kollektiver, nicht rivalisierender Gebrauch)

sei auf die Verkehrsinfrastruktur das **Ausschlußprinzip** nicht anwendbar und **Nichtrivalität** im Konsum gegeben, nutzungs-, aber nicht zahlungswillige Wirtschaftssubjekte (‚Trittbrettfahrer') könnten nicht ausgeschlossen werden, und die Nutzung des Gutes durch ein Individuum würde die Nutzung durch ein anderes Individuum nicht behindern.

Falls die genannten Bedingungen gegeben sind, werden, das ist offensichtlich, die Bereitstellung und Nutzung von Verkehrswegen nicht über den Markt geregelt werden können. Zur Sicherstellung des Wohlfahrtsmaximums (Pareto-Optimums) ist dann staatliches Handeln erforderlich. Es ist somit die Frage zu stellen, ob die genannten Merkmale auf die Verkehrsinfrastruktur zutreffen. Die Beantwortung macht eine nähere Analyse notwendig. Wenn trotz Nutzenstiftung durch ein Gut keine Marktnachfrage gegeben ist, kann dies nur auf die Nichtanwendung des Ausschlußprinzips zurückgeführt werden. Diese beruht entweder darauf, daß angesichts gegebener nicht-rivalisierender Nutzungsmöglichkeiten ein Ausschluß unerwünschte Wohlfahrtseinbußen zur Folge hätte, oder darauf, daß Ausschlüsse technisch unmöglich oder zu aufwendig (verglichen mit dem Nutzenzuwachs) sind. Was die zuletzt genannten Gründe anbetrifft, so können sie vor dem Hintergrund technischer Entwicklungen für die Nutzungserfassung (vgl. elektronische Fahrzeugerfassungssysteme) und stark sinkender Ausschlußkosten zukünftig kaum mehr angeführt werden. Wie aber steht es mit dem Ausschluß Nutzungswilliger bei noch vorhandenen nicht-rivalisierenden Nutzungsmöglichkeiten? Nichtrivalität bedeutet, daß ein zusätzlicher Nutzer den Nutzen der bisherigen Konsumenten bei gegebener Kapazität nicht schmälert, d. h., es entstehen keine Grenzkosten der zusätzlichen Nutzung.

Für die Verkehrsinfrastruktur kann davon ausgegangen werden, daß bei freien Kapazitäten geringe Grenzkosten anfallen, während die Durchschnittskosten aufgrund des hohen Bereitstellungsaufwandes mit der Zahl der Nutzer permanent sinken. In dieser für die Verkehrswege typischen Situation versagt die wohlfahrtstheoretische Zielvorstellung Grenzkosten = Preis. Zwei Preisfunktionen, die Finanzierungs- und die Allokationsfunktion sind konfliktär und nicht gewährleistet. Die Lenkungsfunktion soll sicherstellen, daß die Produktionsfaktoren in die Verwendungen mit dem höchsten Nutzen fließen. Die wohlfahrtsmaximale Ressourcenallokation wird jedoch verfehlt, wenn Nutzungswillige ausgeschlossen werden, deren Zahlungsbereitschaft die Grenzkosten übersteigt.

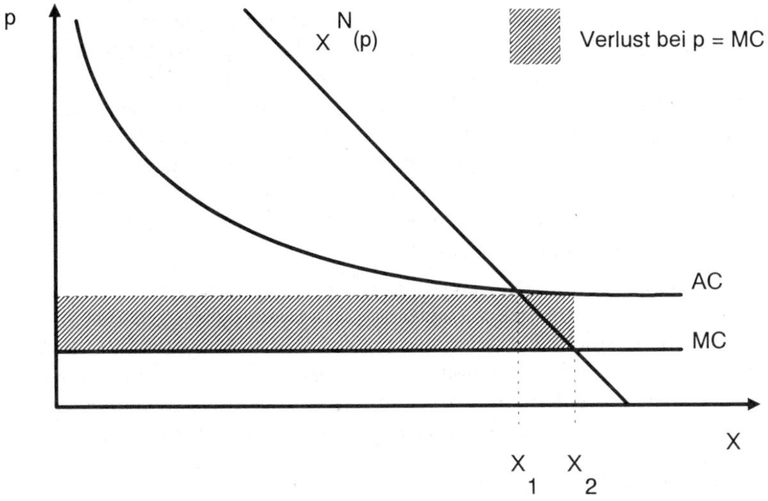

Figur 35: Verkehrsinfrastrukturnutzung und -kosten

Wie *Figur 35* zeigt, muß die Nutzung dementsprechend bis zum Umfang X_2 zugelassen werden. Aufgrund der sinkenden (und ständig über den Grenzkosten (MC) liegenden) Durchschnittskosten (AC) ist die Finanzierungsfunktion (vgl. X_1) des Preises nicht erfüllt. Es entsteht ein Defizit (vgl. schraffierte Fläche), zu dessen Deckung die im Markt gegebene Zahlungsbereitschaft (Konsumentenrente; vgl. *van Suntum* 1986 b) herangezogen werden muß.

Dies kann durch differenzierte Preissysteme geschehen. Diese müssen zum einen fixe Entgelte für die Beteiligung an den Wegevorhaltungskosten vorsehen, deren Höhe unabhängig ist von der tatsächlichen Nutzung, wobei eine Differenzierung z. B. nach Nutzergruppen durchaus denkbar ist, und zum anderen variable, möglichst eng mit der Fahrleistung verknüpfte Gebühren.

Das dargestellte Allokationsoptimum im Verkehr wird nun aber, und daraus wird dann erneut das Erfordernis des Staatshandelns abgeleitet, verfehlt, wenn den einzelnen Nutzungsentscheidungen nur die privaten Kosten- und

Nutzeneffekte zugrunde gelegt werden und diejenigen Kosten, die bei anderen Verkehrsteilnehmern z. B. durch gegenseitige Behinderungen oder auch bei der Umwelt (Schadstoffemissionen, Lärm) auftreten, unberücksichtigt bleiben. M. a. W.: Durch die Existenz externer Effekte wird die private Nutzung nicht mit allen durch sie verursachten Kosten belastet, daher wird sie i. S. der individuellen Entsprechung von privaten Nutzen und Kosten über das für das gesamtwirtschaftliche Optimum erforderliche Maß hinaus ausgedehnt, Überfüllung und Verschmutzung sind die Folge.

Dieses Problem ist dadurch zu lösen, daß den Konsumenten die sozialen Grenzkosten ihrer Nutzung angelastet werden, d. h. durch eine Internalisierung der externen Effekte. Durch eine Gebühr in Höhe der Differenz zwischen privaten und sozialen Grenzkosten würde genau das wohlfahrtsoptimale Verkehrsaufkommen erzeugt. Wegenutzungen würden nur in dem Maß nachgefragt, als der Nutzen gleich (oder höher) geschätzt würde als die privaten Kosten plus die Kosten, die durch die Nutzung bei anderen entstehen. Steuern, Rationierungsgebühren, Stauungs- und Umweltabgaben sind daher möglichst eng an die einzelnen Nutzungsentscheidungen zu knüpfen. Pauschale Abgabensysteme sind blind gegenüber der Ergiebigkeit (Wertschätzung) der einzelnen Nutzung, sie würden dazu führen, daß einmal erworbene Rechte möglichst intensiv genutzt werden, um die durchschnittliche Kostenbelastung zu minimieren.

Die Ausführungen haben gezeigt, daß Verkehrsinfrastruktur kein (reines) öffentliches Gut ist, Marktversagen ist nicht zwangsläufig. Dies macht eine privatwirtschaftliche Finanzierung von Verkehrswegen grundsätzlich möglich, z. B. über die Vergabe von Verfügungsrechten (z. B. zeitlich befristete Konzessionen, vgl. Kanaltunnel). Zumindest ist aber bei gegebener Infrastrukturausstattung für deren allokationsoptimale Nutzung an engpaßorientierte Entgelte zu denken. Nicht zuletzt würde durch ein nutzungsabhängiges Abgabensystem auch den Vorstellungen der Europäischen Gemeinschaft im Hinblick auf die Harmonisierung der künstlichen Kosten entsprochen.

4.1.5 Öffentliches Verkehrsinfrastrukturangebot und Logistik

4.1.5.1 Die Verkehrsinfrastrukturausstattung

Die räumlichen und zeitlichen **Erreichbarkeitsverhältnisse,** die Arbeits- und Standortteiligkeit der Wirtschaft, die Entstehung von internen und externen Effekten, deren räumliche Ausbreitung, die Weite der Beschaffungs- und Absatzgebiete und somit Struktur und Stärke der güterwirtschaftlichen Austauschbeziehungen werden von der Verkehrsinfrastrukturausstattung entscheidend bestimmt. Verkehrsinfrastruktur ermöglicht die räumliche Trennung und Spezialisierung von Funktionen, sie mobilisiert Produktionsfaktoren derart, daß diese an die Orte ihrer maximalen Produktivität wandern, und sie erschließt Räume für wirtschaftliche Aktivitäten. Durch die Art, den Umfang, die Struktur und die Standortbestimmung werden Integration und Entwicklung der Wirtschaft beeinflußt *(Tuchtfeldt).* So entscheidet die Art der Wegebauten – etwa Wasserstraßen oder Radfahrwege – darüber, ob sie mehr als Vorleistungen für industrielle Prozesse (Infrastrukturproduktivinvestitionen, unternehmensorientierte Infrastruktur) oder bei der Nutzung durch Privatpersonen mehr als Endprodukte (Infrastrukturkonsumtivinvestitionen, haushaltsorientierte Infrastruktur) verwendet werden.

Im ersten Fall hat die Planung mehr die industriellen Anforderungen im Auge, im zweiten zielt sie stärker auf die individuellen Erreichbarkeitsbedingungen von Haushalten und damit auf Siedlungsstrukturen und Wohnqualität. Je nach der Art ihrer güterwirtschaftlichen Verflechtungen haben die Unternehmungen unterschiedliche Affinitäten zu den einzelnen durch die Verkehrswege wesentlich bestimmten Verkehrssysteme, je nach Wohnort und subjektiven Lebensumständen wie Einkommen und Alter haben die Konsumenten durch die Wegebauten unterschiedliche Mobilitätsgewinne.

Durch die Lokalisierung von Wegebauten werden Räume und Standorte erschlossen und zugleich bestimmte Interessenten von der Nutzung ausgeschlossen.

Der Umfang der jeweiligen Verkehrsinfrastrukturausstattung – gemessen z. B. durch Ausstattungs- oder Dichtekennziffern der Art

$$\frac{\text{km}}{\text{qkm}}$$

– zeigt die relative Begünstigung von Teilräumen. **Ausstattungsindizes** vermitteln einen anschaulichen Eindruck von der verkehrlichen Erschließung von Teilräumen, wenn sie sich auf das Verhältnis

$$\frac{\text{Effektive Entfernung}}{\text{Luftlinienentfernung}}$$

zwischen ausgewählten Raumpunkten beziehen. So kann dieser Koeffizient für das klassifizierte Straßennetz Mitteleuropas mit einem Wert kleiner als 1,2 angesetzt werden.

Die Bereitstellung der Wege i. S. der Schaffung der technischen Voraussetzungen für Raumüberwindung und Mobilität ist die eine, die Festlegung der Nutzungsbedingungen und Nutzungsentgelte ist die andere, wie oben gezeigt wurde (vgl. Abschnitt 4.1.4), i. d. R. die gewichtigere Aufgabe der Verkehrsinfrastrukturpolitik. Die Begünstigung (auch Diskriminierung) von Nutzergruppen oder die Förderung spezifischer Logistiksysteme ist eine Frage der Substitution privater Aufwendungen durch öffentliche, d. h. des Umfangs nicht abgegoltener Vorleistungen und insoweit durch die Nutzungsentgelte bestimmt.

Für das Ziel einer gesamtwirtschaftlich optimalen Ressourcenallokation ergibt sich damit die Notwendigkeit, **gesamtkostenminimale Wegenetze** zu bestimmen. Ausgangspunkt der Überlegungen zu derart optimalen Netzen, die in umfassenden Nutzen-Kosten-Analysen münden, ist der Knotenpunktsatz von *Launhardt.* In diesem Modell wird für das Austauschverhältnis von Betriebs- und Systemkosten die Grenzverkehrsbelastung ermittelt, von der an ein wegereichliches Netz vorteilhafter ist als ein wegesparsames. Für den einfachsten Fall eines flächenhaften Verkehrs mit drei Verkehrsquellen bzw.

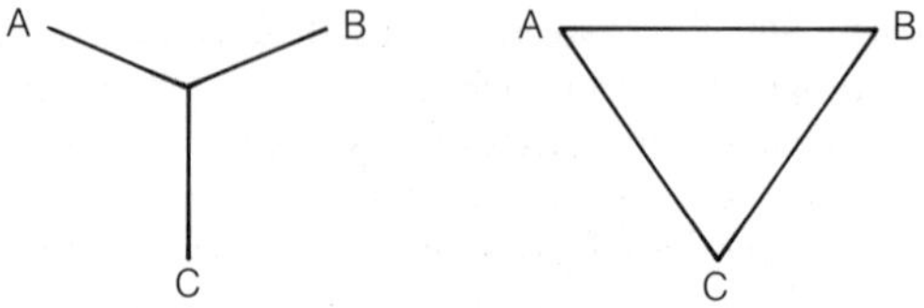

Figur 36: Alternative Netzstrukturen

Verkehrssenken ergibt sich als wegesparsame Alternative die Verknotung und als wegereichliche die Form des Dreiecks, d. h. die Luftlinienstruktur (vgl. *Figur 36*).

Die Grenzverkehrsbelastung Q, die die Netzstrukturen kostenmäßig gleichstellt, ist erreicht, wenn

$$Q = \frac{A \cdot i}{0{,}37 \cdot f}$$

Q = Verkehrsspannung, z. B. gemessen in t oder Fahrzeugen pro Zeiteinheit
A = Anlagekosten je km Baulänge
i = v. H.-Satz der Anlagekosten für Verzinsung und Unterhaltung
f = kilometrische Betriebskosten

Dreiecke und Verknotungen bilden die Grundmuster für **wegereichliche** bzw. **wegesparsame Verkehrsnetze** höherer Ordnung, d. h. mit mehr als drei Punkten. Die entsprechenden Netze haben im ersten Fall Dreiecke oder Quadrate mit Diagonalen, im zweiten Quadrate oder Sechsecke zur Grundlage. Der theoretische Grenzfall minimaler Transportarbeit, nicht minimaler Gesamtkosten, für eine gegebene Wirtschaftsleistung und -organisation sowie festgelegte Standort- und Siedlungsstrukturen ist bestimmt durch ein vollständiges Netz von Luftlinienentfernungen zwischen allen Punkten, die untereinander Verkehrsspannungen aufweisen. Insgesamt gesehen entwickeln sich Betriebs- und Baulängen tendenziell gegenläufig.

Der funktionale Zusammenhang zwischen kritischer Verkehrsmenge einerseits sowie Bau- und Betriebskosten andererseits bestimmt, daß wegeteure Verkehrsträger höhere Auslastungen erfordern als wegebillige Verkehrsträger (*Hoffmann,* S. 35). Ein (gesamt-) wirtschaftlicher Ausbau von Wasserstraßen erfordert z. B. wesentlich höhere Transportaufkommen als etwa der vergleichbare Straßenbau. Daher rührt die Bedeutung der Schätzung des Verkehrsaufkommens für Nutzen-Kosten-Analysen von Verkehrswegebauten. Der geschilderte Zusammenhang macht schließlich deutlich, daß Ausstattungskennziffern i. S. von Verkehrsflächenanteilen oder Netzdichten (km/qkm) nur begrenzte Aussagekraft haben insofern, als ihnen unterschiedliche Netzgestalten zugrunde liegen können, z. B. Radial- oder Rechtecknetze. Ausbau und Netzgestalt von Verkehrswegen müssen darüber hinaus zunehmend im Lichte von Stauungskosten, Umwelt- und Verkehrssicherheitszielen gesehen werden. Diese negativen externen Effekte bekommen in den Nutzen-Kosten-Analysen der Verkehrswegeplanung immer größeres Gewicht.

Offensichtlich ist die gezielte, nach Art, Umfang, Struktur und Standort differenzierte Bereitstellung von Verkehrsinfrastruktur sehr gut geeignet, raumordnungspolitische und andere nichtverkehrliche Zielvorstellungen anzusteuern. Der raumordnerische Gestaltungswille, wie er im Raumordnungsgesetz (RaumOrdG) von 1965 festgeschrieben ist, geht dahin, das Bundesgebiet „in seiner allgemeinen räumlichen Struktur einer Entwicklung zuzuführen, die der freien Entfaltung der Persönlichkeit am besten dient" (§ 1 RaumOrdG). Im einzelnen dominieren Grundsätze, die sich auf die räumlich optimale Allokation der Produktionsfaktoren und die regionalen Lebensbedingungen beziehen.

Das Gebot gleichwertiger Lebensbedingungen in den Teilräumen meint vor allem vergleichbare Erreichbarkeitsverhältnisse für alle Einwohner in bezug auf zentrale Güter und Dienstleistungen. Die *OECD (Organization for Economic Cooperation and Development)* sieht in der räumlichen Verfügbarkeit ausgewählter Güter einen grundlegenden Sozialindikator.

Erreichbarkeitsindizes machen eine Aussage über die Erreichbarkeit von ausgewählten Strukturmerkmalen insofern, als sie die Reisewiderstände zwischen einer Verkehrszelle i und allen erreichbaren Verkehrszielen j und den dort vorhandenen Strukturmerkmalen X_j – Einwohner, Arbeitsplätze, Krankenhausbetten, Läden etc. – ausdrücken. Die Erreichbarkeitsverhältnisse werden verbessert durch die Vermehrung der Strukturmerkmale und durch verringerte Raumwiderstände. Wird z. B. von einer zumutbaren täglichen Anfahrzeit von t_{max} ausgegangen, so ist die Anzahl M_i der vom Wohnort i aus in den j Zielorten erreichbaren Arbeitsplätze X_j bestimmt durch

$$M_i = \sum_{t=0}^{t=t_{max}} X_j \text{ für } j = 1,2, \ldots, \bar{j}$$

Wird dieser Index verkehrsträgerspezifisch definiert, so ergeben sich z. B. bei der Gegenüberstellung der mit dem privaten Personenkraftwagen (wegereichlich) und öffentlichen Verkehrsmitteln (wegesparsam) erreichbaren Arbeitsplätze, Schulen und anderen Strukturmerkmale M_i^p bzw. $M_i^ö$ etwa folgende Unterschiede (vgl. *Figur 37*).

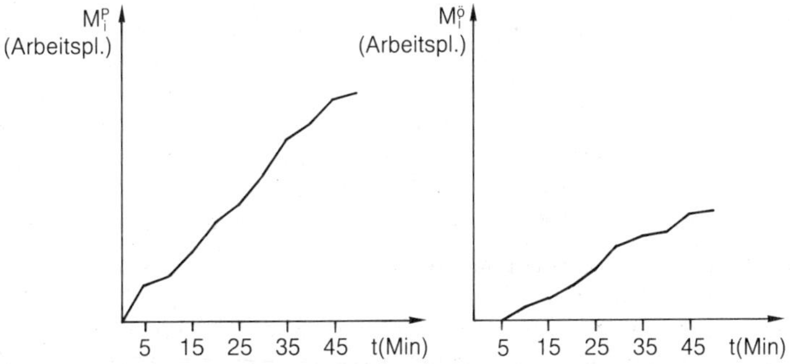

Figur 37: Verkehrsträgerspezifische Erreichbarkeitsverhältnisse

Durch den gezielten Verkehrswegebau wird aber nicht nur auf die Erreichbarkeitsverhältnisse privater Nutzer, sondern auch auf die Wettbewerbsverhältnisse der Verkehrsträger untereinander sowie der verladenden Wirtschaft eingewirkt. Diese Zusammenhänge muß die staatliche Infrastrukturplanung beachten, insbesondere dann, wenn sie an Nutzungsinteressen und Zahlungsbereitschaften ausgerichtet ist und nicht als (neues) Regulierungsinstrument gesehen wird.

4.1.5.2 Die Verkehrswegeplanung

Die vielfältigen Wirkungen von Verkehrsinfrastrukturmaßnahmen, die Knappheit der verfügbaren Mittel und die Forderung nach wohlfahrtsoptimaler Ressourcenallokation machen es erforderlich, Prioritäten zu setzen in bezug auf Art, Umfang, Struktur, Ort und Dringlichkeit alternativer Bauvorhaben. Zielentsprechende Entscheidungen setzen dabei Kenntnisse über die Zielwirksamkeit der einzelnen Projekte voraus. Der Offenlegung dieser Wirkungen alternativer Mittelverwendungen dienen Nutzen-Kosten- bzw. Kostenwirksamkeitsanalysen. Diese sind nach § 7 Bundeshaushaltsordnung für „geeignete Maßnahmen von erheblicher finanzieller Bedeutung" vorgeschrieben. Anders als betriebswirtschaftliche Investitionsrechnungen berücksichtigen sie gesamtwirtschaftliche, soziale Wirkungen, fangen die externen Effekte gewissermaßen ein. Während bei der **Nutzen-Kosten-Analyse** die Auswirkungen alternativer Maßnahmen in Geld bewertet und miteinander verglichen werden, wird bei der **Kostenwirksamkeitsanalyse** auf eine monetäre Bewertung verzichtet und die Projektbewertung mit Hilfe von physikalischen Meßgrößen durchgeführt.

Nach dem Prinzip ‚with or without' ermittelt die Nutzen-Kosten-Analyse als Nutzen diejenigen Geldbeträge, die von den begünstigten Individuen bezahlt würden, wenn sie die betreffende Leistung auf dem Markt erwerben könnten. Mit Hilfe von Marktsimulationen wird versucht, die individuellen Zahlungsbereitschaften der begünstigten Personen zu ermitteln. Da die Gleichsetzung ‚Individuelle Nutzenänderung = Geldbeitrag' nur unter bestimmten realitätsfernen Annahmen korrekt ist, wird von einem konstanten Nutzenniveau ausgegangen und der Betrag ermittelt, den ein Individuum abgeben müßte, um den ihm zukommenden Vorteil zu kompensieren *(Hesse)*.

Dieser Vorteil ist beim Verkehrswegebau vor allem in Betriebskostenersparnissen zu sehen. Daneben sind aber Zeitersparnisse zu beachten, deren Bestimmung wesentlich schwieriger ist. Das beruht darauf, daß die durch eine verbesserte Verkehrsinfrastruktur realisierten Zeitersparnisse nicht nur produktiv genutzt werden, sondern auch Freizeitgewinn bedeuten. Da es für Freizeit keinen Markt gibt, kann kein Marktpreis zur Bewertung verwendet werden, wie etwa der Lohnsatz bei produktiver Nutzung des Zeitgewinns.

Daher wird bei der Beurteilung von alternativen Bauvorhaben versucht, die potentiellen Nutzer in möglichst konkrete und realistische Wahlsituationen zu stellen, um ihre Zielbewertung offenzulegen. Das geschieht z. B. durch die Modelle der Geschwindigkeitswahl, der Verkehrswegewahl (trip distribution) oder der Verkehrsmittelwahl.

Geschwindigkeitswahl bedeutet etwa: Der Verkehrsteilnehmer hat zu entscheiden, ob er schnell aber teuer (z. B. zeitsparende Flugreise) oder langsam aber billig (z. B. preiswerte Zugreise) ein Ziel erreichen möchte. Aus dem beobachteten oder simulierten Verhalten kann auf das Austauschverhältnis Zeit/Kosten und damit auf die Zeitbewertung geschlossen werden.

Von größerer Bedeutung ist die Kenntnis der Einstellung der Verkehrsteilnehmer zu den alternativen Routen und Verkehrsmitteln. Das rührt daher, daß bei der Methode der Geschwindigkeitswahl unterstellt wird, daß Reisezeit grundsätzlich mißvergnüglich ist, was nicht zutreffen muß (Ferienreise, siehe konsumtive Verkehrsleistungen). Darüber hinaus sind neben der Geschwindigkeit andere Einflußfaktoren zu beachten, wie Bequemlichkeit, Sicherheit, Schönheit der Fahrtstrecke etc., die in Verkehrsmittel- und Verkehrswegeentscheidungen eingehen können.

Rationale Verkehrsinfrastrukturpolitik ist somit auf Prognosen über Art und Umfang der Nutzendiffusion alternativer Vorhaben angewiesen. Dazu sind Schätzungen der erwarteten Inanspruchnahme der geplanten Verkehrswege erforderlich, d. h. Vorhersagen über das zukünftige Verkehrsaufkommen.

In der Literatur wird dafür überwiegend ein Vier-Stufen-Planungsverfahren vorgeschlagen, dessen einzelne Rechenschritte auf die bereits dargestellten Raumentwicklungs- und Verkehrsverhaltensmodelle zurückgreifen *(Braun/Wermuth)*.

(1) **Verkehrserzeugung** (trip generation)
Ausgehend von einer Strukturanalyse des Raumes und der zukünftigen Raumnutzung werden einzelne räumliche Merkmale als verkehrserzeugende Faktoren erfaßt. Dabei werden die bekannten verkehrlichen Bestimmungsfaktoren wie Einkommen, Haushaltsgröße, Wohn- und Arbeitsstätten für einzelne Verkehrszellen aggregiert.

Diese aggregierten Verkehrserzeugungsmodelle werden zunehmend kritisiert *(Hautzinger)*, vor allem die Annahme eines proportionalen Zusammenhangs (lineares Regressionsmodell) zwischen Änderungen der Raumnutzung und dem Verkehrsaufkommen. Gefordert wird auch eine stärkere Differenzierung der verkehrsbestimmenden Variablen und die Disaggregation der Verkehre in möglichst (verhaltens-) homogene Gruppen von Verkehrsteilnehmern.

Die Ergebnisse der Verkehrserzeugungsrechnung bilden die Grundlage für die nachfolgenden Rechenschritte. Zunächst werden durch die

(2) **Verkehrsverteilung** (trip distribution)
die bisher punkt(verkehrszellen-)bezogenen Quell- oder Zielverkehre zu Quell-Ziel-Verkehren verknüpft. Praktisch wird das erzeugte Verkehrsvolumen auf die einzelnen Relationen verteilt. Die Berechnung der Verkehrsbeziehungen zwischen den einzelnen Verkehrszellen bedient sich der bekannten Gravitations-, Potential-, Interaktions-, Entropiemodelle und verwendet vielfältige Widerstandsmaße als Ausdruck von räumlicher Trennung der Regionen (vgl. Teil II, Abschnitt 3.2.1). Das Ergebnis der Rechnung sind relationsbezogene Reise- oder Fahrthäufigkeiten, es kann durch Verflechtungsmatrizen dargestellt werden. Die

(3) **Verkehrsteilung** (modal split)
ordnet das relationsbezogene Verkehrsaufkommen den alternativen Verkehrsträgern zu. Diese Zuordnung erfolgt, indem die Anforderungen der Verkehre (vgl. Affinitäten) mit den Verkehrswertigkeiten der Verkehrsträger abgestimmt werden. Dabei

muß beachtet werden, ob die Verkehrsnachfrager Wahlmöglichkeiten besitzen (‚choice riders‘) oder nicht (‚captive riders‘). Die letzte Stufe schließlich, die

(4) **Verkehrsumlegung** (network assignment)
verteilt das relationsbezogene, verkehrsträgerspezifische Aufkommen auf alternative Routen. Diese Wegewahl zwischen zwei Verkehrszellen geht von alternativen Raumwiderständen (Entfernung, Zeit, Kosten etc.) aus und erfolgt u. a. nach dem Prinzip ‚alles oder nichts‘ oder ‚sowohl als auch‘. Das heißt, einmal wird das gesamte Aufkommen dem besten Weg (Einwegmodell) zugeschlagen, im anderen Fall werden sukzessiv alternative (Mehrwegmodell) Routen aufgefüllt. Dabei kann die Berücksichtigung der Wegebeanspruchung zu einer Korrektur der ursprünglichen Widerstandswerte führen (z. B. bei Zeitverlusten als Folge von Stauungen).

Dieses vorgestellte Verkehrsplanungsmodell ist nachfrageorientiert. Es vernachlässigt – und das ist ein zentraler Kritikpunkt – die Rückkopplungsmechanismen zwischen Verkehrs- und Raumentwicklung. Beide Entwicklungen sind – und darauf nimmt die logistische Betrachtungsweise ja unmittelbar Bezug – wechselseitig verknüpfte Prozesse *(Heinze).*

So ist ja an verschiedenen Stellen bereits deutlich gemacht worden, daß Verkehrsnachfrage keineswegs nur abgeleitete Nachfrage ist, wie in der Verkehrswissenschaft häufig unterstellt wird (*Lechner*, S. 19; *Sanmann,* S. 212), woraus dann, wie *Diederich* (S. 277 ff.) zeigt, fälschlicherweise die geringe Preiselastizität der Nachfrage nach Verkehrsleistungen abgeleitet wird.

Die Nachfrage nach Sachgütern in Verbindung mit bestimmten Verkehrsleistungen unterscheidet sich nicht von der verbundenen Nachfrage nach mehreren Sachgütern. In jedem Fall wird ja aufgrund der produktionswirtschaftlichen Erfordernisse (vgl. Stücklisten, Rezepturen) ein Bündel von Gütern nachgefragt. Welches ist dann originäre, welches derivative Nachfrage? Immer werden Güter nicht schlechthin, sondern Güter mit bestimmten räumlichen und zeitlichen Merkmalen nachgefragt: Die logistische Leistung umfaßt alle Gutsmerkmale (vgl. S. 3). Die von der herkömmlichen Verkehrsbetriebslehre behauptete Abhängigkeit ist nicht gegeben.

Daß diese Fehlinterpretation dann als Besonderheit (vgl. Teil II, Abschnitt 4.1.2) zur Begründung von verkehrspolitischem Handlungsbedarf herangezogen wird, daran sei an dieser Stelle nur erinnert.

Außerdem wird am Vier-Stufen-Algorithmus kritisiert, daß er ausschließlich auf das beobachtete Verhalten abstellt.

Es wird deshalb gefordert, daß die Verkehrsplanung stärker als bisher die **Anlässe für Verkehre** und die Beschränkungen beachtet, denen die Verkehrsteilnehmer und Verlader bei ihren Fahrt- und Wegeentscheidungen unterworfen sind. Unter Umständen können durch gezielte Veränderungen dieser Restriktionen Mobilitätsbedarfe abgebaut, raum/zeitliche Verhaltensmuster modifiziert und Verkehrsbedarfe obsolet werden. Zu diesem Zweck sind insbesondere verhaltensorientierte, disaggregierte Personenverkehrsmodelle entwickelt worden.

Hägerstrand untersucht für sein **Raum-Zeit-Modell** drei Gruppen von Beschränkungen:

(1) ‚capability constraints',
die durch physiologische und psychologische Erfordernisse (Ernährung, Ermüdung etc.) das Verhalten strukturieren

(2) ‚coupling constraints',
die sich auf das für bestimmte Aktivitäten notwendige Zusammentreffen von Menschen und Gütern beziehen

(3) ‚authority constraints',
die die hoheitlichen Beschränkungen des raum/zeitlichen Verhaltens umfassen (vgl. Ladenschlußzeiten, Höchstgeschwindigkeiten, zulässige Lenkzeiten)

Figur 38 veranschaulicht diese Zusammenhänge durch die Aktivitätsabläufe von zwei Personen.

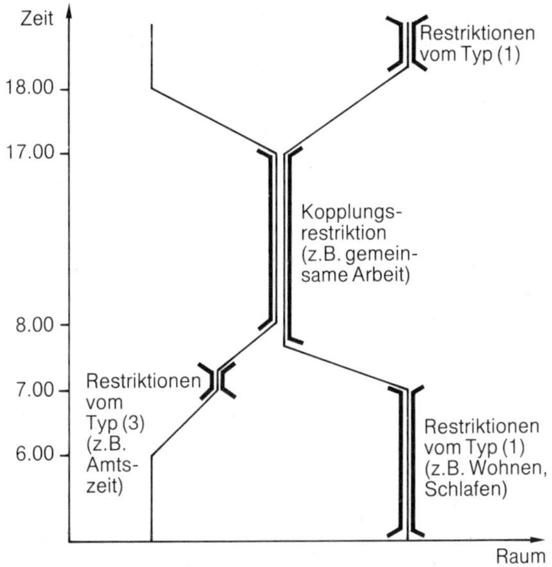

Figur 38: Aktivitätsabläufe zweier Personen

Die Vorteile des Raum-Zeit-Modells werden darin gesehen, daß es das herkömmliche Nachfragemodell insofern ergänzt, als es nicht nur untersucht, wie die Erreichbarkeitsverhältnisse gegebener Verkehrsspannungen durch einzelne Vorhaben verändert werden, sondern sich vor allem dafür interessiert, durch welche Maßnahmen der raum/zeitliche Handlungsbedarf selbst beeinflußt werden kann *(Rüsch/Sammer)*.

Dabei wird der Handlungsspielraum eines Individuums einerseits durch Beschränkungen determiniert und andererseits von diesen selbst durch eine Reallokation von Zeit und Raum autonom gestaltet.

Die räumliche und zeitliche Lokalisation von Ereignissen durch den Staat, Unternehmen und andere Institutionen (z. B. Öffnungszeiten) stellt gewissermaßen eine zeitliche Organisation des physischen Raumes dar *(Parkes/Thrift)*. Dieser Prozeß, das **Timing Space,** kann von den betroffenen Personen, zumindest kurzfristig, kaum beeinflußt werden.

Ausgehend von diesen raum/zeitlichen Rahmenbedingungen nimmt das Individuum eine räumliche Zuordnung der ihm zur Verfügung stehenden physischen (Kalender-/Uhr-) Zeit vor (**Spacing Time**). Die in Raum und Zeit stattfindenden Aktivitäten werden bestimmten Zeitperioden zugeordnet. Das Spacing Time hat dabei natürlich die oben erwähnten Beschränkungen zu beachten.

Die disaggregierten verhaltensorientierten Modelle der Verkehrsnachfrage sind bisher vor allem auf Fragen des Personenverkehrs angewendet worden. Grundsätzlich können mit disaggregierten Modellen jedoch auch Probleme des Güterverkehrs behandelt werden, z. B. die Frage nach der Auswahl eines bestimmten Verkehrsmittels, die Entscheidung für einen Fahrplan u. a. Grundlage für das Entscheidungsmodell ist die Nutzenmaximierungshypothese: Diejenige Alternative wird ausgewählt, die im Vergleich zu den anderen den höchsten Nutzen verspricht. Dabei wird eine Nutzenfunktion verwendet, die neben einer deterministischen eine stochastische Komponente aufweist:

$$U_i^t = V(X_i^t) + \varepsilon(X_i^t)$$

U_i^t = Nutzen der Alternative i für eine logistische Aufgabe t
$V(X_i^t)$ = deterministischer Nutzenbeitrag der Alternative i als Funktion bestimmter Merkmale X
$\varepsilon(X_i^t)$ = stochastischer Nutzenbeitrag

Die stochastische Nutzenkomponente wird als Zufallsvariable betrachtet. Dieser Modellaufbau wird dann verständlich, wenn man berücksichtigt, was sich hinter den Entscheidungskriterien verbirgt. Aufgrund der bekannten Schwierigkeiten bei der Nutzenbestimmung sind dies in der Regel eben doch keine echten Nutzenwerte, sondern ‚disutilities', also Kostenbeträge. Als nutzenbestimmende, entscheidungsrelevante Kriterien werden somit Transportkosten, Kapitalbindungskosten, Wertverluste, Bestellkosten u. ä. verwendet. Die stochastische Komponente wird dabei vor allem durch die den Wertverlusten zugrunde liegenden Schadenshäufigkeiten und Schadenssummen gebildet. Von dieser Grundlage ausgehend können verschiedene Modelltypen entwickelt werden, wobei der einzelne Typ durch die Wahl einer bestimmten Wahrscheinlichkeitsverteilung festgelegt wird. Im Falle von exponentiell *(Weibull-)* verteilten stochastischen Nutzenelementen entsteht das relativ leicht rechenbare multiple Logit-Modell (*Domenicich/McFadden*, S. 69).

$$p_i^t = \frac{{}_eV(X_i^t)}{\sum_{j=1}^{J} {}_eV(X_j^t)}; \; i \in J$$

Als Ergebnis erhält man die Wahrscheinlichkeit p_i^t, mit der bei einer bestimmten logistischen Aufgabe t die Alternative i (z. B. ein bestimmtes Transportmittel) ausgewählt wird.

Mittels geeigneter Aggregation können aus diesen Wahrscheinlichkeiten Globaldaten abgeleitet werden, wie z. B. die Anteile der Verkehrsträger am gesamten Güteraufkommen, die dann Eingang in die (gesamtwirtschaftliche) Verkehrsplanung finden.

Eines der wenigen bisher vorliegenden Anwendungsbeispiele ist ein Modell, das am *Massachusetts Institute of Technology* zur Prognose der Güterverkehrsnachfrage entwickelt wurde und das die simultane Wahl von Verkehrsmittel und Transportlos nachbildet *(Chiang/Roberts/Ben Akiva).*

Die Verwendung disaggregierter Daten, d. h. die Bezugnahme auf jeden einzelnen Transportfall, ermöglicht eine individuelle Beschreibung logistischer Aktivitäten, was eine höhere Prognosegenauigkeit erwarten läßt. Als weiterer Vorteil dieser neuen Modellgeneration ist die hohe Maßnahmeempfindlichkeit anzuführen: Die Auswirkungen von (potentiellen) Maßnahmen – z. B. Investitionen in die Verkehrsinfrastruktur – können besser abgeschätzt werden.

Das quantitative Nachfragemodell ist bis heute unverzichtbar, wenn es darum geht, knappe Finanzmittel so einzusetzen, daß der erwartete Raum-Zeit-Überbrückungsbedarf einen möglichst großen Mobilitätsgewinn erfährt, oder anders herum, daß die aus Wirtschaftsleistung, Arbeitsteiligkeit und Dislozierung resultierenden Überbrückungsbedarfe mit minimalen Ressourceneinsätzen befriedigt werden.

Diese Feststellung leitet über zu der zweiten Seite der Nutzen-Kosten-Analysen von Verkehrsinfrastrukturmaßnahmen. Nachdem die Nutzenseite der Verkehrsinfrastruktur dargestellt worden ist, stellt sich die Frage nach den Kosten. Grundlage der Rechnung bilden – soweit gegeben – die mit Marktpreisen bewerteten Ressourceneinsätze oder die Geldwerte der Leistungen, auf die bei Durchführung eines Vorhabens an anderer Stelle verzichtet werden muß (Nutzenentgang, Opportunitätskosten). Eine Gleichheit zwischen beiden Möglichkeiten ist in der Regel nicht gegeben, denn Marktpreise erfüllen – wie gezeigt – die Signalfunktion für die optimale Allokation der Produktionsfaktoren dann nicht, wenn externe Effekte auftreten. Dies aber ist im großen Umfang der Fall. Vor allem sind die mit der Nutzung einhergehenden Umwelt- und Unfallkosten (s. o.) zu nennen. Daher wird insbesondere auf Vermeidungs- oder Anpassungskosten zurückgegriffen.

Mit der Bestimmung der Nutzen- und Kostenbeiträge allein ist über die relative Vorteilhaftigkeit (vgl. Dringlichkeitsstufen im Verkehrswegebau) der einzelnen Vorhaben aber noch nicht entschieden. Vielmehr muß berücksichtigt werden, und das gilt für den Verkehrsinfrastrukturbereich in besonderer Weise, daß die Nutzen und Kosten über viele Jahre verteilt anfallen. Das ist nicht nur ein Problem für die Schätzung der Größen, sondern mehr noch für die Frage der (Gering-) Schätzung von Zukunftsgütern gegenüber Gegenwartsgütern, d. h. für die Bestimmung der Diskontierungsrate für die Kapitalwertermittlung. Der Marktzins – hier der Satz für langfristige Anlagen – ist nur beschränkt geeignet, da die Kapitalmärkte unvollkommen sind und der Zinssatz keine soziale Zeitpräferenz abbildet. Offensichtlich ist auch an dieser Stelle die Festlegung von Prioritäten unter Rückgriff auf grundlegende Wertsysteme unumgänglich.

Zusammenfassend kann die Nutzen-Kosten-Analyse als Marktsimulation für Güter und Dienstleistungen angesehen werden, deren Preisbildungsprozesse durch externe Effekte gestört sind.

Schwierigkeiten, wie sie bei Nutzen-Kosten-Rechnungen auftreten, versucht die **Kostenwirksamkeitsanalyse** – zumindest teilweise – zu umgehen. In ihrer grundlegenden Form besteht sie darin, den Grad der Zielerfüllung zu bestimmen, der mit einem vorgegebenen Budget erreicht werden kann. Als Ziele werden die verschiedenen Wirkungsbereiche definiert, auf die Bewertung der Wirkungen mit Geld kann daher weitgehend verzichtet werden. Als relevante Ziele für Verkehrswegebauten können daher u. a. verwendet werden:

- Verringerung der Versandweiten
- Verringerung des Fahrtzeitaufwandes
- Verringerung der Lärmbelästigung
- Verringerung der Luftverunreinigung
- Verringerung der Wasserverschmutzung
- Erhöhung der Sicherheit
- Erhöhung der Erreichbarkeit zentraler Orte

Probleme der Kostenwirksamkeitsanalyse sind vor allem darin zu sehen, daß der Alternativenvergleich eine Normierung der verschiedenen Zielwirkungen über die begrenzten Skalen der einzelnen Merkmalsausprägungen (von 0 bis 1; von sehr gut bis sehr schlecht; von Zielwerten der besten bis zum Zielwert der schlechtesten Alternative) sowie eine Zielgewichtung erforderlich macht. Die Festsetzung der Äquivalenzwerte für die bei den Teilzielen erreichten Punkte läßt die verantwortlichen Planungsträger ebenfalls auf normative Urteile zurückgreifen.

Der Ausbau der Verkehrswege und zunehmend auch der Informations- und Kommunikationsinfrastruktur (Stichwort: Neue Medien) beeinflußt die Entwicklung und Organisation der Wirtschaft über die Veränderung ihrer Überbrückungsbedingungen. Dadurch werden Rückwirkungen ausgelöst. Einflußnahme und Rückwirkungen zu erfassen und vergleichbar zu machen, ist das Anliegen von Nutzen-Kosten-Analysen und Kostenwirksamkeitsanalysen. In dem Maße, in dem dies gelingt, sind diese Rechnungen hilfreich für die übergreifende Optimierung interdependenter Transformations- und Transferprozesse, d. h. der gesamtwirtschaftlichen Logistik.

4.1.6 Tarifpolitik und Logistik

Erreichbarkeitsverhältnisse und Mobilität sind bisher vor allem in Abhängigkeit von räumlichen und zeitlichen Widerständen dargestellt worden. Die gezielte Veränderung dieser Widerstände durch Verkehrswegebauten ist Mittel und Ansatzpunkt der staatlichen Infrastrukturpolitik. Als Argumente des raum/zeitlichen Verhaltens sind aber weniger die tatsächlichen Entfernungen und Zeitaufwendungen zu beachten, als vielmehr – wie der Hinweis auf die individuellen Zahlungsbereitschaften zeigte – die von den Verkehrsteilnehmern internalisierten Nutzen- und Kostenbeiträge. Daher können, worauf schon wiederholt hingewiesen wurde, durch staatlich administrierte

Nutzungsentgelte Raum- und Zeitwiderstände gezielt verändert und die logistischen Systeme beeinflußt werden. Durch einen verordneten Tarifschleier gewissermaßen können Entfernungen verlängert oder verkürzt, angeglichen oder differenziert werden. Durch Preisregulierungen können Verkehrsmittel- und Verkehrswegeentscheidungen beeinflußt werden, und das nicht nur aus raumpolitischen Erwägungen, sondern auch aus sozial- und energiepolitischen, aus umwelt- und verteilungspolitischen Gründen.

Derartige Eingriffe bedeuten dann, daß die auf Kostenunterschieden und Nachfrageverhalten beruhenden Preisstellungen vom Gesetzgeber nicht akzeptiert werden. Zugleich werden durch die nach anderen als Kosten- und Nachfragegesichtspunkten ausgerichteten Preisregulierungen entweder Subventionsbedarfe oder künstliche Knappheitsrenten hervorgerufen.

Betrachten wir vor diesem Hintergrund zur Darstellung von Preiswirkungen folgende Grundsätze für die Bildung von Eisenbahntarifen (*Kloten*, S. 77 ff.):

- die Wertstaffel,
- die Entfernungsstaffel und
- die Tarifgleichheit im Raum.

Die Eisenbahntarife sind als Beispiel besonders geeignet, weil die Bahn zunächst eine monopolähnliche, später dann eine starkem Wettbewerb ausgesetzte Position innehatte und weil ihre Preisregulierung über lange Zeit hinweg auch diejenige der anderen Verkehrsträger bestimmte (vgl. die Bindung des Güterfernverkehrstarifs GFT an den Deutschen Eisenbahngütertarif DEGT sowie die Wettbewerbstarife der Bahn gegenüber der Binnenschifffahrt). Darüber hinaus konnten die politischen Willensträger ihre Vorstellungen durch die Einbindung der Eisenbahn in die hoheitliche Verwaltung vergleichsweise direkt umsetzen.

Die Werttarifierung ist eine typische Monopolpreisbildung. Sie orientiert sich an der Elastizität der Nachfrage. Die Belastung der Transportgüter nach ihrem Wert (Motto der Preisstellung: ‚What the traffic will bear‘) und unabhängig von den entstandenen Kosten ist aber nur durchsetzbar, solange der Nachfrager keine Alternativen besitzt, auch nicht die der Selbstversorgung.

Raumwirtschaftlich gesehen werden durch Werttarifierungen Rohstofftransporte begünstigt – das heißt primäre Standortgunst wird abgebaut – und Fertigprodukttransporte werden verteuert. In der Tat sollten zum Beispiel die revierfernen Industriestandorte durch günstige Kohletarife ‚herangeholt‘ werden. Aber unabhängig davon, daß die Rohstoffe an ihren Fundorten nach wie vor am billigsten sind, wirkt die Werttarifierung ja auch verteuernd auf die Transporte von Fertigprodukten aus entlegenen Standorten in die Ballungs- und Absatzzentren. Begünstigungen auf der einen stehen also Benachteiligungen auf der anderen Seite gegenüber. Eine generelle Raumwirkung der Wertstaffel existiert daher nicht.

Ähnliches gilt für die Entfernungsstaffel. Obwohl, insbesondere wenn man die Abfertigungskosten in die Gesamtkosten mit einrechnet, ein degressiver Kostenverlauf für den Transport in Abhängigkeit von der Transportentfernung gegeben ist, stand bei der Bildung der Entfernungsstaffel die Wahrnehmung der unterschiedlichen Preiselastizität der Nachfrage aus der Sicht eines Alleinanbieters im Vordergrund. Das traf besonders auf die Fälle zu, in denen die Entfernung mit der Wertstaffel kombiniert wurde. Die entfernungsabhängige Belastung mit Transportkosten wird bei geringwertigen Gütern ungleich eher wettbewerbs- und standortwirksam, als dies bei höherwertigen Stückgütern der Fall ist. Das veranschaulicht besonders deutlich die Gegenüberstellung unterschiedlicher Formen entfernungsabhängiger Tarife, z.B. eines Einheitstarifs für bestimmte Entfernungsabschnitte (sogenannter Zonentarif mit der Wirkung einer vom Umfang der Entfernungsabschnitte abhängigen verzögerten Degression) und eines durchgerechneten Tarifs, bei dem der gesamten Frachtberechnung der (niedrigste) Streckensatz für den jeweils letzten Streckenabschnitt zugrunde gelegt wird.

Die Raumwirkungen der Entfernungsstaffel sind ähnlich umstritten wie diejenigen der Wertstaffel. Auf der einen Seite werden entfernte und unter Umständen wirtschaftlich zurückgebliebene Gebiete kostenmäßig begünstigt, auf der anderen Seite verlieren sie ihren Transportkostenschutz gegenüber der auswärtigen Konkurrenz. Es ist also durchaus denkbar, daß entfernungsabhängige Tarife Gebiete nicht entwickelt, sondern im Gegenteil entleert haben *(Voigt)*.

Weder kosten- noch marktgerecht und daher für die optimale Verkehrsteilung sowie räumliche Ressourcenallokation hinderlich erscheint die Tarifgleichheit im Raum (vgl. *Kloten; Seidenfus* 1966 sowie als Gegenposition *Oettle* 1970, 1978, S. 102 ff.). In aufkommensstarken Gebieten erlauben die bei der Rad/Schiene-Technik besonders stark ausgeprägten Kostendegressionseffekte wesentlich niedrigere Tarife, als in verkehrsschwachen Regionen zur Kostendeckung erforderlich sind. Tarifgleichheit im Raum heißt Verzicht auf eine Orientierung der Tarife an strecken- und gebietsspezifischen Kosten und damit Subventionierung jener Transportleistungen, die auf weniger befahrenen Teilstrecken z.B. in strukturschwachen Gebieten nachgefragt werden. Sofern diese Subventionierung nicht privatwirtschaftlich, z.B. durch kalkulatorischen Ausgleich (Mischkalkulation) im Rahmen eines umfassenden Verkehrsangebotes, organisiert werden kann, ist die öffentliche Hand gefordert. Im Gegensatz zur Wert- und Entfernungsstaffel kann die Tarifgleichheit im Raum nur mit anderen als verkehrswirtschaftlichen Argumenten begründet werden. Ihre Tauglichkeit als raumordnungspolitisches Instrument ist begrenzt. Ausnahmetarife können gezielter eingesetzt werden. Unter wettbewerbspolitischen und sozialpolitischen Gesichtspunkten weisen Frachtrückvergütungen und direkte Fahrpreiserstattungen oder -zuschüsse in der Regel günstigere Nutzen-Kosten-Relationen auf.

Was die anderen Verkehrsträger anbetrifft, so sind auch sie staatlichen Preisregulierungen unterworfen, sofern sie für ihre Geschäfte Konzessionen benötigen. Die Gründe dafür sind in den vorangehenden Abschnitten dargestellt worden (vgl. auch *Hamm*). Die angewendeten Verfahren mit Antragsrechten, Tarifkommissionen, Genehmigungs- und Überwachungsbehörden sind uneinheitlich und werden ständig verändert (*Diederich*, S. 329 ff.; *Brauer*, S. 111 ff.). In der Tendenz zielen die gegenwärtigen Änderungen auf ‚mehr Markt' und größere Handlungsspielräume für die Unternehmungen. Beispiele dafür sind die Fragen der paritätischen Beteiligung der Verlader neben der des Güterverkehrsgewerbes am Tarif(antrags)verfahren sowie die intendierte Abfolge Festtarife – Margentarife – Referenztarife.

Insgesamt ergibt sich, daß die Tarifpolitik als Instrument zur Verfolgung raumpolitischer, sozialpolitischer und ähnlicher Gesichtspunkte nicht nur recht ungeeignet ist, sondern daß sie darüber hinaus die optimale Arbeitsteilung im Verkehr behindert. Ihre Allokationsfunktion wahrnehmen, d. h. die knappen Produktionsfaktoren in die ergiebigsten Verwendungen lenken, das können die Preise offensichtlich nur dann, wenn sie die Knappheit der Faktoren, also deren Wertschätzung durch die Nachfrager widerspiegeln. Das aber ist, wie wir wissen, dann nicht der Fall, wenn Kosten verschleiert, externe Effekte nicht kompensiert werden, künstliche Knappheitsrenten geschaffen und Anpassungen an Datenänderungen verhindert werden. Ein funktionsfähiger Wettbewerb auf der Grundlage marktgerechter Entgelte, d. h. auch die Ausschaltung funktionslosen Preiswettbewerbs, setzt eine Orientierung an den Kosten aller Ressourceneinsätze, d. h. auch die Berücksichtigung der externen Effekte bei den verschiedenen Verkehrsträgen und Betrieben, voraus, darüber hinaus die Zugänglichkeit zum Markt und für die einzelnen Marktteilnehmer die Möglichkeit, ihre individuelle Leistungsfähigkeit auch marktwirksam werden zu lassen.

Der erste Punkt betrifft vor allem die Frage, ob und in welchem Ausmaß die Verkehrsbetriebe zur Deckung der Wegekosten und anderer durch sie verursachter sozialer Kosten herangezogen werden. Der zweite Gesichtspunkt verdeutlicht den engen Zusammenhang zwischen Preis und Kapazitätspolitik. Kapazitäten und Kapazitätsauslastung müssen sich in den herrschenden Preisverhältnissen spiegeln können, damit marktausgleichende Investitions- und Desinvestitionsentscheidungen ausgelöst werden. Künstliche Knappheitsrenten, d. h. leistungsunabhängige, funktionslose Entgelte, etwa als Folge eines beschränkten Marktzugangs, führen ebenso zu Ressourcenverschwendungen wie der hoheitliche Schutz der Unternehmungen vor Bestrafungen von Fehlverhalten, z. B. bei falscher Einschätzung des Beschäftigungsrisikos. Der dritte Aspekt schließlich meint das Erfordernis der Anpassungsfähigkeit an veränderte Marktverhältnisse, der reglementierte Preise entgegenstehen (*Hamm,* S. 252).

Zu den skizzierten Problemen der hoheitlichen Einflußnahme auf Struktur und Ordnung der heimischen Verkehrsmärkte kommen jene hinzu, die bei grenzüberschreitenden Verkehren durch das Aufeinandertreffen nationaler Interessen entstehen.

4.2 Internationale Verkehrspolitik

Bedarf an Verkehrspolitik besteht vor allem auf internationaler Ebene. Dieser resultiert daraus, daß der Welthandel nach dem Zweiten Weltkrieg durch eine sprunghafte Zunahme gekennzeichnet war und damit neue, grenzüberschreitende Transporte hervorgerufen hat. Vermehrt werden dabei nicht nur Rohstoffe und Fertigprodukte, sondern Vor- bzw. Zwischenprodukte gehandelt, dies als Ergebnis einer tiefgreifenden Veränderung industrieller Standortstrukturen. Auf internationaler Ebene haben sich die güterwirtschaftlichen Austausch- und Ausgleichserfordernisse nicht nur in bezug auf den Raum, sondern auch auf Art, Menge und Zeit geändert.

Die Durchführung des grenzüberschreitenden Verkehrs unterliegt vielfältigen internationalen Vereinbarungen und Vorschriften, die meist auf multilateraler Ebene, d. h. unter Mitwirkung einer Vielzahl von Staaten, entwickelt wurden und werden. Von besonderer Bedeutung sind neben den vielfältigen internationalen, für den Betrieb von Verkehrsmitteln geltenden technischen vor allem solche Vorschriften, die den internationalen Verkehr in ökonomischer Hinsicht regeln. Dabei gilt, daß der internationale Verkehr weitgehend reguliert ist, d. h., die Möglichkeiten des Marktzutritts sowie die Kapazitäts- und Preisbildung sind dem Marktmechanismus in vielen Bereichen entzogen.

Vergleichsweise liberal geregelt, d. h. von ordnungspolitischen Eingriffen der Staaten relativ frei, ist die internationale Seeschiffahrt, wenn es auch, wie weiter oben ausgeführt wurde, in verschiedenen Fahrtgebieten, insbesondere in solchen, die Industrie- und Entwicklungsländer miteinander verbinden, immer wieder ordnungspolitische Eingriffe in den Marktmechanismus gegeben hat und noch gibt. Teilweise sehr liberal geregelt ist auch die internationale Binnenschiffahrt. Insbesondere gilt dies für die internationale Rheinschiffahrt. Der grenzüberschreitende Eisenbahntransport unterliegt einer Vielzahl internationaler Vorschriften. Dabei arbeiten i. d. R. Anbieter zusammen, die in ihren jeweiligen nationalen Märkten staatliche Monopolanbieter sind. Eine Ausnahme bildet lediglich Nordamerika, da in Kanada zwei, in den Vereinigten Staaten knapp ein Dutzend großer Eisenbahnunternehmen miteinander im Wettbewerb stehen. Besonders restriktiven Vorschriften unterliegt der internationale Straßengütertransport, d. h., hier gelten auf zahlreichen grenzüberschreitenden Relationen Marktzutritts- und Kapazitätsbeschränkungen sowie Preisbildungsvorschriften. Der internationale Luftverkehr wird ebenfalls noch immer durch eine Vielzahl von bilateralen Luftverkehrsabkommen geregelt, in denen u. a. sehr detailliert der Marktzutritt sowie Kapazitäts- und Preisbildung geregelt sind.

Während die ordnungspolitischen Rahmenbedingungen des internationalen Transports, d. h. die Bedingungen des Marktzutritts und der Kapazitäts- und Preisbildung, im grenzüberschreitenden Transport eher bilateral ausgehandelt werden (vgl. die Vielzahl bilateraler Luftverkehrs-, Schiffahrts- und Straßenverkehrsabkommen), lassen sich technische sowie Sozialvorschriften für den internationalen Verkehr eher multilateral regeln. Dies bedeutet jedoch nicht, daß es überhaupt keine Ansätze einer multilateralen Regelung der ordnungspolitischen Rahmenbedingungen des internationalen Verkehrs gibt. Als Beispiel kann die Europäische Gemeinschaft angeführt werden. Eine einheitliche, von allen souveränen Staaten der Erde getragene Weltverkehrsmarktordnung wird dagegen für absehbare Zeit Utopie bleiben. Dies liegt auch daran, daß die Staaten sehr unterschiedliche Zielvorstellungen in die verkehrspolitischen Verhandlungen auf internationaler Ebene einbringen. Vor allem zwischen Industrie- und Entwicklungsländern bestehen nach wie vor erhebliche, wenn auch von Einzelfall zu Einzelfall unterschiedliche Zielkonflikte.

Die Europäische Gemeinschaft hatte von Beginn an (vgl. Art. 3 c EWGV) eine gemeinsame Politik auf dem Gebiet des Verkehrs vorgesehen. In einem gesonderten Vertragsteil (Art. 74 bis 84 EWGV) sind die entsprechenden Zielvorstellungen detailliert aufgeführt. Trotz dieser Hervorhebung des Verkehrssektors hat sich lange Zeit kaum etwas bewegt. Erst Mitte der 80er Jahre gab es neue Impulse. Diese Impulse gingen zum einen von einem im Mai 1985 ergangenen Urteil des Europäischen Gerichtshofs aus, in dem dieser Versäumnisse der Verkehrspolitik festgestellt und deren Beseitigung angemahnt hatte, und zum anderen von dem politisch weiterreichenden Beschluß aus, bis Ende 1992 den EG-Binnenmarkt zu vollenden. Dieser Zeitrahmen wurde auch für die Schaffung eines einheitlichen EG-Verkehrsmarktes gesetzt. Aufgabe der **EG-Verkehrspolitik** ist es in diesem Zusammenhang, bis Ende 1992 die Dienstleistungsfreiheit im grenzüberschreitenden Güter- und Personenverkehr zwischen den EG-Mitgliedstaaten zu verwirklichen sowie die Bedingungen festzulegen, unter denen Verkehrsunternehmen eines EG-Staates in anderen EG-Staaten vorübergehend Binnenverkehre (sogenannte Kabotageverkehre) durchführen können, ohne in diesen Ländern über eine Niederlassung zu verfügen. Ob diese Vorgaben bis Ende 1992 im geplanten Umfang erfüllt werden, läßt sich noch nicht beantworten, auch wenn bereits eine Reihe von Maßnahmen ergriffen worden sind, durch die der innergemeinschaftliche grenzüberschreitende Straßengüter-, Luft-, See- und Binnenschiffs- sowie Bahnverkehr partiell dereguliert worden ist.

Die Einführung der Dienstleistungsfreiheit im grenzüberschreitenden Verkehr zwischen EG-Staaten und die Verwirklichung der Kabotage werden das Angebot logistischer Dienstleistungen in Europa und die Grundlagen des Wettbewerbs zwischen den Verkehrsunternehmen der einzelnen EG-Staaten nachhaltig beeinflussen. Wesentliches Merkmal dieser Entwicklung wird die Differenzierung der bislang vergleichsweise homogenen und überschaubaren Märkte sein. Neben transparenten Massenmärkten werden zunehmend vielfältige, auf unterschiedliche logistische Anforderungen ausgerichtete Spezialmärkte entstehen. Zudem werden diese Liberalisierung des EG-Verkehrsmarktes (Deregulationseffekte) und die Entwicklung der grenzüberschreitenden Logistik (Integrationseffekte) starke Verkehrszuwächse zur Folge haben. Hier liegen Risiken für den Aufbau und die Funktionsfähigkeit europaweiter Beschaffungs-, Produktions- und Distributionssysteme und damit für die von der wirtschaftlichen Integration Europas erwarteten Wachstums- und Wohlfahrtseffekte. Die offenkundigen Engpässe in der Verkehrsinfrastruktur bestimmen daher zunehmend die EG-Verkehrspolitik. Dies beruht auch auf der Bedeutung der nationalen Verkehrswegeausstattungen für die internationale Wettbewerbsfähigkeit.

Grundsätzlich gehört die Verkehrsinfrastruktur zur Ressourcenausstattung einer Volkswirtschaft, deren Unterschiedlichkeit die internationale Arbeitsteiligkeit der Wirtschaft fördert. Die Wirkungen einer guten Verkehrsinfrastrukturausstattung auf die wirtschaftliche Entwicklung sind – wie wir gesehen haben – vielfältiger Natur. Vor allem reduziert gute Verkehrsinfrastrukturausstattung den Raumüberwindungsaufwand. Eine vergleichsweise bessere Verkehrsinfrastrukturausstattung eines Staates führt bei sonst gleichen Bedingungen zu komparativen Kostenvorteilen, in Abhängigkeit von der Höhe und Verrechnungsform der Wegekosten. Als Folge davon ergeben sich räumliche Spezialisierungen, die zusätzlichen Transportbedarf auslösen. Die dafür aufgewendeten Produktionsfaktoreinsätze müssen mit den produktionswirtschaftlichen Spezialisierungsersparnissen verglichen werden. Sofern die diesem Entwicklungsprozeß innewohnenden Kräfte wirksam sind und durch politische Rahmenbedingungen keine falschen Signale für die Standortwahl gesetzt werden, steht am Ende eine optimale Differenzierung der ökonomischen Landschaft derart, daß die Staaten, die über die bessere Verkehrsinfrastrukturausstattung verfügen, transportintensivere Technologien anwenden und Produkte fertigen, in denen, relativ gesehen, mehr Transportarbeit steckt. Von daher wird die Bundesrepublik Deutschland als ein Land mit guter Verkehrsinfrastruktur in der Tendenz Güter importieren, die vergleichsweise wenig Transportaufwand enthalten bzw. vertragen (transportkostenempfindliche Massengüter, Gewichtsverlustmaterialien) und demgegenüber Güter exportieren, in denen als Folge hoch entwickelter arbeitsteiliger Fertigungsprozesse vielfältige logistische Leistungen enthalten sind (hochwertige Stückgüter, Reingewichtsmaterialien).

Durch den Ausbau der Verkehrsinfrastruktur werden die ökonomischen Distanzen in einer Volkswirtschaft reduziert. Daraus folgt eine Tendenz zu arbeits- und standortteiligen Fertigungen. Diese Spezialisierung erlaubt, wie dargestellt worden ist, die Ausschöpfung umfassender interner Größen- und externer Verbundeffekte. Kostengünstige Produktion und niedrige Raumüberwindungskosten weiten die Absatzgebiete aus (vgl. das Modell des *Launhardt*schen Trichters), häufig über die Grenzen einer Volkswirtschaft hinaus. Das ist der wichtige EG-Fall, der dadurch gekennzeichnet wird, daß durch die übernationale Spezialisierung infolge der zunehmenden Skalenerträge erst die komparativen Vorteile entstehen, die den Güteraustausch bewirken. Diese Erkenntnis veranlaßt die moderne Außenhandelstheorie zudem zu der Feststellung, daß zur Erklärung der internationalen Güteraustauschbeziehungen nicht nur die Ausstattung der einzelnen Volkswirtschaften mit Ressourcen herangezogen werden muß, sondern auch und zunehmend deren nationale räumliche Verteilung. Diese nämlich steht in Verbindung mit den Möglichkeiten zur Realisierung von Skalenerträgen. Eine gute Verkehrsinfrastrukturausstattung beeinflußt das Ausmaß der internationalen Arbeitsteilung und das Wirtschaftswachstum, aber nicht nur über die Einflußfaktoren interne und externe Ersparnisse bzw. Transportkosten, sondern auch über die Vorratswirtschaft. Denn eine schlechte Verkehrsinfrastrukturausstattung erfordert nicht nur ein höheres Maß an Transportarbeit für einen gegebenen Überbrückungsbedarf, sondern bewirkt auch eine Aufblähung der Produktionsfaktor- und Produktbestände: Unterstellt man eine gegebene Bestellpolitik sowie bestimmte logistische Abläufe, dann muß eine schlechtere Verkehrsinfrastruktur eines Staates zu einer Erhöhung der Bestände zu einzelnen Zeitpunkten führen. Dies beruht vor allem darauf, daß durch die längeren Transportzeiten jeweils mehr Güter (und mehr Transportmittel) unterwegs sind. Hinzu kommt eine Erhöhung der Sicherheitsbestände. Diese wird bei gegebenen Rahmenbedingungen (auch gegebener Risikobereitschaft) erforderlich, weil schlechte Verkehrswege und leistungsschwache Transportdienste keine exakten Anlieferungszeiten zulassen, insbesondere keine Just-in-time-Versorgung.

Bezieht sich die mangelnde Leistungsfähigkeit der Verkehrsinfrastruktur auch auf den Nachrichtenverkehr, so ergibt sich eine weitere Tendenz zur Erhöhung der Bestände dadurch, daß diese nicht aktuell oder sogar echtzeitlich verfolgt und gesteuert werden können.

In den vorangegangenen Abschnitten wurde dargestellt, wie durch die Vorhaltung von Verkehrsinfrastruktur und durch die differenzierte Anlastung von Wegekosten und externen Effekten Verkehrsgunst und Verkehrsungunst geschaffen werden können. Das gilt auch im internationalen Vergleich, wie der Vergleich zweier Volkswirtschaften mit unterschiedlichen Verkehrsinfrastrukturausstattungen – gemessen z.B. durch Netzdichten oder Erreichbarkeitsindizes – zeigt. Aus ungleicher, relativer Reichlichkeit resultieren im Vergleich der betrachteten Volkswirtschaften komparative Vorteile der jeweiligen Unternehmungen im bilateralen Handelsverkehr. Dieser Vorteil beruht auf zwei wechselseitig miteinander verbundenen Wirkungsmechanismen. Aus Gründen der Übersichtlichkeit sollen sie dennoch getrennt und nacheinander skizziert werden.

Der erste Vorteil, der **Transfervorteil,** beruht darauf, daß – im übrigen gleiche Verhältnisse vorausgesetzt – die Unternehmungen in dem Land mit der reichlichen Verkehrsinfrastruktur geringere Transport- und Kapitalbindungskosten zu tragen haben und damit im direkten Vergleich komparative Vorteile erzielen. Der zweite Vorteil, der **Organisationsvorteil,** entwickelt sich daraus, daß in dem Land mit der vergleichsweise reichlicheren Verkehrsinfrastruktur die arbeitsteilige Organisation der Wirtschaft gefördert wird. Da weder Bezugs- noch Absatzgebiete durch hohe Transportkosten eng begrenzt werden, tendiert die wirtschaftliche Entwicklung dazu, an zentralen Standorten spezialisierte Produktionen entstehen zu lassen. Neben externen Ersparnissen können daher vor allen Dingen Größenersparnisse als Folge der kumulierten massenhaften Fertigung realisiert werden. M.a.W.: Zwischen dem generellen Inputfaktor Verkehrsinfrastruktur und den anderen Produktionsfaktoren bestehen entsprechend der eingesetzten Produktionstechnologie begrenzte Austauschverhältnisse (partielle Limitationalitäten). Somit existieren auch produktionswirtschaftlich-organisatorische Technologien, die ohne die Verfügbarkeit bzw. bei begrenzter Verfügbarkeit von Verkehrsinfrastruktur nicht eingesetzt werden können. Im zwischenstaatlichen Vergleich produziert die eine Seite zu niedrigeren Grenz- bzw. Stückkosten nach Maßgabe und (Un-) Entgeltlichkeit staatlicher Vorleistungen.

Angesichts dieser elementaren Bedeutung der Ausstattung einer Volkswirtschaft mit Verkehrsinfrastruktur für ihre internationale Wettbewerbsfähigkeit überrascht es nicht, daß auf EG-Ebene im Rahmen der gemeinsamen

Verkehrspolitik sehr schnell die Frage auftauchte, ob die Verkehrsinfrastrukturausstattung zu den natürlichen Produktionsbedingungen der einzelnen Länder zählt oder ob die unentgeltliche Bereitstellung eine künstliche Wettbewerbsverzerrung darstellt. Im ersten Fall ist sicherzustellen, daß die Unterschiedlichkeit der Faktorausstattung in der internationalen Arbeitsteilung wirksam werden kann. Im zweiten Fall werden Maßnahmen diskutiert, die die Wettbewerbsverzerrungen abzubauen geeignet sind. Dabei werden Beeinträchtigungen der Funktionsfähigkeit des Wettbewerbs und Wohlfahrtseinbußen vermutet, wenn in den einzelnen Mitgliedsländern unterschiedliche Verkehrsinfrastrukturpreispolitiken, insbesondere in Form unterschiedlicher Anlastung der Wegekosten, die relative Faktorreichlichkeit verzerrt widerspiegeln. Das aber ist, man denke nur an die Seehafentarife der nationalen Eisenbahngesellschaften, bis heute im großen Umfang der Fall. Mit Hilfe der Seehafentarife konkurrieren die staatlichen Eisenbahngesellschaften um ein und dasselbe Hinterlandaufkommen. Erschwert wird die Lösung des Wegekostenproblems dadurch, daß im Zuge der Schaffung eines einheitlichen EG-Verkehrsmarktes nationale Verkehrswege verstärkt auch von ausländischen Unternehmen genutzt werden.

Literatur zu Teil II, Abschnitt 4

Aberle, G.: Chancen und Risiken für die Kraftwagenspedition, Der Güterverkehr, 24 (1975), S. 108–111, 123–125

Aberle, G.: Harmonisierung und Lenkung – Facetten der deutschen und EG-Straßengüterverkehrspolitik in den 90er Jahren, Zeitschrift für Verkehrswissenschaft, 60 (1989), S. 117–128

Baum, H.: Regulationspolitik im Güterverkehr, Zeitschrift für Verkehrswissenschaft, 57 (1986), S. 102–138 und S. 188–209

Brauer, K. M.: Betriebswirtschaftslehre des Verkehrs. Erster Teil: Tätigkeitsbedingungen der Verkehrsbetriebe, Berlin 1979

Braun, J./Wermuth, M.: VPS 3 – Konzept und Programmsystem eines analytischen Gesamtverkehrsmodells, in: *Schaechterle, K. H. (Hrsg.):* Schriftenreihe des Instituts für Verkehrsplanung und Verkehrswesen der TU München, Heft 6, München 1973

Bühlmann, R.: Die Frage der ‚Besonderheiten des Verkehrs, Bern 1969

Chiang, Y. S./Roberts, P. O./Ben Akiva, M.: Development of a Policy Sensitive Model for Forecasting Freight Demand. Final Report, Massachusetts Institute of Technology Center for Transportation Studies, Report No. 81–1, 1980

Diederich, H.: Verkehrsbetriebslehre, Wiesbaden 1977

Domenicich, T. A./McFadden, D.: Urban Travel Demand. A Behavioral Analysis, Amsterdam, Oxford, New York 1975

Europäisches Parlament: Terminologische Liste verkehrswirtschaftlicher Begriffe mit besonderer Berücksichtigung der Kostenfrage. Anlagen zum Bericht von *Paul J. Capteyn* über Fragen der gemeinsamen Verkehrspolitik im Rahmen der EWG, Dokument Nr. 106 vom 11. Dezember 1961

Hägerstrand, T.: What About People in Regional Science, Papers of the Regional Science Association, XXIV (1970), S. 7–21

Hamm, W.: Verkehr: Aufgaben und Organisation; Träger und Strukturen; Verkehrspolitik, in: Handwörterbuch der Wirtschaftswissenschaft, hrsg. von *W. Albers u. a.,* Band 8, Stuttgart, New York 1980, S. 238–257

Hautzinger, H.: Aktivitätenbezogene Verkehrserzeugungsmodelle – Ein neues Konzept zur Personenverkehrsprognose, Zeitschrift für Verkehrswissenschaft, 53 (1982), S. 92–114

Heinze, G. W.: Verkehrswissenschaft und Verkehr, Berichte zur Raumforschung und Raumplanung, 23 (1979), 4/5

Hesse, H.: Nutzen-Kosten-Analyse. I: Theorie, in: Handwörterbuch der Wirtschaftswissenschaft, hrsg. von *W. Albers u. a.,* Band 5, Stuttgart 1977, S. 361–382

Hoffmann, R.: Die Gestaltung der Verkehrswegenetze, Hannover 1961

Kloten, N.: Die Eisenbahntarife im Güterverkehr, Basel, Tübingen 1959

Lechner, K.: Verkehrsbetriebslehre, Stuttgart 1963

Musgrave, R. A.: The Theory of Public Finance, New York, Toronto, London 1959

Oettle, K.: Eigenwirtschaftliche Wegenetze? Kritische Anmerkungen zum Wegekostenbericht, in: Hamburger Jahrbuch für Wirtschafts- und Gesellschaftspolitik, hrsg. von *H.-D. Ortlieb/B. Molitor/W. Krone,* 15 (1970), S. 139–162

Oettle, K.: Raumwirtschaftliche Aspekte einer Betriebswirtschaftslehre des Verkehrs, Hannover 1978

Parkes, D./Thrift, N.: Timing Space and Spacing Time, Environment and Planning, 7 (1975), S. 651–670

Peters, H.-R.: Marktwirtschaftliche Verkehrsordnung und die ‚Besonderheiten' des Güterverkehrs, Bad Godesberg 1966

Rüsch, R./Sammer, G.: Das Raum-Zeit-Modell – Ein Ersatz für das traditionelle Modell in der Verkehrsplanung? Internationales Verkehrswesen, 31 (1981), S. 14–19

Sanmann, H.: Seeverkehrsmärkte. Grundlagen einer Ökonomik des Seeverkehrs, Göttingen 1965

Sax, E.: Die Verkehrsmittel in Volks- und Staatswirtschaft, Band 1: Allgemeine Verkehrslehre, 2. Auflage, Berlin 1918

Seidenfus, H. St.: Die Eigengesetzlichkeit des Verkehrs. Ein Anpassungsproblem, Zeitschrift für Verkehrswissenschaft, 32 (1961), S. 159–169

Seidenfus, H. St.: Verkehr und Regionalpolitik, Zeitschrift für Verkehrswissenschaft, 37 (1966), S. 1–10

Soltwedel, R./Busch, A./Groß A./Laaser, C.-F.: Deregulierungspotentiale in der Bundesrepublik, Bd. 202 der Kieler Studien des Instituts für Weltwirtschaft an der Universität Kiel, hrsg. von *H. Giersch,* Tübingen 1986

Suntum, U. van: Verkehrspolitik, München 1986 (a)

Suntum, U. van: Konsumentenrente und Verkehrssektor, Berlin 1986 (b)

Tuchtfeldt, E.: Infrastrukturinvestitionen als Mittel der Strukturpolitik, in: Theorie und Praxis der Infrastrukturpolitik, hrsg. von *R. Jochimsen/U. E. Simonis,* Berlin 1970, S. 125–151

Voigt, F.: Verkehr. Zweiter Band, 1. Hälfte: Die Entwicklung des Verkehrssystems, Berlin 1965

Voss, W.: Die Besonderheiten des Verkehrs in ihrer Bedeutung für die gemeinsame Verkehrspolitik der Europäischen Gemeinschaft, Archiv für das Eisenbahnwesen, 72 (1962), S. 344–368

Werner, M.: Regulierung und Deregulierung des Verkehrssektors in der wirtschaftswissenschaftlichen Diskussion – Die Theorie der Regulierung, Zeitschrift für Verkehrswissenschaft, 59 (1988), H. 1, S. 44–70, H. 2, S. 128–162

Willeke, R.: ‚Ruinöse Konkurrenz' als verkehrspolitisches Argument, Ordo, 28. Jg. (1977), S. 155–170

Teil III
Logistikmanagement

Im zweiten Teil sind die logistischen Erfordernisse und Rahmenbedingungen einer arbeitsteilig organisierten, dynamischen Wirtschaft dargestellt worden. Innerhalb dieses komplexen Geflechts von Beschränkungen, Vorgaben und Interdependenzen werden die logistischen Aufgaben von Einzelwirtschaften wahrgenommen.

Perspektive der Darstellung ist, daß Logistikkonzepte als Führungskonzepte gesehen werden, die durch die übergreifende Zuständigkeit für alle unternehmensbezogenen Güterbestände und Güterbewegungen ausgezeichnet sind. Logistikmanagement ist die Gestaltung und Steuerung der unternehmerischen Güterflußnetze.

1. Umwelt- und Unternehmensentwicklung

1.1 Das Erfordernis der Abstimmung der Unternehmens- mit der Umweltentwicklung

Unternehmungen sind offene, mit der sie umgebenden Umwelt vielfältig verknüpfte Systeme. Die Verknüpfungen sind in der Regel wechselseitig, sie haben materiellen oder immateriellen Charakter, sie begrenzen den unternehmerischen Handlungsspielraum und sind zugleich wesentlich von der Unternehmenspolitik bestimmt. Das Management der Umwelt-Unternehmung-Beziehungen ist entscheidend für Existenz und Entwicklung der Unternehmungen insofern, als die Diskrepanzen der Außen-Innen-Verhältnisse nicht zu groß werden dürfen, sondern stets beherrschbar und erträglich bleiben müssen (*Luhmann,* S. 120). Das ist um so schwieriger, als Unternehmungen und Umwelten dynamisch sind und die erforderliche Harmonie ständig bedroht ist.

Besondere Aufmerksamkeit erfordert in diesem Sinne die logistische Umwelt der Unternehmungen, und das aus zwei Gründen. Zum einen ist die Logistik ja gerade der Aufgabenbereich, dessen zentraler Gegenstand die güterwirtschaftlichen Unternehmung-Umwelt-Beziehungen sind. Zum zweiten ist kaum eine andere, für die Unternehmungen relevante Umwelt durch stärkere Veränderungen gekennzeichnet als die logistische. Im zweiten Teil dieser Arbeit wurde dargestellt, wie u. a. das Wirtschaftswachstum, der damit verbundene sozioökonomische Strukturwandel, technische Neuerungen, räumliche Entwicklungen und rechtlich-politische Eingriffe die logistische Umwelt vor allem in den letzten Jahren verändert und das Gewicht der Logistik erhöht haben. Die Organisation der logistischen Unternehmung-Umwelt-Beziehungen ist zu einer zentralen strategischen Aufgabe geworden.

Strategische Planung ist auf die Offenlegung und Gestaltung der Unternehmung-Umwelt-Beziehungen gerichtet, indem sie kritische Umweltentwicklungen antizipiert (*Zahn*, S. 147), dabei auch schwache Signale wahrnimmt, Fähigkeiten und Reserven zur Anpassung aufbaut und gezielte Umweltveränderungen einleitet. Beeinflussung der oder Anpassung an die Umwelt bestimmen im konkreten Einzelfall das Verhältnis der Unternehmung zur Umwelt als das einer Über-, Gleich- oder Unterordnung (*Kosiol*, S. 19).

Situations- und verhaltensbedingt wird damit zugleich die Grenze Innen/Außen festgelegt. Aktive Beeinflussung und gezielte Machtausübung verschiebt sie tendenziell in die Umwelt hinein, Anpassung bedeutet Fremdbestimmung der Unternehmung. Konkreter Ausdruck für derartige Grenzziehungen auf dem Gebiet der Logistik sind z. B. die vereinbarten Handelsklauseln wie fob, cif etc. (vgl. Teil III, Abschnitt 3.2.1.2).

Die Möglichkeiten, durch geeignete Verhaltensweisen den für die Unternehmungen überlebenswichtigen Interessenausgleich herbeizuführen, werden wesentlich bestimmt durch die strukturelle und zeitliche Dimension der Umwelt. Deren Komplexität und Dynamik bestimmen Transparenz und Beherrschbarkeit, m. a. W. sie begründen das Ausmaß der Ungewißheit über die relevanten Zukunftsentwicklungen: Je schneller sich die Umwelt in der Gegenwart verändert, desto geringer ist das Wissen über die Zukunft.

1.2 Die Unternehmensentwicklung

1.2.1 Unternehmensentwicklung durch Systemdifferenzierung

Aus der Tatsache wechselseitiger Verknüpfungen und dem Ausgleichserfordernis resultiert eine gewisse Entsprechung zwischen Umwelt- und Unternehmensentwicklung. Diese besteht vor allem darin, daß die Unternehmungen sich angesichts komplexer und dynamischer Umwelten differenzieren. Aus dem Umstand, daß sich Unternehmen, um zu überleben, nicht vollkommen von der Umweltentwicklung abkoppeln können, ergibt sich eine Korrespondenz zwischen strukturellen und zeitlichen Dimensionen von Umwelt und Unternehmung: Zunehmender Umweltkomplexität begegnen die Unternehmungen durch verstärkte **Systemdifferenzierung** und Spezialisierung, zunehmender Dynamik durch erhöhte **Systemflexibilität** *(Kubicek/Thom)*. Oder anders: Unterschiedliche Umweltsituationen begünstigen (erfordern, lassen überlegen erscheinen, selektieren) unterschiedliche Organisationen und die Dynamik der Umweltentwicklung erfordert einen Vorrat an vielfältigen unternehmerischen Handlungsmöglichkeiten (vgl. das ‚Gesetz der erforderlichen Mannigfaltigkeit', *Ashby*, S. 207). D. h., die Unternehmen dürfen ihre Funktions- und Überlebensfähigkeit nicht vom Eintritt bestimmter Umweltsituationen abhängig machen.

Komplexe Aufgaben können besser, weil unter Nutzung von Spezialisierungsvorteilen, bewältigt werden, wenn – und seien es noch so geringfügige Anforderungsunterschiede – eine **Aufgabenteilung** durchgeführt wird.

Die an unterschiedlichen Aufgabenumwelten ausgerichtete Differenzierung der Unternehmung in Subsysteme verbessert ihre Beeinflussungs- und Anpassungsmöglichkeiten. Je nach ihren individuellen Positionen in zugehörigen Umweltausschnitten haben die einzelnen Subsysteme einer Unternehmung dabei unterschiedliche Strukturen und Handlungsspielräume.

Die Subsystembildung erfolgt, indem einzelne Aufgaben abgegrenzt, auf Organisationseinheiten verteilt und personelle Verantwortungsbereiche geschaffen werden.

Dabei ist das Ausmaß, in dem Aufgaben, Personen und Sachmittel formal und dauerhaft einander zugeordnet werden, Ausdruck organisatorischer Flexibilität. Die Poolung von Ressourcen, die bedarfsorientierte Bildung von Teams und Einsatzgruppen, nicht vorgeschriebene offene Kommunikationswege, vergleichsweise allgemeine Aufgabenbeschreibungen und die Zuordnung komplexer Aufgaben sind u.a. wesentliche Kriterien der Anpassungsfähigkeit an die Umweltveränderungen. In Abhängigkeit von deren Häufigkeit, Stärke und Regelmäßigkeit sind für die Aufgabenverteilungen unterschiedliche Strukturen angemessen. Dabei muß bedacht werden, daß die zunehmende strukturelle Anpassung der Organisationen an ihre Umwelt diese zugleich anfällig für Umweltveränderungen macht. Insgesamt sind den Vorteilen der Systemdifferenzierung und Spezialisierung nachteilige Flexibilitätsverluste gegenüberzustellen und nach Möglichkeit ausgewogen zu bestimmen.

1.2.2 Unternehmenssicherung durch Integration und Koordination

Unmittelbar verbunden mit der Bildung von Subsystemen ist das Erfordernis der Systemintegration und Koordination. Durch sie werden arbeitsteilige Prozesse auf gemeinsame Ziele ausgerichtet. Integration und Koordination zielen auf die übergreifende Handhabung interdependenter Entscheidungsprobleme. Dabei wird unter Integration die planerische, institutionalisierte Berücksichtigung von Interdependenzen verstanden, während die Koordination die verbliebenen, vor allem die nicht vorhersehbaren situations- und störungsbedingten Abstimmungen umfaßt (*Bleicher*, S. 47 ff.).

Durch Integration werden die differenzierten Subsysteme nach Maßgabe ihrer Interdependenzen zu zentralen Organisationseinheiten zusammengefaßt (vgl. Abschnitt 4.3). Diese Strukturierung kann nach den Kriterien Objekt, Verrichtung, Region erfolgen, sie kann auf Dauer oder im Hinblick auf dynamische Umwelten auf Zeit angelegt sein. In gleicher Weise wie die Systemdifferenzierung muß auch die Systemintegration überdacht und verändert werden, wenn dies die Umwelt- bzw. Unternehmensentwicklung erfordert. So liegt es z.B. nahe, dem Größenwachstum von Unternehmungen dadurch Rechnung zu tragen, daß eindimensionale durch zweidimensionale Organisationsstrukturen ersetzt werden, z.B. die Gliederung nach Objekten (vgl.

Produktionssparten) ergänzt wird durch eine solche nach Verrichtungen (vgl. Matrixmodell). Systemdifferenzierung und Systemintegration ergeben spezifische Organisationsstrukturen.

Verbliebene Freiheitsgrade in interdependenten Entscheidungsprozessen, ad hoc-Abstimmungen über aktuelle Probleme, werden durch Koordination geregelt. Dabei ist die dezentrale Abstimmung der interdependenten Entscheidungsträger untereinander zu unterscheiden von der zentralen (hierarchischen) Koordination, bei der eine besondere Instanz die Abstimmung übernimmt. Bedeutsam für das Ergebnis der Koordination ist auch hier die konkrete Ressourcen-, speziell Machtverteilung innerhalb der Organisation.

Während die Integration vornehmlich auf die unternehmensinternen Subsysteme abzielt, sind die unternehmensübergreifenden Schnittstellen die Domäne der Koordination. Das deswegen, weil hier der Übergang zur unbeherrschbaren Umwelt immer neue Abstimmungen, sprich Anpassungen oder Manipulationen, erfordert. Dabei wird nicht übersehen, daß durch eine Integration von Umweltausschnitten der Koordinationsbedarf reduziert werden kann. Verwiesen sei nur auf die Bemühungen von Unternehmungen, sich mit einer ‚verhandelten Umwelt' („negotiated environment", *Cyert/March,* S. 119 f.) zu umgeben. Für die Logistik besonders bedeutsam ist der Umstand, daß die Koordination neben Information und Kommunikation durch Puffer und Überschußressourcen (slack resources, *Galbraith,* S. 50 ff.) geleistet werden kann. Da die prototypischen Ausprägungen von Puffern Güterbestände und Wartezeiten sind, registriert die Logistik mangelnde Abstimmungen – als Stauungen oder Abrisse – zuerst, was nicht zuletzt ihre Funktion als grundlegendes Regelsystem der Unternehmen begründet.

Die skizzierte Theorie der Unternehmensentwicklung erscheint besonders geeignet als Bezugsrahmen für die Handhabung der logistischen Probleme durch die Unternehmungen. Die stürmische Entwicklung der relevanten Aufgabenumwelten, die Systemdifferenzierung, Integrationsmodelle und Koordinationsmechanismen, Querschnittscharakter, Entscheidungsinterdependenzen, Schnittstellen und Zwischensysteme sind die hervorgehobenen Merkmale und Bezugspunkte des Logistikmanagements. Die Ordnung der nachfolgenden Ausführungen orientiert sich deshalb an der Logik der dargestellten Theorie der Unternehmensentwicklung.

Literatur zu Teil III, Abschnitt 1

Ashby, W. R.: Introduction to Cybernetics, 1. Auflage, London 1956

Bleicher, K.: Unternehmensentwicklung und organisatorische Gestaltung, Stuttgart, New York 1979

Cyert, R. M./March, J. G.: A Behavioral Theory of the Firm, Englewood Cliffs, N. J. 1963

Galbraith, J. R.: Designing Complex Organizations, Reading, Mass., Menlo Park, Cal., London, Amsterdam, Don Mills, Ont., Sydney 1972

Kosiol, E.: Organisation der Unternehmung, 2. Auflage, Wiesbaden 1976

Kubicek, H./Thom, N.: Umsystem, betriebliches, in: Handwörterbuch der Betriebswirtschaft, hrsg. von *E. Grochla/W. Wittmann,* 4. Auflage, Stuttgart 1976, Sp. 3977–4017

Luhmann, N.: Zweckbegriff und Systemrationalität. Über die Funktion von Zwecken in sozialen Systemen, Tübingen 1968

Zahn, E.: Entwicklungstendenzen und Problemfelder der strategischen Planung, in: Planung und Rechnungswesen in der Betriebswirtschaftslehre, Festschrift für *Gert v. Kortzfleisch,* hrsg, von *Heinz Bergner,* Berlin 1981, S. 145–190

2. Planungskonzepte für die Gestaltung der Unternehmenslogistik

Die Optimierung komplexer Güterflußsysteme stellt hohe Anforderungen an Planung, Steuerung und Kontrolle. Angesichts der Komplexität und Dynamik der güterwirtschaftlichen Außen- und Innenbeziehungen von Unternehmungen macht das Ziel der durchgängigen Optimierung der logistischen Ketten innovative Planungskonzepte erforderlich. Neben der umfassenden

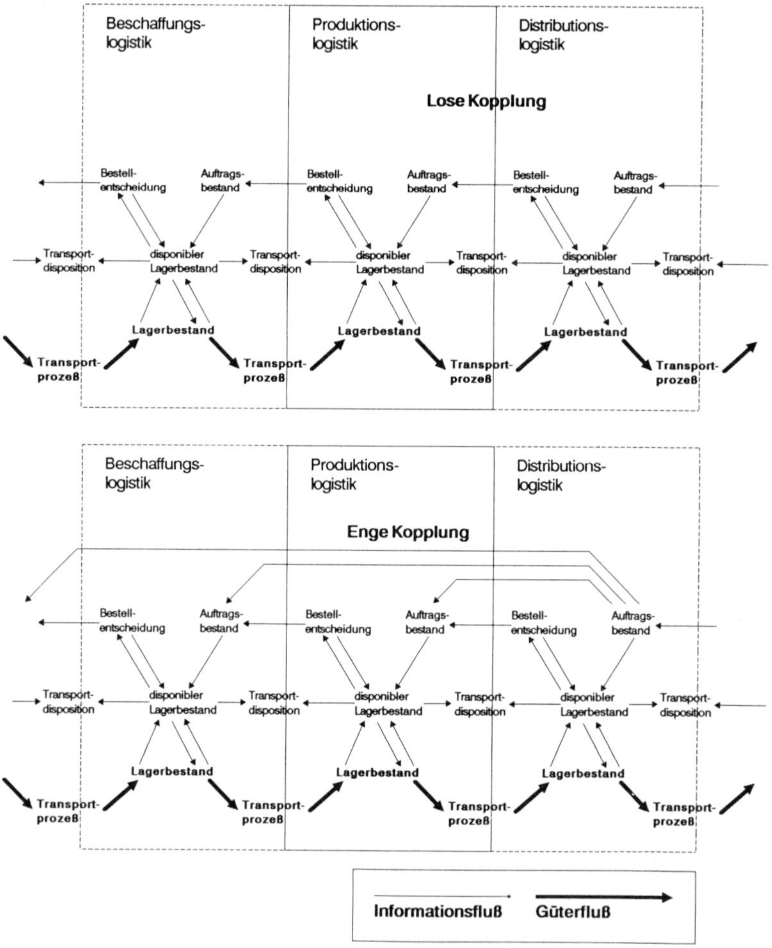

Figur 39: Enge Kopplung der logistischen Kette

DV-Unterstützung sind **vorauseilende Informationen, Echtzeitsteuerung, enge Kopplungen, Postponement, reaktive Prozesse, Ereignisorientierung, net change- und retrograde Planungsverfahren** Merkmale dieser Führungssysteme.

Die herkömmliche Planung der Material- und Güterströme im Beschaffungs-, Produktions- und Distributionsbereich folgt deren Abbildung durch lose gekoppelte Regelkreise. Dieses Planungsmodell entspricht der funktionalen Organisation der Unternehmung, Funktions-, nicht Flußoptimierung ist das Ergebnis.

Die lose Kopplung der Prozesse führt in der Praxis zu unbefriedigenden Ergebnissen: Bestände und Abrisse, lange Durchlaufzeiten, Verzögerungen, Warte- und Stillstandszeiten sind zwangsläufige Folgen. Zudem kann es infolge nicht abgestimmter Berichtszyklen bei aufeinander bezogenen Dispositionsprozessen zu Resonanzeffekten kommen (vgl. das Aufschaukeln von Sicherheitsbeständen bei mehrstufiger Planung). Eine durchgängige Flußoptimierung entlang der gesamten logistischen Kette macht die enge Kopplung der einzelnen Regelkreise erforderlich (vgl. *Figur 39*). Die direkte informatorische Verknüpfung der leistungsmäßig verbundenen Prozesse ermöglicht deren **Synchronisation** (z.B. von Materialbereitstellung und -entnahme, vgl. *Figur 40*). Dabei muß das Planungssystem eine feed forward- und eine feed back-Komponente umfassen. Vorkopplungen ermöglichen realisierbare, Rückkopplungen aktuelle Pläne. Durch möglichst verzögerungslose feed back-Informationen wird nicht nur ein zeitlich größerer Handlungsspielraum mit i.d.R. wirtschaftlich überlegenen Anpassungsmöglichkeiten geschaffen, sondern zugleich die Voraussetzung für die zeitnahe Bindung von Prozeß und Plan, welche der Planung erst ihre Funktion und Akzeptanz sichert.

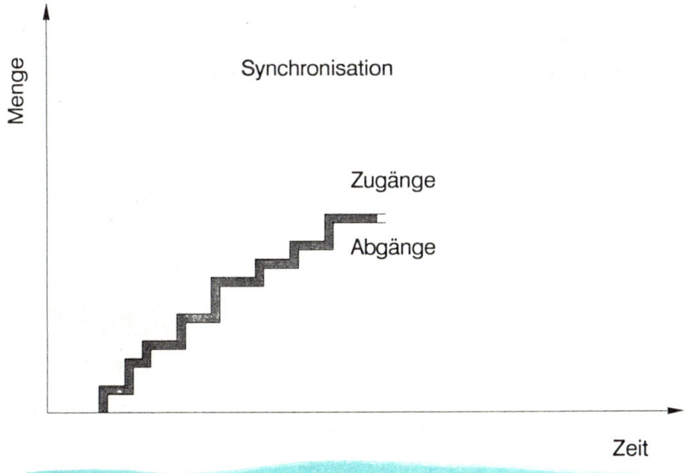

Figur 40: Synchronisation von Materialbereitstellung und -entnahme

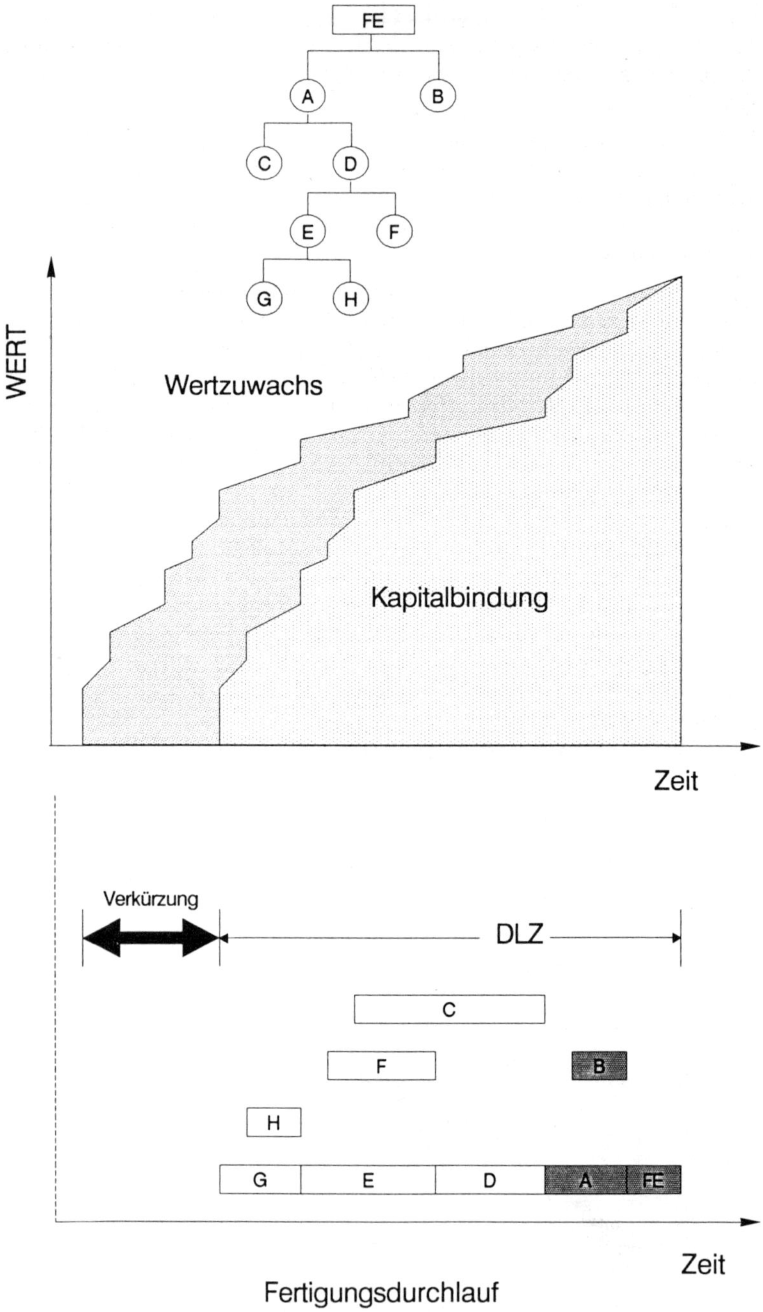

Figur 41a: Zusammenhang zwischen Prozeßdauer und Wertzuwachs

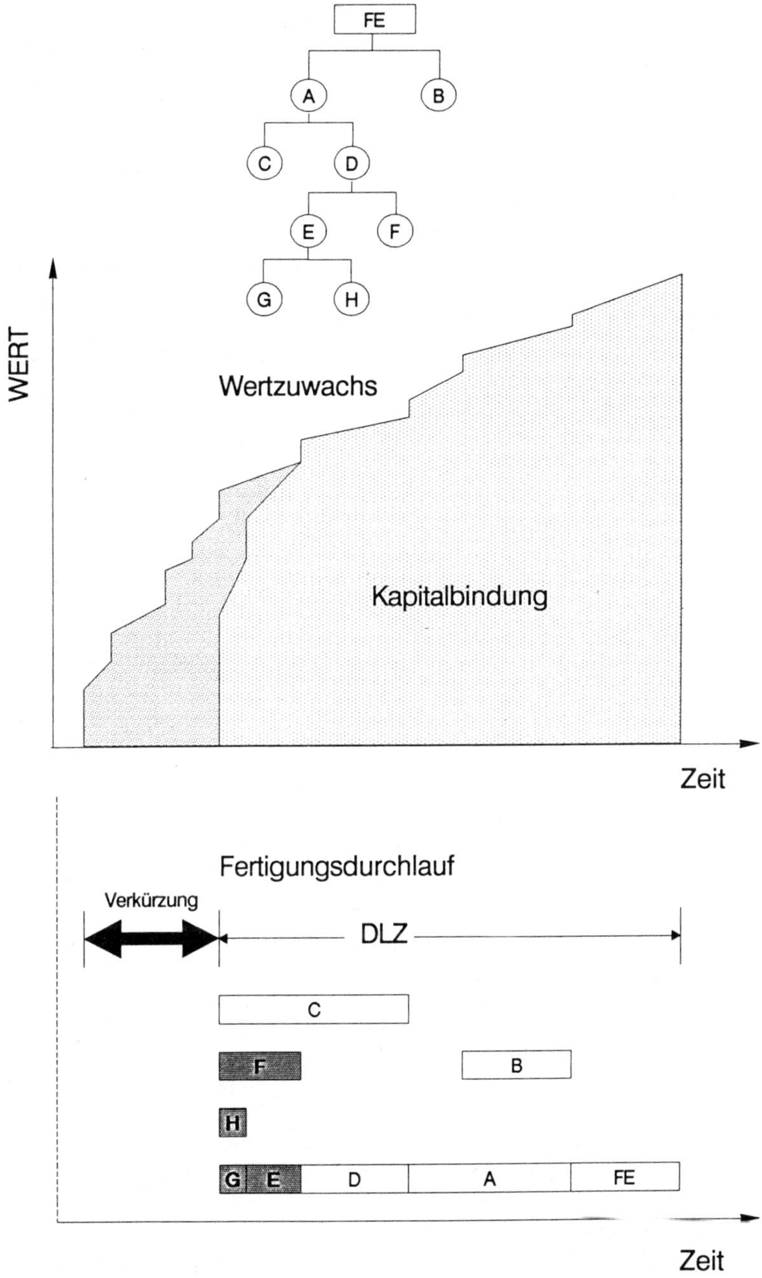

Figur 41 b: Zusammenhang zwischen Prozeßdauer und Wertzuwachs

Die **enge Kopplung** aller Prozesse entlang logistischer Ketten ermöglicht zudem die Anwendung von Postponementstrategien. Diese gezielte **zeitliche Verzögerung** aller Aktivitäten entlang einer logistischen Kette führt zu einem verzögerten Kostenaufwuchs (vgl. *Figuren 41a* und *41b*).

Bestände werden, soweit sie erforderlich sind, weil die Durchlaufzeiten länger als die gewünschten Lieferzeiten sind, jeweils auf der **Stufe geringstmöglicher Wertschöpfung** gehalten. Die positiven Effekte auf Kapitalbindung und Rendite sind evident.

Wichtiger aber ist, daß die konsequente Verzögerung der Prozesse auf ihre spätestmöglichen Starttermine dazu führt, daß aufgrund der dadurch verbesserten Informationslage als Folge aktuellerer Marktinformationen und verkürzter Prognosezeiträume sehr viel genauer im Hinblick auf die Nachfrage hin produziert werden kann. Die Gefahr, am Markt vorbei zu produzieren, eine Gefahr, die angesichts der steigenden Zahl von Varianten und bedienten Märkten zunimmt, wird reduziert. Die Bindung von Ressourcen in Produkte, die gegebenenfalls und angesichts kürzer werdender Lebenszyklen und zunehmend knapp bemessener Verfalldaten immer häufiger zurückgenommen, umgearbeitet, demontiert oder vernichtet werden müssen, ist nicht nur einzel-, sondern auch gesamtwirtschaftlich ineffizient. Hinzu kommt, daß von den beiden Möglichkeiten, fortbestehenden Marktunsicherheiten zu begegnen, die **Bestandsflexibilität** (Sicherheitsbestände) gegenüber der **Prozeßflexibilität** (kurze Durchlaufzeiten, geringe Sortenwechselschwere) den Nachteil der endgültigen, i. d. R. irreversiblen Ressourcenwidmung hat. Das Risiko der Fehlsteuerung und die Verschwendung von Produktionsfaktoren sind offenkundig.

Die Substitution **antizipativer,** auf Prognosen gestützter **Prozesse** durch **reaktive Prozesse** wird neben der engen Rückkopplung mit dem Markt auch dadurch gefördert, daß durch gezielte Produktgestaltung (vgl. Modulbauweise, Gleichteile, Teilefamilien) der Übergang von kundenanonymer zu kundenbezogener Fertigung (order penetration point; Variantenbestimmungspunkt) hinausgeschoben werden kann.

Die Planungsphilosophie des Postponement, die bei enger Kopplung der Leistungsbereiche zu durchgängigen Just-in-time-Abläufen führt, ist durch eine retrospektive Sichtweise gekennzeichnet. Ausgehend von zugesagten oder beabsichtigten Liefer- bzw. Fertigstellungsterminen werden durch **Rückwärtsverkettung** der erforderlichen Aktivitäten die spätestmöglichen Starttermine und schlupffreien (kritischen) Prozeßfolgen bestimmt. Es ist offensichtlich, daß diese Vorgehensweise an die Bedingung enger **Vor-** und **Rückkopplung** gebunden ist. Nur so sind realistische Vorgaben (Termine, Laufzeiten etc.) einerseits sowie verzögerungslose Anpassungen in Form von Beschleunigungen oder Verzögerungen der Güterströme möglich (mit weitgehendem Verzicht auf Bestände).

Daraus ergibt sich schließlich, daß in der logistischen Planungspraxis zyklische Neuplanungen durch ereignisorientierte **Änderungsplanungen** ersetzt werden müssen (vgl. *Figur 42*). Notwendige Anpassungen werden nicht bis zum vorgesehenen kompletten Neuaufwurf der Planung zurückgestellt, viel-

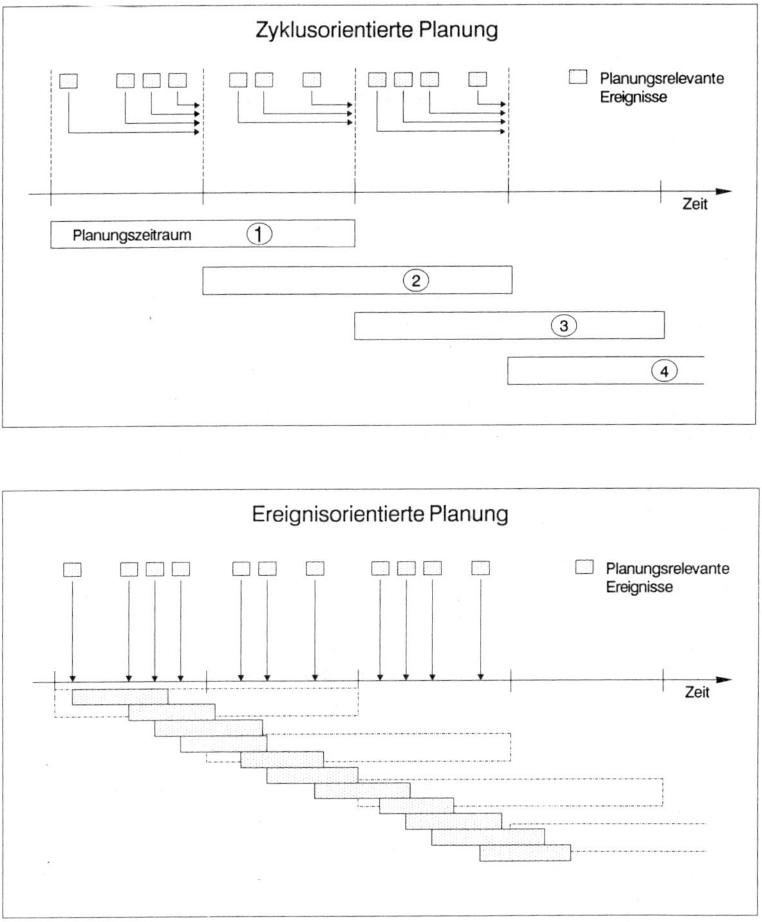

Figur 42: Zyklus- versus ereignisorientierte Planung

mehr wird die Planung ereignisabhängig aktualisiert, allerdings nur im relevanten Beziehungsnetz (net change). Einer zu großen Planungsnervosität kann durch die Vorgabe kritischer Auslösewerte (Trigger) begegnet werden. Das Ausmaß der wirtschaftlich gebotenen Robustheit ist dabei mit Hilfe von Sensibilitätssimulationen zu bestimmen und anzupassen.

3. Der logistische Aufgabenvollzug

3.1 Die Abgrenzung logistischer Aufgabenbereiche

Die logistischen Aufgaben sind äußerst vielfältig und die zwischen ihnen bestehenden Interdependenzen kaum überschaubar. Die Handhabung dieses Aufgabenkomplexes muß daher nach Möglichkeit einen Ausgleich herbeiführen zwischen der Differenzierung, die erforderlich ist, um umfängliche, unterschiedliche und wechselnde Aufgaben überhaupt sachkundig wahrnehmen zu können, und einer Integration, die die überlebenswichtige Leistungsfähigkeit gewährleistet. Dabei können angesichts der Umweltveränderungen und der erforderlichen unternehmerischen Flexibilität nicht alle Interdependenzen vorab organisiert werden, es verbleibt situationsbezogener Koordinationsbedarf (vgl. Abschnitt 1.2.2).

Die Gewichte von Integration und Koordination, von ex ante- und ad hoc-Abstimmung, von Struktur- und Ablauforganisation sind in den einzelnen betrieblichen Funktionsbereichen unterschiedlich verteilt. Da gibt es den ‚deterministischen Kern' der Produktionswirtschaft, der durch eine Reihe von Vorentscheidungen gegenüber der veränderlichen Umwelt relativ gut abgeschirmt ist. Und da gibt es andererseits die außen(markt-)orientierten Aufgabenbereiche Beschaffung und Distribution, die die Unternehmung-Umwelt-Beziehungen organisieren. Für sie sind ungleich anpassungsfähigere Regelungen vorzusehen. Da darüber hinaus die Bestimmtheit bzw. die Unsicherheit der einschlägigen Entscheidungsprobleme in Abhängigkeit von den konkreten und aktuellen Rahmenbedingungen ständig wechselt, empfiehlt es sich, für die Behandlung der logistischen Aufgaben einer Unternehmung zunächst globale Problemfelder zu definieren. Es sind dies – wie bereits erwähnt (vgl. Teil I, Abschnitt 1.3):

- Beschaffungslogistik
- Produktionslogistik
- Distributionslogistik
- Entsorgungslogistik

Unbeschadet der zwischen diesen Bereichen bestehenden Interdependenzen werden diese zunächst einzeln und in der genannten Reihenfolge dargestellt. Diese Vorgehensweise orientiert sich an dem vorherrschenden Einsatz-Durchlauf-Ausstoß-Modell der Unternehmung, ermöglicht aber zugleich die für die Logistikplanung erforderliche retrospektive Ausrichtung. Die Steuerungs- und Kontrollinformationen für Beschaffung, Produktion und Distribution ergeben sich aus der engen Rückkopplung mit Absatz- und Marktzielen. Ausgehend von Marktprognosen und/oder Auftragsbeständen werden Fertigproduktbedarfe an die Produktionsplanung gemeldet. Durch die Planung des Fertigungsablaufs werden rückwärts über die einzelnen Fertigungsstufen und -stellen hinweg zeitgestaffelte, terminierte Nettobedarfe für die jeweiligen Einsatzgüter bestimmt. Zugleich, d.h. die Fertigungsplanung übergreifend, werden Beschaffungen angestoßen und Einkaufsaufträge ausgelöst. Mit anderen Worten: Kunden- und Lageraufträge aktivieren eine zentrale Versorgungsplanung. Diese ermittelt unter Beachtung der angewendeten Produktionstechnologie (Stücklisten, Kapazitäten, Fertigungs- und Rüstzeiten etc.) die erforderlichen Bereitstellungsmengen und -termine für alle Glieder der betrachteten Versorgungskette.

3.2 Die zentralen logistischen Aufgabenfelder

3.2.1 Die Beschaffungslogistik

3.2.1.1 Die Aufgaben der Beschaffungslogistik

Die Aufgabe der bedarfsgesteuerten Beschaffung wird darin gesehen, alle zur Durchführung der geplanten betrieblichen Leistungsprozesse erforderlichen Einsatzgüter und Dienstleistungen verfügbar zu machen, verfügbar nicht im verfügungsrechtlichen Sinne, sondern körperlich. Dabei geht es, wie in verkürzter, zu suboptimalen Lösungen führender Betrachtung gefordert wird, nicht nur darum, die richtigen Güter in der richtigen Menge am richtigen Ort zur richtigen Zeit bereitzustellen. Vielmehr sind im Sinne der Gesamtoptimierung der logistischen Ketten die Vorentscheidungen darüber, was in diesem Zusammenhang ‚richtig' ist, in die Betrachtung einzubeziehen. Dabei handelt es sich häufig um strategische Entscheidungen mit langfristigen Wirkungen auf die Wettbewerbspositionen der Unternehmungen.

Das gilt bereits für die Bestimmung des **Produktionsprogramms** und der Fertigungstiefe. Durch diese Entscheidungen werden Standortanforderungen, Beschaffungsgebiete und Bezugsquellen sowie Transportbedingungen festgelegt. Die Erweiterung bzw. Verringerung der Fertigungstiefe macht Anpassungen der Logistik notwendig. Die Verständigung mit den Lieferanten auf Maße und Gewichte, Verpackungen und Versendungsformen entscheidet über die Einsatzmöglichkeiten standardisierter Transporthilfsmittel, über die Verkehrsaffinitäten der Beschaffungsgüter, über eventuelle Abfall- und Leerguttransporte. Der Hinweis auf die Wahlmöglichkeit Einweg-/Mehrwegverpackung und die gezielte Veränderung der Transportempfindlichkeit durch Verpackungsgestaltung möge an dieser Stelle zur Veranschaulichung der Zusammenhänge genügen. Von besonderer Bedeutung ist die Bestimmung der passenden Reifegrade der Einsatzgüter, um Doppel- und Zusatzarbeiten zu vermeiden, z. B. Montage- bzw. Demontagetätigkeiten. In jedem Fall müssen die Entscheidungen über Eigenerstellung oder Fremdbezug die jeweiligen logistischen Konsequenzen berücksichtigen. In vielen Fällen geben sie den Ausschlag bei der Bestimmung der Fertigungstiefe. Diese Zusammenhänge werden z.B. dann besonders deutlich, wenn die Möglichkeiten bedacht werden, einzelne, artmäßig definierte Einsatzgüter nicht mehr getrennt, sondern in Baugruppen (vor-) montiert zu beziehen.

Durch dieses modular sourcing werden nicht nur Beschaffungs-, Fertigungs- und Montagetätigkeiten ausgelagert, vielmehr ergeben sich veränderte logistische Bedarfe, z. B. strengere Anforderungen an die Zeitgenauigkeit der Bereitstellung.

Was die Forderung anbetrifft, die Güter in der ‚richtigen' Menge bereitzustellen, so bedeutet dies zunächst nur Sicherstellung der Verfügbarkeit zu minimalen Kosten. Offen bleiben die Fragen nach den Anteilen von Vorratsbeschaffung und einsatzsynchroner Beschaffung sowie Anlieferungsmengen in Abhängigkeit von Transport-, Verpackungs- und Umschlagskosten, Lager- und Auftragsabwicklungskosten. Besondere Aufmerksamkeit wegen ihres Gewichts wie auch der schwierigen Bestimmbarkeit verdienen zudem die Fehlmengenkosten.

In gleicher Weise wie zwischen Art- und Mengenaspekt bestehen auch Interdependenzen zur dritten, der **räumlichen Dimension der Beschaffung.** So bestimmt das Ausmaß der erforderlichen Raum(ausgleichs)leistungen in Verbindung mit dem Bedarf pro Periode die erforderlichen Transportkapazitäten und umgekehrt. Erlauben die Standorte der potentiellen Bezugsquellen eine ‚Beschaffung der kurzen Wege', so können nicht nur die Transport- und Kapitalbindungskosten, sondern auch die einschlägigen Risiken verringert werden. Je länger die Versorgungswege sind, desto mehr Güter und Transportmittel befinden sich unter im übrigen vergleichbaren Bedingungen im Nachschubsystem. Andererseits können günstige Bezugsquellen häufig nicht berücksichtigt werden, weil die vorhandenen Transportmöglichkeiten (vgl. die Ausführungen zur Raumerschließung und Erreichbarkeit, Teil II, Abschnitt 4.1.5) unzureichend oder unsicher sind. Dabei sind lokale Transportrisiken keineswegs nur historische Erscheinungen, sondern auch heute noch aktuell, z. B. Kriegsfallgefährdungen, wetterbedingte Störungen oder Arbeitskämpfe.

Beispielhaft sei auf namhafte europäische Unternehmen der Eisen- und Stahlindustrie verwiesen, die zur Begrenzung des Transportrisikos ihre Eisenerzbezüge auf verschiedene Häfen – unter Inkaufnahme höherer Kosten – verteilen, oder auf die Engpässe im Alpentransit, die verteilte Umwegfahrten, zusätzliche Lagerhaltung, ja sogar Standortverlagerungen notwendig machen.

Die Standortstruktur der Beschaffungsorte ist aber nicht nur unter dem Aspekt der Risikoteilung zu sehen, sondern auch aus der Sicht der Bildung von Sammelladungen, der Komplettierung von Rundtouren sowie – gegebenenfalls unter Einbeziehung der Distribution – der Vermeidung von Leerfahrten durch die gezielte Reduzierung der Unpaarigkeit. Langfristig, spätestens in Verbindung mit der Veränderung der Produkt- und Prozeßstrukturen, stellt sich die Frage nach einer Anpassung der Standortstrukturen. Dabei sind neben den standortspezifischen Produktionskosten (vgl. Teil II, Abschnitt 3.2.1) die Möglichkeiten und Bedingungen der Beschaffung zu berücksichtigen.

Damit ist zugleich die Verbindung zur letzten Teilaufgabe der Beschaffungslogistik, der Bestimmung und Sicherstellung der richtigen **zeitlichen Bereitstellungsstruktur,** hergestellt. Die im Regelfall voneinander abweichenden, technisch-natürlich oder autonom bestimmten Zeitstrukturen der Bereitstellung und des Einsatzes der Güter, der Quantencharakter vieler Einsatzfaktoren oder aber funktionenübergreifende Erwägungen, z. B. die Festlegung optimaler Verpackungs- oder Transportlose, führen dazu, daß das Ideal der zeitgenauen ‚lagerlosen Versorgung' in der Praxis nicht nur schwer realisierbar, sondern für viele Versorgungsaufgaben auch nicht wirtschaftlich ist. Auch über Just-in-time-Belieferungen muß im Rahmen einer Gesamtkostenbetrachtung entschieden werden.

Die Differenzierung der Aufgaben der Beschaffungslogistik in eine Art-, Mengen-, Raum- und Zeitkomponente sollte dazu dienen, deren Inhalt und Struktur zu veranschaulichen. Im nachfolgenden Abschnitt werden die wichtigsten Instrumente zu ihrer praktischen Handhabung vorgestellt.

3.2.1.2 Die instrumentelle Handhabung der Beschaffungslogistik

3.2.1.2.1 Produktgestaltung und Produktionsprogramm

Die artmäßige Festlegung des Beschaffungsprogramms erfolgt durch die Entscheidungen im Forschungs- und Entwicklungsbereich sowie durch die konkrete Produkt- und Programmgestaltung. Von logistischer Bedeutung ist zunächst die Substanzgestaltung des Produktes *(Chmielewicz)*. Sofern bei gegebenem Produktzweck konstruktive Freiheitsgrade existieren, sind diese auch aus logistischer Sicht zu beurteilen. Wichtige Fragen sind dabei:

- Kann auf bereits verwendete Einsatzstoffe zurückgegriffen werden?
- Können Gleichteile verwendet werden?
- Können Normteile verwendet werden?
- Können neben Einzelteilen auch zusammengesetzte Vorprodukte verwendet werden (vgl. modular sourcing)?
- Genügen unter Umständen andere, z. B. leichtere Stoffe den geforderten Eigenschaften?
- Ist die gewünschte Gesamtfunktion durch Module darstellbar?

Eine wichtige Rolle bei der Beantwortung dieser und ähnlicher Fragen spielt die Wertanalyse (vgl. S. 16). Die zentrale wertanalytische Aufgabe ist die, durch die Erarbeitung konstruktiver oder substantieller Alternativen Wege zur kostengünstigeren Funktionserfüllung aufzuzeigen. Weniger Material, genormte Einzelteile, Ubiquitäten, das sind Beiträge der Wertanalyse für eine verbesserte Wirtschaftlichkeit und Sicherheit der Beschaffungslogistik.

Zu beachten sind auch die Rückwirkungen der Produkt(programm)gestaltung auf Produktionstechnik und -verfahren. Sie betreffen u. a. Möglichkeiten der zeitlichen Strukturierung, vor allem die Verkürzung der Durchlaufzeiten. So erlauben schmale, tiefe Erzeugnisstrukturen gegenüber breiten und flachen (vgl. *Figuren 43 a, 43 b*) parallele Prozesse und reduzieren über die Zahl der Fertigungsstufen die Zahl der Schnittstellen und möglicher Zwischenlager. Kapitalbindung und Prognosezeiträume werden verringert und die Anpassungsfähigkeit an Nachfrageveränderungen verbessert.

Durch eine **Molularisierung des Produktaufbaus** wird einerseits eine Verkürzung der Durchlaufzeiten möglich: Kunden(auftrags-)anonym vorgefer-

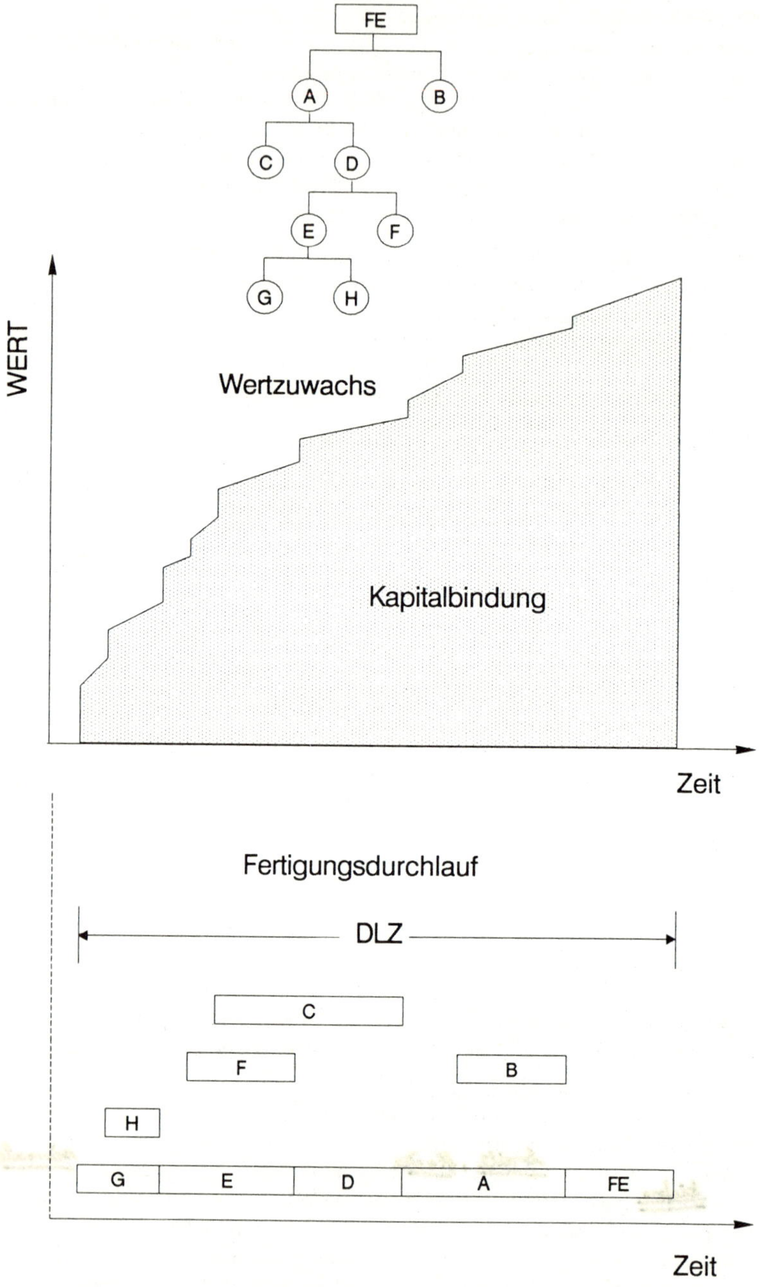

Figur 43 a: Zusammenhang zwischen Produktstruktur und Wertzuwachs (Produktstruktur tief/schmal)

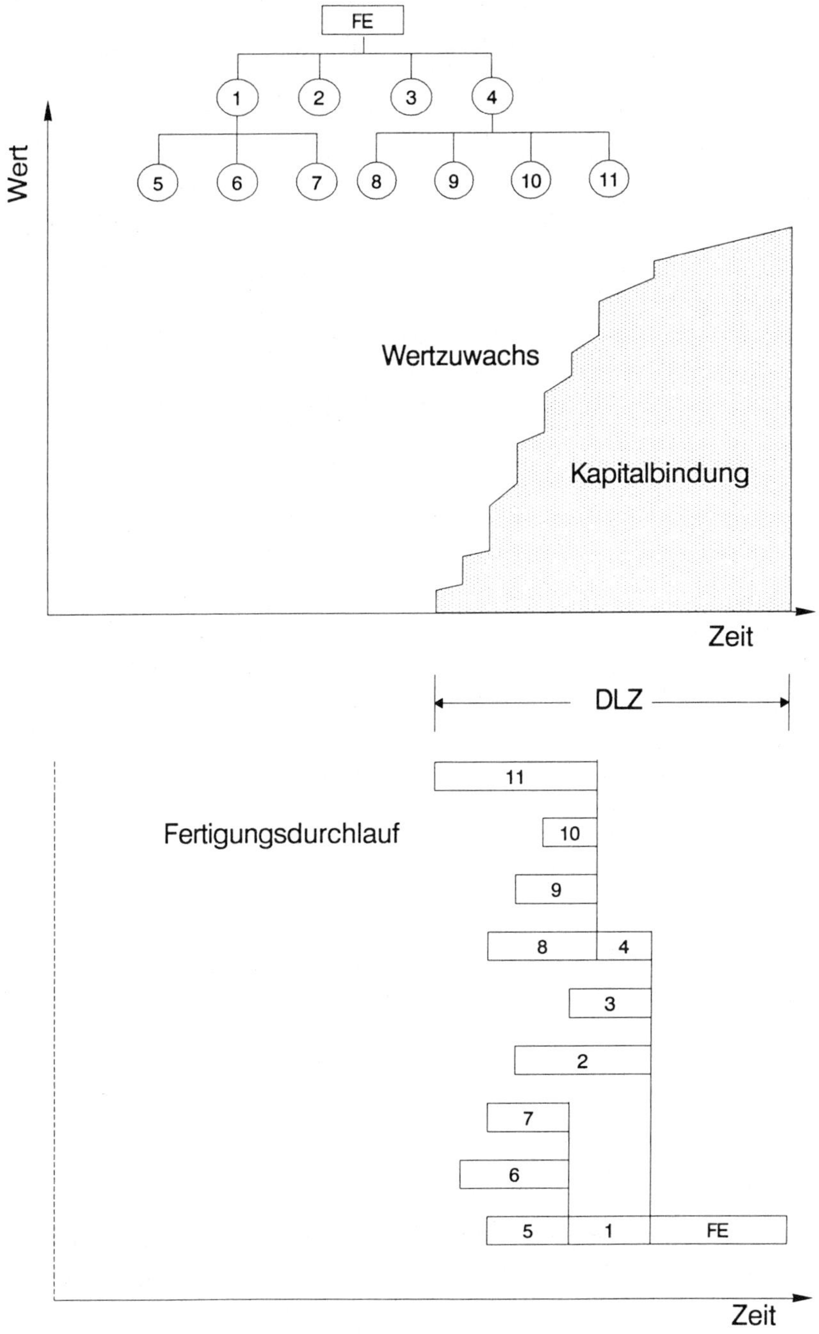

Figur 43b: Zusammenhang zwischen Produktstruktur und Wertzuwachs (Produktstruktur breit/flach)

tigte Basismodule können vergleichsweise kurzfristig kundenbezogen montiert werden. Damit werden weitere Produkte just-in-time-fähig (vgl. Abschnitt 3.2.1.2.4). Andererseits erlaubt die modulare Produktstruktur die Aus- und Verlagerung der Fertigung der Basismodule an kostengünstige Standorte (vgl. Standortarbitrage). Die kundenspezifische Montage erfolgt in den abnehmernahen, just-in-time-fähigen Betriebsstätten. Durch die übergreifende Produkt-, Beschaffungs- und Standortstrukturierung (Gesamtkostenbetrachtung) können so die Vorteile einer kostengünstigen internationalen Beschaffung (global sourcing; vgl. *Arnold*) und Produktion mit denen einer schlupffreien, bedarfssynchronen Belieferung verbunden werden.

Durch die Auswahl der Einsatzstoffe und Fertigteile fallen zugleich Entscheidungen über potentielle Bezugsquellen, Lieferantenstandorte und Transportanforderungen. Dabei ist die räumliche Verteilung der Lieferanten nicht nur unter dem Aspekt der Beschaffungskosten zu beurteilen, zunehmend sind Transportzeiten und Anlieferzuverlässigkeiten zu beachten.

Daher ist es erforderlich, die Struktur des Beschaffungsprogramms im Hinblick auf logistisch relevante Merkmale zu analysieren und für beschaffungsstrategische Fragen seine Entwicklung zu verfolgen. Das wichtigste Instrument dafür ist die **statistische Konzentrationsanalyse.** Sie dient zur Bestimmung der relativen Konzentration von ausgewählten Merkmalen auf Merkmalsträger (Anteile der einzelnen Merkmalsträger am gesamten Merkmalsbetrag). Graphisches Darstellungsmittel ist die sogenannte Lorenzkurve, mit der in der Statistik ‚Disparitäten' gemessen werden. Z. B. macht die Konzentrationsanalyse eine Aussage über die Anteile von drei (ABC-Analyse), nach ausgewählten Merkmalen abgegrenzten, Güterklassen am mengen- oder wertmäßigen Beschaffungsvolumen. Werden die einzelnen Beschaffungspositionen dann in absteigender Folge ihrer kumulierten Merkmals-

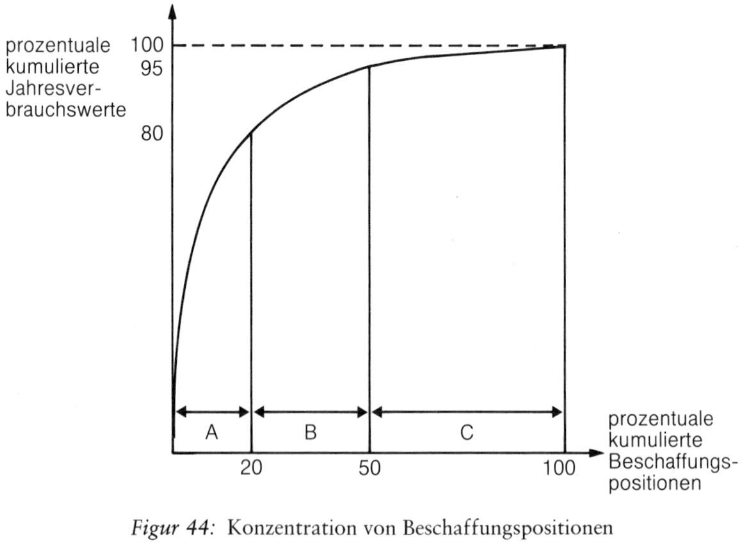

Figur 44: Konzentration von Beschaffungspositionen

werte geordnet, dann ergibt sich z. B. folgende Konzentration auf die A-, B- und C-Positionen (vgl. *Figur 44*). Entscheidungsunterstützung bei der Optimierung der Beschaffungslogistik leisten Konzentrationsanalysen über die räumliche oder entfernungsmäßige Verteilung des Beschaffungsprogramms, dessen mengen- und volumenmäßige Verteilung sowie zeitliche Schichtung. Betroffen sind Entscheidungen über Beschaffungswege, Eigenerstellung oder Fremdbezug der Transportleistungen, gegebenenfalls Transport-, Touren- und Lagerhaltungsplanungen.

Für mengenbezogene Entscheidungen kann die ABC-Analyse durch eine sogenannte RSU-Einteilung ergänzt werden. Diese bezieht sich auf die jeweiligen Verbrauchsstrukturen und unterscheidet R-Teile (regelmäßiger Verbrauch), S-Teile (saisonaler oder trendartig schwankender Verbrauch) und U-Teile (völlig **u**nregelmäßiger Verbrauch).

3.2.1.2.2 Die Bedarfsplanung

Mit der RSU-Einteilung ist bereits das Mengenproblem der Materialbedarfsplanung angesprochen worden. Denn die genannten Merkmale der Verbrauchsstrukturen erlauben eine erste Zuordnung alternativer Bereitstellungsprinzipien:

R-Teile – einsatzsynchrone Anlieferung
S-Teile – Vorratshaltung
U-Teile – Einzelbeschaffung im Bedarfsfall

Allgemein können zwei Methoden der Materialbedarfsermittlung unterschieden werden (*Tempelmeier* 1988):

- programmgebundene Verfahren
- verbrauchsgebundene Verfahren

(a) Die programmgebundenen Verfahren leiten die Materialbedarfe unmittelbar aus den geplanten Produktionsprogrammen ab. Dazu bedienen sie sich der zugehörigen **Stücklisten** oder **Rezepturen.** Für die Materialbedarfsplanung mit Stücklistenauflösung existieren viele (deterministische) Algorithmen auch in Form von leistungsfähigen Software-Paketen.

Bekannt sind vor allem die sogenannten Dispositionsstufenverfahren, Gozinto- und Matrizenverfahren. Die graphische Darstellung der durch die Stücklisten festgeschriebenen Erzeugungsstrukturen erfolgt nach DIN 6789 mit Hilfe von Erzeugnisbäumen (Stammbäume, Aufbauübersichten). *Figur 45* zeigt eine Erzeugnisstruktur nach Baustufen gegliedert mit zugehörigen Mengenangaben für Materialien, Teile, Teilefamilien und Baugruppen (Produkten).

Die grundlegende Rechenvorschrift für die Bedarfsermittlung lautet:

Bedarf für ein Erzeugnis (Primärbedarf) x Stückzahl des eingehenden Teils = Teilebedarf (Sekundärbedarf)

Dieser Bedarf ist eine Bruttogröße, die um Lager- und Bestellbestände verringert bzw. um reservierte Bestände erhöht werden muß. Zusätzlich sind gegebenenfalls Zuschläge für Ausschuß u. ä. zu berücksichtigen.

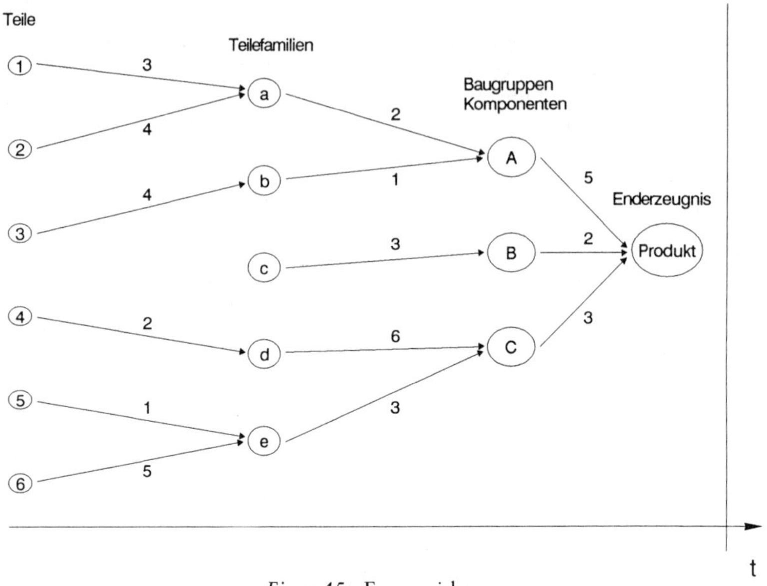

Figur 45: Erzeugnisbaum

In Verbindung mit der Fertigungsplanung verfügt die Beschaffung nicht nur über genaue Mengenangaben, sondern kennt auch die Zeitstruktur des Bedarfs (‚terminiertes Gut'). Damit sind gute Voraussetzungen für eine möglichst einsatzsynchrone, bestandsminimale Materialbereitstellung gegeben. Zugleich erlaubt diese Planungssituation eine abgestimmte Kapazitäts- und Einsatzplanung für die logistischen Dienste, etwa Linienverkehre.

(b) Eine Vielzahl von Materialeinsätzen steht nicht oder nur in einem stochastischen Zusammenhang mit dem konkreten Vollzug des Produktionsprogramms. Das gilt zunächst für viele Betriebsstoffe, aber auch für Hilfsstoffe, die einen generellen Input für viele unterschiedliche Erzeugnisse darstellen. Diese Materialien sind zudem von vielerlei Mengenverlusten (Schwund etc.) betroffen. Schließlich sind sie in der Regel geringwertig. Die genannten Kriterien weisen sie als typische C-Güter aus, und das Gebot einer Minimierung des dispositiven Aufwands spricht in diesen Fällen für eine verbrauchsgebundene Bedarfsplanung. Diese basiert auf in der Vergangenheit realisierten Bedarfswerten und ermittelt aus diesen Zeitreihen mit Hilfe von statistischen Prognosemethoden den zukünftigen Bedarf.

Anspruchsvolle mathematische Prognosetechniken verfolgen in der Regel das Ziel, die vorliegenden Datenreihen der Vergangenheit in einzelne Komponenten zu zerlegen, denen ein zeitstabiles und mathematisch einfach zu behandelndes Beschreibungsmodell unterlegt werden kann. Die zumeist additive Verknüpfung der einzelnen Komponenten sollte die Ursprungsreihe möglichst genau abbilden. Die übliche Zerlegung ist die in Trend-, Saison- und Zufallskomponenten, wobei die Zufallskomponente zwar die völlige

Übereinstimmung zwischen Modell und historischer Datenreihe herbeiführt, bei der Prognose aber unwirksam bleibt (da mit Erwartungswert Null).

Bei vergleichsweise konstantem Materialbedarf ohne ausgeprägten Trend oder Saisonkomponente werden für die Vorhersage einfache oder gleitende arithmetische Mittelwerte der Zeitreihen verwendet oder – häufiger – die Verfahren der exponentiellen Glättung herangezogen.

Das Verfahren der exponentiellen Glättung bestimmt den neuen Prognosewert P für den Zeitraum $t+1$ als gewichtete Summe aus dem alten Schätzwert für die jüngste Periode P_t und den tatsächlichen Verbrauch V_t:

$$P_{t+1} = (1-\alpha)\, P_t + \alpha\, V_t$$

Der Glättungs(Gewichtungs- oder Reaktions-)faktor α wird in der Praxis zwischen 0,1 und 0,3 festgelegt. Eine Umformung der Gleichung zeigt, daß der Vorhersagewert nur aus den ‚geprüften' Werten der vergangenen Periode errechnet wird.

$$P_{t+1} = P_t + \alpha\, (V_t - P_t)$$

Die alte Prognose wird lediglich mit der erfahrenen Über- oder Unterschätzung korrigiert. Das bedeutet eine minimale Informationsspeicherung.

Setzt man die Bestimmungsgleichungen der jeweils vorangegangenen Prognosen in die Gleichung für die laufende Vorhersage ein, so ergibt sich die bekannte mathematische Reihe, die dem Verfahren den Namen gegeben hat:

$$P_{t+1} = \alpha \sum_{i=0}^{t} (1-\alpha)^i\, V_{t-i}$$

Die Gewichtung der Vergangenheitswerte nimmt exponentiell ab. Sie fallen mit der Zeit i ab, bei kleinem α nur langsam, bei großem α sehr schnell. Bei großen Veränderungen der realisierten Zeitreihenwerte empfiehlt sich daher ein schnell lernender, d. h. relativ großer α-Wert. Die exponentielle Glättung 1. Ordnung ist das am weitesten verbreitete computergestützte Prognoseverfahren in der Praxis.

Bei trendförmigem Materialverbrauch kommen vorzugsweise Regressionsrechnungen (Methode der kleinsten Quadrate) und exponentielle Glättungen zweiter Ordnung zum Einsatz. Sofern neben einem Trend eine saisonale (zyklische) Schwankung zu beachten ist, können additive oder multiplikative Saisonmodelle verwendet werden. Die einzelnen Verfahren unterscheiden sich vornehmlich durch die Bestimmung der Saisonkoeffizienten. Bei dem in der Praxis häufig angewendeten Verfahren von *Winters* (1960) werden alle drei Komponenten der Bedarfsrechnung exponentiell entwickelt – der Grundwert (entspricht dem Mittelwert der realisierten Verbrauchswerte), der Trendfaktor und der Saisonkoeffizient, wodurch eine eng an der aktuellen Bedarfsentwicklung orientierte Fortschreibung erreicht wird.

Weitergehende Analysen der Zeitreihen werden vor allem dann erforderlich, wenn stochastische Abhängigkeiten vermutet werden, z.B. autoregressive

Elemente. Das ist der Fall bei endogenen, verzögerten Wirkungen. Durch die Anwendung sogenannter Filter werden die einzelnen Zeitreihen in Komponenten zerlegt, wobei das Schwergewicht auf einer differenzierten Analyse der Saisonkomponente liegt. Man isoliert z.B. Jahres- und Viermonatszyklen, die durch additive Überlagerungen die Originalzeitreihen reproduzieren. Als besonders leistungsfähig gelten hierbei die sogenannten *Box-Jenkins*-Verfahren *(Box/Jenkins)*.

Die Mengenplanung bedarf der ständigen Kontrolle, wenn überhöhte Bestände bzw. Fehlmengen vermieden werden sollen. Dazu ist die Beobachtung der Vorhersagefehler erforderlich. Für eine Korrektur der Mengenanforderungen sind dabei jene (nicht zufälligen) Abweichungen bedeutsam, die anzeigen, daß die dem angewendeten Prognosemodell unterstellte Bedarfsentwicklung nicht mehr der Realität entspricht. Derartige signifikante Abweichungen deuten in der Regel auf Strukturbrüche in den Zeitreihen hin. Um sie zu erkennen, verwendet die Praxis folgendes

$$\text{Kontrollsignal} = \frac{\text{Summe aller Vorhersagefehler}}{\text{mittlerer absoluter Fehler}}$$

Die Vorhersagefehler im Zähler sind dabei die positiven oder negativen Abweichungen der tatsächlichen von den prognostizierten Zeitreihenwerten, die sich bei einem ‚passenden' Prognosemodell ‚herausmitteln' (*Schneeweiß*, S. 100). Der mittlere absolute Fehler (häufig englisch: MAD = Mean Absolute Deviation) ergibt sich, indem die Summe der Fehler der Einzelwerte der Zahlenreihe ohne Beachtung des Vorzeichens durch die Anzahl der Beobachtungen geteilt wird.

Der konkrete Schwellenwert des Kontrollsignals muß von der Art der Prognoseverfahren und der gewünschten Empfindlichkeit, aber auch von Zahl, Wert und anderen Kriterien der betrachteten Einsatzgüter abhängig gemacht werden (*Trux*, S. 185 ff.). Da der mittlere absolute Fehler in gleicher Weise wie die statistische Standardabweichung als Maß für die Prognosequalität dient, aber leichter als diese zu berechnen ist, wird er in der Praxis häufig angewendet. Dabei gilt unter der Voraussetzung normalverteilter Abweichungen näherungsweise die Beziehung

$$\sigma = 1{,}25\ \text{MAD}$$

3.2.1.2.3 Die Bestimmung der Bestellmengen

Das Ergebnis der Materialbedarfsplanung sind die nach Art, Menge und Bereitstellungszeitpunkt detaillierten Beschaffungsanforderungen. Nunmehr geht es darum, diese in konkrete Beschaffungsentscheidungen umzusetzen. Im Mittelpunkt steht dabei das Bestellmengenproblem. Das ist die Frage nach der optimalen Stückelung der prognostizierten Bedarfsmengen, optimal im Sinne der übergreifenden Minimierung der Beschaffungskosten einschließlich Transportkosten, Lagerhaltungskosten und Fehlmengenkosten.

Die der *Figur 9* entsprechenden alternativen Bestellverläufe A und B haben auf die einzelnen Kostenarten sehr unterschiedliche Auswirkungen. Daraus resultieren Dilemmasituationen, deren Austauschbeziehungen durch Gesamtkostenrechnungen erfaßt werden müssen. Die wichtigsten Abhängigkeiten bestehen zwischen Transport- und Lagerkosten (vgl. *Figur 10*) sowie zwischen Lager- und Produktionskosten. Der zuletzt genannte Zusammenhang bezieht sich auf zusätzliche Stillsetzungs-, Stillstands- und Anlaufkosten (Fehlmengenkosten) der Produktion bei mangelnder Lieferbereitschaft der Beschaffungsläger.

Für den zunächst recht unrealistischen Fall, daß die Gesamtbedarfsmenge B der Planperiode bekannt und die Lagerabgangsgeschwindigkeit konstant ist, läßt sich für eine Faktorart die optimale Bestellmenge q_0 bzw. die optimale Bestellzykluslänge t_0 berechnen. Dabei werden je Beschaffungsvorgang fixe Kosten in Höhe von K_f sowie konstante Preise K_v pro Beschaffungseinheit angesetzt. Der Bestand wird jeweils vollkommen abgebaut, einschränkende Kapazitäten bleiben außer Betracht. Die von der Anzahl n der Beschaffungsvorgänge abhängigen Periodenkosten K_B betragen:

$$K_B = n \cdot K_f = \frac{B}{q} \cdot K_f$$

Sie verlaufen hyperbolisch (vgl. *Figur 46*):

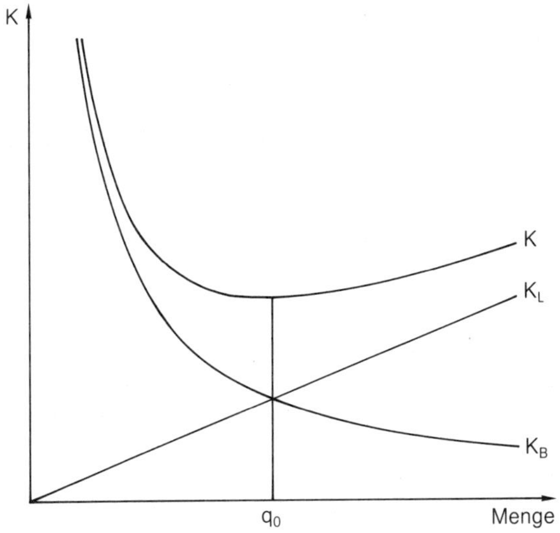

Figur 46: Die optimale Bestellmenge im klassischen Fall

Da der Lagerbestand pro Periode n-mal von der Höhe q auf Null abgebaut wird, ist durchschnittlich (vgl. *Figur 9*) immer genau ein halbes Los auf Lager. Wird dieser Bestand mit dem Lagerkostensatz l bewertet, dann betragen die periodenbezogenen Lagerkosten K_L.

$$K_L = 1 \cdot \frac{q}{2}$$

Der Lagerkostensatz enthält die perioden- und stückbezogenen Kosten für die Lagerhaltung und die Kapitalbindung. Da sich die Kostenarten K_B und K_L gegenläufig und stetig entwickeln, existiert für die Gesamtkosten

$$K = \frac{B}{q} \cdot K_f + l\frac{q}{2}$$

eine (**optimale**) **Bestellmenge,** die sie minimiert. Durch Differenzieren (nach q) und Nullsetzen ergibt sich die bekannte (sogenannte klassische, *Harris-Wilson*sche, *Andler*sche) Losgrößenformel

$$q_0 = \sqrt{\frac{2 \cdot B \cdot K_f}{l}}$$

Dieser Ansatz ist im Sinne einer Annäherung an die Realität vielfach erweitert worden, z. B. um die Einbeziehung von Rabatten und Fehlmengen (vgl. *Naddor; Hadley/Within*). Im Sinne der Gesamtkostenbetrachtung ist zu prüfen, ob die optimale Bestellmenge bzw. der Bestellzyklus zu den vorhandenen Transport- und Lagermöglichkeiten ‚paßt'. In der Praxis sind Anpassungen an Kapazitäten (optimale Auslastung) und Fahrpläne erforderlich. Das ist um so eher möglich, als die Kosten gegenüber Bestellmengenänderungen recht unempfindlich reagieren (*Müller-Merbach*; *v. Zwehl*, S. 54 ff.). Dabei ist aufgrund der vorherrschenden Kostenverläufe eher eine Vergrößerung als eine Verringerung der Losgröße zu empfehlen.

Das vorgestellte Rechenmodell kann nur bei Sicherheit befriedigen. Da in der Realität weder die Bedarfsentwicklung noch die Wiederbeschaffungszeiten exakt vorhersehbar sind, sondern für sie (im günstigsten Fall) symmetrische Schwankungen um einen Mittelwert berücksichtigt werden müssen, sind Sicherheitsbestände vorzuhalten (vgl. dazu die Ausführungen in Verbindung mit der Bestimmung der Lieferbereitschaft in Teil III, Abschnitt 3.2.3.3.2).

Die praktische Bestandsplanung basiert auf einer Kontrolle der Mengenbewegungen. Die **zyklische** oder besser **ereignisorientierte** (z. B. anläßlich einer Lagerentnahme) **Mengenüberwachung** erlaubt anpassungsfähige und empfindliche Bestellheuristiken. Diese können durch Kombinationen der vier Parameter

t = Bestellzyklus (Zeiteinheiten)
s = Bestellpunkt (Mengeneinheiten)
S = Bestellniveau (Mengeneinheiten)
q = Losgröße (Mengeneinheiten)

nach den Kriterien ‚Wann wird bestellt' (t, s) und ‚Wieviel wird bestellt' (S, q) vollständig beschrieben werden (vgl. *Figur 47*).

Es kann theoretisch gezeigt werden *(Popp)* und hat sich praktisch erwiesen, daß vor allem die s, S-Politik eine effiziente Bestellregel darstellt. Dabei muß jedoch bedacht werden, daß die Theorie die Bestellniveaus S als mathematische Erwartungswerte der Wahrscheinlichkeitsverteilungen der Nachfrage ermittelt, während die Praxis vor allem mit vergangenheitsorientierten Verfahren wie der exponentiellen Glättung oder Trendextrapolationen arbeitet.

Wieviel / Wann	Losgröße q	Bestellniveau S
Bestellzyklus t	t, q	t, S
Bestellpunkt s	s, q	s, S

Figur 47: Alternative Bestellpolitiken

Neben der Frage, wieviel bestellt werden soll, ist zu entscheiden, wann eine Bestellung ausgelöst werden muß, um die Lieferbereitschaft auch in der Wiederbeschaffungszeit T_w zu gewährleisten. Dabei kann eine zeit- oder mengenmäßige Grenze bestimmt werden. *Figur 48* zeigt die Zusammenhänge zwischen Bestellzyklus t und Bestellpunkt s in Abhängigkeit vom Bestandsabbau und der Wiederbeschaffungszeit.

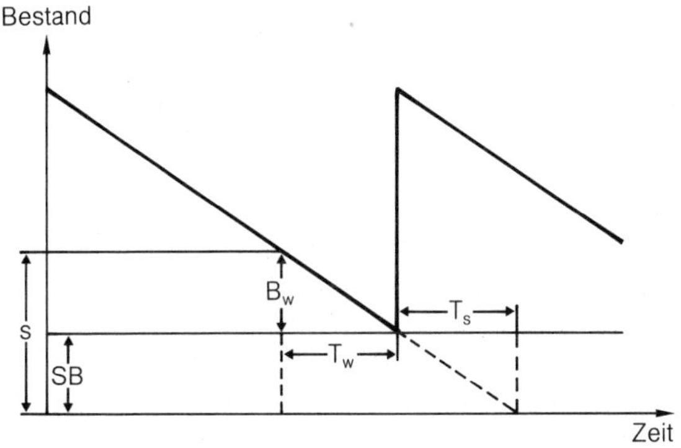

Figur 48: Typische Lagerbestandsentwicklung

Die Wiederbeschaffungszeit T_w, bei deren Überschreitung der Sicherheitsbestand SB angegriffen wird, ist in der Regel ein nach Bezugsquellen differenzierter Erfahrungswert. Er umfaßt die betrieblichen Zeiträume der Bedarfserkennung, Bestellrechnung, der Warenannahme und -kontrolle sowie die außerbetriebliche Anlieferzeit. Durch DV-Unterstützung, Telekommunikation, kurze Nachschubwege und schnelle Transporte kann die Wiederbeschaffungszeit und damit die Höhe des korrespondierenden Bestellbestandes s erheblich reduziert und ständig überwacht werden. Es gilt:

$$s = B_t \cdot T_w + SB$$

mit B_t: Planbedarfsmenge pro Tag.

Bei stochastischem Bedarf ist daher die Zuverlässigkeit der Einhaltung von Lieferterminen, oder anders, die Stabilität der Wiederbeschaffungszeiten die entscheidende Komponente für die Reduzierung der Sicherheitsbestände.

3.2.1.2.4 Spezifische Beschaffungssysteme – die Just-in-time-Versorgung

Es ist deutlich geworden, daß die Optimierung der Beschaffungslogistik einzelner Unternehmen sehr schnell an Grenzen stößt, die durch mangelnde Information (Unsicherheit) und Fremdbestimmung gesetzt sind. Zur Überwindung suboptimaler Insellösungen sind daher Konzepte, Regelungen und Institutionen entwickelt worden, die eine Unsicherheits- und Komplexitätsreduktion bewirken, und übergreifende Koordinationen sowie enge Kopplungen zwischen Lieferanten und Abnehmern zum Ziel haben. Konzepte und Kontrakte, die dies leisten, gehen über die Preis und Menge bestimmenden **Standardkoordinationsmuster** des Marktes hinaus. Sie betreffen insbesondere organisatorische und zeitliche Aspekte der Lieferungen, aber auch Fragen der Qualitätssicherung, Gefahrentragung, Information und Kommunikation. Das Interesse an niedrigen Transaktionskosten hat dazu geführt, daß auch für innovative Geschäftsbeziehungen standardisierte Vertragsinhalte und kommunikative Schnittstellen entwickelt werden. Das Spektrum der Möglichkeiten reicht von allgemein anerkannten Handelsklassen über normierte Rahmenvereinbarungen bis zu spezifischen Just-in-time-Kontrakten.

Die internationalen Regeln für die Auslegung handelsüblicher Vertragsformeln **Incoterms** (International Commercial Terms) werden im zwischenstaatlichen Warenverkehr von den Unternehmungen benutzt, die die Sicherheit einheitlicher internationaler Regeln der Unsicherheit der verschiedenartigen Auslegung der gleichen Formeln in den verschiedenen Ländern vorziehen (Incoterms, S. 7).

Die Zurückdrängung individueller und häufig wechselnder Abmachungen durch Handelsbräuche u. ä. verringert die Risiken, vereinfacht die Vertragsverhandlungen, beschleunigt deren Abwicklung und verbessert die Vergleichbarkeit alternativer Vertragskonditionen (*Henzler*, S. 94).

Die Incoterms regeln das Verhältnis der Vertragspartner untereinander und schreiben Aufgaben-, Kosten- und Gefahrenteilung fest. Die bekanntesten Regeln sind:

C + F	cost and freight (benannter Bestimmungshafen)
CIF	cost, insurance, freight (benannter Bestimmungshafen)
FAS	free alongside ship (benannter Verschiffungshafen)
FOB	free on board (benannter Verschiffungshafen)
Ex Works	ab Werk
Delivered	Duty Paid (geliefert verzollt frei benanntem Bestimmungsort im Einfuhrland)

Die Bandbreite der vertraglichen Gestaltungsmöglichkeiten wird durch die beiden zuletzt genannten Klauseln veranschaulicht. Sie reicht von der Mindestverpflichtung des Verkäufers bis zu einer Maximalverpflichtung, die alle logistischen Erfordernisse der Güterübergabe einschließt.

Die Austauschbeziehungen zwischen Preisen und Leistungsumfang machen es erforderlich, bei den Einkaufsgesprächen die jeweiligen logistischen Konsequenzen zu berücksichtigen. Darüber hinaus ist zu beachten, ob positive Verbundwirkungen durch Abstimmung der Beschaffungs- mit der Distributionslogistik erzielt werden können. Als Beispiel seien die Auslastung eines im Verteilungsverkehr nur einseitig beschäftigten Fuhrparks mit Beschaffungstransporten genannt und die Rabattierung von Kontrakten bei Verladung mit Linienkonferenzen.

Sichere und bedarfssynchrone Beschaffungen machen ungleich engere Kopplungen zwischen Lieferanten und Abnehmern erforderlich. An die Stelle einzelner Bestellungen treten Vereinbarungen, deren Vollzug intensive informatorische Verknüpfungen voraussetzt. Die Belieferung kann dann weitgehend auf Abruf erfolgen (vgl. *Wildemann* 1988 a).

Zunächst werden spezifische Leistungsabreden zwischen Lieferanten und Abnehmern in **Rahmenverträgen** festgelegt mit der Folge, daß sie für alle auf der Grundlage dieses Vertrages stattfindenden Warenlieferungen gelten. Rahmenverträge beziehen sich i. d. R. auf Kapazitätsvorhaltungen, unverbindliche Mengenvorschauen (Absichtserklärungen), Abreden zur Qualitätssicherung, mögliche Mengen- und Zeitraster für Abrufe und Regeln für den Informations- und Datenaustausch (vgl. z. B. Empfehlungen des Verbandes der Automobilhersteller e. V. VDA). Innerhalb von **Rahmenaufträgen** erfolgt die Freigabe von Materialbeschaffungen und Vorfertigungen. **Lieferabrufe** als eigentliche Bestellungen legen Varianten, Mengen, Termine und Anlieferungspunkte verbindlich fest. Dabei kann noch nach unterschiedlichen Zeiten zwischen z. B. wöchentlichen Liefer- und täglichen Feinabrufen differenziert werden. Somit ist folgende Systematik der Bedarfsplanung/-übermittlung bei Just-in-time-Beschaffung denkbar (vgl. *Wildemann* 1988 b, S. 8).

Bezeichnung	rollierend	Planungshorizont	Planungsraster	Abweichung
Rahmenvereinbarung	6 Monate	12 Monate	Quartal	± 30%
Rahmenauftrag	monatlich	3 Monate	Woche	± 10%
Lieferabruf	wöchentlich	1 Monat	Woche	± 2%
Feinabruf	täglich	10 Arbeitstage	Arbeitstage	0

Die Synchronisation der betrieblichen Abläufe zwischen Lieferanten und Abnehmern kann unterschiedlich weit entwickelt werden, sie kann auf **sequenz- oder blockgerechte Anlieferungen** abgestellt werden. Sequenzgerechte Abrufe bedeuten, daß die Zulieferteile in der exakten Einbaureihenfolge fertig- und bereitgestellt werden, innerhalb einer vereinbarten Vorlaufzeit. Die sequenzgenaue Belieferung wird daher auf wenige Teile und räumlich in der Nähe angesiedelte Lieferanten beschränkt bleiben. Dies ist anders, wenn auf die Anlieferung ‚nämlicher' Teile verzichtet, d. h., statt sequenzgenauer nur eine blockgerechte Belieferung gefordert wird. Dies bedeutet, daß die angelieferten Teile untereinander austauschbar und insofern nicht in einer spezifischen Einbaureihenfolge angeliefert werden müssen. Die Lieferanten verfügen über eine größere Vorlaufzeit, da der jeweilige Abruf nunmehr den Bedarf eines Fertigungsabschnittes (Block) umfaßt.

Auf die Möglichkeiten, durch eine gezielte, häufig modulare Produktgestaltung den Variantenbestimmungspunkt zu verzögern und damit anpassungs- und just-in-time-fähig zu werden, war bereits hingewiesen worden (vgl. Abschnitt 3.2.1.2.1). Die angesichts der steigenden Variantenvielfalt erforderliche Flexibilität einerseits und der Druck, komparative Branchen- und Standortvorteile umfassend zu nutzen andererseits, haben zu einem weiteren innovativen Beschaffungskonzept geführt, dem **modular** oder **system sourcing.** Dieses Konzept, das insbesondere von Herstellern industrieller Massengüter (u. a. Automobilindustrie) angewendet wird, ist durch die Ausglie-

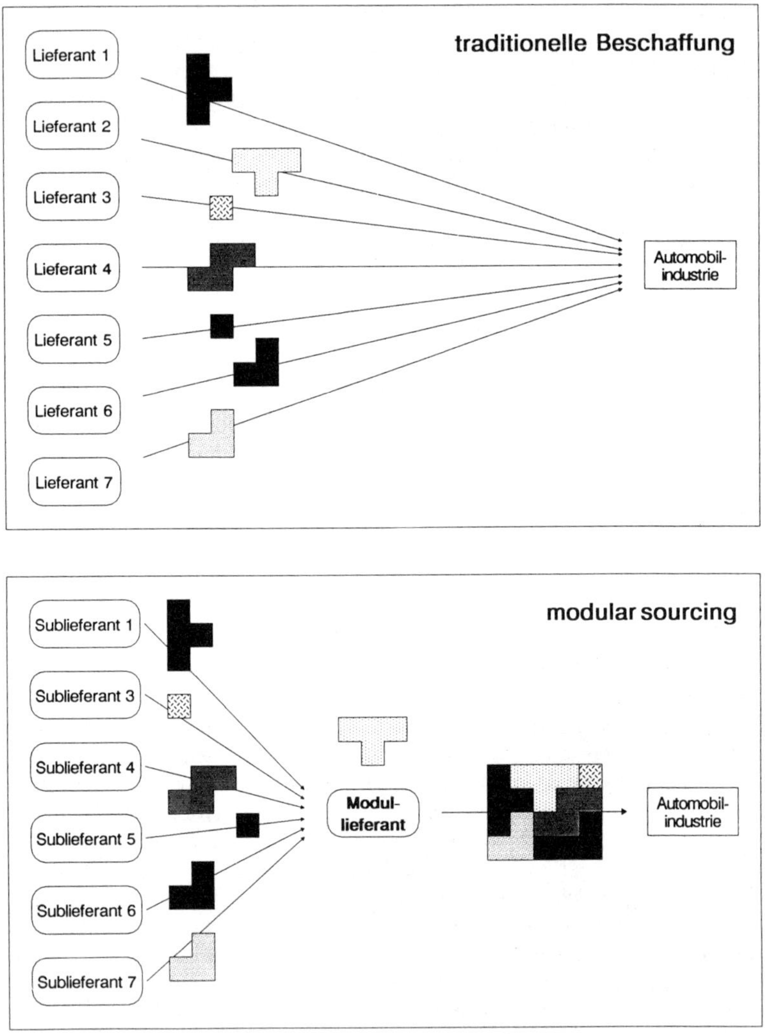

Figur 49: Modular sourcing

derung und Fremdvergabe von Montagetätigkeiten an sogenannte Modul- oder Systemlieferanten gekennzeichnet *(v. Eicke/Femerling)*. Diese führen die von den ehemaligen direkten Zulieferern bezogenen Bauteile zu kompletten Baugruppen zusammen (vgl. *Figur 49*).

Die dargestellten Beschaffungssysteme sind auf ausgewählte Einsatzgüter und Lieferanten beschränkt. Die enge Zusammenarbeit mit den Lieferanten, ihre Einbeziehung in die Forschung und Entwicklung sowie die hohen transaktionsspezifischen Investitionen insbesondere in Informations- und Kommunikationssysteme begünstigen die Tendenz zum **single sourcing.** Hinzu kommt, daß häufig erst durch die Konzentration bestimmter Teile auf einzelne Lieferanten die Stückzahlen erreicht werden, die über kostenwirtschaftliche Größen- und Know how-Effekte den Einsatz der erforderlichen Produktionstechniken und die gewünschten Produktqualitäten möglich machen. Dies gilt auch für die beteiligten logistischen Dienstleister.

Als Folge dieser Entwicklung entstehen für neue Anbieter Eintrittsbarrieren, und der Wettbewerb von Unternehmen einzelner Wertschöpfungsstufen erweitert sich zu einem Wettbewerb komplexer Wertschöpfungsketten.

3.2.1.2.5 Transportkonzepte für die Beschaffungslogistik

Die Frage nach der Wirtschaftlichkeit beschaffungslogistischer Systeme läßt sich ohne Einbeziehung der Transportorganisation nicht beantworten. Nachdem mit der Bestimmung des Beschaffungsprogramms und der Lieferantenauswahl Vorentscheidungen über Transportanforderungen – z. B. im Hinblick auf den Einsatz spezieller Transport(hilfs-)mittel- und Transportwege bzw. -entfernungen – gefallen sind, verbleiben vor allem die Regelung über das Transportvergaberecht sowie die Transportabwicklung.

Über Eigenerstellung oder Fremdbezug logistischer Leistungen kann nicht generell entschieden werden, dafür sind die jeweiligen Anforderungen zu unterschiedlich. Zudem werden die Entscheidungen, und die starke Zunahme des Werkverkehrs in den vergangenen Jahrzehnten hat dies gezeigt, stark von der geltenden Marktordnung (vgl. Teil II, Abschnitt 2.2.4) bestimmt. Im Zuge der Öffnung und Deregulierung des Verkehrsmarktes gewinnen die unmittelbaren Leistungs- und Kostenaspekte stärkeres Gewicht. Daraus ergibt sich, daß für die Regelung der Frankatur und der Transportvergabe das Transportvolumen das wichtigste Entscheidungskriterium ist. Dabei ist die räumliche (Relation, Paarigkeit) und zeitliche (regel-/unregelmäßig, zeitliche Lage) Verteilung des Aufkommens zu beachten. Insgesamt bestimmen diese Merkmale über Größen- und Konsolidierungseffekte die relative Kostensituation. Zugleich sind bei der Entscheidung über die Beschaffungstransporte Zwischenwerk- und Distributionsverkehre einzubeziehen, soweit Bündelungsmöglichkeiten und größere Einkaufsvolumina entstehen. Eigenerstellung ist um so mehr mit Nachteilen der Kleinheit verbunden, als die Kapazitäten für die Logistik nicht beliebig teilbar bzw. rivalisierend nutzbar sind und die Anforderungen an die logistischen Leistungen differenzierter werden. Letzteres ist jedoch, wie die Verbreitung der Just-in-time-Philosophie zeigt, immer mehr der Fall. Hinzu kommt, daß die Märkte für logistische

Leistungen sehr unübersichtliche Märkte sind, anders als der transparente regulierte Transportmarkt es war, was steigende Transaktionskosten zur Folge hat und zunehmend spezialisiertes Markt-Know how erforderlich macht.

Nur auf das Transportvergaberecht bezogen, gilt tendenziell:

- Lieferant mit großem Versandvolumen
  Abnehmer mit kleinem Beschaffungsvolumen
  →Lieferung frei Haus günstiger
- Lieferant mit kleinem Versandvolumen
  Abnehmer mit großem Beschaffungsvolumen
  →Lieferung ab Werk günstiger

Bei Beschaffung ab Werk ist daran zu denken, mit **Gebietsspediteuren** zu arbeiten. Dazu wird das gesamte Beschaffungsgebiet in Regionen eingeteilt, deren Lieferanten einzelnen Spediteuren zugeordnet werden. Diese organisieren fahrplanmäßige Sammeltouren, konsolidieren die Einzelsendungen in zentralen Transitpunkten und fahren von dort aus zielreine Komplettladungen oder Ganzzüge zu den Abnehmern. Dabei ist es notwendig, den Spediteur in das Lieferant-Abnehmer-Informations- und -Kommunikationssystem einzubinden. Dies vor allem dann, wenn eine enge Kopplung der Lieferanten mit dem Ziel einer bedarfssynchronen Bereitstellung angestrebt wird. Für Zulieferungen, bei denen trotz räumlicher Konsolidierung die jeweiligen Transportlose Tages- oder Mehrtagesbedarfe umfassen, ist es denkbar, in unmittelbarer Nähe oder direkt beim Abnehmer ein Lager einzurichten, von dem aus die Produktion just in time versorgt wird. Derartige Läger, die häufig im Rahmen kompletter beschaffungslogistischer Dienstleistungen von Speditionen geführt werden, machen es möglich, vielgliedrige Versorgungsketten mit einem einzigen Ausgleichs- bzw. Sicherheitsbestand zu betreiben, kostenwirtschaftliche Größeneffekte der Bestandsführung zu nutzen sowie entfernt liegende Lieferanten und nicht just-in-time-fähige Teile in fertigungssynchrone Bereitstellungen zu integrieren (vgl. *Figur 50*). Zunehmend werden neben programmorientierten Kommissionierungen auch be-

L = Lieferant, A = Abnehmer, T = Transitpunkt, Spl = Speditionslager

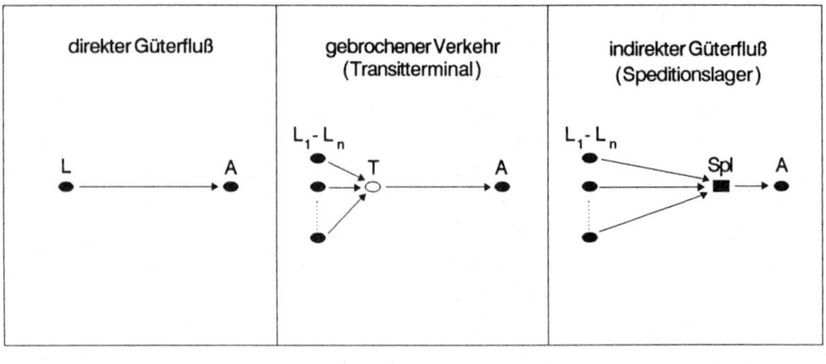

Figur 50: Transportkonzepte bei der Just-in-time-Versorgung

reits Vormontagen (vgl. auch modular sourcing) übernommen. Als Beispiel sei auf die Versorgung binnenländischer Hersteller mit importierten Zulieferteilen aus Seehafen(speditions)lägern verwiesen.

3.2.2 Die Produktionslogistik

3.2.2.1 Die Aufgaben der Produktionslogistik

Zwischen der Beschaffungs- und Distributionslogistik und diese miteinander verbindend steht die Produktionslogistik. Ihre Aufgabe ist die art- und mengenmäßig, räumlich und zeitlich abgestimmte Versorgung der betrieblichen Bedarfsträger, d. h. der Produktionsprozesse, mit den benötigten Einsatzgütern sowie deren Entsorgung. Die Produktionslogistik steuert und kontrolliert alle betrieblichen Güterbestände und -bewegungen innerhalb und, bei standortteiliger Fertigung, zwischen den Fertigungsstandorten (Zwischenverkverkehre). Die Schnittstellen zur Beschaffung und zur Distribution sind die Warenannahme mit und ohne Eingangslager sowie das Fertigproduktlager.

Im Gegensatz zur Beschaffungs- und Distributionslogistik galt die Produktionslogistik, durch Puffer abgeschirmt gegen Versorgungsstörungen und Marktschwankungen, als vergleichsweise gut beherrschbar und nachhaltig optimierbar. Das trifft heute nur noch in wenigen Fällen zu. Zwei interdependente Entwicklungslinien sind dafür ursächlich, einerseits die Verkürzung der Produktlebenszyklen und die steigende Variantenvielfalt, andererseits darauf bezogene technologische Umstellungen mit den Zielen Verkürzung der Fertigungsdurchlaufzeiten und Reduzierung der Sortenwechselschwere. Bestandsflexibilität wird durch Prozeßflexibilität, kostenwirtschaftliche Größeneffekte werden durch Verbundeffekte ersetzt. Durch die enge Kopplung der Montage- bzw. Fertigungssteuerung an die Kundenaufträge wird eine (schlupfarme) Just-in-time-Produktion möglichst bedarfsorientierter Losgrößen angestrebt. Dabei bestimmen eingesetzte Produktionssysteme einerseits und angewendete Produktionsplanungs- und -steuerungssysteme andererseits die produktionslogistischen Handlungsmöglichkeiten und Ergebnisse.

3.2.2.2 Produktionssysteme als Bestimmungsfaktoren der Produktionslogistik

Die dispositiven Möglichkeiten im Rahmen der Produktionsplanung und -steuerung werden durch die installierten Produktionssysteme wesentlich bestimmt. Daraus ergibt sich, daß bereits bei der Entscheidung über diese Systeme die Implikationen auf die logistischen Gestaltungsmöglichkeiten zu beachten sind. So macht die Einführung von Just-im-time-Abläufen i. d. R. tiefgreifende Umstellungen in der Produktion erforderlich (*Wildemann* 1990).

Ausgangspunkt der Betrachtung sind die Festlegungen über Produktionsprogramme, Produktionsverfahren sowie Produktionsvolumina. Das Ergebnis dieser Planungen ist die quantitative und qualitative Struktur des betrieblichen Material- und Produktflußsystems. Sie kann durch quadratische Güterflußmatrizen oder Input-Output-Tabellen abgebildet werden. Die einzelnen Produktionsstrukturen erscheinen dabei als Graphen, in denen die Produktions(Transformations-)stellen Knoten und die sie verknüpfenden Güterströme die Kanten (Pfeile) darstellen.

Die Logistik interessiert sich zunächst für die **Förderintensität** der Produktionsstrukturen, d.h. dafür, welche Mengen welcher Güterart zwischen den einzelnen Produktionsstellen pro Zeiteinheit befördert werden müssen. Diese Informationen liefert die Intensitätsmatrix

$$M_G = (m_{ij}) \text{ mit } i, j = 1, 2, \ldots, \bar{m},$$

deren Elemente m_{ij} die mengenmäßige Verflechtung der Stelle i mit der Stelle j angeben. Die Förderintensität ist für ein bestimmtes Produktionsverfahren und ein bestimmtes Produktionsniveau (gemessen als Ausstoß pro Zeiteinheit) definiert. Verfahrenswechsel und Niveauänderungen führen zu veränderten logistischen Anforderungen, und dies nicht nur in transportmäßiger Hinsicht.

In gleicher Weise wie die Förderintensität muß eine verfahrensabhängige **Lagerintensität** betrachtet werden. Das betrifft vor allem die Stufigkeit und Vergenz der Fertigung, d.h. die Frage, ob konvergierende oder divergierende Stückprozesse vorliegen (*Schweitzer* 1979). Sobald nämlich ein physikalischer oder chemischer Umwandlungsprozeß auf mehrere Stufen aufgeteilt wird, sind Zwischenlager in der Regel aufgrund technischer Bedingungen unvermeidbar oder wirtschaftlich vorteilhaft. Gründe für ihre Einrichtung sind die Eindämmung der Auswirkungen möglicher Betriebsstörungen einzelner Bearbeitungsstationen, voneinander abweichende Kapazitätsquerschnitte hintereinander geschalteter Prozesse sowie vor allem Losgrößen- und Chargenbildungen als Folge unvermeidbarer Sortenwechselkosten. Die Zwischenläger können als Quellen und Senken in die Güterflußmatrizen integriert werden. *Figur 51* zeigt den Graphen und die Matrix für einen konvergierenden Produktionsprozeß mit einem Zwischenlager (Z).

Zu beachten ist in diesem Zusammenhang, daß die Ausgleichsleistungen z.B. zwischen zwei Fertigungsstufen mit unterschiedlichen Leistungsquerschnitten von ruhenden wie von bewegten Beständen erbracht werden können. Durch geeignete Fördertechniken und hinreichend dimensionierte Förderkapazitäten können die Unterwegsbestände („schwimmende Läger") so bemessen werden, daß auf stationäre Lager und damit auch auf Umschlagsvorgänge verzichtet werden kann. Höheren fixen (System-) Kosten stehen dabei niedrigere variable Kosten gegenüber. Umfängliche und nachhaltige Materialströme begünstigen entsprechend aufwendige Fördereinrichtungen. Besonderes Augenmerk ist daher bei der Auswahl von Fördersystemen auf Materialflußkonzentrationen als Folge ungleicher Verteilung der Förderintensitäten zu richten. Sofern durch die Auswahl bestimmter Produktionsverfahren die Konzentration großer Teile der gesamten Materialbewegungen auf wenige Verbindungen (vgl. hierzu die ABC-Analyse) möglich ist, spricht dies für kapitalintensive, mechanische Fördersysteme.

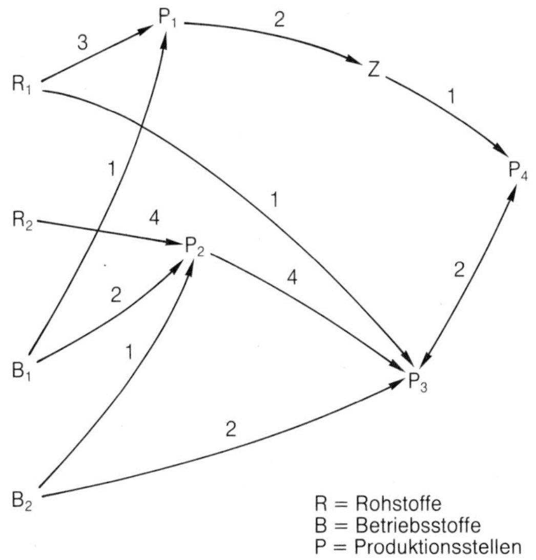

	R_1	R_2	B_1	B_2	P_1	P_2	Z	P_3	P_4
R_1	0	0	0	0	3	0	0	1	0
R_2	0	0	0	0	0	4	0	0	0
B_1	0	0	0	0	1	2	0	0	0
B_2	0	0	0	0	0	1	0	2	0
P_1	0	0	0	0	0	0	2	0	0
P_2	0	0	0	0	0	0	0	4	0
Z	0	0	0	0	0	0	0	0	1
P_3	0	0	0	0	0	0	0	0	2
P_4	0	0	0	0	0	0	0	0	0

Figur 51: Graph und Intensitätsmatrix innerbetrieblicher Materialflüsse

Schließlich ist bei den Programm- und Verfahrensentscheidungen zu bedenken, daß mit der qualitativen Komponente des Materialflußsystems auch Festlegungen erfolgen, die die Handlichkeit, Handhabbarkeit, Zugänglichkeit usw. der Transport- und Lagerobjekte betreffen: Der mechanisierte Zugriff von Manipulatoren auf bereitstehende Werkstücke und deren bearbeitungsgerechte Positionierung und Justierung auf Maschinen kann z.B. durch eine gezielte konstruktive Gestaltung der Teile (vgl. Griffmulden, Führungsnuten) wesentlich erleichtert, in vielen Fällen erst ermöglicht werden. Dieser Problembereich (materials handling; *Immer*) hat mit fortschreitender Automatisierung (vgl. computer aided manufacturing CAM) und Verkettung der Fertigungsprozesse eine immer größere Bedeutung erlangt. Schließlich bedeuten die Programm-, Prozeß- und Produktionsniveauentscheidungen auch Festlegungen der räumlichen Struktur der Fertigung. Den einzelnen durch Güterströme verbundenen Einrichtungen, Gebäuden, Maschinen, Lägern etc. müssen Standorte auf den betrieblichen Grundstücken zugewiesen werden. Auf diese Weise werden den in der Intensitätsmatrix

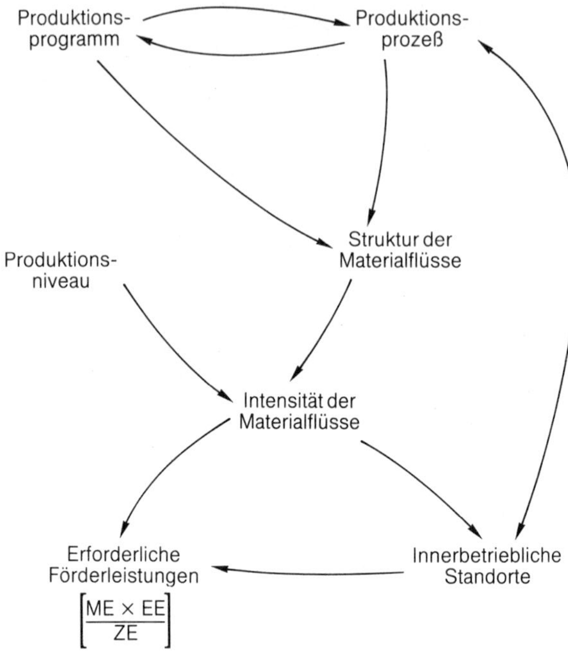

Figur 52: Kausaldiagramm der Materialflußplanung

enthaltenen Austauschbeziehungen Wege, Entfernungen und schließlich Transportkosten unterlegt. *Figur 52* veranschaulicht die Zusammenhänge.

Die erforderlichen Förderleistungen werden in Mengeneinheiten [ME] × Entfernungseinheiten [EE] pro Zeiteinheit [ZE] gemessen. Die Transportkosten werden in der Regel entfernungsabhängig (zumeist entfernungsproportional) definiert und transportkostenminimale als optimale Layouts bestimmt.

Derartige räumliche Freiheitsgrade und damit die Möglichkeiten einer entfernungsbezogenen Optimierung der innerbetrieblichen Logistik sind dann gegeben, wenn in Werkstätten gefertigt wird. **Werkstattfertigung** ist durch die räumliche Zusammenfassung gleicher oder gleichartiger maschineller Einrichtungen gekennzeichnet. Diese räumliche Anordnung nach Prozeßmerkmalen (layout by process) ist besonders förder- und lagerintensiv. In bezug auf die Transporterfordernisse ist zu beachten, daß innerhalb der einzelnen Fertigungsabteilungen in der Regel (andernfalls liegt Werkstattfließfertigung vor) keine eindeutigen Material- und Produktwege festgelegt sind, da die Aggregate weitgehend funktionsgleich und untereinander austauschbar sind. Demgegenüber sind die zwischen den Werkstätten erforderlichen Transporte art-, mengen- und richtungsmäßig vorgegeben. Daher können unter bestimmten Annahmen – z. B. entfernungs- und mengenproportionale Transportkosten, geradlinige oder rechtwinklige Entfernungsmessungen –

transportkostenminimierende Standorte für die einzelnen Werkstätten bestimmt werden. Da der Raumbedarf der einzelnen Bereiche jedoch unberücksichtigt bleibt, verhindern die vorhandenen Baulichkeiten vielfach derart bestimmte Lösungen. Geht man aber von vorgegebenen Räumlichkeiten aus, denen die zu lokalisierenden Abteilungen zuzuordnen sind, so ergibt sich ein sogenanntes quadratisches Zuordnungsproblem. Bei wenigen möglichen Standorten kann dieses exakt gelöst werden, z. B. mit dem Branch and Bound-Algorithmus. Für umfangreiche Probleme stehen suboptimierende Heuristiken zur Verfügung, die zweckmäßigerweise computergestützt durchgeführt werden, z. B. die Verfahren CRAFT und CORELAP *(Bloech/Ihde,* S. 30 ff.; *Bloech; Domschke/Stahl).*

Die praktische Durchführung der innerbetrieblichen Transporte erfolgt bei der Werkstattfertigung mit unstetigen, nicht stationären Fördermitteln, wie Gabelstaplern, Aufzügen und Kranen. Diese verkehren strecken- oder zonengebunden bzw. frei in der Fläche, fahrplanmäßig oder nach Bedarf, zentral oder dezentral gesteuert, nach dem Hol- oder Bringprinzip. Da der Fertigungsablauf nicht zwingend vorgeschrieben ist, ergibt sich eine hohe Flexibilität im Hinblick auf Kapazitätsnutzungen und wechselnde Fertigungsanforderungen (i. e. Produkte). Diese korrespondiert mit einer vergleichsweise geringen Effizienz des Gesamtsystems. Die Funktionsoptimierung, i. e. lose Kopplung der verrichtungszentralisierten Teilsysteme, führt zu Pufferbeständen, erfordert den Einsatz staufähiger Fördereinrichtungen und notwendiger Steuersysteme und mündet in langen und schwankenden Durchlaufzeiten.

Anders verhält es sich bei der **Fließfertigung.** Hier bestimmt der Produktweg mit seinen fertigungstechnischen Anforderungen die räumliche Anordnung der Bearbeitungsstellen (layout by product). Die einzelnen Fertigungsprozesse sind durch stetige, stationäre, i. d. R. nicht staufähige Fördermittel eng miteinander verbunden. Die relative Starrheit und produktmäßige Spe-

Zusammenhang zwischen
- Layout
- Kapazitätsquerschnitt
- Losgröße
- Durchlaufzeit

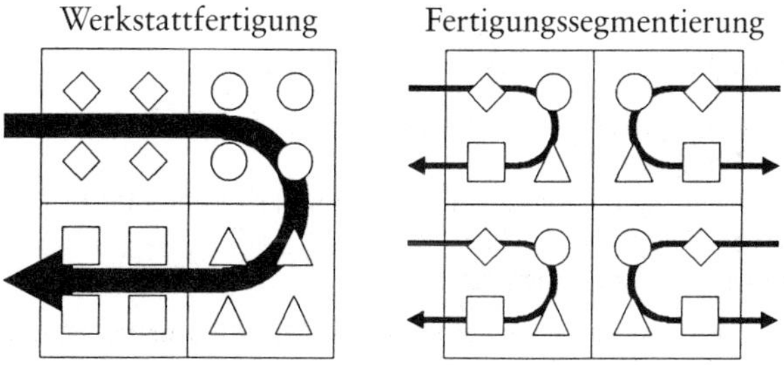

Figur 53: Fertigungssegmentierung

zialisierung resultiert jedoch in Stückkostendegressionseffekten, kurzen und zuverlässigen Durchlaufzeiten sowie niedrigen Pufferbeständen.

Entwicklungen in der Fertigungs- (vgl. flexible Fertigungssysteme), vor allem aber in der Informationstechnik (vgl. den nachfolgenden Abschnitt) haben nun dazu geführt, daß versucht wird, den gestiegenen Marktanforderungen – individuelle Produkte mit kurzen, zuverlässigen Lieferzeiten – dadurch zu entsprechen, die Vorteile der Fließfertigung auch für die Kleinserien- und Losfertigung zu nutzen. Grundlage für den Übergang von der Funktions- zu einer Flußoptimierung ist die **Fertigungssegmentierung** (vgl. *Figur 53*). Für die einzelnen Fertigungsstufen werden kleine Kapazitätsquerschnitte vorgesehen. Kleine Lose unterschiedlicher Produkte können parallel, große Mengen identischer Produkte in Tageslosen gefertigt werden. Durch die fertigungsablauforientierte räumliche Zusammenfassung von Betriebsmitteln in einzelnen Segmenten werden variable Zuordnungen (layouts) und kurze Transportwege möglich (vgl. *Wildemann* 1988 a, S. 95 ff.).

3.2.2.3 Planungs- und Steuerungssysteme der Produktionslogistik

Die Produktionsplanung und -steuerung umfaßt die

Programmplanung,
Mengenplanung,
Terminplanung und die
Ablaufsteuerung.

Die Integration der Teilplanungen erfolgt über eine gemeinsame Datenbasis, die neben Stammdaten (Erzeugnisdaten, Arbeitsplandaten, Betriebsmitteldaten) Bewegungsdaten (Kundenauftragsdaten, Fertigungsauftragsdaten, Materialbereitstellungsdaten etc.) umfaßt. Der zentrale Steuerungsparameter ist der Auftrag. Aufgrund zahlreicher Mängel der herkömmlichen MRP- (Material Requirement Planning) Systeme wurden für die Produktion im Sinne der oben dargestellten Planungsprinzipien (vgl. Teil III, Abschnitt 2) neue Konzepte entwickelt. Diese Entwicklungen zielen u. a. auf eine simultane Mengen- und Zeitplanung, die enge Kopplung an die Nachfrage, die Eignung für Just-in-time-Abläufe sowie die Integration der betriebswirtschaftlichen Funktionen (PPS) mit den technischen Anwendungen (CAD, CAM) über einen gemeinsamen (anwendungsunabhängigen) Grunddatenbestand zu einem CIM- (Computer Integrated Manufacturing) System (*Scheer* 1988 b).

Genannt seien als neue Konzepte

- Belastungsorientierte Auftragsfreigabe *(Kentner/Bechte; Wiendahl)*
- Kanban *(Wildemann)*
- Engpaßsteuerung (Optimized Production Technology OPT) *(Jacobs)*
- Fortschrittszahlensystem *(Heinemeyer)*
- Retrograde Terminierung *(Adam)*

Der Entwicklungsstand wird anhand des **Manufacturing Resource Planning-(MRP II)** Systems dargestellt (vgl. *Figur 54*). Dieses Planungskonzept umfaßt alle Aufgabenbereiche der Produktionslogistik und ist im Gegensatz

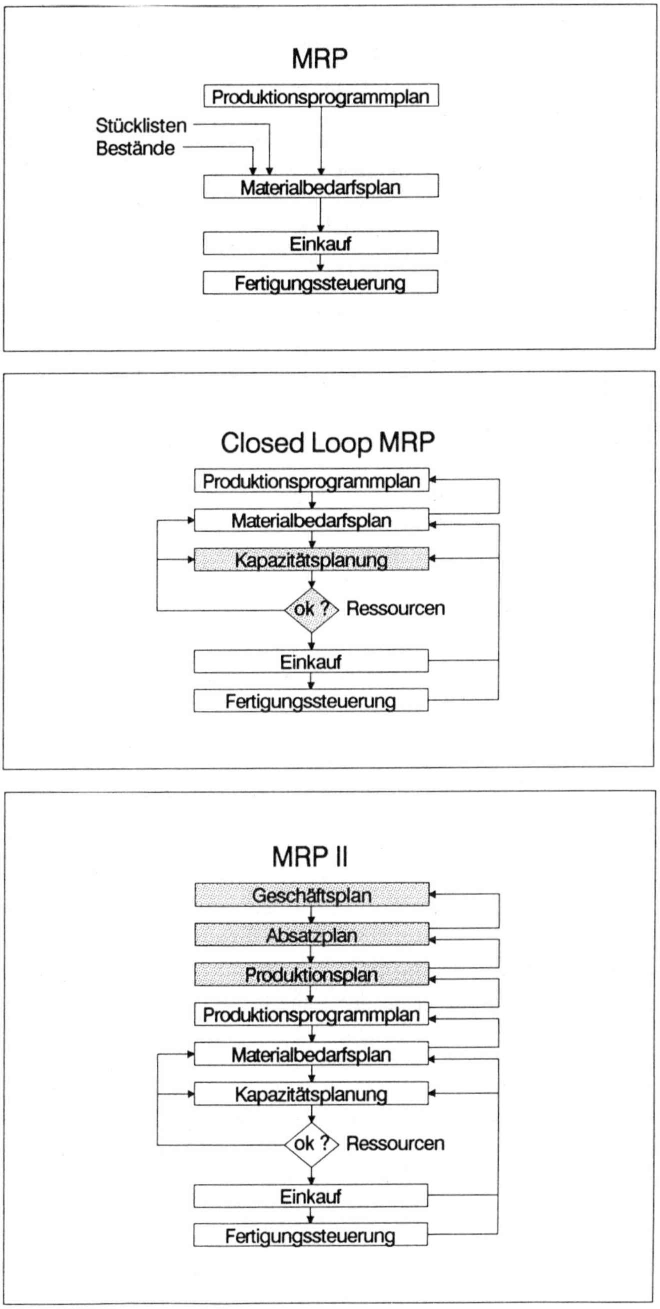

Figur 54: Manufacturing Resource Planning

zu den oben genannten Steuerungssystemen für alle Organisationsformen und Programmtypen der Fertigung geeignet (*Schweitzer* 1990, S. 678).

Mit der Einführung der Material Requirement Planning- (MRP) Systeme erfolgte die Kopplung der Fertigungssteuerung an die Endproduktnachfrage und somit der Wechsel vom Push- zum Pullprinzip. Das Problem vieler Prognosen für Teile und Komponenten wurde auf das Problem einer Prognose für ein Fertigerzeugnis reduziert. Mit Hilfe von Stücklistenauflösungen werden dann programmgebundene Materialbedarfspläne (vgl. Abschnitt 3.2.1.2.2) erzeugt. Dabei können zeitliche Aspekte durch Vorlaufverschiebungen berücksichtigt (vgl. dazu oben das Prinzip der retrograden Planung) und genaue Bedarfszeitpunkte bestimmt werden.

Die Erzeugung der Planaufträge (Auftragsnetze) für Beschaffung, Transport, Fertigung und Montage erfolgt mit der Maßgabe abgestimmter Termine (just in time). Diese Festlegungen werden jedoch ohne Berücksichtigung (und damit auch ohne Reservierung) der vorhandenen Kapazitäten getroffen. Das hat bei Kapazitätsengpässen unzulässige Pläne und mangelnde Planungsakzeptanz zur Folge. Neben dieser feed-forward-Kopplung fehlt MRP auch die feed-back-Komponente: MRP basiert auf dem Prinzip der Steuerung und geht von vollkommener Information über Störungen und Systemreaktionen aus. Soll-Ist-Abweichungen bleiben ohne Reaktion, das Tagesgeschäft entkoppelt sich zunehmend vom Plan.

Beide Mängel werden durch das Closed Loop MRP behoben, durch die Einführung eines Kapazitätsabgleichs sowie den Übergang auf das Prinzip der Regelung. Letzteres macht die fortlaufende Beobachtung und Messung der Istwerte erforderlich (monitoring, Betriebsdatenerfassung). Offen bleiben jedoch auch beim Closed Loop MRP die Einbeziehung der langfristigen Planungsinhalte, die Integration des Vertriebs sowie die Berücksichtigung der wertmäßigen Zusammenhänge. Diese Lücken schließt das integrierte logistische Informationssystem **Manufacturing Resource Planning/MRP II** *(Wight).* MRP II ist ein komplexes Regelkreissystem, welches alle mit der Produktion verbundenen Aktivitäten mengen- und, wo erforderlich, auch wertmäßig abbildet, von der strategischen Ebene bis zur operativen Steuerung.

Aufgrund der Komplexität der Planungsaufgabe ist eine Simultanplanung nicht möglich. Daher erfolgt eine hierarchische Differenzierung der Planung. Die Pläne auf den einzelnen Planungsebenen werden in einer genau festgelegten Reihenfolge erstellt. Die Ergebnisse der übergeordneten Planung sind Vorgaben für die untergeordnete Planungsebene. Daneben existieren Rückkopplungen. Wenn Vorgaben der übergeordneten Planungsebene auf der untergeordneten Planungsebene nicht realisiert werden können, werden übergeordnete Pläne revidiert (vgl. *Hax/Meal; Kistner/Switalski*). Anschaulich wird von kaskadierenden Regelkreisen gesprochen (*Scheer* 1988 b, S. 60).

An der Spitze der Planungshierarchie steht der Geschäftsplan. Er bezieht sich auf das Gesamtunternehmen und enthält die (wertmäßigen) Vorgaben für Budgets und Umsätze der einzelnen Geschäftsbereiche. Diese Vorgaben sind Restriktionen für die Absatzplanung, die in den Planungskategorien des Vertriebs erfolgt, also z. B. in Umsatzwerten je Produktfamilie und Region. Diese Planwerte aus der Absatzplanung werden über Planungsstücklisten in die Planungsgrößen der Produktion und Beschaffung aufgelöst. Daraus ergeben sich in Mengeneinheiten ausgedrückte Einzelprodukte und Baugruppen.

Für jede Produktfamilie wird eine Planungsstückliste angewendet. Sie enthält Angaben über Gleichteile, Kann-/Mußvarianten, u. U. auch eine Produktionsaufteilung auf Werke. Ebenfalls wird für jede einzelne Produktfamilie eine Absatzprognose erstellt. Bei der Umsetzung des Absatzplans in den Produktionsplan müssen die geschäftspolitischen Lieferservicevorgaben, die Lagerbestandspolitiken sowie die betroffenen (Arbeitspläne) Kapazitäten berücksichtigt werden. Wenn der Produktionsplan nicht realisierbar ist, werden entweder neue Absatzpläne erstellt oder Maßnahmen zur Ressourcenanpassung geprüft. Das Ergebnis sind Produktionspläne, mit denen die Vorgaben des Vertriebs erfüllt und die mit den verfügbaren Ressourcen realisiert werden können.

In der nächsten Planungsstufe werden aus den groben Planwerten der Produktionsplanung (Produktfamilien/-gruppen; Monate) mit Hilfe von Planungsstücklisten Produktionsprogrammpläne erzeugt. Diese bestimmen, welche Enderzeugnisse in welchen Wochen/Tagen produziert werden sollen. Daneben erfolgt ein Vergleich der tatsächlichen mit der prognostizierten Nachfrage. Sofern (noch) keine konkreten Kundenaufträge vorliegen, dient eine neue (bessere) Prognose als Bezugsbasis.

Wenn bei den Enderzeugnissen eine große Variantenvielfalt existiert, kann der Produktionsprogrammplan auf der Hauptkomponentenebene festgelegt werden. Mit Hilfe von Verteilungsschlüsseln können dann auch die Variantenkomponenten prognostiziert werden. In diesem Fall steuert die Produktionsprogrammmplanung dann nur die kundenauftragsunabhängige Vorfertigung. Die Montage erfolgt nach Kundenauftrag. Oben (vgl. Abschnitt 3.2.1.2.2) war in diesem Zusammenhang darauf hingewiesen worden, daß durch gezielte Produktgestaltung die Schnittstelle vom antizipativem make to stock und reaktivem make to order (order penetration point) zur Gewinnung zuverlässigerer Informationen möglicherweise verschoben (vgl. Postponement) werden kann.

Das Produktionsprogramm wird wiederum mit den vorhandenen Kapazitäten abgeglichen und gegebenenfalls verändert. Auswirkungen alternativer Pläne können durch Simulationen sichtbar gemacht werden (what-if-Abfragen). Dabei werden mögliche Veränderungen von Kapazitätsbedarfen und/oder Kapazitätsangeboten durchgespielt. Der Kapazitätsbedarf resultiert aus den terminierten, aus Start- und Endzeitpunkten sowie Fertigungs- und Übergangszeiten (aus Arbeitsplänen) ermittelten Arbeitsvorgängen. Da die Kapazitätsabstimmung bei MRP II auf jeder Planungsstufe stattfindet, werden nur realistische Pläne weitergegeben und der Planungsaufwand reduziert.

An dieser Stelle ist auch die Frage nach der Fertigungsauftragsbildung zu beantworten. Soll jeweils der Nettobedarf einzelner Planungsabschnitte erzeugt werden (i.e. bedarfssynchron), oder sollen die Nettobedarfsmengen aufeinanderfolgender Perioden zu Losen zusammengefaßt werden? Die **Losgrößenbestimmung** ist eine zentrale Frage der traditionellen Produktionsplanung. Entsprechend zahlreich sind die einschlägigen Entscheidungsmodelle (vgl. *Tempelmeier* 1988). Als entscheidungsrelevante Kosten werden dabei insbesondere die Lagerhaltungs- und Bestandskosten sowie die Rüstkosten berücksichtigt. Es ist deutlich geworden, daß diese Kosten aufgrund technischer Entwicklungen und marktlicher Erfordernisse und damit die Losgrößenbestimmung an Gewicht verloren haben. Rüstkosten umfassen die direkten Kosten des Sortenwechsels sowie die Opportunitätskosten der entgangenen Nutzung knapper Kapazitäten. Bei freien und flexibel nutzbaren Kapazitäten sind die Rüstkosten null bzw. sehr niedrig. Lagerhaltungs- und Bestandskosten verlieren durch konsequentes Postponement, die Verschiebung des Variantenbestimmungspunktes und flache Erzeugnisstrukturen an Bedeutung (vgl. Abschnitte 2 sowie 3.2.1.2.1). Damit erscheint auch eine Hauptschwierigkeit der Losgrößenbestimmung – bei mehrstufigen Erzeugnisstrukturen sind die Bedarfsmengen der einzelnen Erzeugnisse (Enderzeugnisse, Komponenten, Bauteile, vgl. Stückliste) nicht unabhängig voneinander – in einem anderen Licht. Schließlich ist darauf hinzuweisen, daß Losgrößen zunehmend entsprechend anderen Anforderungen – standardisierte Behälter, Transporthilfsmittel u.ä. – optimiert werden.

Die eingeplanten Aufträge werden bei Erreichen einer Terminschranke für die Materialbedarfsplanung freigegeben. Zugleich werden Aufträge für Enderzeugnisse erstellt. Aus diesen werden in der Montagesteuerung Montageaufträge abgeleitet, die nach der Materialverfügbarkeitskontrolle an die Fertigungssteuerung übergeben werden. Die **Fertigungssteuerung** sammelt die freigegebenen Betriebsaufträge und erzeugt spezifische Auftragsnetzwerke (Routing) mit Vorgaben für jeden Produktionsschritt. Der zweite Aufgabenbereich der Fertigungssteuerung (Dispatching) umfaßt die Terminsteuerung (Reihenfolgebestimmung) und die Auftragsfortschrittskontrolle. Bei der Reihenfolgebestimmung sind verschiedene Zielvorstellungen zu berücksichtigen. Diese können sich auf einzelne Aufträge beziehen, z.B. im Hinblick auf Fertigstellungstermine und Durchlaufzeiten oder aber auf die Nutzung der Kapazitäten. Da diese Ziele teilweise konfliktär sind, müssen sie gewichtet werden. In Verbindung mit der Flexibilisierung der Kapazitäten (Entkopplung Mensch-Maschine, flexible Arbeitszeitmodelle etc.) und den verbesserten Umstellungsmöglichkeiten der Maschinen einerseits sowie der Forderung nach möglichst schlupfarmen Abläufen und zeitgenauen, zuverlässigen Bereitstellungen andererseits haben die zeitlich orientierten Zielvorstellungen stärkeres Gewicht bekommen. Der Wunsch nach einem verzögerten Kostenaufwuchs macht zudem wertorientierte Regeln für die Bestimmung der Auftragsbearbeitungsfolgen erforderlich.

Bekannte Prioritätsregeln für die Abarbeitung von Auftragswarteschlangen sind die

- ‚First come first served'-Regel,
  d.h. höchste Priorität für den zuerst aufgelaufenen Auftrag, also Bearbeitung in der Reihenfolge der Ankünfte

- ‚Kürzeste Operationszeit'-Regel,
  d. h., aus der Warteschlange wird der Auftrag zuerst bearbeitet, der die kürzeste Operationszeit in dieser Station hat
- ‚Längste Operationszeit'-Regel
- ‚Kürzeste Restbearbeitungszeit'-Regel,
  d. h., der Auftrag erhält die höchste Prioritätszahl, dessen insgesamt auf allen benötigten Aggregaten noch verbleibende Bearbeitungszeit am kürzesten ist
- ‚Längste Restbearbeitungszeit'-Regel,
- ‚Frühester Fertigstellungstermin'-Regel,
  d. h. höchste Priorität für den Auftrag aus der Warteschlange, der den frühesten Fertigstellungstermin hat

Simulationsrechnungen haben gezeigt, daß die ‚kürzeste Operationszeit'-Regel im Hinblick auf mittlere Durchlaufzeiten (bei hoher Varianz der einzelnen Auftragsdurchlaufzeiten – was jedoch dann unproblematisch ist, wenn jeder Auftrag individuell gesteuert wird), Kapazitätsauslastung und die Zahl von im System befindlichen Aufträgen gute Ergebnisse liefert, Kombinationen von Prioritätsregeln häufig bessere Ergebnisse bringen, die Kostenwirkungen insgesamt jedoch nicht erheblich sind.

Bedeutung gewonnen hat demgegenüber der zweite Aufgabenbereich der Fertigungssteuerung, die Auftragsverfolgung.

Durch die permanente, möglichst lückenlose Überwachung der Fertigungsfortschritte sind verzögerungslose, korrigierende Eingriffe möglich (Echtzeitsteuerung). Die systematische Betriebsdatenerfassung, die detaillierte, phasenbezogene Abbildung (monitoring) des Güterstromes, ist die Basis der Fertigungssteuerung. Neben der Bestimmung und Zusage realistischer, weil kapazitätsmäßig abgeglichener Termine (Vorkopplung) ist die Rückkopplung Plan/Ist die zweite Voraussetzung für die durchgängige Organisation logistischer Ketten nach dem Prinzip der bedarfssynchronen Güterbereitstellung.

3.2.3 Die Distributionslogistik

3.2.3.1 Die Aufgaben der Distributionslogistik

Neben der Beschaffungslogistik ist die Distributionslogistik der zweite Teil der marktorientierten (Marketing-) Logistik (vgl. *Figur 13*). Aufgabe der Distributionslogistik ist die art- und mengenmäßig, räumlich und zeitlich abgestimmte Bereitstellung der produzierten Güter derart, daß entweder vorgegebene Lieferzusagen eingehalten oder erwartete Nachfragen (Marktentnahmeabsichten) möglichst erfolgswirksam befriedigt werden können.

Im ersten Fall, der für die **Auftragsfertigung** typisch ist, ist die Beteiligung der Logistik an einzelnen Geschäften von Anfang an, gegebenenfalls schon bei der Auftragsakquisition, erforderlich. Zusagen über Lieferart – z. B. komplett oder demontiert (CKD; completely knocked down) –, Lieferort und Lieferzeit können notwendigerweise, Vereinbarungen über Preise können sinnvollerweise – angesichts der Kosten für die verabredeten logistischen Leistungen – nur in Abstimmung mit der Logistik gemacht werden. Sodann sind entsprechend dem vereinbarten Lieferumfang (vgl. Abschnitt 3.2.1.2.4) die logistischen Leistungen zu organisieren.

Im zweiten Fall, bei der **Vorratsfertigung,** besteht die Aufgabe der Logistik zunächst darin, die kostenmäßigen Konsequenzen alternativer Vertriebskonzepte – etwa von Push- oder Pullstrategien, von direktem oder indirektem Vertrieb, von zentraler oder dezentraler Belieferung – aufzuzeigen. Dann muß die Logistik die für die Bestimmung der Absatz- und Distributionspolitik erforderlichen Distributions- und Marktinformationen bereitstellen. Schließlich ist die wirtschaftliche Versorgung der ausgewählten Angebotspunkte gemäß den geschäftspolitischen Lieferservicevorgaben zu gewährleisten.

Die kurze Darstellung der Distributionsaufgaben macht deutlich, daß die jeweiligen Entscheidungsprobleme sehr unterschiedlich sind, vor allem im Hinblick auf die (Un-) Sicherheit der Informationsbasis. Während einerseits verhandelte und nahezu vollkommen beherrschbare Umwelten gegeben sind, muß auf der anderen Seite mit Erwartungen und Wahrscheinlichkeiten gearbeitet werden. Dieser Sachverhalt bestimmt die Einsatzmöglichkeiten und die Eignung der verschiedenen Planungsinstrumente.

Weiterhin erlaubt die skizzierte Aufgabendifferenzierung, den Wandel im Aufgabenverständnis deutlich zu machen. Dieser Wandel von der traditionellen zur aktuellen Rolle der Distribution ist gekennzeichnet von der Weiterentwicklung der Distributionslogistik als einer Hilfs- und Vollzugsfunktion der kommerziellen Leistungen zu einem Instrument, das den Markterfolg der Unternehmen entscheidend mitbestimmt. Der nachfolgenden Darstellung der Distributionslogistik wird daher die Unterscheidung in Auftrags- und Vorratsfertigung zugrunde gelegt.

Dabei wird nicht übersehen, daß die logistischen Anforderungen konkreter Vertriebsaufgaben von so vielfältigen Rahmenbedingungen bestimmt werden, daß die gewählte Unterscheidung nur als eine Möglichkeit der Systematisierung und Veranschaulichung gesehen werden muß. Zu beachten ist vor allem die schon erwähnte (vgl. Teil II, Abschnitt 3.2.1) Unterschiedlichkeit der Bedarfe. Deren räumliche und zeitliche Struktur, ihre Häufigkeit und Dringlichkeit, die zugehörige Bereitschaft und Fähigkeit der Abnehmer zu individuellen Einkaufsanstrengungen, die Verderblichkeit der Güter oder ihre Nutzungsdauer, die konkrete Markt- (Verkäufer-/Käufermarkt) und Wettbewerbssituation; diese und viele andere Merkmale mehr sind zu beachten, wenn es darum geht, logistische Leistungen für Marktentnahmen, seien es verabredete oder vermutete, zu optimieren.

Durch die Differenzierung der logistischen Leistungskomponenten können sich die Anbieter auch und vor allem von homogenen Gütern erhebliche Wettbewerbsvorteile und in bezug auf ihre Preisstellung häufig sogar monopolistische Handlungsspielräume (*Gutenberg*, S. 222 ff.) verschaffen. Die akquisitorische Wirkung der logistischen Leistungsgestaltung beruht darauf, daß durch sie die Nutzen-Kosten-Situation der Abnehmer verbessert wird, indem das logistische Profil der Sachleistung den individuellen Bedarfsmerkmalen möglichst genau angepaßt wird. Besonders zu erwähnen sind in diesem Zusammenhang die Fähigkeit und Bereitschaft des Lieferanten zu Maßnahmen der Produkt- und Verpackungsgestaltung zur besseren Integration der Güter in das System der Abnehmer (vgl. Kompatibilität der verwendeten Transporthilfsmittel), individuelle Lieferzeiten (vgl. Just-in-time-Lieferungen), die Flexibilität in bezug auf Auftragsmodalitäten (vgl. Auftragsgrößen, Abrufmengen und -termine) sowie Lieferbereitschaft und Lieferzuverlässigkeit in bezug auf den vereinbarten Leistungsumfang. Die genannten Leistungsmerkmale kennzeichnen den Output der Distributionslogistik. Sie haben für Auftrags- und Vorratsfertigung unterschiedliche Bedeutung.

3.2.3.2 Distributionslogistik bei verabredetem Lieferservice

3.2.3.2.1 Distributionslogistik bei Auftragsfertigung

Bei Auftragsfertigung wird die Fertigung durch konkrete Kundenaufträge angestoßen. Das schließt nicht aus, daß aus Planungserfordernissen fehlende Kundenaufträge durch eigene Aufträge ersetzt werden. Im Hinblick auf die vom Markt geforderten Lieferzeiten werden dann jedoch nach Möglichkeit nur Komponenten und Bauteile kundenanonym gefertigt, die dann auftragsbezogen montiert werden können.

Auftragsfertigung ist typisch für Investitionsgüter. Investitionsgüter sind komplexe, Hardware- und Softwarekomponenten umfassende technische Güter, die geeignet sind, individuelle Nutzerprobleme zu lösen. Investitionsgüter sind durch Erklärungs- und Wartungsbedürftigkeit, lange Nutzungsdauern sowie dadurch gekennzeichnet, daß sie erhebliche finanzielle Mittel binden. Die damit verbundene Bedeutung der Kaufentscheidung für das erwerbende Unternehmen führt dazu, daß

- viele Personen mit der Kaufentscheidung befaßt werden,
- intensive Kaufverhandlungsprozesse geführt werden,
- die Entscheidung regelmäßig längere Zeit in Anspruch nimmt und
- im erwerbenden Unternehmen häufig organisatorische Veränderungen erforderlich werden.

Die mit der Individualität des Investitionsobjektes verbundene geringe Vergleichbarkeit verringert die Bedeutung der Preisstellung. In den Vordergrund der Kaufentscheidung rücken Produkt-, Qualitäts- und Servicekriterien, die die Eignung der Anlage zur Lösung der nutzerspezifischen Probleme und zur Integration in das Produktionssystem des Anwenders bestimmen. Von hervorgehobener Bedeutung ist dabei die Zusage und Einhaltung von **Lieferzeiten.** Das gilt selbst dann, wenn wegen des phasenabhängigen Informationsstandes – erinnert sei an die oft noch vage Spezifizierung der gewünschten technischen Problemlösung im Angebotsstadium – der konkrete Lieferumfang zunächst noch unbestimmt ist. Mangelnde Termintreue verursacht zusätzliche Kosten bei der Lieferung und Installation der Anlagen sowie Produktions- und Umsatzausfälle. Dieser Umstand, der häufig zu pönalisierten Lieferzeitzusagen führt, macht es erforderlich, entsprechende

Abreden nur nach Rückkopplung des Vertriebs mit der Logistik zu treffen. Vorteilhaft ist es in diesem Zusammenhang zudem, wenn dem Vertrieb während der Verkaufsgespräche der aktuelle zeitliche Spielraum für Lieferzeitvereinbarungen bekannt ist. Dies wiederum setzt die oben angesprochene Vorkopplung des Produktionsplans mit Auftragsbestand und Kapazitäten voraus. Wünschenswert sind schließlich Informationen über die Kostenwirkungen unterschiedlicher Lieferzeitangebote. Dabei sind nicht nur intensitätsmäßige und zeitliche Anpassungen der Produktion und Distribution (Überstunden, Sonderschichten, Eiltransporte) entscheidungsrelevant, sondern gegebenenfalls auch die Kosten erwartungsbestimmter (Vor-) Fertigungen von Komponenten bzw. (Vor-) Verteilungen von Produkten in die Absatzgebiete.

Diese Kostenwirksamkeit von Lieferzeiten, insbesondere von wechselnden, von den Planlieferzeiten abweichenden, wirft die Frage nach deren Nachfragewirkungen auf. Generell gültige Aussagen über die Marktreaktionen von Lieferservicevariationen sind nicht möglich (vgl. *Delfmann; Pfohl*). Um so wichtiger sind alle Anhaltspunkte über Lieferzeitvorstellungen, die in den Kaufverhandlungen gewonnen werden können. Mit der Ausnahme vor allem bei innovativen Produkten (vgl. quick response bei modischer Ware) gilt nicht, je kürzer, desto besser. Angesichts langer Kaufentscheidungsprozesse, vermeintlich individueller, somit nicht vorhersehbarer Produktvorstellungen und zeitaufwendiger Vorbereitungen der Finanzierung können kurze, und somit unerwartete, Lieferzeiten durchaus zu kognitiven Dissonanzen und Nachfragestörungen führen. Theoretische Überlegungen und empirische Feststellungen erlauben jedoch die Annahme, daß für eingeführte Produkte die marktübliche Lieferzeit für die Wirkungen von Lieferzeitveränderungen besonderes Gewicht hat. Abweichungen von diesem Standard nach unten und oben haben zunächst starke, dann zunehmend schwache, ausklingende Nachfrageeffekte. Dieser Zusammenhang führt angesichts einer produkt- und marktabhängigen Bandbreite für die marktüblichen Lieferzeiten zu nachfolgender *Figur 55* (vgl. *Ballou*, S. 68; *Pfohl*, S. 250).

Dabei muß aber beachtet werden, daß Serviceinnovationen, z. B. Just-in-time-Lieferungen und 24-Stunden-Dienste, soweit sie sich am Markt durchsetzen, den marktüblichen Standard verschieben. Tendenziell gilt weiter: Zuverlässigkeit geht vor Dauer der Lieferzeit. Dies ist darin begründet, daß Schwankungen der Lieferzeiten Sicherheitsbestände und Kapazitätsvorhaltungen erfordern, während bei hoher Zuverlässigkeit der Prozesse weitgehend schlupfarm gearbeitet werden kann.

Neben Lieferzeit und **Lieferzuverlässigkeit** können Serviceleistungen verabredet werden, die sich auf die **Lieferflexibilität** beziehen. Darunter wird die Fähigkeit und die Bereitschaft der Anbieter verstanden, ihren Kunden bis zu vereinbarten Ausschlußterminen (due dates) Möglichkeiten zu i. d. R. im vorhinein festgelegten Änderungen ihrer Aufträge einzuräumen. Diese Lieferflexibilität, die in dynamischen Märkten starke Bedeutung hat und lange Lieferzeiten relativiert, wird durch Verzögerungsstrategien (vgl. Abschnitt 2) und Statusinformationssysteme unterstützt.

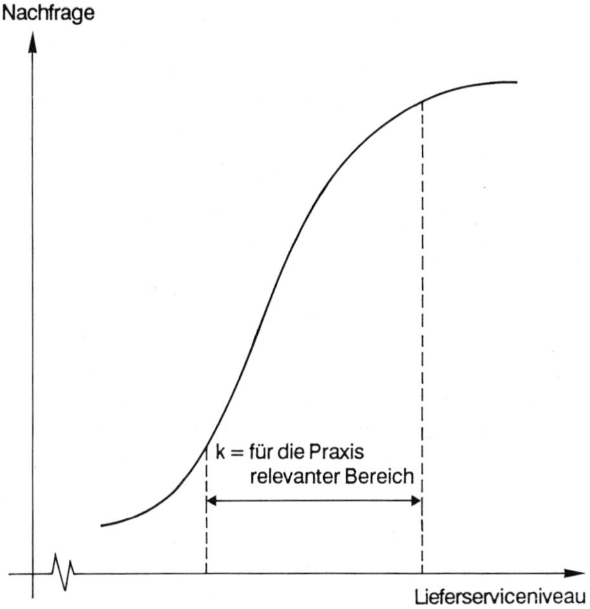

Figur 55: Hypothese über Nachfragereaktionen bei Lieferserviceveränderungen

Betrachtet man die einzelnen Transaktionsphasen des Investitionsgüterabsatzes

- Akquisition
- Bearbeitung von Anfragen
- Vorstudien, insbesondere Erstellung von Machbarkeitsstudien
- Erstellung der Angebotsunterlagen
- Verhandlung über Konditionen
- Lieferung und Montage
- Probebetrieb, Wartung, Teileversorgung

so wird deutlich, daß jeder Teilprozeß logistische Leistungen einschließt.

Im Rahmen von Feasibility-Studien haben Fragen der logistischen Machbarkeit bedingenden Charakter. Wie ist die Zugänglichkeit des Lieferortes? Welche Beschränkungen sind bei der Wahl der Transportmittel zu beachten? Existieren Höchstmaße und Höchstgewichte für einzelne Komponenten? Welche Lichtraumprofile sind zu beachten? Welche Transport- und Umschlagsmöglichkeiten sind gegeben?

Bereits bei der Umsetzung der gewünschten technischen Problemlösung in konkretes Produktdesign, in ein Produktkonzept, ist an Transport- und Umschlagserfordernisse zu denken. Der optimale Zerlegungsgrad einer komplexen Industrieanlage kann nur unter Berücksichtigung von Produktionskosten, Verpackungs- und Transportkosten, Umschlags- und Montagekosten sowie Risikokosten (vgl. Transportversicherung, Konventionalstrafen) bestimmt werden. Eine besondere Herausforderung stellen in diesem Zusammenhang Schwergüter (heavy lifts) dar. Wie steht es z. B. mit der Containerisierbarkeit von Komponenten? Die Verzahnung von Produkt- bzw. Verpackungsgestaltung und Logistik ist besonders bedeutsam, wenn es um CKD-(completely knocked down) Lieferungen geht. Dieses von vielen Importländern für die eigene industrielle Entwicklung (s. local content-Vorbehalte) vorgeschriebene Exportgeschäft bedeutet den Versand von Komponenten und deren Montage vor Ort. Verpackungskosten, Transportkosten (vgl. die Fragen: containerisierbar, wiegende oder messende Güter) und (De-) Montagekosten sind abzuwägen.

Bei Lieferung und Montage von Komplettanlagen ist u. a. zu entscheiden über Baustelleneinrichtung, Personalverkehre, Kurierdienste für Pläne, Dokumente etc., Transportdurchführung, zeitliche Steuerung des Komponentenzulaufs. Zudem muß über die Vorortbevorratung von Ersatzteilen angesichts der verbleibenden Transportmöglichkeiten entschieden werden. Dabei ist die zuverlässige Versorgung mit Ersatzteilen während der Nutzungsdauer ein wichtiger Bestimmungsfaktor für die Wiederholungskaufentscheidung.

3.2.3.2.2 Die Projektlogistik

Die skizzierten logistischen Probleme sind dann besonders schwierig, wenn es sich nicht nur um den Export von einzelnen Anlagen handelt, sondern um die Abwicklung von industriellen Großprojekten im Ausland, vor allem in Ländern der Dritten Welt. Komplexität, relative Neuartigkeit (ja Einmaligkeit) und die spezifische zeitliche Strukturierung des Geschäfts sind dann besonders ausgeprägt. Zunehmend werden diese Großprojekte, die einen bedeutenden Teil des Exports der Industrieländer ausmachen, auf der Basis von turn-key und pönalisierten lump-sum Abreden (schlüsselfertig zu Festpreisen) vereinbart. Daraus resultieren für die Anbieter vielfältige und teilweise schwer abschätzbare Risiken, nicht zuletzt solche logistischer Art. Das beginnt mit der in der Regel ‚armen' Verkehrsinfrastruktur der Bestimmungsländer und den rechtlichen Rahmenbedingungen in bezug auf Flaggenwahl, Zoll- und Verpackungsbestimmungen, Wegevorschriften u. ä. Weiter geht es darum, die erforderlichen Transportmöglichkeiten sicherzustellen. Dabei sind bei mehrjähriger Projektdauer z. B. Seefrachtverteuerungen von 100 v. H. und mehr keine Seltenheit, zumal dann, wenn surcharges für Stauungen sowie Ausgleiche für Währungsveränderungen oder gar Bunkerölverteuerungen (sogenannte currency adjustment und bunker adjustment factors) berechnet werden. Verschiffungen mit Konferenzreedereien oder Outsidern sind gegenüber Charterungen von Tonnage abzuwägen.

Besondere Aufmerksamkeit verlangen weiter die erforderlichen Vorgänge in den Seehäfen. Einmal geht es um die Steuerung des Zulaufs der Transportobjekte für die Seeverladungen, zum anderen um die reibungslose Abwicklung der Einfuhren im Bestimmungsland. Neben der zeitlichen Abstimmung der Vortransporte von den einzelnen Herstellern und Subkontraktoren sind Fragen über Verpackung und Transportdurchführung – z. B. fob oder ab Werk – zu beantworten. Für die Gewährleistung einer reibungslosen Einfuhr in das Bestimmungsland ist die Vereinbarung eines direkten Umschlags (direct delivery) von grundlegender Bedeutung. Diese bevorzugte Behandlung der Projektladung im Hafen und ihre direkte Weiterleitung zur Baustelle wiederum macht in der Regel block oder top block Stauungen, d. h. dichte und gegebenenfalls Stauungen unmittelbar an den Ladeluken der Seeschiffe, erforderlich. Schließlich muß für den Nachtransport das erforderliche Equipment bereitgestellt werden, nach Fertigstellung und Abnahme sind Demontagen der Baustelleneinrichtung und Rücktransporte durchzuführen.

Das logistische Projektmanagement ist besonders dann gefordert, wenn Anbieterkoalitionen *(Günter)* beteiligt sind. In derartigen multiorganisationalen ‚selling centers' – die bekanntesten sind Konsortien und Generalunternehmerschaften – arbeiten Hardwarelieferanten, Dienstleistungsanbieter und Berater als Haupt- und Subkontraktoren, offene oder stille Konsorten zusammen.

Durch die Arbeitsteilung in den Anbietergemeinschaften, vor allem aber durch die Aufteilung der Fertigung von Komponenten auf verschiedene Standorte, gewinnt die Ablaufsteuerung im Sinne der räumlichen und zeitlichen Abstimmung der Teilprozesse zentrale Bedeutung. Bedenkt man weiter, daß dabei viele, nicht selten mehr als hundert Lieferanten und Tausende von Teilelieferungen zu steuern sind, dann überrascht es nicht, daß diese Aufgabe ein bevorzugtes Anwendungsgebiet der Netzplantechnik ist.

Die **Netzplantechnik** umfaßt alle Verfahren zur Analyse, Beschreibung, Planung, Steuerung und Überwachung von Abläufen auf der Grundlage der Graphentheorie (DIN 69 900). Netzpläne sind nicht nur graphische oder tabellarische Darstellungen der Zusammenhänge der einzelnen Vorgänge, sondern legen vor allem die zeitlichen Merkmale der Projekte (Anfangs-, Zwischen-, Endtermine, Vorgangs- und Gesamtzeitdauer, Pufferzeiten) fest und erlauben darüber hinaus eine Kapazitäts- und Kostenplanung *(Schwarze; Altrogge)*. Mit Hilfe der Computerunterstützung, die angesichts der Komplexität der Probleme ohnehin unerläßlich ist, lassen sich die zeit- und kostenmäßigen Auswirkungen von Störungen, Kapazitätsveränderungen u. ä. simulieren (*Scheer* 1978). Verzögerungen einzelner Aktivitäten können durch den Vergleich des Projektstandes mit dem Netzplan festgestellt, in ihren Auswirkungen für Zwischen- und Endtermine sichtbar gemacht und durch gezielte, kostenmäßig abgewogene Beschleunigungsmaßnahmen nachfolgender Vorgänge ausgeglichen werden. Besondere Aufmerksamkeit gilt dabei einmal dem kritischen Weg und seinen Veränderungen, weil diese darüber entscheiden, welche Aktivitäten besonders beachtet werden müssen, und zweitens den jeweils verbleibenden Pufferzeiten, d. h. den zeitlichen Bewegungsspielräumen für die noch nicht begonnenen Vorgänge. Wegen ihrer grundlegenden Bedeutung wird diese Projektplanungsmethode beispielhaft veranschaulicht.

Der Teilnetzplan der *Figur 56* repräsentiert die Ablaufsteuerung von Anlagegütern vom Abruf bei den Lieferanten über die Sammellagerung im Seehafen bis hin zur Montage auf der Baustelle. Entsprechend den Verkehrsaffinitäten der zu transportierenden Güter werden unterschiedliche Verkehrsträger ausgewählt.

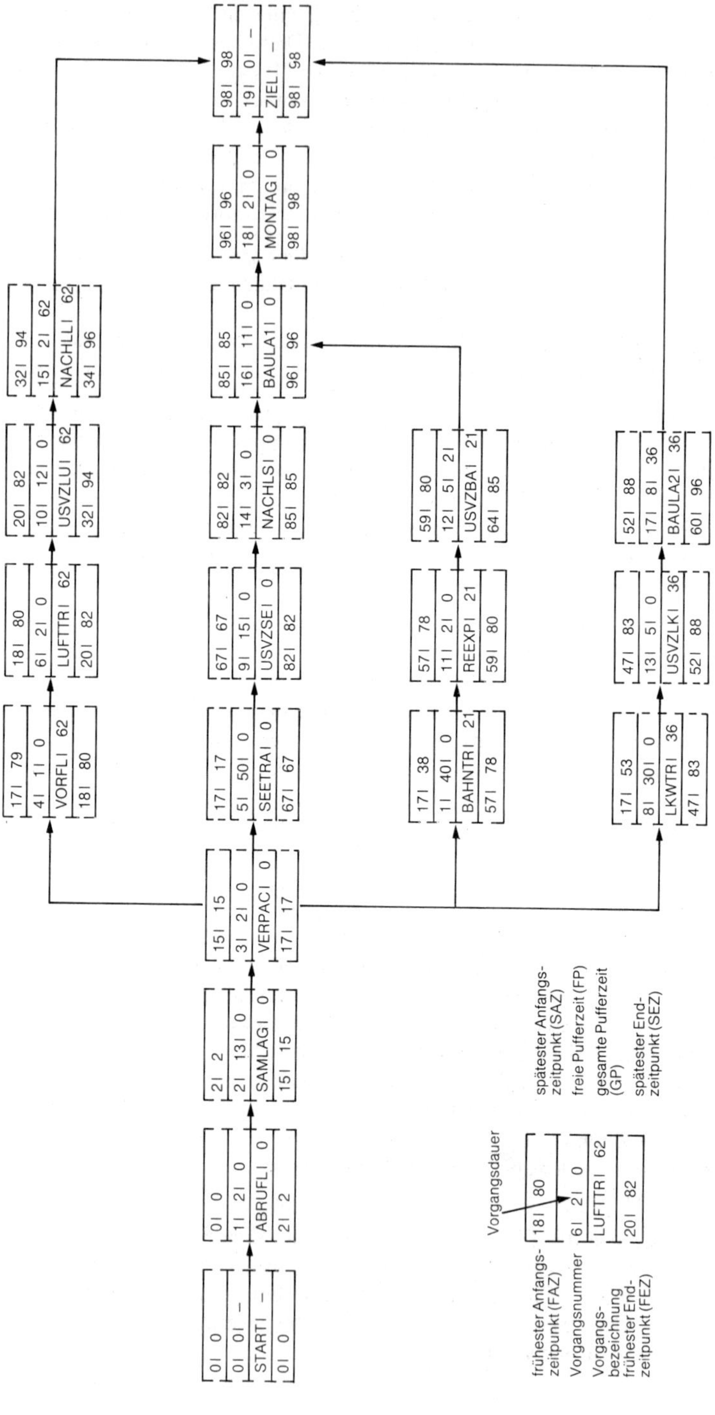

Figur 56: Netzplan eines logistischen Projektes

Die Netzplanberechnung (vgl. *Tabelle 11*) weist für den Lufttransport Pufferzeiten aus, so daß Transportalternativen geprüft werden sollten. Zeitliche Verzögerungen beim Seetransport wirken sich dagegen unmittelbar auf Zwischen- und Endtermine des Projektes aus, da diese Aktivitäten kritisch sind. Im abgebildeten Teilnetz könnte bei den Umschlags- und Verzollungsaktivitäten im Seehafen durch eine bessere Koordination, wie z. B. die Sicherstellung der direct delivery, eine Verkürzung des kritischen Weges erreicht werden.

Tabelle 11: Netzplanberechnung

NR.	VORGANG	DAUER	FAZ	FEZ	SAZ	SEZ	FP	GP	KRIT. WEG
0	START	0	0	0	0	0	–	–	
1	ABRUF BEIM LIEFERANTEN	2	0	2	0	2	0	0	KRITISCH
2	SAMMELLAGERUNG	13	2	15	2	15	0	0	KRITISCH
3	VERPACKUNG	2	15	17	15	17	0	0	KRITISCH
4	VORLAUF (FLUGHAFEN)	1	17	18	79	80	0	62	
5	SEETRANSPORT	50	17	67	17	67	0	0	KRITISCH
6	LUFTTRANSPORT	2	18	20	80	82	0	62	
7	BAHNTRANSPORT	40	17	57	38	78	0	21	
8	LKW-TRANSPORT	30	17	47	53	83	0	36	
9	UMSCHLAG VERZOLLUNG (SEEHAFEN)	15	67	82	67	82	0	0	KRITISCH
10	UMSCHLAG VERZOLLUNG (FLUGHAFEN)	12	20	32	82	94	0	62	
11	REEXPEDITION	2	57	59	78	80	0	21	
12	UMSCHLAG VERZOLLUNG (BAHN)	5	59	64	80	85	21	21	
13	UMSCHLAG VERZOLLUNG (LKW)	5	47	52	83	88	0	36	
14	ANSCHLUSSTRANSPORT (SEEFRACHT)	3	82	85	82	85	0	0	KRITISCH
15	ANSCHLUSSTRANSPORT (LUFTFRACHT)	2	32	34	94	96	62	62	
16	BAUSTELLENLAGER 1	11	85	96	85	96	0	0	KRITISCH
17	BAUSTELLENLAGER 2	8	52	60	88	96	36	36	
18	MONTAGE	2	96	98	96	98	0	0	KRITISCH
19	ZIEL	0	98	98	98	98	–	–	KRITISCH

Eine Verkürzung der Projektdauer wird durch eine Verkürzung kritischer Aktivitäten aber nur insoweit erreicht, als dadurch andere Wege nicht kritisch werden. Daher ist eine Änderung der Projektablaufstruktur zu erwägen, indem unter Beachtung von Kosten- und Kapazitätsrestriktionen eine Überlappung oder Parallelschaltung von bisher hintereinander ablaufenden Vorgängen eingeplant wird.

Die Netzplantechnik kann immer nur eine minimale Projektzeit für eine zuvor entwickelte Projektstruktur bestimmen. Werden funktionale Zusammenhänge bei der Strukturanalyse durch den gewählten Feinheitsgrad nicht ausreichend berücksichtigt, so kann ein möglicherweise vorhandenes Zeiteinsparungspotential nicht voll ausgeschöpft werden.

Die Integration logistischer Teilnetzpläne zu einem Gesamtnetzplan eines komplexen Projektes wird durch die bestehenden logistischen Interdependenzen vor allem zwischen Haupt- und Subkontraktoren erschwert, denn die Vielzahl von Anschlußereignissen verhindert die Bildung selbständiger und geschlossener Teilnetze. Dieses Problem verschärft sich beim Multiprojektmanagement, wenn mehrere Projekte gleichzeitig ausgeführt werden müssen.

Einen Beitrag zur Behebung netzplantechnischer Schwachstellen kann die Petri-Netz-Theorie leisten *(Peterson)*, die darauf abzielt, in komplexen Systemen möglichst viele Vorgänge nebenläufig zu organisieren *(Sommer)*.

Vergegenwärtigt man sich, daß im Projektgeschäft Lieferungen vieler Subkontraktoren von verschiedenen Standorten aus entsprechend dem geplanten Projektfortschritt abgerufen, auf bestimmte Verschiffungshäfen und -termine hin gelenkt werden müssen, daß Ladelisten und Versandanzeigen mit Kollilisten zu erstellen sind, dann stellt sich die Frage, wer diese ablauforganisatorischen Aufgaben übernimmt. Die Übernahme dieser Tätigkeiten durch die Anbieterkoalitionen selbst wird nur dann möglich sein, wenn Generalunternehmer oder Konsortialführer mit qualifiziertem Personal und einschlägigen Erfahrungen beteiligt sind. Da dies vielfach nicht der Fall ist, eröffnet sich den Speditionen ein neues, ihrem ursprünglichen Selbstverständnis aber voll entsprechendes Aufgabenfeld: die Übernahme der kompletten Projektlogistik im Rahmen eines Gesamtpaketes. Anbieterkoalitionen werden sich zum Kauf eines solchen Gesamtpaketes aber nur dann entschließen, wenn die Integration in das Steuerungssystem des Gesamtprojektes gewährleistet ist. Dazu muß die Projektspedition über ein leistungsfähiges Informations- und Kommunikationssystem verfügen.

Eine besondere Herausforderung stellen die komplexen Anlagenexporte auch für die Seehäfen dar. Sie sind die Sammelpunkte für die Teillieferungen, ihre einschlägige Leistungsfähigkeit entscheidet über den Weg der Güterströme. So überrascht es nicht, daß die Seehäfen Dienstleistungsangebote für die unternehmensübergreifende, integrierte Planung, Steuerung und Überwachung von Großprojekten entwickelt haben. Als Beispiele seien genannt die Systeme DAVIS (datenfernverarbeitungsorientierte Abwicklung von Industrieanlagen mit Seetransport) und EVA (EDV-gesteuerter Versand von Anlagen) von Bremen und Hamburg. Diese Systeme verknüpfen, gestützt auf eine zentrale Datenbank, alle am logistischen Prozeß des Anlagenexports beteiligten Unternehmen: Lieferanten, Spediteure, Verpacker, Tallybetriebe, Reedereien etc. Durch Online Verbindungen ist nicht nur eine laufende Statusverfolgung – z. B. Teil x verpackt, eingetroffen, verschifft, verzollt usw. – der einzelnen Aktivitäten auf Echtzeitbasis möglich, sondern darüber hinaus eine Vereinfachung der Datenerfassung und Dokumentenerstellung: Daten werden dort erfaßt und eingegeben, wo sie anfallen, Dokumente dort ausgefertigt, wo sie benötigt werden. Das ist ein entscheidender Schritt hin zur ‚vorauseilenden' Information als elementarer Voraussetzung für die verzögerungslose Durchführung verknüpfter Teilaufgaben.

3.2.3.3 Distributionslogistik ohne verabredeten Lieferservice

3.2.3.3.1 Die Aufgaben der Distributionslogistik bei Produktion für den anonymen Markt

Die Aufgaben der Distributionslogistik bestehen bei der Produktion für anonyme Abnehmer darin, die Produkte in art- und mengenmäßiger, räumlicher und zeitlicher Hinsicht derart im Markt bereitzustellen, daß der prognostizierten Nachfrage möglichst genau entsprochen wird. Dabei ist die Erfüllung dieser Aufgaben mit minimalen Kosten die vorherrschende, aber eine unzulässig verengte Zielvorgabe. Vielmehr ist es, und dies angesichts der Entwicklungen der einschlägigen Märkte immer mehr, erforderlich, die

Rückwirkungen der wahrgenommenen distributionslogistischen Leistungen (vgl. Teil I, Abschnitt 2.2) auf die Nachfrageentwicklung zu beachten. Die Marktwirkung eines verbesserten Lieferserviceniveaus i. S. größerer Verkaufsmengen und/oder höherer Absatzpreise sind gegenüber steigenden Distributionskosten abzuwägen.

Bei Gütern des täglichen Bedarfs hat die räumliche und zeitliche Flüchtigkeit der Nachfrage – als Folge von Produkt- und Qualitätsangleichung, Transparenz und Mobilität der Nachfrage – dazu geführt, daß Überallerhältlichkeit (bezogen auf das Verhältnis von bedienten zu potentiellen Angebotspunkten, i. e. Distributionsgrad) und Allgegenwärtigkeit des Warenangebotes zunehmend über die Marktanteile entscheiden. Dabei werden die konkreten Anforderungen an die Verfügbarkeit der Güter von deren Art, der Wettbewerbssituation, von Käufermerkmalen (z. B. Mobilität, Kaufzeitbudgets) u. ä. bestimmt.

Hilfreich ist in diesem Zusammenhang die Unterscheidung in **prädispositive** und **situative Determinanten** des Kaufverhaltens. Meinungen, Einstellungen, Motive, Bedürfnisse, individuelle Bewußtseinsinhalte – bestimmt auch durch Werbung, Produkterfahrungen u. ä. – begründen Kaufabsichten. Diesen Faktoren stehen die Feldkräfte der aktuellen Kaufsituationen gegenüber, d. h. vor allem Präsenz und Präsentation der Waren. Endogene und exogene Variablen bewirken spezifische Beschaffungsmuster, nach Art, Menge, Raum und Zeit konkretisierte Nachfragen. So entscheiden die Gewichte von prädispositiven und situativen Faktoren darüber, ob ein geplanter Kauf bei Ausverkauf zurückgestellt oder anderweitig vollzogen und ob Impulsverkäufe aufgrund der Kraft situativer Momente ausgelöst werden.

Die Mitwirkung der Logistik an der zielgerichteten Gestaltung der situativen Kauffaktoren ist umfassend. Auf der strategischen Ebene geht es zunächst darum, Absatzgebiete und Angebotspunkte zu bestimmen. Der Beitrag der Logistik hierzu besteht in Informationen über räumliche und zeitliche Erreichbarkeitsverhältnisse in den Absatzgebieten, über Verkehrsanbindungen und Parkmöglichkeiten. Sodann ist über die Distributionsstrukturen zu entscheiden, über die Stufigkeit des Verteilsystems, die Anzahl bestandsführender Punkte auf den einzelnen Ebenen sowie deren Bevorratung. Ausgehend von einer unternehmenspolitisch bestimmten Lieferbereitschaft für die einzelnen Verkaufspunkte ist der Gesamtzusammenhang zwischen (selektiver) Bevorratung, erforderlichen Sicherheitsbeständen und Belieferung zu optimieren. In Abhängigkeit z. B. von Gängigkeit, Zentralität oder den Deckungsbeiträgen der einzelnen Artikel – auch unter Beachtung von Verbundeffekten im Sortiment – werden die einzelnen Angebotspunkte sowie Zentral-, Regional- und Auslieferungsläger unterschiedlich bevorratet. Durch die gezielte Verringerung der dezentralen Bestände lassen sich Transportmengen als Folge von Eil- oder Lagerergänzungsaufträgen derart erzeugen, daß Komplettladungen gebildet, Linienverkehre ausgelastet und Direktbelieferungen durchgeführt werden können. Durch die zentrale Kontrolle der Bestände sowie abgestimmte Mengendispositionen wird das ‚Aufschaukeln' der Bestände vermieden. *Figur 57* veranschaulicht die dargestellten Zusammenhänge.

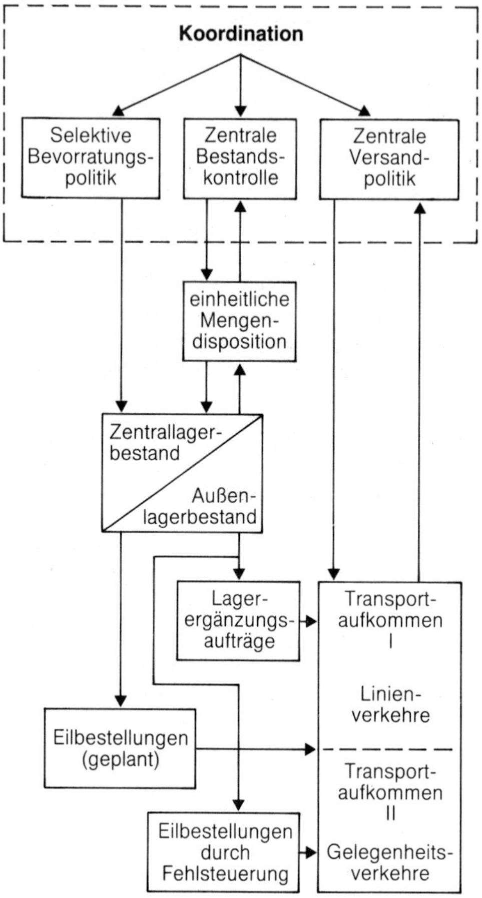

Figur 57: Zusammenhänge zwischen Zentralisierung von Beständen und Transportorganisation

Der Übergang von sequentiellen zu simultanen, verzögerungslosen Informationsprozessen verhindert Abrisse und Stauungen in hintereinandergeschalteten Distributionsstufen als Folge verzögerter Anpassungen an Nachfrageveränderungen und Störungen in dem logistischen Kanal.

Hinzu kommt, daß die angesichts der erwarteten Nachfrage im Distributionssystem insgesamt unterhaltenen Sicherheitsbestände verringert werden können, wenn die auf die dezentralen Angebotspunkte gerichteten, unabhängigen stochastischen Nachfragen auf einen zentralen Bestand hingelenkt werden. Diese Reduzierung der Sicherheitbestände bei gegebener Lieferbereitschaft beruht auf dem statistischen Ausgleich zufälliger Ereignisse (vgl.das sogenannte Gesetz der Großen Zahlen, *Gnedenko,* S. 188 f.; *Feller,* S. 243 ff.). Der Umfang der Ausgleichseffekte kann für Zufallsvariablen x_i

mit der Varianz var $(x_i) = \sigma^2$ als Differenz D zwischen der Standardabweichung bei gebündelter und der Standardabweichung bei ungebündelter Nachfrage abgeschätzt werden (*Merkel*, S. 147 ff.).

$$D = \sum_{i=1}^{n} \sqrt{\text{var } (x_i)} - \sqrt{\text{var } (y_n)}$$

Dabei ist $y_n = x_1 + x_2 + x_3 + \ldots + x_n$ eine Folge unabhängiger Zufallsvariablen, hier: Nachfragen. Im Einzelfall unterscheiden die zentralen Momente zweiter Ordnung der Verteilung über die Höhe des Degressionseffektes.

Mit anderen Worten: Mit zunehmender Aufsplitterung der stochastischen Nachfrage auf immer mehr Angebotspunkte sinkt die Zahl der Entnahmen pro Bestand, ihre Unsicherheit (Streuung) wird größer, und die Sicherheitsbestände müssen steigen, um eine bestimmte Lieferbereitschaft zu gewährleisten (vgl. *Figur 58*). Diese Tendenz wird durch die Zunahme der Variantenvielfalt noch verstärkt. Komplette Sortimente von Gütern des täglichen Bedarfs werden daher nur noch an zentralen Angebotspunkten vorgehalten.

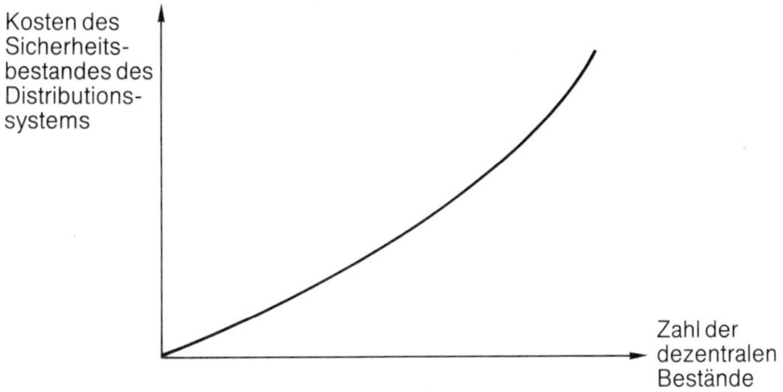

Figur 58: Zusammenhang zwischen Zentralität und Höhe von Beständen

Analog zu den räumlichen sind zeitliche Ausgleichseffekte zu erzielen, wenn stochastische Nachfragen, die für einzelne Perioden erwartet werden, zeitlich gebündelt werden. Eine derartige Fokussierung zeitlich verteilter Einzelnachfragen erlaubt eine Verringerung der Sicherheitsbestände bzw. verringert für den einzelnen Nachfrager die Wahrscheinlichkeit, auf Fehlmengen zu stoßen (vgl. das Zahlenbeispiel bei *Ihde* u. a., S. 40 f. und S. 119). Diesem Zusammenhang entspricht der periodische Verbundeinkauf.

3.2.3.3.2 Lieferbereitschaft als Leistung der Distributionslogistik

Die **Lieferbereitschaft** ist für die Wettbewerbsposition von Anbietern substituierbarer Produkte von zentraler Bedeutung. Die Bestimmung einer optimalen Lieferbereitschaft im Sinne des Ausgleichs von Lieferbereitschaftskosten einerseits und Kosten mangelnder Lieferbereitschaft (Fehlmengenkosten) andererseits ist aber sehr schwierig. Das beruht darauf, daß die Lieferbereitschaft aufgrund der unvollkommenen Informationen über die Nachfrage ex ante nicht bestimmt werden kann. Erst im nachhinein kann die unter Mitwirkung der effektiven Nachfrage(r) tatsächlich realisierte Lieferbereitschaft ermittelt werden.

Hinzu kommt eine weitere Schwierigkeit. Marktwirksam – im positiven wie im negativen Sinne – wird ja nur die wahrgenommene, d. h. die von einzelnen Nachfragern erfahrene Lieferbereitschaft. Da die individuellen Kaufgewohnheiten, Einkaufsanstrengungen, die persönliche Marken- und Geschäftstreue, die Einkaufspläne wie die örtlichen Kaufsituationen nicht oder nur sehr unvollständig bekannt sind, bleiben letztlich nur mehr oder minder plausible Verhaltensannahmen für Käufergruppen mit vergleichbaren Merkmalen. Dies gilt besonders für die positiven Wirkungen der Lieferbereitschaft, d. h. die Auslösung von zusätzlichen, unbeabsichtigten Kaufakten aufgrund der Präsenz und Präsentation der Ware. Auch Experimente des Käuferverhaltens erlauben wegen der mangelnden Wiederholbarkeit identischer Testsituationen kaum weitergehende Aussagen. Besser sieht es bei den negativen Auswirkungen aus, zumindest dann, wenn Fehlverkäufe (‚Neinverkäufe') auch registriert werden. Im folgenden werden wir uns daher auf die Zielvorgabe der Lieferbereitschaft, auf die Messung realisierter Lieferbereitschaftsgrade sowie auf Tendenzaussagen über die Wirkungen von Fehlmengen beschränken.

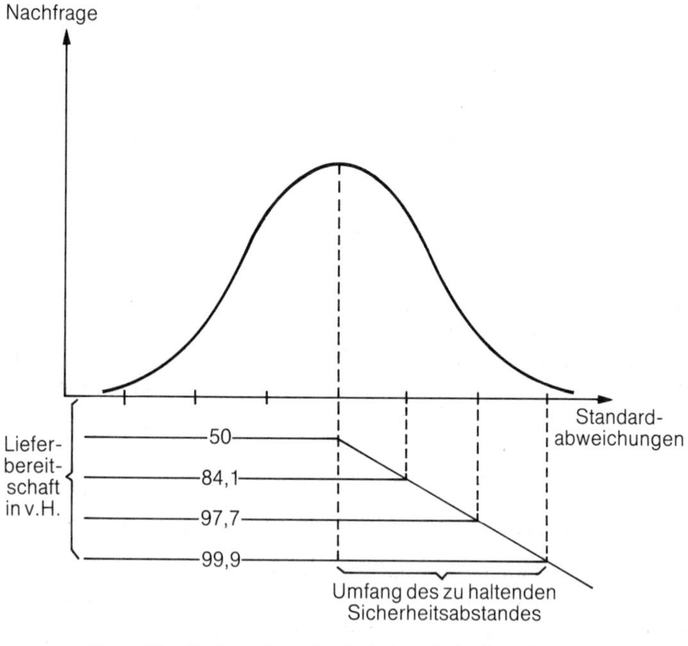

Figur 59: Umfang der erforderlichen Sicherheitsbestände

Die Vorgabe von Lieferbereitschaftszielen besteht angesichts einer stochastischen Nachfrage darin, die Wahrscheinlichkeit festzulegen, mit der diese befriedigt werden bzw. Fehlmengen zugelassen werden sollen. Sobald eine bestimmte Wahrscheinlichkeitsverteilung für die erwarteten Nachfragen angenommen wird, ist es möglich, die Bestandshöhen zu bestimmen, mit denen vorgegebene Lieferbereitschaftsgrade realisiert werden können.

Im Konsumgüterbereich mit einer Vielzahl unabhängiger Einzelinteressen ist es vertretbar und in der Praxis auch gebräuchlich, von normalverteilten Einzelnachfragen auszugehen. Durch die *Gauss*'sche Normalverteilung wird die Häufigkeit zufälliger Abweichungen vom Mittelwert standardisiert, d.h. durch die Standardabweichung s charakterisiert und meßbar.

Die Frage, mit welcher Wahrscheinlichkeit (das ist die sogenannte einseitige statistische Sicherheit) bestimmte Bedarfe befriedigt und also die entsprechend vorgehaltenen Bestände nicht überschritten werden, kann daher durch die Angabe eines bestimmten Vielfachen der Standardabweichung s beantwortet werden (vgl. *Figur 59; Bartels*). Die entsprechenden Werte, die sogenannten Sicherheitsfaktoren, sind für die *Gauss*'sche Normalverteilung tabelliert. *Tabelle 12* zeigt den Zusammenhang zwischen Sicherheitsfaktor, Lieferbereitschaftsgrad (einseitiger statistischer Sicherheit), Überschreitungswahrscheinlichkeit und Sicherheitsbestand.

Tabelle 12: Beziehung zwischen Lieferbereitschaft und Sicherheitsfaktor

Sicherheitsfaktor	Lieferbereitschaftsgrad			Überschreitungswahrscheinlichkeit			Sicherheitsbestand
0	0,50	bzw. 50	v.H.	0,50	bzw. 50	v.H.	0
0,26	0,60	bzw. 60	v.H.	0,40	bzw. 40	v.H.	0,26 σ
0,53	0,70	bzw. 70	v.H.	0,30	bzw. 30	v.H.	0,53 σ
0,85	0,80	bzw. 80	v.H.	0,20	bzw. 20	v.H.	0,85 σ
1,00	0,8413	bzw. 84,13	v.H.	0,1587	bzw. 15,87	v.H.	σ
1,29	0,90	bzw. 90	v.H.	0,10	bzw. 10	v.H.	1,29 σ
1,65	0,95	bzw. 95	v.H.	0,05	bzw. 5	v.H.	1,65 σ
2,00	0,9772	bzw. 97,72	v.H.	0,0228	bzw. 2,28	v.H.	2,00 σ
3,00	0,9987	bzw. 99,87	v.H.	0,0013	bzw. 0,13	v.H.	3,00 σ
3,29	0,9995	bzw. 99,95	v.H.	0,0005	bzw. 0,05	v.H.	3,29 σ

Kann keine Normalverteilung unterstellt werden, so sind i.d.R. wesentlich höhere Bestände zur Gewährleistung vorgegebener Lieferbereitschaftsgrade erforderlich.

Die realisierten Lieferbereitschaftsgrade werden in der betrieblichen Praxis durch unterschiedliche Maßzahlen kontrolliert. Diese beziehen sich entweder nur auf die Fehlmengenereignisse (sog. α-Servidegrad) oder berücksichtigen auch die Größe der Fehlmengen (β-Servicegrad). Genannt seien

$$\frac{\text{Lieferfähige Tage pro Periode}}{\text{Gesamtzahl Tage pro Periode}} \cdot 100$$

$$\frac{\text{Erledigte Lieferpositionen pro Periode}}{\text{Gesamtzahl Lieferpositionen pro Periode}} \cdot 100$$

Jenseits derart gemessener Lieferbereitschaftsgrade ist jedoch zu beachten, daß rein ereignis-, mengen- oder zeitbezogene Verfügbarkeiten die unterschiedliche Erfolgswirksamkeit der Artikelumsätze – erinnert sei an Dekkungsbeiträge und Verbundeffekte im Sortiment – unberücksichtigt lassen und daher in der Regel keine geeigneten Steuerungsinformationen für die Bestimmung eines optimalen Lieferservice darstellen. Hier ist die Ergänzung durch ABC-Analysen erforderlich. Viel zu oft verfälschen nämlich hohe Verfügbarkeiten bei Ladenhütern das Bild und führen zu einer Fehllenkung der Kapitalbindung. Weiter ist zu bedenken, daß Periode nicht gleich Periode ist. In Abhängigkeit von der Umsatzstärke einzelner Tage oder Wochen, Kalenderereignissen wie auch der jeweiligen Phase im Lebenszyklus der Produkte müssen die zeitbezogenen Lieferbereitschaftsgrade gewichtet werden. Schließlich machen die gebräuchlichen Maßzahlen keine Aussage über die zeitlichen Ausstrahlungseffekte (carry over-Effekte) realisierter Lieferser-

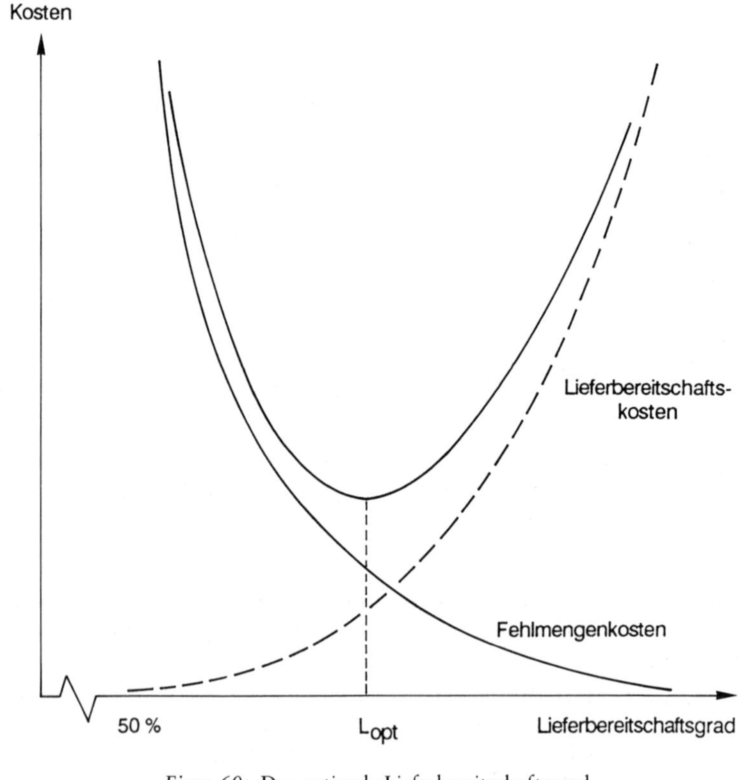

Figur 60: Der optimale Lieferbereitschaftsgrad

viceniveaus. Das stellt ein besonderes Problem für die Bestimmung der Fehlmengenkosten dar.

Zusammen mit den Lieferbereitschaftskosten bestimmen die Fehlmengenkosten den optimalen Lieferbereitschaftsgrad (vgl. dazu *Figur 60*).

Während aus der *Tabelle 12* der progressive Anstieg der Sicherheitsbestände und damit der Lieferbereitschaftskosten abgelesen werden kann, ist die Höhe der Fehlmengenkosten zunächst nur der skizzierten Tendenz nach bekannt. Diese Unsicherheit beruht auf der schon erwähnten Ungewißheit über die Reaktionen der Kunden auf Fehlbestände. Denkbare Verhaltensweisen und ihre Konsequenzen lassen sich mit Hilfe eines Entscheidungsbaumes veranschaulichen *(Figur 61)*.

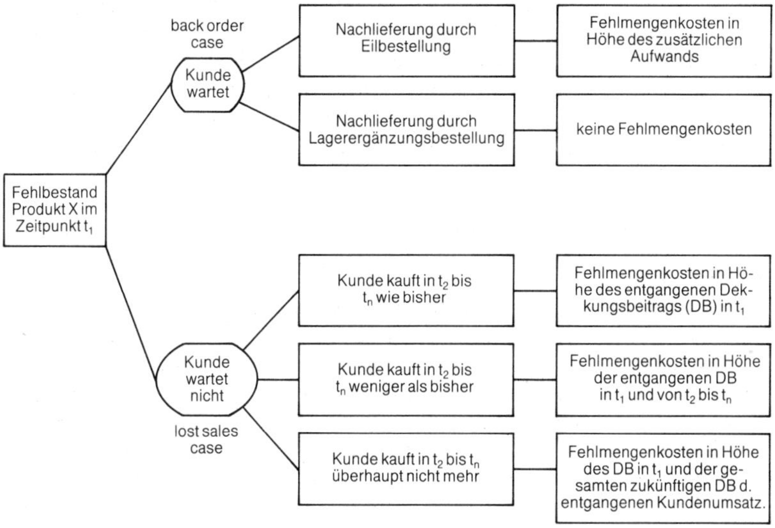

Figur 61: Mögliche Konsequenzen von Fehlmengen

Der dargestellte Baum stellt jedoch nur einen Ausschnitt aus dem Wirkungskomplex dar, die exakte Höhe der Fehlmengenkosten der einzelnen Konsequenzen basiert auf Schätzungen, der Eintritt der möglichen Verhaltensweisen ist meistens nur im Sinne subjektiver Wahrscheinlichkeiten bestimmt. Die Unvollständigkeit beruht vor allem darauf, daß Kaufverbundwirkungen und unterbliebene Impulskäufe unberücksichtigt bleiben: Was hätte der Kunde auch noch gekauft bei Präsenz der Ware?

Was die zeitlichen Nachwirken von Ausverkäufen anbetrifft, so sind diese durch die skizzierten Reaktionen ebenfalls nur teilweise erfaßt. In der Literatur (*Schwartz* 1966, 1970; *Eilon*) existieren eine Reihe von Ansätzen, die die zukünftige Nachfrage mit dem wahrgenommenen Lieferbereitschaftsgrad funktional verknüpfen. Im Mittelpunkt der Überlegungen steht dabei das zeitliche Abklingen der Enttäuschung des Kunden (*Ihde* 1976, S. 524 f.).

Das Ausmaß der Enttäuschung, ausgedrückt z.B. durch einen ‚disappointment' Faktor α_t, beeinflußt den Nachfrageerwartungswert der Folgeperioden mit geringer werdenden Gewichten. Ob dabei von einer endlichen Vergessensdauer ausgegangen werden kann, hängt sicherlich nicht nur von der Höhe der Enttäuschung, z.B. gemessen als

$$\alpha_t = \frac{\text{Fehlmenge Periode t}}{\text{Nachfrage Periode t}}$$

ab, sondern von vielfältigen anderen (sogenannten intervenierenden) Variablen, vor allem auch davon, ob sich Enttäuschungen wiederholen und verstärken.

Für die Optimierung der Lieferbereitschaft ist es daher von entscheidender Bedeutung, daß ‚Neinverkäufe' nicht nur art-, mengen- und wertmäßig, sondern nach Möglichkeit auch zeitlich und kundenbezogen erfaßt werden. Das so ansatzweise aufgehellte Kaufverhalten erlaubt es dann, bedarfspunkt- und kundenspezifische Lieferstrategien zu entwickeln, durch die mit gegebenen Beständen die Gesamtenttäuschung minimiert oder der Goodwill maximiert wird. Vielfach kann die Kundentreue auch durch Teillieferungen gesichert werden.

3.2.3.3.3 Das Distributionssystem

Marktwirksam wird der Lieferservice, den der Kunde erfährt. Für die Optimierung der Distributionslogistik sind daher die Ziel- und Meßwerte relevant, die sich für Lieferbereitschaft, Lieferzeit, Lieferzuverlässigkeit und Lieferflexibilität aus der physischen Güterbereitstellung beim Käufer ergeben. Käufer ist dabei keineswegs nur das letzte Glied der Distributionskette, der Letztverwender. Vielmehr ist bei indirektem Vertrieb der dem Handel gebotene Lieferservice mitentscheidend für die Aufnahme der Artikel in dessen Angebot und – zusammen mit den logistischen Leistungen der bestandsführenden Absatzmittler – damit auch für den Lieferservice beim Endabnehmer. Dabei bestehen zwischen den Prozessen der einzelnen Glieder der physischen Warenverteilkette vertikale Interdependenzen, insbesondere bestehen – was für die Optimierung der Logistikkette im Hinblick auf den marktwirksamen Lieverservice bedeutsam ist – zwischen den einzelnen Teilleistungen substitutive Beziehungen. Dies betrifft dispositive Prozesse wie Auftragsbearbeitung und Bestellpolitik und die physische Distribution.

Nachdem die Erfordernisse und Möglichkeiten der planerischen Abstimmung entlang der logistischen Kette oben bereits behandelt worden sind (vgl. Abschnitt 2), geht es jetzt um die Gestaltung der physischen Prozesse Lagerhaltung, Umschlag und Transport.

Die Entscheidung über **Eigenerstellung** oder **Fremdbezug** distributionslogistischer Leistungen wird durch umfassende Kostenvergleiche sowie die Möglichkeiten bestimmt, die Güterströme zielgenau auf die Lieferservicevorgaben auszurichten. Durch den Aufbau integrierter, alle an der Warenwirtschaft Beteiligten einschließender Informationssysteme ist die enge Rückkopplung mit dem Markt und die Steuerung der Warenprozesse auch bei Fremdvergabe möglich. Mit Hilfe maschinell lesbarer Artikelkennzeichnungen (vgl. EAN-Codes), automatischer Zählung und Erfassung sowie standardisierter Datenaustausche (vgl. SEDAS, Standardregelungen einheitlicher Datenaustauschsysteme für den Bestell- und Rechnungsverkehr sowie Abverkaufsinformation) kann die lückenlose, aktuelle, artikelgenaue, mengen- und wertmäßige Verfolgung der Waren innerhalb des Distributionskanals erreicht werden (vgl. *Zentes*). Damit sind zugleich die informatorischen Voraussetzungen für eine nach Nachfrage- und Wettbewerbsaspekten differenzierte und zugleich bestandsarme und sichere Marktversorgung gegeben. Auf die Einbeziehung der Speditionen sowie Transportunternehmen und die Steuerung des Warenflusses zielen die Standardregeln einheitlicher Logistiksysteme (SELOS).

Was die Kostensituation anbetrifft, so ist bei Fremdbezug neben der Ausnutzung von branchenabhängigen komparativen Kostenvorteilen (insbesondere Lohnkosten; Branchenarbitrage) die Beteiligung an Größenvorteilen von spezialisierten Logistikdienstleistern sowie eine gewisse Variabilisierung von fixen Systemkosten möglich. Dabei werden die jeweiligen Anteile von nichtsystemorientierten Logistikleistungen, logistischen Systemkomponenten und komplexen Logistiksystemen durch die Existenz einschlägiger leistungsfähiger Märkte und die Höhe der Transaktionskosten bestimmt.

Die Leistungsfähigkeit der Distributionslogistik wird durch die **Struktur** des Warenverteilungssystems mit Entscheidungen über

Stufigkeit sowie
Anzahl,
Standorte,
Kapazitäten und Bevorratung

der Läger und Transitpunkte sowie über **Prozesse** mit

direkten und indirekten Belieferungen;
Einzel-, Teil- und Sammelladungen;
Pendeldiensten und Touren und
Gelegenheits- und Linienverkehren

bestimmt. Während diese Festlegungen in der Vergangenheit mit Hilfe mathematischer Optimierungs- und Simulationsmodelle (vgl. *Domschke* 1981, 1982; *Tempelmeier* 1983) unter dem Aspekt der Kostenminimierung, auch unter Beachtung gegenläufiger System- und Betriebs-, Lager- und Transportkosten erfolgten, gewinnen angesichts der Bedeutung des Lieferservice zeitliche Erreichbarkeitsmuster und Postponementziele an Gewicht.

Durch die Verzögerung der Verteilung der Produkte in die Fläche (i. e. Rückzug der Bestände ‚vor Ort') und eine kaufsynchrone Belieferung der Angebotspunkte aus zentralen Beständen (Direktbelieferung) werden nicht nur die Transportkosten später liquiditäts- und ergebniswirksam, zugleich können Redistributionen vermieden und die Sicherheitsbestände im System verringert werden. Die Kosteneffekte dieser Distributionsstrategie werden wesentlich verstärkt, wenn bei mehrstufiger Distribution die Läger der einzelnen Stufen selektiv bevorratet werden (vgl.*Figur* 62). Durch die differenzierte Behandlung der Artikelgruppen nach Maßgabe von periodenbezogenen Umsätzen (Gängigkeit) und Mengenaufkommen, von Wettbewerbssituation und Fremdverkaufsgefährdung, Verbundeffekten im Sortiment und Verfalldaten sind erhebliche Bestandsreduzierungen ohne Lieferserviceeinbußen möglich. Von besonderem Gewicht sind dabei die Vor-Ort-Bestände, die Vorräte an den Verkaufspunkten. Das beruht darauf, daß die Flächen- und Lagerkosten hier am höchsten sind und die erforderliche Warenpräsenz angesichts der zunehmenden Artikelvielfalt häufig nur mit kleinsten Mengen gewährleistet werden kann. Andernfalls kann die für die Flächenkosten erforderliche Flächenproduktivität (vgl. die flächenbezogenen Deckungsbeiträge der einzelnen Artikel in Abhängigkeit von Flächenbedarf und Umschlagshäufigkeit) nicht erreicht werden. Hinzu kommt die Begrenzung der vorverteilten Angebotsmengen durch Frische- und Haltbarkeitsdaten.

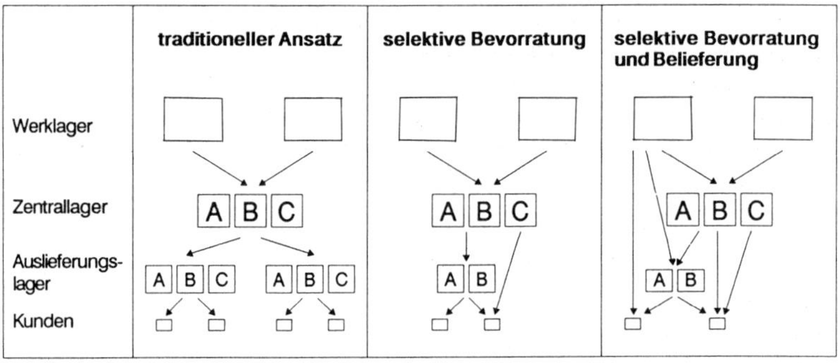

Figur 62: Alternative Distributionsstrategien

Insgesamt resultiert aus den geschilderten Entwicklungen und Wirkungszusammenhängen auch für die Konsumgüterdistribution eine Tendenz zur zeitnahen Versorgung mit Just-in-time-Belieferungen. Als Folge davon werden die Distributionsstrukturen flacher, bestandsführende Punkte werden durch bestandslose **Transitterminals** oder wenige **Zentralläger** abgelöst, Direktbelieferungen nehmen dementsprechend zu. Transitterminals sind zentrale Güterumschlags- und Verteilpunkte möglichst ohne Ausgleichs- und nur mit Assortierungsbeständen (vgl. Teil II, Abschnitt 1.2). Die von den Herstellern i. d. R. sortenrein angelieferten Paletten werden in die für die einzelnen Verkaufsstätten vorgesehenen Nachschubeinheiten umgesetzt. Dabei sollen nach Möglichkeit die angelieferten Mengen restlos (d. h. ohne Bestandsaufbau) auf die anstehenden Belieferungen der Verkaufspunkte verteilt werden. Zugleich erfolgt die Zusammenführung der verkaufsstättenbezogenen Nachschubeinheiten aller relevanten Lieferanten (Waren). Kommissionierung, Bereitstellung und Verladung können dabei bereits im Hinblick auf Touren und Layout der einzelnen Geschäfte erfolgen. Voraussetzung ist die Vernetzung der Warenverteilzentren mit Lieferanten und Herstellern sowie den einzelnen Verkaufsstätten oder deren Handelsorganisation.

Die Reorganisation der Warenverteilung setzt innovative Transportkonzepte voraus. Durch diese werden die die bisherige Struktur stark prägenden Kostenunterschiede zwischen Stückgut- und Ladungsverkehren verringert. *Figur 63* zeigt die grundlegenden Kostenverläufe bei direkter und indirekter Warenverteilung.

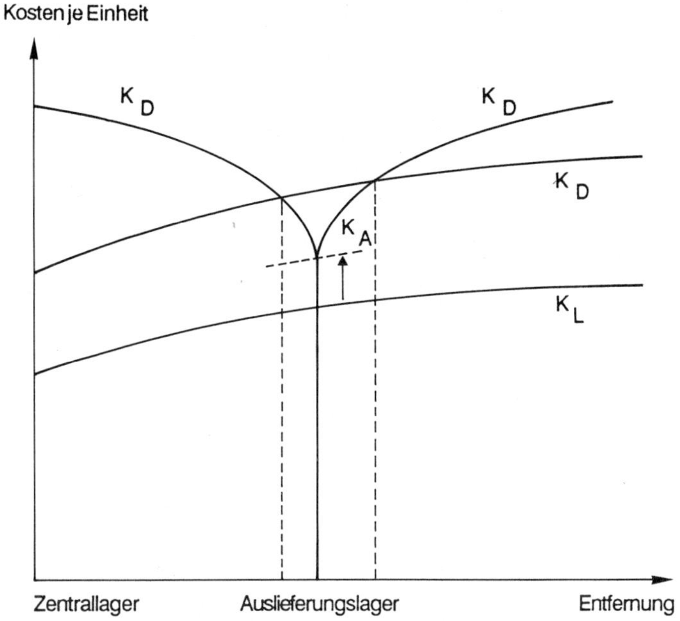

K_L = Transportkosten im Ladungsverkehr (Lagerbeschickung)

K_D = Transportkosten im Stückgutverkehr (Direktbelieferung)

K_A = Zusätzliche Kosten des Auslieferungslagers

Figur 63: Transportkosten bei direkter und indirekter Warenverteilung

Sie sind dadurch gekennzeichnet, daß durch die Einrichtung von Auslieferungslägern bei Lagerbeschickungen Transportkostenersparnisse erzielt werden können, denen jedoch die zusätzlichen Kosten der Läger gegenüberstehen.

Die Reorganisation des Transportsystems, mit dessen Hilfe der Substitution sinkender Lager- durch steigende Transportkosten entgegengewirkt werden soll, ist durch die **Entindividualisierung** und relationenübergreifende **Konsolidierung der Warenströme** gekennzeichnet. Diese setzen die informatorische Verfolgung und Steuerung der einzelnen Artikel, Sendungen, Ladungen und Fahrzeuge voraus. Damit bleiben die Möglichkeiten der wettbewerblichen Differenzierung des Lieferservice erhalten, und zwar auch dann, wenn Konkurrenten ihre Distributionslogistik an einen einzigen Dienstleister fremdvergeben.

Die Konsolidierung der Lieferungen kann als **Ladungs-** und/oder **Empfängerakquisition** organisiert werden (vgl. *Figur 64*).

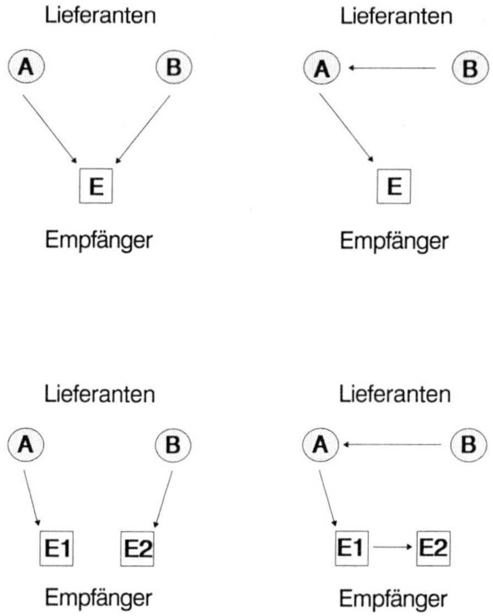

Figur 64: Ladungs- und Empfängerakquisition

Die Ladungsakquisition erfolgt als Suche und sukzessive Aufnahme zusätzlicher Lieferanten für gegebene Empfänger, nach Möglichkeit entlang dem Pfad abnehmender Synergie. Sofern die Konsolidierung von Lieferanten für einzelne Empfänger nicht das für Komplettladungen, Ganzzüge oder Linienverkehre erforderliche Volumen erreicht oder die gewünschte Lieferfrequenz ermöglicht, werden sukzessive zusätzliche Empfänger in die Belieferung aufgenommen. Der Aufbau derartiger Liefernetze kann auch bei den Empfängern ansetzen. Die Synergieeffekte ergeben sich aus der räumlichen Nähe von Lieferanten bzw. Empfängern, der Verträglichkeit der zeitlichen Belieferungsmuster (z. B. datumgleiche Sendungen), der Zusammenladungsmöglichkeit der Güter u. ä. Der Unterschied zu den traditionellen Sammelladungsverkehren der Speditionen besteht darin, daß diesen i. d. R. keine gezielten Akquisitionen im Hinblick auf klar definierte, zugesicherte Dienste (Termine, Laufzeiten) zugrunde liegen.

Für die **Transportplanung** gilt, daß sie (vgl. *Figur 57*) in enger Abstimmung mit der Bestandsplanung erfolgen und sich nach Möglichkeit über das gesamte Distributionssystem erstrecken muß. Das ergibt sich schon daraus, daß als Folge der angestrebten Bestandsreduzierung die Unterwegsbestände gegenüber den ruhenden immer größeres Gewicht erhalten. Die Höhe der Unterwegsbestände und die Transportzeiten sind die zentralen Steuerungsparameter. Anzahl und Kapazität der Transportmittel (= Querschnittskapazität des Transportsystems, s. S. 7), ihre Umlaufgeschwindigkeit (Periodenkapazität) und zeitliche Verteilung (Fahrpläne) sind dafür die nachgeordneten Entscheidungsvariablen. Optimale Lösungen der skizzierten Probleme führen in der Regel zur Einrichtung von Linienverkehren. Gelegenheitsverkehre sind zumeist nur für Spitzenbedarfe und Aktionsware vertretbar.

Für die Transport- und **Tourenplanung** gibt es eine kaum überschaubare Vielfalt von exakten und heuristischen Lösungsverfahren (*Domschke* 1981, 1982). Ausgangspunkt der Transportplanung ist das klassische Problem der optimalen (in der Regel kostenminimalen) Versendung eines in A_i ($i = 1, 2, \ldots, m$) Angebotspunkten befindlichen homogenen Gutes nach B_j ($j = 1, 2, \ldots, n$) Bedarfspunkten innerhalb eines gegebenen Verkehrsnetzes. Dieses klassische Transportproblem mit der mathematischen Struktur

$$\text{Minimiere } Z(x) = \sum_{i=1}^{m} \sum_{j=1}^{n} c_{ij} \cdot x_{ij}$$

unter den Nebenbedingungen

$$\sum_{j=1}^{n} x_{ij} = a_i \text{ für } i = 1, 2, \ldots, m$$

$$\sum_{i=1}^{m} x_{ij} = b_j \text{ für } j = 1, 2, \ldots, n \text{ und}$$

$$x_{ij} \geq 0 \text{ für alle } i \text{ und } j$$

mit Z (x) als Ziel(hier: Kosten-)funktion in Abhängigkeit von den Transportmengen

x_{ij} auf den Wegen $i \longrightarrow j$ mit
c_{ij} als den zugehörigen Kosten

sowie a_i und b_j als den örtlichen Angebots- bzw. Bedarfsmengen hat vielfältige Erweiterungen erfahren. So wurden u.a. mehrstufige Probleme (Umladeprobleme), nichtlineare Transportkostenfunktionen (z.B. als Folge mengenabhängiger Tarife oder fixer Kosten für die Abfertigung), kapazitativ beschränkte Transportverbindungen und Transportmengenveränderungen eingeführt. Während das lineare Transportmodell zunächst mit Hilfe der linearen Programmierung exakt gelöst wurde, kamen später graphentheoretische Verfahren hinzu (*Kloock; Domschke* 1981, S. 75 ff.). Als heuristische Techniken liefern sogenannte Eröffnungsverfahren, wie die Nordwesteckenregel, das Zeilen-Spalten-Sukzessionsverfahren und die Vogelsche Approximationsmethode, zulässige Ausgangslösungen, aus denen dann z.B. mit der modifizierten Distributionsmethode (*Bloech/Ihde,* S. 85 ff.) der optimale Transportplan entwickelt werden kann.

Heuristische Verfahren dominieren bei der Tourenplanung, da dort realistische Probleme bis heute mit einem vertretbaren Aufwand nicht exakt gelöst werden können. Bei der Tourenplanung geht es darum, von einem Depot aus mehrere Abnehmer zu beliefern, deren Bedarfe und Standorte bekannt sind. Auch hier sind vielfältige Erweiterungen möglich, z.B. im Hinblick auf mehrere Depots und Perioden. Naheliegend ist auch die Verknüpfung mit der Bestimmung optimaler Standorte für Depots (*Tempelmeier* 1980). Dazu werden für ausgewählte Standortalternativen die zugehörigen Tourenpläne ermittelt und verglichen. Der optimale Belieferungsplan gibt zwei Antworten. Erstens ordnet er eine bestimmte Menge von Bedarfsträgern einer Tour zu (Clusterung), und zweitens bestimmt er die Reihenfolge (Routing), in der diese angefahren werden (das entspricht dem bekannten Rundreiseproblem des Handlungsreisenden). Beide Teilprobleme können entweder sukzessiv (cluster first – route second oder umgekehrt) oder parallel gelöst werden. Das Sweep-Verfahren von *Gillett* und *Miller* (1974) steht für den ersten, das Savings-Verfahren *(Clarke/Wright)* für den zweiten Weg. Da das Savings-Verfahren die weiteste Verbreitung gefunden hat und in allen bekannten Softwareprogrammen enthalten ist, sei es hier kurz skizziert.

Als Ausgangslösung wird unterstellt, daß jeder Kunde durch eine extra (Pendel-) Tour bedient wird. Im Fortgang der Rechnung werden nach und nach – unter Beachtung der kapazitativen und zeitlichen Beschränkungen – jeweils Pendeltouren zu neuen, vorteilhafteren Rundtouren zusammengeführt. Die Entwicklung der neuen Touren erfolgt nach Maßgabe der sogenannten Savings. Diese streckenspezifischen Ersparnisse

$$S_{ij} = d_{Di} + d_{Dj} - d_{ij}$$

sind um so größer, je näher die Bedarfspunkte i und j beieinanderliegen (d_{ij}) und je weiter sie vom Depot entfernt sind (d_{Di} bzw. d_{Dj}).

Besonders restriktiv auf die Tourenoptimierung wirken die individuellen Kundenzeitschranken *(Diruf)*. Die Vorgabe von teilweise sehr knapp bemessenen und häufig unverträglichen (überlappenden) Anlieferungszeiten führt in Verbindung mit hoheitlich geregelten Öffnungs- und Verkehrszeiten sowie den Stauungsproblemen dazu, daß sich vor allem in Ballungsgebieten die Versorgungsverkehre teilweise prohibitiv verteuern: Die Zustelleistung, gemessen in tkm pro Zeit oder t pro Zeit, nimmt immer mehr ab, die Kapazität der Fahrzeuge kann selten voll genutzt werden. Die erforderliche Rationalisierung der Lieferverkehre wird zwangsläufig den oben angesprochenen Trend zu unternehmensübergreifenden Lösungen verstärken.

Als wichtige Instrumente zur Rationalisierung von **Versorgungsverkehren in Ballungsgebieten** können die oben angesprochenen Güterverkehrszentren (vgl. Teil II, Abschnitt 2.4.2) angesehen werden. Neben den Schnittstellenfunktionen Fern-/Nahverkehr und Schiene/Straße kommt dabei den Lagerungs- und Verteilaufgaben hervorgehobene Bedeutung zu. Mit Hilfe von Güterverkehrszentren können nicht nur Citylagen zeitnah versorgt werden, vielmehr können durch die nunmehr mögliche Beschränkung des innerstädtischen Warenangebots auf Musterstücke und Verkauf nach Bemusterung Kundendirektbelieferungen ab Verteilzentrum durchgeführt und Lieferverkehre sowie Zustellfahrten vermieden werden.

Abschließend sei darauf hingewiesen, daß für die Leistungsfähigkeit komplexer Distributionssysteme, insbesondere im Hinblick auf die immer wichtiger werdenden Durchlaufzeiten und Zuverlässigkeiten, **Lager- und Kommissioniersysteme** einen großen Beitrag leisten können. Die Leistung des Lagersystems – gemessen z.B. als Maximaldurchfluß pro Periode, versandfertige Positionen pro Tag – wird vor allem durch die Lagerinfrastruktur und die Lagerorganisation bestimmt. Beide Komponenten müssen aufeinander abgestimmt sein. Die Lagerinfrastruktur umfaßt Lager-, Verkehrs- und Arbeitsflächen, die Lagereinrichtung sowie das interne Transportsystem.

Die Möglichkeiten der Lagertechnik reichen von der Bodenlagerung im Freien über die Block- und Regallagerung in universell verwendbaren Gebäuden bis hin zur Hochregallagerung in dafür speziell entworfenen Lagerhäusern (Silobauten; vgl. *Henn; Jünemann; Lahde*). Für die Ein- und Auslagerung werden darauf abgestimmte manuelle, mechanisierte und zunehmend fest installierte, computergesteuerte automatisierte Systeme eingesetzt. Durch die DV-Unterstützung der Ablauforganisation im Lager wurde es möglich, auf die ortsgebundene, **systematische Einlagerung** zu verzichten und zur chaotischen Lagerraumnutzung überzugehen. Chaotisches Prinzip bedeutet in diesem Zusammenhang die wahlfreie Einlagerung ankommender Güter, also dort, wo gerade Platz ist. Es liegt auf der Hand, daß dadurch eine hohe Raumnutzung erreicht werden kann. Diesem Vorteil stehen die vergleichsweise höheren Investitionen für das Regal- und Fördersystem entgegen, während die bei **chaotischer Lagerung** in der Regel längeren Wege kaum ins Gewicht fallen (als Folge der vergleichsweise geringen variablen Kosten). Bei der systematischen Einlagerung wird jedem Artikel ein fester Standort zugeordnet. Die Platzzuordnung nach Artikelgängigkeit, nach Produktmerkmalen u. ä. erlaubt, vor allem wenn sie ständig aktualisiert wird, eine Verringerung der Lagerwege und -zeiten. Ob und in welchem Umfang dies auch kostenwirksam wird, hängt vor allem davon ab, in welchem Umfang die manuelle Lagerarbeit technisch unterstützt werden kann. Es überrascht nicht, daß optimale Lagerorganisationen Kompromisse zwischen chaotischer und systematischer Lagerung darstellen *(Zoller)*. Dabei wird die systematische Komponente, wie sie durch die Bildung von Artikelgruppen, Lagerzonen, Lieferintervallen sichtbar wird, durch die automatisierte Lagerdatenerfassung unterstützt. Verschiebungen der ABC-Artikel-Strukturen werden z. B. in bezug auf unterschiedliche Kriterien verfolgt und führen unmittelbar zu angepaßten Einlagerungsstrategien. Hinzu kommt, daß durch die Erfassung der Herstellungsdaten, Einlagerungstermine und/oder Verfalltermine die Einhaltung des First in-First out- (FiFo-) Prinzips auch bei chaotischer Lagerung gewährleistet werden kann.

Einen weiteren wichtigen Beitrag zur Optimierung der Güterdistribution leisten schließlich die angewendeten **Kommissionierverfahren.** Kommissionieren bedeutet die Zusammenstellung von Waren nach vorgegebenen Aufträgen (*Gudehus*, S. 11). Diese Ordnungsleistung (art- und mengenmäßige Umordnung von Beständen) kann abhängig von der installierten Lagertechnik, den räumlichen Verhältnissen sowie der Auftrags- und Artikelstruktur sehr unterschiedlich gehandhabt werden (vgl. *Schwarting*). Hohe Leistungen können regelmäßig dann erzielt werden, wenn die genannten Bedingungen eine Serienbearbeitung (Bildung von Sammelaufträgen) anstelle der Einzelbearbeitung der Aufträge erlauben. Gegenüber der einstufigen, auftragsbezogenen Kommissionierung bietet das mehrstufige, artikelbezogene Sammelverfahren Vorteile bei umfangreichen Sortimenten, bei denen zudem die Einteilung des Lagers in unterschiedliche Kommissionierzonen angezeigt ist. Mehrzonige Systeme erleichtern den Einsatz automatischer, auf spezifische

Artikelmerkmale optimierter Kommissionieranlagen, erfordern jedoch besondere Prüfschritte zur Qualitätssicherung.

3.2.3.3.4 Distributionslogistik in der Nachkaufphase

Für viele Märkte, insbesondere Investitions- und Gebrauchsgütermärkte gilt, daß mit der Übergabe der Güter (und deren Bezahlung) die Geschäftsbeziehungen zwischen Anbietern und Kunden noch nicht beendet sind. Vielmehr schließt sich mit der Nachkaufphase die den nachhaltigen Markterfolg entscheidende Transaktionsepisode an. Dies ist vor allem dort der Fall, wo das Marktpotential im wesentlichen von Ersatzbeschaffungen bestimmt wird. Hier gilt: Nach dem Kauf ist vor dem Kauf. Den Marktwirkungen von Anbieterleistungen muß daher in der Nachkaufphase besondere Aufmerksamkeit geschenkt werden. Durch sie können Wechselbarrieren geschaffen und Lieferantentreue aufgebaut werden.

Als Instrumente zur Etablierung derartiger Lieferanten-Kunden-Beziehungen (sogenanntes In-supplying) sind die **Ersatzteilversorgung** sowie die **Instandhaltung** mit ihren Komponenten Wartung, Inspektion und Instandsetzung (DIN 31051) zu nennen. Mit Hilfe der Ersatzteile werden im Zuge der Instandsetzung beschädigte, verschlissene oder fehlende Teile ersetzt und die Funktionstüchtigkeit des technischen Systems i. S. des ursprünglichen Funktionsumfangs erhalten bzw. wiederhergestellt. Damit wird die Verfügbarkeit der Ersatzteile neben konstruktiven Merkmalen der Primärprodukte (vgl. Redundanz, Parallelschaltungen, Modulbauweise) zum entscheidenden Bestimmungsfaktor für die Dauer der Ausfallzeiten. Mangelnde Lieferbereitschaft bei Ersatzteilen verursacht Betriebsunterbrechnungen und -stillegungen, Fehlmengenkosten, Lieferverzögerungen und u. U. Konventionalstrafen. Dabei stehen bei Ausfällen Teile- und Bezugsalternativen kaum zur Wahl (captive markets). Diese spezifischen Marktbedingungen führen dazu, daß der Ersatzteillogistik für die Wiederholkaufentscheidung besondere Bedeutung zukommt (vgl. *Ihde u. a.,* S. 35).

Diesen Anforderungen stehen aber auch andere, i. d. R. bessere Anhaltspunkte für die Planung und Steuerung der Teilelogistik gegenüber. Ersatzteilbedarfe sind an Primärproduktverkäufe gebunden. Insofern ist die Teilenachfrage eine derivative Nachfrage, deren art- und mengenmäßiger Umfang, gegebenenfalls auch räumliche und zeitliche Verteilung, verglichen mit der Primärproduktnachfrage, ungleich genauer vorherbestimmt werden kann. Die Prognosegenauigkeit kann zudem durch den Übergang von schadensbehebender zu vorbeugender (programmierter) Instandhaltung sowie durch Kundeninformationssysteme verbessert werden, die sich auf Nutzungs(Belastungs-, Einsatz-)profile und Einsatzorte beziehen. Die dargestellten Zusammenhänge führen dazu, daß selektive Bevorratung einerseits und schnelle Transportdienste (Expreß-, Kurierdienste, Terminverkehre) die Ersatzteillogistik wesentlich prägen. Die wichtigsten Selektionskriterien für die Vorverteilung in die Fläche sind Gängigkeit der Ersatzteile, ihre Bedeutung für die Funktionsfähigkeit des Primärproduktes und in bestrittenen Märkten die Fremdverkaufsgefährdung. Die Berücksichtigung teilespezifischer Servicezeiten – Zeitbudgets für ohnehin notwendige Werkstattaufenthalte und Instandhaltungen – ermöglicht eine weitere Zentralisierung von Teilen und deren auftragsbezogenen Versand. Dabei muß die Direktbelieferung auf schnelle Kommunikationsdienste für Direktbestellungen abgestützt werden.

3.2.4 Die Entsorgungslogistik

Der Aufgabenbereich der Logistik umfaßt neben der Versorgung der Bedarfsträger auch deren Entsorgung. Gegenstände der Entsorgung sind Leergüter, Reststoffe und Abfall. **Leergut** umfaßt Verpackungen und Transporthilfsmittel, für die eine Wiederverwendung vorgesehen ist. **Reststoffe** sind produktions- und konsumtionsbedingte Rückstände, die als Kuppelprodukte anfallen, die nicht bezweckt sind und deren Beseitigung aufwendig ist. Sofern die Verwertungskosten die Beseitigungskosten übersteigen, werden Rückstände ökonomisch gesehen zu **Abfall.** Dazu zählen auch Abluft und Abwasser.

Für die Frage, ob und in welchem Umfang Rückstände einer Wieder- oder Weiterverwendung zugeführt werden können, ist somit das Verhältnis von Verwertungs- und Beseitigungskosten entscheidend. Die Kosten des Recycling umfassen neben den Kosten für die Aufbereitung vor allem Logistikkosten für das Sammeln, Sortieren, Lagern und Transportieren. Demgegenüber stehen die Kosten für die Abfallbeseitigung in Form von Deponierung, Kompostierung oder Verbrennung. Da diese Prozesse die Umwelt in vielfältiger, häufig nur schwer erfaß- und bewertbarer Weise beanspruchen, versucht der Staat, die Nutzung des Gutes Umwelt mit Hilfe von Geboten, Verboten, Steuern, Subventionen und anderen Instrumenten zu regulieren. Durch eine Anlastung von Umweltkosten in Form von Schadenvermeidungs-, -beseitigungs- oder -ausgleichskosten wird die Abfallbeseitigung verteuert. Zugleich wird durch effiziente Logistiksysteme für das Recycling das Abfallaufkommen reduziert.

Die Bedeutung der Entsorgungskonzepte für die unternehmerische Kostenposition ist offensichtlich. Hinzu kommen die Möglichkeiten, bereits bei der Produktentwicklung die verschiedenen Produktalternativen im Hinblick auf den späteren Entsorgungsaufwand zu bewerten und auszuwählen. Die verwertungsgerechte Konstruktion und Materialauswahl muß dabei unter Gesamtkostenaspekten erfolgen, also insbesondere gegenläufige Produktions- und Material- sowie Entsorgungskosten berücksichtigen und möglichst alle Glieder der logistischen Kette umfassen. Das Beispiel Einweg-/Mehrwegverpackung zeigt sehr anschaulich, daß die einzelnen Teilnehmer der Warenprozesse – Hersteller, Lagerhalter, Frachtführer, Einzelhändler, Konsument – sehr unterschiedlich be- bzw. entlastet werden (*Ihde* 1980).

Für die Organisation der Entsorgung sind aus logistischer Sicht die räumlichen, zeitlichen, art- und mengenmäßigen Ausprägungen der Reststoffentstehung von zentraler Bedeutung. *Figur 65* zeigt den komplexen Problemzusammenhang. Zweckmäßigerweise differenziert man für die weitere Betrachtung zwischen Reststoffen, die bei der Produktion der Güter anfallen, und denen, die im Bereich der Güterverwendung entstehen.

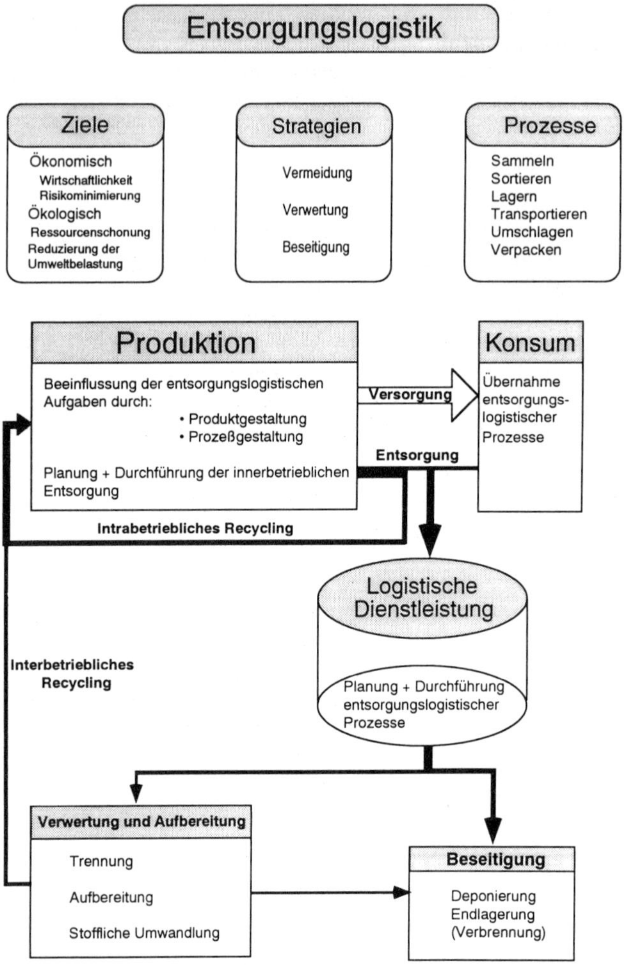

Figur 65: Aufgabenbereich der Entsorgungslogistik

Charakteristisch für **Konsumrückstände** sind die geringe Anfalldichte, die hohe Vermischung, ihre Geringwertigkeit und damit Transportkostenempfindlichkeit sowie ihr geringes Schüttgewicht. Für die wirtschaftliche Entsorgung ist somit eine frühzeitige Konsolidierung in zeitlicher und räumlicher Hinsicht erforderlich, dies um so mehr, als bereits bei Konsumenten artrein gesammelt wird.

Damit ist die Frage nach der Gestaltung des Sammel-, Umschlag- und Transportsystems gestellt. Für das Sammelsytem ist die Aufgabenteilung zwischen den einzelnen beteiligten Gliedern in der Entsorgungskette festzulegen. Bringsysteme setzen die Übernahme von Transportleistungen seitens der Benutzer voraus, während Holsysteme direkt am Entstehungsort die Rückstände aufnehmen. In vielen Fällen erfordert die Verwertung von Reststoffen eine sortenreine Sammlung. Es stellt sich die Frage, ob bereits zum Zeitpunkt der Entstehung eine artmäßige Trennung erfolgt oder erst später durch nachgeschaltete Sortiervorgänge. Im Sinne einer Gesamtkostenbetrachtung ist der Aufwand des getrennten Sammelns und der damit einhergehenden geringeren Anfalldichte gegenüber den Kosten einer nachträglichen Sortierung abzuwägen. Es besteht somit die Aufgabe, für jede Rückstandsart den Zeitpunkt sowie das Ausmaß der Trennung bzw. Sortierung innerhalb der logistischen Kette festzulegen.

Die Entscheidung über das **Sammelverfahren** beeinflußt auch die Festlegung des Behältersystems und der dafür vorgesehenen Fahrzeuge. Man unterscheidet Umleer-, Wechsel- und Einwegverfahren. Beim Umleerverfahren erfolgt die Sammlung in einem ortsfesten Behälter, dessen Inhalt in die Sammelfahrzeuge entleert wird. Beim Wechselverfahren hingegen wird der volle Sammelbehälter gegen einen leeren, gleichartigen ausgetauscht und nach seiner Entleerung an einem anderen Ort wieder abgestellt. Benutzt man zur Sammlung und zum Transport der Rückstände nicht wiederverwendbare Behälter, so handelt es sich um das Einwegverfahren.

Die Frage der Vorteilhaftigkeit der einzelnen Behältersysteme hängt in erster Linie von Aufkommensmenge und -konstanz der zu sammelnden Stoffe ab. Wechselsysteme setzen beispielsweise ein bestimmtes Aufkommen voraus, da bei Sammeleinheit gleich Transporteinheit die Auslastung der Fahrzeuge vom Füllgrad der Behälter abhängt. Umleersysteme können auch bei geringerem Aufkommen eingesetzt werden. Es sollte jedoch auf eine ausreichende Auslastung des Sammelpersonals geachtet werden, die sich im Verhältnis Transport- zu Sammelzeiten ausdrückt. Diese Zielsetzung erfordert wiederum eine bestimmte Aufkommensdichte. Einwegverfahren werden in Fällen unregelmäßigen Aufkommens eingesetzt, in denen der Aufwand zur Bereitstellung wiederverwendbarer Behälter zu hoch wäre.

Die Beförderung der Rückstände in den auf die Sammlung spezialisierten Fahrzeugen über weite Strecken zu den Umschlagspunkten ist i. d. R. nicht zweckmäßig. Neben technischen Aspekten wie geringe Transportkapazitäten und niedrigen Beförderungsgeschwindigkeiten sprechen auch wirtschaftliche und zeitliche Gründe für einen frühzeitigen Umschlag auf andere Transportmittel. So werden die Spezialfahrzeuge für ihre eigentliche Aufgabe verfügbar. Die Frage des Direktverkehrs ist in erster Linie vom Aufkommen und der Entfernung zu den Weiterbehandlungsanlagen abhängig. Bei einer höheren Anfalldichte und größeren Transportstrecken ist es wirtschaftlicher, die gesammelten Mengen zu größeren Transportlosen zusammenzufassen und für den Weitertransport dafür geeignete und i. d. R. massenleistungsfähigere Transportmittel einzusetzen. Begünstigt wird der Umschlag durch die Verwendung standardisierter und intermodal einsetzbarer Behältersysteme.

Bei der Entscheidung über das **Transportsystem** muß zum einen die Art der Fahrzeuge festgelegt werden und zum anderen ihr zeitlich/räumlicher Einsatz. Für die Sammlung der Rückstände sind i. d. R. Spezialfahrzeuge erforderlich, die aufgrund der räumlichen Einschränkungen bei der Ausführung ihrer Tätigkeit in ihrer Größe begrenzt sind. Erst beim Weitertransport von den Umschlaganlagen ist der Einsatz der massenleistungsfähigen Verkehrsträger Bahn oder Binnenschiff denkbar. Aufgrund der Geringwertigkeit der Güter und der geringen Eilbedürftigkeit wäre eine Umlenkung der Reststoff- und Abfalltransporte von der Straße zweckmäßig. Voraussetzung für eine sinnvolle Einbindung von Bahn und Schiff sind aber bestimmte Mindesttransportweiten, die aufgrund der rechtlichen Reglementierungen im Bereich der Entsorgungswirtschaft (Kommunen) in vielen Fällen nicht realisiert werden können. Geht man jedoch davon aus, daß zukünftig aufgrund ökonomischer und ökologischer Erfordernisse kapitalintensivere Aufbereitungsprozesse erforderlich sind, dann läßt diese Entwicklung steigende durchschnittliche Transportentfernungen erwarten.

Die oben gemachten Aussagen über die Gestaltung der Sammel-, Umschlag- und Transportsysteme gelten für die Entsorgung von **Produktionsrückständen** in gleicher Weise, jedoch stellt sich für die Unternehmen aufgrund ihrer Produkt- und Prozeßentscheidungen die Entscheidungssituation komplexer dar. Ursächlich dafür sind in erster Linie die Gestaltungsspielräume und Freiheitsgrade beim Entwurf neuer Produkte, mit dem der spätere Entsorgungsaufwand zu einem großen Teil schon festgelegt wird. Es müssen daher, wie bereits erwähnt, Instrumente entwickelt werden, die im Rahmen der Produkt-, Prozeß- und Verpackungsentwicklung für die einzelnen Material- und Fertigungsalternativen die Abschätzung des erwarteten Entsorgungsaufwands ermöglichen. Für fremdbezogene Teile sind in gleicher Weise entsprechende Entsorgungsprofile zu erstellen. Im Rahmen des Beschaffungsmarketings können die Einkaufsrichtlinien um ökologische Qualitätskriterien, z. B. Energie- und Ressourcenaufwand, Schadstofffreisetzung, Verwertbarkeit, ergänzt werden. Weiterhin kann auch eine vertraglich vereinbarte Rücknahmeverpflichtung von nicht mehr benötigten Materialien vorgesehen werden.

Grundlage für die Planung der betrieblichen Entsorgung kann ein Abfallkataster sein, das alle Rückstände im Unternehmen nach Art, Menge und Zusammensetzung erfaßt. Diese Ist-Aufnahme stellt in der Phase der Produktentwicklung Informationen über die Verwertbarkeit bestimmter Materialien bereit, gibt Hinweise auf Einsatzmöglichkeiten für Rückstände im eigenen Unternehmen und unterstützt die Kapazitätsplanung der eigenen bzw. fremden Entsorgungsinfrastruktur.

Schließlich ist die Frage zu stellen, welchen Teil der logistischen Entsorgungskette das Unternehmen selbst übernimmt und welche Aufgaben einem logistischen Dienstleister übertragen werden können. Wichtige Entscheidungsparameter für die Frage der Eigenerstellung oder des Fremdbezugs sind die Notwendigkeit und Verfügbarkeit spezieller Kenntnisse für die Behandlung (vgl. Gefahrgüter) der Stoffe, Aufkommensdichte und Möglichkeiten der Konsolidierung mit der Nutzung von Größeneffekten durch unternehmensübergreifende Entsorgung. Gerade die Spedition als logistischer Dienstleister kann ihre Erfahrungen und Kenntnisse bei der Organisation und Überwachung logistischer Versorgungsketten auch bei der Gestaltung von Entsorgungsketten nutzbringend einsetzen. Dazu ist im Sinne einer übergreifenden Koordination der Güterströme bei der Gestaltung der physischen und informatorischen Schnittstellen zwischen Produktionsbetrieben und Speditionen auf deren Kompatibilität zu achten, um die Wirtschaftlichkeit der Fremdentsorgung zu verbessern.

Literatur zu Teil III, Abschnitt 3

Adam, D.: Retrograde Terminierung. Ein Verfahren zur Fertigungssteuerung bei diskontinuierlichem Materialfluß oder vernetzter Fertigung, in: Fertigungssteuerung II. Systeme zur Fertigungssteuerung, hrsg. von *D. Adam,* Wiesbaden 1988

Altrogge, G.: Netzplantechnik, Wiesbaden 1979

Arnold, U.: ‚Global Sourcing' – Ein Konzept zur Neuorientierung des Supply Management von Unternehmen, in: Globales Management – erfolgreiche Strategien für den Weltmarkt, hrsg. von *M. Welge,* Stuttgart 1990, S. 49–71

Ballou, R. H.: Basic Business Logistics, Englewood Cliffs 1978

Bartels, H. G.: Logistik, in: Handwörterbuch der Wirtschaftswissenschaft, hrsg. von *W. Albers u. a.,* Band 5, Stuttgart, New York u. a. 1980, S. 54–73

Bloech, J.: Innerbetrieblicher Standort, in: Handwörterbuch der Betriebswirtschaft, 4. Auflage, hrsg. von *E. Grochla/W. Wittmann,* Stuttgart 1976, Sp. 3671–3681

Bloech, J./Ihde, G. B.: Betriebliche Distributionsplanung, Würzburg, Wien 1972

Bloech, J./Lücke, W.: Produktionswirtschaft, Stuttgart, New York 1982

Box, G. E./Jenkins, G. M.: Time Series Analysis. Forecasting and Control, San Francisco 1970

Chmielewicz, K.: Produktgestaltung, in: Handwörterbuch der Produktionswirtschaft, hrsg. von *W. Kern,* Stuttgart 1979, Sp. 1450–1465

Clarke, G./Wright, J. W.: Scheduling of Vehicles from a Central Depot to a Number of Delivery Points, Operations Research, 12 (1964), S. 568–581

Delfmann, W.: Lieferzeitorientierte Distributionsplanung, Berlin 1978

Diruf, G.: Kundenzeitschranken in der computergestützten Tourenplanung, Zeitschrift für Operations Research 24 (1980), S. B 207–B 220

Domschke, W.: Logistik: Transport, München, Wien 1981

Domschke, W.: Logistik: Rundreisen und Touren, München, Wien 1982

Domschke, W./Stahl, W.: Standorte, innerbetriebliche, in: Handwörterbuch der Produktionswirtschaft, hrsg. von *W. Kern,* Stuttgart 1979, Sp. 1885–1898

Eicke, H. v./Femerling, C.: Modular Sourcing. Ein innovatives Konzept zur Gestaltung der Beschaffungslogistik, München 1991

Eilon, S.: On the Cost of Runouts in Stock Control of Perishables, in: Operations Research – Verfahren II, hrsg. von *R. Henn,* Meisenheim am Glan 1965, S. 65–76

Feller, W.: An Introduction to Probability Theory and its Applications, 3. Auflage, New York, London, Sydney 1968

Gillett, B. E./Miller, L. R.: A Heuristic Algorithm for the Vehicle – Dispatch Problem, Operations Research, 22 (1974), S. 340–349

Gnedenko, B. W.: Lehrbuch der Wahrscheinlichkeitsrechnung, Berlin 1970

Gudehus, T.: Grundlagen der Kommissioniertechnik, Essen 1973

Günter, B.: Anbieterkoalitionen bei der Vermarktung von Anlagegütern – Organisationsformen und Entscheidungsprobleme, in: Anlagen-Marketing (Sonderheft 7/1977 der ZfbF), hrsg. von *W. H. Engelhardt/G. Laßmann,* Opladen 1977, S. 155–172

Gutenberg, E.: Grundlagen der Betriebswirtschaftslehre, 2. Band: Der Absatz, 4. Auflage, Berlin, Göttingen, Heidelberg 1962

Hadley, G./Within, T. M.: Analysis of Inventory Systems, Englewood Cliffs 1963

Hax, A.C./Meal, H.C.: Hierarchical Integration of Produktion Planning and Scheduling, in: *Gerster, M.A.* (Ed.): Logistics, TIMS Studies of Management Sciences, Amsterdam 1975, S. 53–69

Heinemeyer, W.: Die Planung und Steuerung des logistischen Prozesses mit Fortschrittszahlen, in: Fertigungssteuerung II. Systeme zur Fertigungssteuerung, hrsg. von *D. Adam,* Wiesbaden 1988, S. 5–32

Henn, W.: Industriebauten, in: Handwörterbuch der Produktionswirtschaft, hrsg. von *W. Kern,* Stuttgart 1979, Sp. 743–753

Henzler, R.: Außenhandel, Betriebswirtschaftliche Hauptfragen von Export und Import, Wiesbaden 1961

Ihde, G.B.: Die Wettbewerbsposition von Unternehmungen und der Kampfwert von Streitkräften als logistische Probleme, Zeitschrift für die gesamte Staatswissenschaft 1976, S. 513–534

Ihde, G.B.: Von der Verkehrsbetriebslehre zur betriebswirtschaftlichen Logistik, Zeitschrift für Verkehrswissenschaft 1980, S. 3–16

Ihde, G.B. u.a.: Arbeitsbuch Distributionslogistik, Stuttgart, New York 1980

Ihde, G.B./Lukas, G./Merkel, H./Neubauer, H.: Ersatzteillogistik, 2. Auflage, München 1988

Immer, J.R.: Materials Handling, New York, Toronto, London 1953

International Chamber of Commerce (Hrsg.): Incoterms, Paris 1980

Jacobs, R.F.: The OPT Scheduling System. A Review of a new Production Scheduling System. Production Inventory Management, 24. Jg. (1983), S. 47–51

Jünemann, R.: Lagerhaltung, Technik und Steuerung der, in: Handwörterbuch der Produktionswirtschaft, hrsg. von *W. Kern,* Stuttgart 1979, Sp. 1073–1089

Kettner, H./Bechte, W.: Neue Wege der Fertigungssteuerung durch belastungsorientierte Fertigungsfreigabe, VDI-Zeitschrift, 123. Jg. (1981), S. 456–466

Kistner, P./Switalski, M.: Hierarchische Produktionsplanung, Zeitschrift für Betriebswirtschaft, 59. Jg. (1989), S. 477–503

Kloock, J.: Transportmodelle, in: Handwörterbuch der Betriebswirtschaft, hrsg. von *E. Grochla/W. Wittmann,* Stuttgart 1976, Sp. 3917–3932

Lahde, H.: Neues Handbuch der Lagerorganisation und Lagertechnik, München 1967

Merkel, H.H.: Simulationsmodelle für die Optimierung interdependenter logistischer Prozesse, Bremen 1981

Naddor, E.: Inventory Systems, New York 1966

Peterson, J.L.: Petri Net Theory and the Modeling of Systems, Englewood Cliffs 1981

Pfohl, H.-Ch.: Zur Formulierung einer Lieferservicepolitik: Theoretische Aussagen zum Angebot von Sekundärleistungen als absatzpolitisches Instrument, Zeitschrift für betriebswirtschaftliche Forschung, 29. Jg. (1977), S. 239–255

Popp, W.: Einführung in die Theorie der Lagerhaltung, Berlin-Heidelberg, New York 1968

Scheer, A.W.: Projektsteuerung, Wiesbaden 1978

Scheer, A.W. (a): CIM: Computer Integrated Manufacturing. Der computergesteuerte Industriebetrieb, 3. Auflage, Berlin u.a. 1988

Scheer, A.W. (b): Wirtschaftsinformatik – Informationssysteme im Industriebetrieb, 2. Auflage, Berlin u.a. 1988

Schneeweiß, Ch.: Modellierung industrieller Lagerhaltungssysteme, Berlin, Heidelberg, New York 1981

Schwarting, C.: Optimierung der ablauforganisatorischen Gestaltung von Kommissioniersystemen, München 1986

Schwartz, B.L.: A New Approach of Stockout Penalties, Management Science, 12 (1966), S. B 538–B 544

Schwartz, B. L.: Optimal Inventory Policies in Perturbed Demand Models, Management Science, 16 (1970), S. B 509–B 518

Schwarze, J.: Netzplantechnik für Praktiker, 2. Auflage, Herne, Berlin 1972

Schweitzer, M.: Produktionsfunktionen, in: Handwörterbuch der Produktionswirtschaft, hrsg. von *W. Kern,* Stuttgart 1979, Sp. 1494–1512

Schweitzer, M.: Industrielle Fertigungswirtschaft, in: Industriebetriebslehre, München 1990, S. 561–696

Sommer, K.: Steuerung projektlogistischer Systeme mit Hilfe der netzorientierten formalen Sprache LCS, München 1986

Tempelmeier, H.: Standortoptimierung in der Marketing-Logistik, Königstein/Ts. 1980

Tempelmeier, H.: Material-Logistik, Berlin u. a. 1988

Trux, W. R.: Einkauf und Lagerdisposition mit Datenverarbeitung, 2. Auflage, München 1972

Wiendahl, H. P.: Die belastungsorientierte Fertigungssteuerung, München, Wien 1987

Wight, O. W.: Manufacturing Resource Planning: MRP II, Rev. Edition, Brattleboro 1984

Wildemann, H.: Flexible Werkstattsteuerung durch Integration von japanischen Kanban-Prinzipien in deutschen Unternehmen, Passau 1983

Wildemann, H. (a): Das Just-in-time-Konzept, Frankfurt/Main 1988

Wildemann, H. (b): Just-in-time-Informationsflußgestaltung. Zusammenarbeit zwischen Lieferant und Abnehmer, CIM-Management, 4. Jg. (1988), S. 4–12

Wildemann, H.: Kundennahe Produktion und Zulieferung. Eine empirische Bestandsaufnahme, Die Betriebswirtschaft, 50. Jg. (1990), S. 309–331

Winters, P. R.: Forecasting Sales by Exponentially Weighted Moving Averages, Management Science, 1960, S. 324–342

Zentes, I.: Moderne Warenwirtschaftssysteme im Handel, Berlin u. a. 1985

Zoller, K.: Zur Bereitstellung und Nutzung von Lagerraum: Kosten- und Kapazitätseffekte der Einlagerungsorganisation, Zeitschrift für betriebswirtschaftliche Forschung, 34 (1982), S. 83–102

4. Logistik-Controlling

4.1 Operatives Controlling

Die Logistik ist eine unternehmerische Führungsaufgabe, die sich auf die Strukturierung und Steuerung der unternehmensbezogenen Güterströme bezieht. Dabei geht es nicht nur darum, erforderliche oder vorgegebene art- und mengenmäßige, räumliche und zeitliche Ausgleichsleistungen möglichst effizient abzuwickeln, vielmehr muß berücksichtigt werden, daß von den logistischen Prozessen vielfältige, häufig weitreichende Kostenwirkungen auf andere betriebliche Funktionen und auch Marktwirkungen ausgehen. Aufgabe des Logistik-Controlling ist daher nicht nur die laufende Wirtschaftlichkeitskontrolle logistischer Prozesse, sondern muß auch die informatorische Abbildung aller Interdependenzen mit anderen unternehmerischen Funktionen und Bereichen sein, um diejenigen logistischen Strukturen und Abläufe zu ermitteln, die aus gesamtbetrieblicher, besser noch aus der Sicht kompletter logistischer Ketten optimal sind. Logistik-Controlling muß außer einer Kosten- und Leistungsrechnung ein Logistikinformations- und -steuerungssystem umfassen: Neben die Kontrolle der operativen Prozesse tritt mit zunehmender Bedeutung die umfassende Versorgung des Managements mit führungsrelevanten Informationen. Operatives Controlling muß durch strategisches Controlling ergänzt werden.

Das Logistik-Controlling umfaßt somit folgende wesentliche Aufgaben (*Weber* 1990, S. 19 ff.):

- Präzisierung der Ziele der Logistik
- Festlegung operationaler Größen zur Messung der Ziele der Logistik
- Unterstützung der strategischen und operativen Logistikplanung
- Aufstellung von Logistikbudgets
- Aufbau einer Logistikkosten- und -leistungsrechnung

Basis des Logistik-Controlling ist eine Logistikkosten- und -leistungsrechnung. Das Ziel der **Kosten- und Leistungsrechnung** für die Logistik ist die systematische Abgrenzung, Erfassung und Verrechnung von Kosten, die bei der Planung, Steuerung und Kontrolle logistischer Prozesse anfallen und die durch Art- und Mengenausgleichs-, Raumüberwindungs- und Zeitüberbrükkungsleistungen veranlaßt werden. Dabei treten erhebliche Probleme auf, die auf besondere Merkmale von Logistikleistungen zurückzuführen sind. Logistikleistungen können als vollzogene Prozesse (z. B. gefahrene km), als Ergebnisse der Prozesse (z. B. vollzogene Ortsveränderungen, tkm) oder als Wirkungen von Prozeßergebnissen (z. B. Bestandshöhen, Bestandsreichweiten) interpretiert werden. Die Bestimmung von Bezugsgrößen der Leistungserstellung muß daher auf das Rechnungsziel bzw. auf das jeweilige Entscheidungsproblem abgestellt werden. Da Logistikleistungen oft im Verbund mit anderen Leistungen erbracht werden und die Leistungserstellung häufig unter (Mit-) Nutzung von Potentialfaktoren erfolgt, die auch anderen Aufgaben dienen, sind die Kosten der Logistik, bezogen auf einzelne Kostenträger, wie Aufträge, Produkte oder Kunden, zu einem großen Teil Gemeinkosten. Ihre Schlüsselung und Zurechnung auf einzelne Objekte muß zu Fehlentscheidungen führen. Logistikkosten sind daher insofern als (relative) Einzelkosten zu erfassen, als Kosten und Erlöse in bezug auf ausgewählte, u. U. recht globale Größen immer direkt zurechenbare Einzelwerte sind (*Riebel* 1959). Die einzelnen Verrechnungsobjekte, auf die die Einzelkosten bezogen sind, werden zu Bezugsgrößenhierarchien geordnet. Für die Analyse logistischer Kosten bedeutet dies, daß alle Kosten auf einer Ebene der Bezugsgrößenhierarchie als Einzelgrößen verrechnet werden. Kosten, die nicht auf eine bestimmte Bezugsgrößenstufe bezogen werden können, sind in bezug auf diese Stufe Gemeinkosten. Für das Logistik-Controlling sind die Bezugsobjekte so zu wählen, daß sie die logistischen Prozesse und Entscheidungen abbilden. Dies entspricht der Forderung, für die logistischen Leistungsbereiche operationale Teilziele zu formulieren.

Für die Kalkulation und Investitions(Amortisations-)rechnungen, aber auch für Steuerungszwecke ist es erforderlich, die Deckungsrelationen der Gemeinkosten durch die Gemeinerlöse zu kennen, genauer, zu wissen, inwieweit Kosten von den Erlösen der Objekte abgedeckt werden, die sie veranlaßt haben. Insofern sind Gemeinkosten als Deckungsbedarfe und die die Einzelkosten übersteigenden Einzelerlöse als Deckungsbeiträge (Ist) oder Deckungssätze (Soll) anzusehen. Im Hinblick auf die Gemeinkosten einzelner Programme oder Leistungsperioden lassen sich **Deckungsbudgets** bestimmen, denen die über einzelne Programmteile oder den Zeitablauf kumulierten Deckungsbeiträge gegenübergestellt werden. Vorgabe, laufende Verfolgung und Vergleich von Deckungsraten (*Riebel* 1980) ermöglichen steuernde Eingriffe, gegebenenfalls können Deckungslinien verschiedener Programme und Perioden verglichen werden. Die dabei gewonnenen Steuerungsinformationen, die bereits weit über die Aufgaben der herkömmlichen Kosten- und Leistungsrechnung hinausreichen, haben für die Optimierung logistischer Prozesse aufgrund des hohen Gemeinkostenanteils besondere Bedeutung. So können sie z. B. für die gezielte Akquisition von Ladung oder sukzessiv/selektive Annahme von Aufträgen genutzt werden. Als Beispiel für eine derartige dynamische Preis/Mengensteuerung zur ertragsoptimalen Kapazitätsnutzung (Yield Management, *Krüger*) sei das computergestützte (vgl. Computerreservierungssysteme) Verkaufsmanagement von Fluggesellschaften genannt.

Grundlage der Einzelkostenrechnung ist eine zweckneutrale **Grundrechnung.** Sie enthält die bei den verschiedenen Bezugsgrößen, d. h. Kostenstellen und Kostenträgern, direkt erfaßbaren Kosten und ist in bezug auf die Kostenarten eine Vollkosten-, hinsichtlich der Bezugsgrößen jedoch nur eine Teilkostenrechnung. Für einzelne Rechnungsziele lassen sich die Ist- oder Plangrößen der Grundrechnung jeweils neu ordnen. Mit Hilfe gezielter Verknüpfungen der Grunddaten können spezifische Fragen beantwortet werden, auch what-if-Abfragen über logistische Lösungsalternativen. Die theoretisch beliebige, praktisch durch die konkrete Fragestellung bestimmte Zuordnung von Objekten (z. B. von Aufträgen, Sendungen, Ladungen, Fahrzeugen und Kunden) führt zu immer neuen Relationen. Dies macht ein relationales Datenbankkonzept erforderlich (*Riebel/Sinzig; Weber* 1987, S. 266 ff.). Als Beispiele für derartige Zweckrechnungen seien Konsolidierungen von Sendungen, Aufträgen und Deckungsbeiträgen über Kunden, Warengruppen, Touren oder Verteilgebiete genannt. In gleicher Weise werden für einzelne Entscheidungen z. B. über die kurzfristige Übernahme eines einzelnen Transportauftrags oder den Abschluß eines langfristigen Distributionsgeschäfts differenzierte Verrechnungssätze angewendet. Dabei greifen diese Zweckrechnungen auf die in den Grundrechnungen geführten Standardverrechnungssätze für einzelne Leistungen bzw. Prozesse zurück, etwa kurz-, mittel- oder langfristige Lagerkostensätze.

Dem Controllingziel, insbesondere die planenden, steuernden und überwachenden und damit vor allem die gemeinkostenintensiven Aktivitäten der Logistik abzubilden, dient dabei die Prozeßorientierung des Rechnungswesens (Prozeßkostenrechnung, Activity-Based Costing) *(Horvath/Mayer)*. Ein wesentliches Defizit herkömmlicher Systeme der Kostenrechnung besteht nämlich darin, daß sie an anderen institutionellen Gegebenheiten als an logistischen Problemen ausgerichtet sind. Während diese Kostenrechnungsverfahren vor allem für die Produktion entwickelt worden sind, zielt die Prozeßkostenrechnung speziell auf die Erhöhung der Kostentransparenz in indirekten Leistungsbereichen wie dem der Logistik ab. Die **Prozeßkostenrechnung** folgt dem der Logistik zugrunde liegenden Materialfluß- und Kettendenken. Die Erhöhung der Kostentransparenz erfolgt durch die Zerlegung der Tätigkeiten in Teilprozesse und eine Erfassung der Kosten gemäß der zielorientierten, ergebnisbestimmten Verknüpfung dieser Teilprozesse (s. o.). Während herkömmliche Kostenrechnungsverfahren etwa die Anzahl direkter Fertigungs- bzw. Maschinenstunden oder die Materialkosten als Bezugsgrößen der Gemeinkostenverrechnung verwenden, was eine verursachungsgerechte Belastung eines Produkts oder Auftrags mit den dafür tatsächlich angefallenen Kosten der Beschaffung und Disposition unmöglich macht, liegen der Prozeßkostenrechnung die Kosteneinflußgrößen zugrunde, die unmittelbar mit dem Prozeßumfang variieren, wie z. B. Anzahl Sendungen, Ein- bzw. Auslagerungen, Kommissionen. Vergleichbar den Arbeitsplänen in der Produktion sind daher logistische Leistungspläne zu entwickeln, die die für bestimmte logistische Aufträge (Missions, vgl. Missions Approach; Ray) planmäßig erforderlichen Leistungen über die gesamte Wertschöpfungskette hinweg enthalten. Dabei sind die logistischen Prozesse soweit in Teilprozesse zu zerlegen, als sie Bezugsgrößen zugeordnet werden können. Die einzelnen Leistungsnetzwerke führen dann zu Plan-Logistikkosten i. S. der oben skizzierten Zweckrechnungen. Damit ist die erforderliche Entscheidungsunterstützung möglich, wie sie z. B. das Rechenmodell der Direkten Produkt-Rentabilität (DPR) leistet *(Ihde/Femerling/Kemmler)*.

Gleichermaßen, wie die Bedeutung von Logistik-Controllingsystemen in Industrie- und Handelsunternehmen zunimmt *(Küpper/Hoffmann)*, besteht ein erheblicher Bedarf an entsprechenden Informationssystemen in Verkehrs- und Logistikbetrieben. Mit der Liberalisierung der Verkehrsmärkte, der damit verbundenen Lockerung/Aufhebung des Tarifwesens und der Zunahme des Wettbewerbs ergeben sich neue Anforderungen an die Kosten- und -leistungsrechnung und Controllingsysteme von logistischen Dienstleistern. Zum einen werden Kalkulationsverfahren benötigt, die über die Kostenermittlung für Transportleistungen hinausgehen und auf das Angebot von logistischen Dienstleistungspaketen angewendet werden können, zum anderen müssen die Entscheidungsträger wesentlich schneller als bisher mit aktuellen Informationen über Planabweichungen und Marktentwicklungen versorgt werden.

Da aufgrund der relativ kurzen Auftragsdurchführungszeiten von Verkehrs- und Logistikprozessen in Verbindung mit der zunehmenden Dynamik der relevanten Aufgabenumwelten ständig neu entschieden werden muß, z.B. über die Annahme von Aufträgen, den Einsatz von Fahrzeugen, die Auswahl von Routen, die Reihenfolge der Bedienung, muß die Abbildung der entscheidungsrelevanten Kosten und Zielwirksamkeiten gewährleistet sein. Dazu werden in einer Grundrechnung die einzelnen logistischen Leistungskomponenten nach Möglichkeit in Form von standardisierten Verrechnungssätzen abgebildet. Diese Stammdaten, die sich z.B. auf Entfernungen, Gewichte, Verpackungen, Transporthilfsmittel und Zeiten beziehen, sind aktuell zu halten. Durch die Definition unterschiedlicher Kalkulationsobjekte können dann Leistungspakete bestimmt und in bezug auf ihre Kosten- und Erlöswirkungen (-änderungen) bewertet werden (*Riebel* 1986).

Eine weitere Unterstützung der Disposition wird durch **Expertensysteme** möglich, die nicht nur quantitative Zusammenhänge, sondern auch qualitative Sachverhalte abbilden. Damit wird neben den in Datenbanken abgelegten Informationen, z.B. über Güter (vgl. Gefahrgutklassifikationen), Wege-, Verpackungs- und Zollvorschriften, auch Erfahrungs- und Bewertungswissen von erfahrenen Fachleuten zur Problemlösung (Vorschlägen) herangezogen, z.B. über Zeitmuster und Erlöswirksamkeit von Auftragseingängen (vgl. Yield Management). Gemeinsames Merkmal dieser Systeme ist es, daß sie Problemlösungen nicht deduktiv ableiten, sondern Heuristiken verwenden.

Für die Steuerung der logistischen Prozesse gilt, wie oben ausgeführt, das Erfordernis der möglichst umfassenden und permanenten Verfolgung und Rückkopplung der Leistungsprozesse mit den Planwerten. In diesem Zusammenhang haben Kennzahlen besondere Bedeutung, insbesondere dann, wenn die **Kennzahlensysteme** nach Maßgabe logistischer Ziele und daraus abgeleiteter Leistungspläne entwickelt werden *(Reichmann)*. Die Definition einzelner Teilleistungen entspricht dabei der Vorgabe operationaler Teilziele für organisatorisch gegliederte Zuständigkeitsbereiche. Den einzelnen Teilaufgaben werden Kennzahlenwerte zugeordnet, deren Realisierung die Planleistung sicherstellt. Die ständige Verfolgung dieser Werte im ‚Ist' ist nicht nur die einzige Form der Qualitätssicherung logistischer Leistungen, sie erlaubt zudem maximale Flexibilität bei gegebenen Kosten bzw. die notwendigen Korrekturen mit minimalem Aufwand (vgl. Abschnitt 2).

Als Beispiel für die Definition operativer Teilziele und deren Abbildung durch Kennzahlen sei der analytische Zusammenhang einzelner Leistungskomponenten der Lieferzuverlässigkeit dargestellt (vgl. *Merkel,* S. 143).

(1) $VB(t) = \frac{ZBZ}{DBZ(t)} \cdot 100$

VB(t) = Versandbereitschaft eines Bereitstellungssystems zum Zeitpunkt t

ZBZ = zugesagte Bearbeitungszeit in Zeiteinheiten (ZE) (kurzfristig konstant)

DBZ(t) = zum Zeitpunkt t festgestellte durchschnittliche Bearbeitungszeit (ZE)

(2) $DBZ(t) = \frac{\sum_{t=1}^{B} BZ(t)}{B} \text{ (ZE)}$

B = Anzahl der Tage im Beobachtungszeitraum

BZ(t) = zum Zeitpunkt t festgestellte Bearbeitungszeit (ZE)

(3) $BZ(t) = \frac{AB(t)}{VP(t-1,t)} \text{ (ZE)}$

AB(t) = zum Zeitpunkt t festgestellter Auftragsbestand (ME = Mengeneinheiten)

VP(t−1,t) = versandfertige Positionen (auftragsweise aufgelöst) zwischen zwei Beobachtungszeitpunkten (ME/ZE)

(4) $AB(t) = AB(t-1) + DT\,(NF\,(t-1,t) - VP\,(t-1,t))\ \text{(ME)}$

DT = Abstand zwischen zwei Beobachtungen (t−1,t) (ZE)

NF(t−1,t) = Nachfrage zwischen zwei Beobachtungszeitpunkten (ME/ZE)

Kosten- und Leistungsziele können um so effizienter verfolgt werden, als nicht nur begrenzte Ausschnitte der Logistikketten abgebildet, sondern diese so umfassend betrachtet werden, wie Kosten- und Leistungsbeziehungen bestehen. Damit reicht das Interesse an der Gestaltung der logistischen Prozesse i. d. R. über die einzelne Unternehmung hinaus. Die Ausdehnung der logistischen Kontrollspanne zielt nicht nur auf Produktivitätssteigerungen durch Koordination von Leistungen, Poolung von Ressourcen und Verständigung auf Standards für informatorische Schnittstellen, sondern auch auf die Rückkopplung mit den Leistungen auf den einzelnen Stufen der Beschaffungs- und Distributionsketten bis hin zu dem nachfragewirksamen Lieferservice. Die Verzahnung mit den Warenwirtschaftssystemen der Abnehmer erst ermöglicht die Steuerung der Distributionslogistik.

Das Management von Logistikketten basiert auf integrierten Informationssytemen. Dabei können für die einzelnen Teilnehmer der Informationssysteme entsprechend ihren Verfügungsrechten Nachweis- und Informationspflichten, Vorschlags-, Dispositions- oder Vorzugsbefugnisse vorgesehen werden.

Im einzelnen leisten **integrierte Logistikinformationssysteme**

- Überwachung (monitoring) der logistischen Prozesse
- Rückkopplung der Ist- mit den Planwerten des logistischen Leistungsvollzugs
- Auslösung (Trigger) für unterschiedliche Prozesse nach Maßgabe definierter Ereignisse der Güterflußebene
- Koordination von Funktionen entlang der logistischen Kette sowie zwischen dem logistischen System und anderen Subsystemen der Unternehmung
- Verbindung zwischen dem Logistiksystem der Unternehmung und unternehmensexternen Logistiksystemen, z.B. Kunden, Lieferanten, Speditionen und Frachtführern
- Entscheidungsunterstützung mit Hilfe von Simulationsrechnungen zur Beurteilung von (strategischen) Planungsalternativen.

4.2 Strategisches Controlling

Die Wirtschaftlichkeitskontrolle der operativen Prozesse im Sinne der Feedbackkopplung ist nur solange (gewinn-) zielführend, als die verwendeten Planwerte dies sind. Angesichts der Dynamik, ja Diskontinuität der Umweltentwicklung ist diese Bedingung jedoch immer weniger erfüllt. Eine nachlaufende Feedbackkontrolle und die Beschränkung der Steuerungsmaßnahmen auf den operativen Bereich kann die Anpassung der Unternehmung an die Umweltentwicklung und ihre Existenz nicht mehr gewährleisten. Notwendig ist die Ergänzung der Steuerung auf der Grundlage von Abweichungsanalysen vergangenheitsorientierter Soll-Ist-Vergleiche durch eine Feed-Forward-Steuerung im Hinblick auf zukünftige Abweichungen sowie die Erweiterung der sachlichen Perspektive über die Innenorientierung hinaus um die Außen-, die Unternehmung-Umwelt-Beziehungen. Damit kommen Chancen und Risiken ins Blickfeld, und neben die quantitativen Steuerungs- treten qualitative Einflußgrößen des Unternehmenserfolgs. Diese Erfolgspotentiale, genannt seien Marktanteile und Marktwachstum sowie spezifische Ressourcenverfügbarkeiten, sind (Vor-) Steuergrößen der operativen Erfolgsgrößen und Objekte der strategischen Unternehmensplanung.

Die gezielte Entwicklung und Nutzung der Erfolgspotentiale resultiert in Wettbewerbsvorteilen, also in überlegenen Leistungen in einem für die Kunden wichtigen Merkmal, dessen Unterschiedlichkeit wahrgenommen und von der Konkurrenz nicht so schnell ausgeglichen werden kann.

Es war darauf hingewiesen worden (vgl. Teil I, Abschnitt 2.2), daß die Logistik in besonderer Weise geeignet ist, derartige Vorteile zu schaffen. Dies ist darin begründet, daß angesichts der immer schnelleren Angleichung der Produktqualitäten sowie der hohen Preistransparenz logistische Servicemerkmale häufig die einzige Möglichkeit der Leistungsdifferenzierung sind. Hinzu kommt, daß diese Unterschiede nur schwer auszugleichen sind, da sie i.d.R. tiefgreifende Veränderungen der Logistiksysteme und -prozesse voraussetzen. Logistische Differenzierungen, wie

- kurze Durchlauf- und Lieferzeiten (vgl. quick response services, Fertigungssegmentierung, flache Produktstrukturen),
- hohe wie auch differenzierte Distributions- und Lieferservicegrade (flächendeckende Präsenz, Zentrallagerkonzepte, Direktbelieferungen) bzw. Lieferzuverlässigkeiten (Just-in-time-Versorgungen),
- hohe Lieferflexibilität (späte Variantenbestimmungspunkte, Postponement) und
- spezifische Koordinationsmuster entlang der logistischen Ketten (integrale Qualität, Lieferant-Hersteller-Partnerschaften, modular sourcing, Ressourcenpoolungen)

erfordern strukturelle Innovationen und begründen insofern nachhaltige Wettbewerbsvorteile. Steuernde Eingriffe in operative Prozesse allein reichen dafür nicht aus.

Notwendig ist daher die Integration der Logistik in die Unternehmensstrategien. Geschäftsfeldstrategien, Konzepte wie Kostenführerschaft oder Differenzierung sind immer auch und immer mehr logistische Konzepte. Die Ausschöpfung der in der Logistik angelegten Erfolgspotentiale setzt ihre Einbeziehung in die strategische Unternehmensführung voraus. Die Bereitstellung der führungsrelevanten Planungs- und Steuerungsinformationen ist die Aufgabe des strategischen Controlling *(Mann)*. Frühwarnsysteme, Stärken/Schwächen-Profile, Gap- und Portfolioanalysen seien als einschlägige Instrumente genannt. Gerichtet auf die logistische Umwelt, auf Lieferanten, Kunden und Wettbewerber werden Informationen gewonnen, die die gezielte logistische Positionierung der Unternehmung erlauben und Bedrohungen wie Handlungsmöglichkeiten mit zeitlichem Vorlauf signalisieren. Da in vielen Fällen aufgrund der erwähnten, in diesem Bereich relativ stark ausgeprägten Unübersichtlichkeit keine unmittelbaren Erkenntnisse über logistische Parameter wie Laufzeiten oder Verfügbarkeiten möglich sind, sind geeignete Strukturvariablen zu beobachten, die entsprechende Rückschlüsse zulassen und Veränderungen anzeigen. Als Beispiele seien industrielle Standortstrukturen, betriebliche Fertigungstiefen, Distributionssysteme und Lagerkonzepte genannt. Im Hinblick auf die Implementierung neuer Logistikkonzepte sind schließlich Make-or-buy-Analysen als wichtige Controllingaufgaben zu nennen.

4.3 Die Organisation der Logistik

Der Querschnittscharakter der Logistik, die vielfältigen Interdependenzen zwischen den einzelnen logistischen Teilprozessen, die Zielkonflikte zwischen den verschiedenen für logistische Aufgaben verantwortlichen Organisationseinheiten führen dazu, daß die Implementierung logistischer Konzepte und die Optimierung der operativen Logistik vor allem als Fragen der Integration und Koordination aller interdependenten Prozesse entlang der unternehmensbezogenen Material- und Güterströme gesehen werden müssen. Effizientes Güterflußmanagement erfordert die möglichst umfassende Koordination zwischen allen Entscheidungen, die die art- und mengenmäßige, räumliche und zeitliche Struktur betrieblicher Güterbewegungen bestimmen.

Dieses Erfordernis wird, wie empirische Untersuchungen zeigen *(Baumgarten/Kornak),* von den Unternehmungen zunehmend anerkannt. Dabei werden zugleich im Sinne einer ganzheitlichen Betrachtung der Logistik zukünftig immer mehr Funktionen zugeordnet (vgl. *Tabelle 13*).

Tabelle 13: Zuordnung von Funktionen zur Logistik

Logistische Funktionen	1990	2000	Differenz
Materialwirtschaft	77%	88%	+11%
Distribution	65%	82%	+17%
Beschaffung	60%	81%	+21%
Auftragsabwicklung	56%	80%	+24%
Produktionssteuerung	48%	68%	+20%
Einkauf	42%	60%	+18%
Informationssysteme	25%	44%	+19%
Qualitätskontrolle	9%	28%	+19%

Quelle: *Baumgarten/Kornak* S. 12

Bisher wurden die logistischen Teilaufgaben in den Unternehmungen überwiegend dezentralisiert von verschiedenen Stellen wahrgenommen (vgl. *Figur 66* und *Ihde* 1980; *Heinrich/Felhofer* 1984).

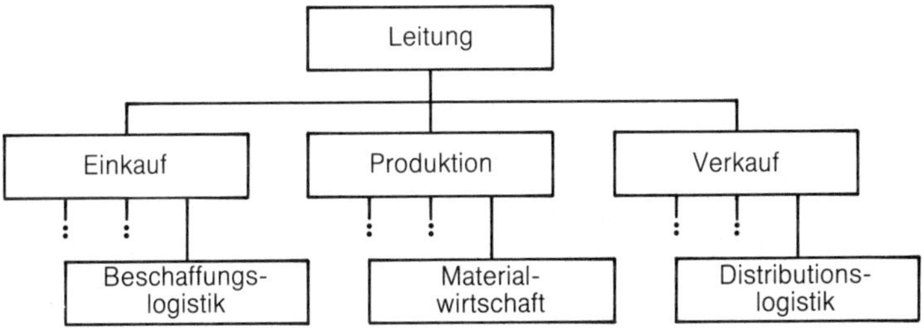

Figur 66: Dezentrale Handhabung logistischer Aufgaben

Abstimmungen erfolgen in diesen Fällen nicht oder nur gelegentlich, fallweise und personenbezogen.

Erste Ansätze zu einer systematischen, institutionalisierten Koordination durch organisatorische Regelungen bestehen i. d. R. in der Schaffung von Mitzeichnungspflichten und federführenden Stellen, insbesondere bei größeren Projekten, und der Einrichtung von Gremien (Konferenzen, Kollegien, Ausschüssen) zur gegenseitigen Unterrichtung, Beratung und Abstimmung (vgl. *Figur 67*) oder Leitungshilfsstellen (**Stabsstellen,** vgl. *Figur 68*).

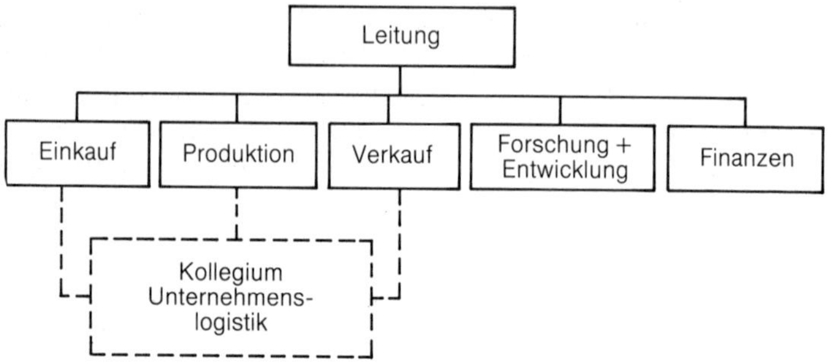

Figur 67: Koordination der Logistik bei funktionaler Organisation

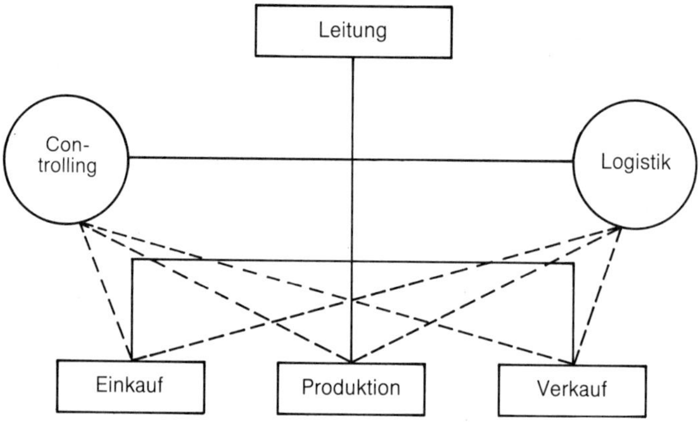

Figur 68: Zentrale Unterstützung der Abteilungen bei dezentraler Wahrnehmung logistischer Aufgaben

Durch Fachkompetenz in den Stäben, ihre Möglichkeit, Systeme und Projekte zu bearbeiten, Verfahrensregeln zu entwickeln, ja bereits durch die Einführung einschlägiger Begriffe ist Abstimmung möglich, auch wenn die Zuständigkeiten in den funktions- oder produktorientierten Organisationseinheiten verbleiben.

Eine weitergehende **Zentralisierung** der logistischen Aufgaben erfolgt entweder durch ihre Zusammenfassung unter einem bestehenden Funktionsbereich oder die Einrichtung einer zusätzlichen, selbständigen Organisationseinheit. Im ersten Fall empfiehlt sich die Eingliederung der zentralen Verantwortung für die Logistik in den Bereich, für den sie die größte Bedeutung hat. Das ist z. B. bei geringer Fertigungstiefe und hohen Fremdbezugsanteilen der Einkauf (vgl. *Figur 69*).

Die Zentralisierung der Logistikaufgaben in einem selbständigen Funktionsbereich kann umfassend (vgl. *Figur 70*) oder nach unterschiedlichen Kriterien erfolgen, insbesondere nach

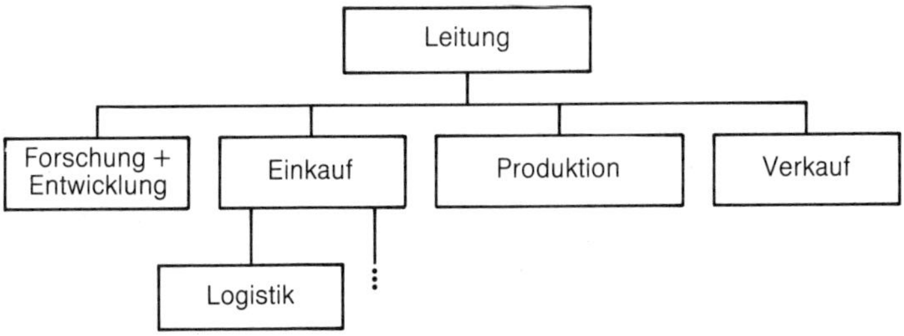

Figur 69: Zentrale Handhabung der Logistik durch eine (Haupt-)Funktion

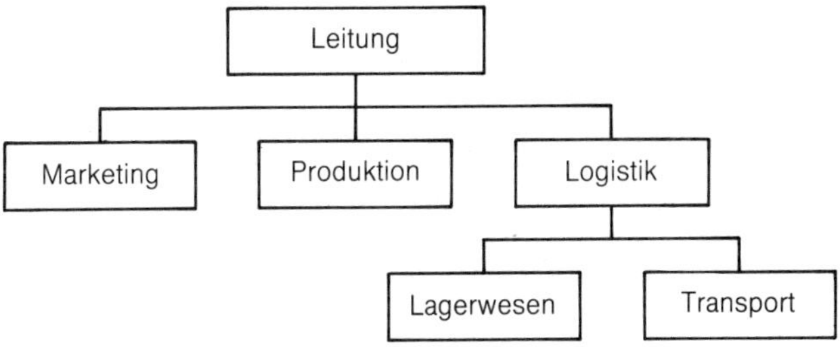

Figur 70: Zentrale Logistik bei funktionaler Gliederung

- Verrichtungen, z. B. Zusammenfassung aller Beschaffungs-, Verteil- und Zwischenwerkverkehre in einer Verkehrsabteilung
- Objekten, z. B. Logistikstellen für Produktgruppen (Sparten)
- Regionen, z. B. zentrale Logistikinstanzen für die Geschäftstätigkeit in bestimmten Ländern oder Ländergruppen.

Je nachdem, ob ein, zwei oder mehr Kriterien für die Zusammenfassung der logistischen Aufgaben herangezogen werden, können **ein- oder mehrdimensionale Organisationsmodelle** unterschieden werden. Erfordert etwa die Unterschiedlichkeit der Produktion und/oder Produkte oder der Umfang der Geschäfte eine Differenzierung, so führt die Kombination von Verrichtungs- und Objektkriterien zu der bekannten Matrixorganisation (vgl. *Figur 71*).

Die zusätzliche Gliederung nach regionalen Gesichtspunkten, etwa als Folge der unterschiedlichen Anforderungen von Exportmärkten, führt zu einem Tensormodell.

Mit der Schaffung zentraler Zuständigkeitsbereiche gehen **hierarchische Aufwertungen** einher und werden auch für die Zukunft erwartet *(Baumgarten/Kornak)*. Bei dieser Organisationsentwicklung unterscheidet *Persson* (1982, S. 30) im Anschluß an *Bowersox* (1974, S. 427 ff.) vier Phasen. Er kennzeichnet sie wie folgt:

1 – Dispersed authority for logistics functions. Basic concepts and potentials of logistics gains management visibility.

2 – Two or more logistics functions grouped together without significant change in organisational positioning (e. g. transportation and finished

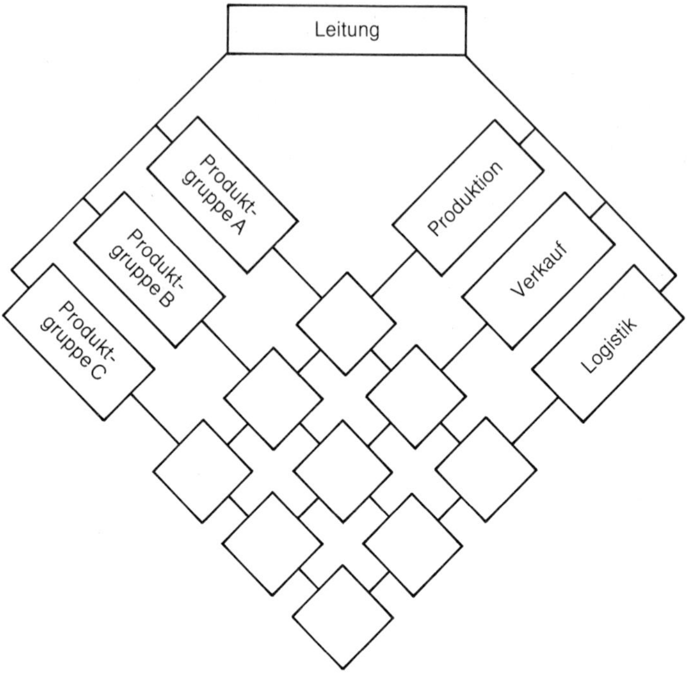

Figur 71: Logistik in der Matrixorganisation

goods warehousing within marketing department, materials plans and raw material warehousing within production department). More functions added to physical distribution and/or materials management departments, still with no re-allocations across marketing/production/finance traditional boundaries.

3 – Physical distribution is isolated and elevated to a position of authority and responsibility equal to that of other major areas. Re-allocation of functions across traditional boundaries (e.g. credit authorisation from finance, plant warehousing from production) takes place.

4 – Integration of physical distribution with materials management (including purchasing and production scheduling, for example) under a single „logistical executive".

Auch für die Abfolge der Zusammenfassung logistischer Aufgaben können gewisse Gesetzmäßigkeiten, wesentlich bestimmt durch das Ausmaß der bestehenden Interdependenzen, festgestellt werden:

Linienaufgaben	**Stabsaufgaben**
Transport – außerbetrieblich – innerbetrieblich	– Nutzen-Kosten-Analysen für Lieferservice, Lagerreichweiten etc.

Lagerwesen
- Material
- Halbfertigprodukte
- Fertigprodukte

Beschaffung und Vertrieb
- Bestellpolitik
- Auftragsbearbeitung und -abwicklung
- Versand

Produktion
- Fertigungssteuerung (Losgrößen, Reihenfolgen, kurzfristiger Kapazitätsausgleich)
- Prognosen
- Wertanalysen (ABC-Strukturen)
- Planungs- und Simulationsrechnungen, z. B. für alternative Distributionskonzepte
- Entwicklung von Kennzahlensystemen
- Fabrik- und Layoutplanungen

Die Einrichtung eines **Zentralbereichs Logistik** auf der obersten Ebene der Unternehmensleitung (Vorstand, Geschäftsführung) stellt in der Bundesrepublik Deutschland noch den Ausnahmefall dar. Dieser Zustand erklärt sich zum Teil aus folgendem Dilemma. Einerseits muß gefordert werden, daß die einzelnen Aufgaben nach Maßgabe ihres Beitrags zur Steigerung der Effizienz der Gesamtorganisation zusammengefaßt werden: Die Integration soll ein Höchstmaß an Synergiepotential ausschöpfen. Das geschieht durch die Wahrnehmung von Verbund-, Ausstrahlungs-, Poolungs- und Lerneffekten. Beispiele seien konsolidierte (reduzierte) Bestände, verkürzte Durchlaufzeiten, vermiedene Leerfahrten, verbesserte Kapazitätsnutzungen und maximale Standortarbitrage. Andererseits wird aber gerade durch die Zentralisierung derjenigen Aufgaben, zwischen denen ‚enge' synergetische Interdependenzen bestehen, besonders tief in bestehende Zuständigkeiten eingegriffen. Denn betroffen sind die ‚klassischen' Ressorts Einkauf, Produktion und Verkauf. Daraus resultieren Widerstände und Leistungsstörungen.

Erfolgreiche Implementierungsstrategien sind daher vor allem dadurch gekennzeichnet, daß sie zunächst ein für Verhaltensänderungen günstiges Klima schaffen. Rechtzeitige und umfassende Information, Schulung, Motivierung und langfristige Personalentwicklung sind in diesem Zusammenhang von besonderer Bedeutung. Das gilt auch für die Unterstützung des Logistikkonzeptes durch die vorgesetzten Stellen *(Albach)*. Zudem kann durch die Planungen einer kompetenten Stabsstelle bereits ein hohes Maß an Abstimmung herbeigeführt werden. Gemeinsame Anstrengungen von Macht- und internen oder externen Fachpromotoren haben sich als besonders erfolgreich erwiesen *(Witte)*.

Diese der ursprünglichen Chandlerschen These von der Strategie-Struktur-Folge (*Chandler*, S. 14) entsprechende Organisationsentwicklung erscheint angesichts der Tatsache, daß das Logistikkonzept die gesamte Unternehmung umfaßt und viel Koordinationsaufwand erfordert, als die geeignete Vorgehensweise zur Verwirklichung der erforderlichen Reorganisationen. Das um so mehr, als Veränderungen der Unternehmenslogistik weniger von akuten Krisen (Zeitdruck!) als von strategischen Zielen bestimmt werden sollten.

Die Organisation der Logistik durch die Integration logistischer Aufgabenbereiche und Koordination logistischer Prozesse ist auf die **logistische Kontrollspanne** der Unternehmung bezogen. Diese ist jedoch nicht beschränkt auf die durch Eigentumsrechte abgegrenzte Unternehmung. Durch spezifische Verfügungsrechtsstrukturen, die vertraglich vereinbart werden oder auch nur durch konkludentes Verhalten entstehen, kann die logistische Kontrollspanne über die Grenzen der Unternehmung hinaus ausgedehnt werden mit dem Ziel, inner- und außerbetriebliche logistische Aufgabenbereiche zu integrieren bzw. logistische Prozesse zu koordinieren. Für die Schaffung derartiger innovativer Transaktionsmuster, die die herkömmlichen, durch – Artikel, Preis und Menge betreffenden – Standardmarktkontrakte bestimmten Grenzen zwischen den Unternehmen verändern und die herkömmlichen Marktstufen verschieben, ist die Logistik mehr als alle anderen unternehmerischen Funktionen geeignet. Sie gestaltet und vollzieht grundlegende Unternehmung-Umwelt-Beziehungen.

Mit Just-in-time-Konzepten, Lieferanten-Hersteller-Partnerschaften, Wertschöpfungsketten ebenso wie mit den vielfältigen Kooperationsmodellen der Verkehrswirtschaft sind empirische Erscheinungsformen derartiger organisatorischer Innovationen dargestellt worden. Dabei ist deutlich geworden, welche Bedeutung sie für die Effizienz der Logistik und Wettbewerbsfähigkeit der Unternehmungen haben.

Literatur zu Teil III, Abschnitt 4

Albach, H.: Organisationsänderung, in: Handwörterbuch der Organisation, hrsg. von *E. Grochla*, 2. Auflage, Stuttgart 1980, Sp. 1446–1460

Bowersox, D. J.: Logistical Management, New York, London 1974

Baumgarten, H./Kornak, C.: Trends in der Logistik in den 90er Jahren, Berlin 1990

Chandler, A. D.: Strategy and Structure – Chapters in the History of International Enterprise, 3. Auflage, Cambridge/Mass. und London 1966

Heinrich, L. J./Felhofer, E.: Empirische Befunde zur Gestaltung der Logistik-Organisation und Logistik-Informationssysteme in mittelständischen Industrieunternehmen, Journal für Betriebswirtschaft 1985, S. 62–78

Horvath, P./Mayer, R.: Prozeßkostenrechnung – Der neue Weg zu mehr Kostentransparenz und wirkungsvolleren Unternehmensstrategien, Controlling 1989, S. 214–221

Ihde, G. B./Femerling, Ch./Kemmler, M.: Das Modell der Direkten Produkt-Rentabilität als Instrument zur Unterstützung von Logistikentscheidungen im Konsumgüterhandel, in: Handelsforschung 1990, hrsg. von *V. Trommsdorff*, Wiesbaden 1990, S. 173–193

Krüger, L.: Yield Management. Dynamische Gewinnsteuerung im Rahmen integrierter Informationstechnologie, Controlling 1990, S. 240–251

Küpper, H.-U./Hoffmann, H.: Ansätze und Entwicklungstendenzen des Logistik-Controlling in Unternehmen der Bundesrepublik Deutschland, Die Betriebswirtschaft, 48. Jg. (1988), S. 587–601

Mann, R.: Effizienz des strategischen Controlling, in: Entwicklungen und Erfahrungen aus der Praxis des Controlling (II), hrsg. von *W. Goetzke und G. Sieben*, Köln 1982, S. 179–193

Merkel, H. H.: Simulationsmodelle für die Optimierung interdependenter logistischer Prozesse, Bremen 1981

Persson, G.: Organisation Design Strategies for Business Logistics, in: New Horizons in Distribution and Material Management, hrsg. von *M. Christopher,* Vol. 12, No. 3 des International Journal of Physical Distribution and Materials Management 1982, S. 27–36

Pfohl, H.-Ch.: Aufbauorganisation der betriebswirtschaftlichen Logistik, Zeitschrift für Betriebswirtschaft, 50. Jg. (1980), S. 1201–1228

Ray, D.: Distribution Costing. The Current State of the AM. International Journal of Physical Distribution (Monograph) Bradford 1975

Reichmann, Th.: Controlling mit Kennzahlen, 2. Aufl. München 1990

Riebel, P.: Das Rechnen mit Einzelkosten und Deckungsbeiträgen, Zeitschrift für betriebswirtschaftliche Forschung, 11. Jg. (1959), S. 213–238

Riebel, P.: Probleme einer Festlegung von Deckungsvorgaben aus produktions- und absatzwirtschftlicher Sicht. Zeitschrift für betriebswirtschaftliche Forschung, 32. Jg. (1980), S. 1130–1145

Riebel, P./Sinzig, W.: Zur Realisierung der Einzelkosten- und Deckungsbeitragsrechnung mit einer relationalen Datenbank, Zeitschrift für betriebswirtschaftliche Forschung, 33. Jg. (1981), S. 457–489

Riebel, P.: Probleme einer entscheidungsorientierten Kosten-, Erlös- und Deckungsbeitragsrechnung im Güterverkehrsbetrieb, Zeitschrift für Verkehrswissenschaft, 57. Jg. (1986), S. 3–38

Weber, J.: Logistikkostenrechnung, Berlin u. a. 1987

Weber, J.: Logistik-Controlling, Stuttgart 1990

Witte, E.: Organisation für Innovationsentscheidungen, Göttingen 1973

Sachverzeichnis